高等院校电气工程及其自动化专业系列精品教材

电力系统保护与控制

张艳霞　姜惠兰　编著

科学出版社
北京

内 容 简 介

本书系统阐述了电力系统继电保护及自动控制的原理和装置。内容包括:电力系统的电流保护,距离保护,纵联保护,发电机和变压器的保护,自动并列和重合闸装置,励磁自动控制和自动调频等装置的作用、原理、构成和分析方法。在对每种装置的阐述中,重点介绍微机型的构成方法。本书配有课件,可供教师免费使用。

本书可作为高等院校电气工程及其自动化、电气工程等专业的本科生教材及相关专业研究生的教学参考书,还可供从事电力系统继电保护和自动控制的工程技术人员参考。

图书在版编目(CIP)数据

电力系统保护与控制/张艳霞,姜惠兰编著. —北京:科学出版社,2010.10
高等院校电气工程及其自动化专业系列精品教材
ISBN 978-7-03-029178-3

Ⅰ.①电… Ⅱ.①张…②姜… Ⅲ.①电力系统-继电保护-高等学校-教材 ②电力系统-自动控制装置-高等学校-教材 Ⅳ.①TM77

中国版本图书馆 CIP 数据核字(2010)第 195212 号

责任编辑:余 江 / 责任校对:张凤琴
责任印制:赵 博 / 封面设计:耕者设计工作室

科学出版社出版
北京东黄城根北街 16 号
邮政编码:100717
http://www.sciencep.com

北京市金木堂数码科技有限公司印刷
科学出版社发行 各地新华书店经销
*
2010 年 10 月第 一 版 开本:787×1092 1/16
2026 年 1 月第十一次印刷 印张:15 1/4
字数:368 000

定价: 69.00 元

(如有印装质量问题,我社负责调换)

前　　言

继电保护和自动控制是保障电力系统安全稳定运行的重要手段。随着电子技术、通信技术和计算机技术的发展，继电保护和自动控制技术进入了数字化、网络化阶段。同时，随着高等院校教学计划的修订，许多院校原有的“电力系统继电保护原理”课程和“电力系统自动装置原理”课程合二为一，成为“电力系统保护与控制”课程。为了顺应电力系统继电保护和自动控制技术的发展和高等院校课程改革的需要，编者编写了本书。

在编写过程中，吸取了天津大学贺家李、宋从矩合编的《电力系统继电保护原理》前三版教材的教学经验，立足基本原理和基本概念，力求反映当前电力系统的现场实际应用情况，体现原理和技术的现代化，突出渐进性和可读性。

通过本书的学习，学生将获得电力系统保护与控制的基本理论知识、基本分析方法和基本实验技能，学会用辩证统一的思想分析、解决问题，为毕业后继续深造或从事与电气工程相关的工作打下坚实的基础。

全书共分 10 章。其中，第 2～4 章、第 6 章和第 7 章由张艳霞编写；第 9 章和第 10 章由姜惠兰编写；第 1 章、第 5 章和第 8 章由两人共同编写。

由于编者水平所限，书中难免有不妥之处，敬请读者批评指正。

编　者

2010 年 6 月

目　录

前言

第1章　绪论…… 1

1.1　电力系统继电保护的作用 …… 1

1.2　继电保护装置的构成及对它的基本要求 …… 2

1.3　电力系统自动控制的内容及控制方式 …… 4

1.3.1　电力系统自动控制的主要内容 …… 4

1.3.2　电力系统的分层控制方式 …… 6

思考题和习题…… 8

第2章　电网的电流保护…… 9

2.1　电流继电器和辅助继电器 …… 9

2.1.1　电流继电器 …… 9

2.1.2　辅助继电器…… 11

2.2　单侧电源网络相间短路的电流保护…… 13

2.2.1　电流速断保护 …… 13

2.2.2　限时电流速断保护 …… 16

2.2.3　定时限过电流保护 …… 17

2.2.4　电流保护的接线方式 …… 20

2.3　多侧电源网络相间短路的方向性电流保护…… 21

2.3.1　多侧电源网络相间短路采用电流保护存在的问题 …… 21

2.3.2　方向性电流保护的工作原理…… 21

2.3.3　功率方向继电器 …… 22

2.3.4　相间短路功率方向继电器的接线方式 …… 26

2.3.5　双侧电源网络中电流保护整定的特点 …… 27

2.4　中性点直接接地电网的接地保护…… 29

2.4.1　中性点直接接地电网接地短路时零序分量的特点 …… 29

2.4.2　零序分量过滤器 …… 30

2.4.3　三段式零序电流保护 …… 32

2.4.4　方向性零序电流保护 …… 34

2.5　中性点非直接接地电网的单相接地保护…… 35

2.5.1　中性点不接地电网中单相接地故障的特点和保护方式 …… 35

2.5.2　中性点经消弧线圈接地电网中单相接地故障的特点与保护方式 …… 38

思考题和习题 …… 41

第3章　电网的距离保护 …… 42
3.1　距离保护的作用原理 …… 42
3.2　阻抗继电器 …… 42
3.2.1　构成阻抗继电器的基本原则 …… 42
3.2.2　不同特性阻抗继电器动作方程的推导 …… 43
3.2.3　阻抗继电器的实现方法 …… 50
3.2.4　阻抗继电器的精确工作电流 …… 52
3.2.5　方向性继电器的“死区”及消除方法 …… 53
3.3　阻抗继电器的接线方式 …… 55
3.3.1　对接线方式的基本要求 …… 55
3.3.2　相间短路阻抗继电器的0°接线方式 …… 55
3.3.3　接地短路阻抗继电器的零序电流补偿接线方式 …… 56
3.4　距离保护的构成和整定计算原则 …… 57
3.4.1　距离保护的构成 …… 57
3.4.2　距离保护的整定计算原则 …… 58
3.5　影响距离保护工作的因素 …… 60
3.5.1　短路点过渡电阻对距离保护的影响 …… 61
3.5.2　电力系统振荡对距离保护的影响 …… 62
思考题和习题 …… 68
第4章　数字式保护及控制装置基础 …… 70
4.1　数字式保护及控制装置的特点 …… 70
4.2　数字式保护及控制装置的硬件原理 …… 70
4.3　数字式保护及控制装置的软件流程 …… 75
4.4　数字式保护及控制装置的算法 …… 78
思考题和习题 …… 83
第5章　自动并列装置及自动重合闸 …… 84
5.1　自动并列的意义和方式 …… 84
5.2　准同期并列条件的分析 …… 85
5.2.1　准同期并列的条件 …… 85
5.2.2　准同期并列条件的分析及整定 …… 86
5.3　自动准同期装置的基本原理 …… 90
5.3.1　自动准同期装置的功能 …… 90
5.3.2　自动准同期装置的构成 …… 90
5.3.3　准同期并列合闸信号 …… 90
5.3.4　恒定越前时间并列装置的控制逻辑 …… 92
5.4　数字式自动准同期并列装置 …… 93
5.4.1　数字式自动准同期并列装置的软件流程 …… 93
5.4.2　电压差的检测及控制 …… 94
5.4.3　频率差的检测及控制 …… 96
5.4.4　越前时间的整定和合闸脉冲的形成 …… 98

5.5 自动重合闸的作用及对其基本要求 …… 102
5.6 三相自动重合闸 …… 103
5.6.1 单侧电源线路的三相一次自动重合闸 …… 103
5.6.2 双侧电源线路的三相一次自动重合闸 …… 105
5.6.3 重合闸与继电保护的配合 …… 107
5.7 单相自动重合闸和综合重合闸 …… 108
5.7.1 单相自动重合闸 …… 109
5.7.2 综合重合闸简介 …… 111
思考题和习题 …… 112
第6章 输电线路纵联保护 …… 113
6.1 纵联保护的基本原理和分类 …… 113
6.2 纵联保护通道的构成原理及传送信号的分类 …… 113
6.2.1 电力线载波通道 …… 113
6.2.2 微波通道 …… 114
6.2.3 光纤通道 …… 115
6.2.4 导引线通道 …… 116
6.2.5 电力线载波纵联保护传送信号的分类 …… 116
6.3 纵联方向比较保护 …… 116
6.3.1 高频闭锁负序方向保护 …… 116
6.3.2 高频闭锁距离保护 …… 118
6.4 纵联差动保护 …… 119
6.4.1 纵联电流差动保护 …… 119
6.4.2 纵联相差保护 …… 123
思考题和习题 …… 128
第7章 电力变压器保护及母线保护 …… 129
7.1 电力变压器的保护方式 …… 129
7.2 变压器的纵联差动保护 …… 129
7.2.1 变压器纵联差动保护的基本原理和构成原则 …… 129
7.2.2 变压器纵联差动保护的特点 …… 130
7.2.3 变压器纵联差动保护的整定计算原则 …… 134
7.2.4 具有比率制动特性的差动继电器 …… 135
7.3 变压器相间短路的后备保护 …… 137
7.3.1 过电流保护 …… 137
7.3.2 低电压启动的过电流保护 …… 137
7.3.3 复合电压启动的过电流保护 …… 138
7.3.4 负序过电流保护 …… 139
7.4 变压器的接地保护 …… 139
7.5 变压器的过励磁保护 …… 142
7.6 母线保护和断路器失灵保护简介 …… 143

7.6.1 母线保护简介 …… 143
7.6.2 断路器失灵保护简介 …… 144
思考题和习题 …… 145
第 8 章 发电机励磁自动控制及保护 …… 146
8.1 同步发电机自动励磁控制系统 …… 146
8.1.1 励磁控制系统的任务 …… 146
8.1.2 励磁控制系统的方式 …… 150
8.1.3 对励磁控制系统的基本要求 …… 154
8.2 励磁系统中的整流电路 …… 155
8.2.1 三相桥式不可控整流电路 …… 155
8.2.2 三相桥式全控整流电路 …… 156
8.3 自动励磁调节装置原理及工作特性 …… 160
8.3.1 励磁调节器的工作原理与特性 …… 160
8.3.2 并联运行机组间的无功功率分配 …… 166
8.4 数字式自动励磁调节器的工作原理 …… 168
8.4.1 数字式自动励磁调节器的软件流程 …… 168
8.4.2 电气量测量和调节算法 …… 169
8.4.3 数字移相脉冲 …… 171
8.4.4 自动励磁限制控制 …… 172
8.5 发电机的保护方式 …… 174
8.6 发电机的纵联差动保护 …… 176
8.6.1 发电机纵联差动保护的原理接线和整定原则 …… 176
8.6.2 发电机的不完全纵联差动保护 …… 177
8.6.3 具有标积制动特性的发电机纵联差动保护 …… 177
8.7 发电机定子绕组的匝间短路保护 …… 178
8.7.1 横联差动电流保护 …… 178
8.7.2 反应转子回路二次谐波电流的匝间短路保护 …… 179
8.7.3 反应纵向零序电压的匝间短路保护 …… 181
8.8 发电机的单相接地保护 …… 182
8.8.1 发电机定子绕组单相接地的特点 …… 182
8.8.2 利用零序电流构成的定子接地保护 …… 183
8.8.3 利用零序电压构成的定子接地保护 …… 184
8.8.4 100%定子接地保护简介 …… 184
8.9 发电机的负序过电流保护 …… 185
8.9.1 负序过电流保护的作用 …… 185
8.9.2 反时限负序过电流保护 …… 185
8.10 发电机的励磁回路接地保护 …… 186
8.10.1 外加电压方式的一点接地保护 …… 187
8.10.2 直流电桥式的一点接地保护 …… 187

8.10.3 励磁回路两点接地保护 …… 188
8.11 同步发电机的失磁保护 …… 188
8.11.1 发电机失磁运行及其产生的影响 …… 188
8.11.2 发电机失磁保护的阻抗判据 …… 189
8.11.3 失磁保护的辅助判据 …… 190
思考题和习题 …… 190
第9章 电力系统频率及有功功率的自动调节 …… 192
9.1 概述 …… 192
9.1.1 频率及有功功率调节的意义 …… 192
9.1.2 电力系统频率及有功功率的分层控制 …… 192
9.2 电力系统的自动调频方法 …… 193
9.2.1 概述 …… 193
9.2.2 单区域系统的自动调频方法 …… 195
9.2.3 联合电力系统的自动调频方法 …… 199
9.3 电力系统频率调节系统的动态特性 …… 201
9.3.1 调节系统的传递函数 …… 201
9.3.2 频率调节系统的动态特性 …… 206
9.4 电力系统有功功率经济分配控制 …… 209
9.4.1 发电设备的经济特性 …… 210
9.4.2 等微增率准则 …… 210
9.4.3 考虑网络损耗的负荷经济分配 …… 212
9.5 电力系统自动发电控制 …… 213
9.5.1 自动发电控制的控制过程 …… 213
9.5.2 AGC 的控制模式和软件流程 …… 213
思考题和习题 …… 215
第10章 其他安全自动控制装置简介 …… 216
10.1 自动低频减载 …… 216
10.1.1 频率变化的动态特性 …… 216
10.1.2 自动低频减载装置的工作原理 …… 218
10.2 备用电源自动投入及厂用电快速切除 …… 221
10.2.1 概述 …… 221
10.2.2 对备用电源自动投入装置的基本要求 …… 222
10.2.3 典型备用电源自动投入装置及参数整定 …… 223
10.2.4 厂用电快速切换 …… 225
10.3 其他安全自动控制装置 …… 228
思考题和习题 …… 229
参考文献 …… 231

第1章　绪　　论

1.1　电力系统继电保护的作用

随着电力系统规模的日益扩大，对保证电网安全、经济运行和电能质量的要求在不断提高，继电保护和安全自动装置作为电力系统的卫士，成为电力系统中不可或缺的重要组成部分。

电力系统在正常运行的过程中，可能发生各种故障和不正常运行状态。发生故障的原因主要有：雷击、鸟兽跨越电器设备、电气设备维修不当或操作错误、电气设备绝缘强度下降等。最危险的故障是发生各种形式的短路，发生短路时可能产生以下的后果：

(1)通过故障点的很大的短路电流和所燃起的电弧，会损坏故障元件；

(2)短路电流通过非故障元件，由于发热和电动力的作用，引起它们的损坏或缩短它们的使用寿命；

(3)电力系统中部分地区的电压大大降低，破坏用户工作的稳定性或影响工厂产品质量；

(4)破坏电力系统并列运行的稳定性，引起系统振荡，甚至使整个系统瓦解。

电力系统中电气元件的正常工作遭到破坏，但没有发生故障，这种情况属于不正常运行状态。例如，过负荷就是一种最常见的不正常运行状态。由于过负荷，元件载流部分和绝缘材料的温度不断升高，加速绝缘材料的老化和损坏，进一步可能发展成故障。系统中出现功率缺额而引起的频率降低，发电机突然甩负荷而产生的过电压、电力系统振荡等，都属于不正常运行状态。

故障和不正常运行状态，都可能在电力系统中引起事故。事故，就是指系统或其中一部分的正常工作遭到破坏，并造成对用户少送电或电能质量变坏到不能容许的地步，甚至造成人身伤亡和电气设备的损坏。为了提高供电可靠性，防止造成上述严重后果，一是要对电气设备进行正确的设计、制造、安装、维护和检修，力求减少发生故障的可能性；二是对异常运行状态必须及时发现，并采取措施予以消除；三是一旦发生故障，必须迅速并有选择性地切除故障元件。

继电保护装置是指能反应电力系统中电气元件发生的故障或不正常远行状态，并动作于断路器跳闸或发出信号的一种自动装置。它的基本任务是：

(1)自动、迅速、有选择地将故障元件从电力系统中切除，使故障元件免于继续遭到破坏，保证其他无故障部分迅速恢复正常运行。

(2)反应电气元件的不正常运行状态，并根据运行维护的条件（如有无经常值班人员），而动作于发出信号、减负荷或跳闸。一般情况下不要求保护迅速动作，而是根据对电力系统及其元件的危害程度经一定的延时动作于信号。

电业部门常用继电保护一词泛指继电保护技术和由各种继电保护装置组成的继电保护系统。继电保护装置则指具体的装置。

1.2 继电保护装置的构成及对它的基本要求

继电保护装置的发展经历了电磁型、感应型、整流型、晶体管型、集成电路型到微机型这样几个阶段。其中电磁型、感应型和整流型继电器由于具有机械转动部件，统称为机电式继电器；而晶体管型、集成电路型和微机型继电保护装置统称为静态式继电保护装置。无论是哪种形式的保护装置，其原理结构均可用图 1-1 表示。从图中可见，一套继电保护装置由测量部分、逻辑部分和执行部分所组成。测量部分测量从被保护对象输入的有关电气量，并与预先给定的整定值进行比较，根据比较的结果，确定被保护对象有无故障或不正常运行情况发生，从而给出一组逻辑信号。逻辑部分根据测量部分各输出逻辑信号的大小、性质、输出的逻辑状态、出现的顺序或它们的组合，使保护装置按一定的逻辑关系工作，最后确定是否应该使断路器跳闸或发出信号，并将有关命令传给执行部分。继电保护中常用的逻辑回路有“或”、“与”、“否”、“延时动作瞬时返回”、“瞬时动作延时返回”以及“记忆”等回路。执行部分根据逻辑部分输出的信号，送出跳闸信号或报警信号。

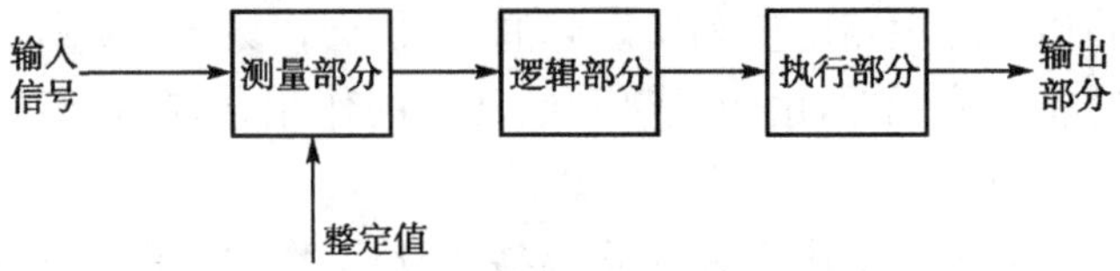

图 1-1　继电保护装置的原理结构图

电力系统各电气元件之间通常用断路器互相连接，每台断路器的操作机构都有相应的继电保护装置的输出信号接入。当继电保护装置动作后，向断路器发出跳闸信号，启动断路器的操作机构将断路器跳开以切断故障。目前，继电保护装置是以各电气元件作为被保护对象的，其切除故障的范围是断路器之间的区段。反应整个被保护元件上的故障，并能以最短的延时有选择性地切除故障的保护称为主保护；当主保护或断路器拒绝动作时，用来切除故障的保护称为后备保护。

电力系统对动作于跳闸的继电保护装置提出了四个基本要求，即选择性、速动性、灵敏性和可靠性，现分别讨论如下。

1. 选择性

继电保护动作的选择性是指保护装置动作时，仅将故障元件从电力系统中切除，使停电范围尽量缩小。

要满足选择性，必须从两方面出发进行考虑。一方面考虑哪个元件发生故障应由该元件上的保护装置动作切除故障。例如，在图 1-2 所示的网络接线中，当 k_1 点短路时，按照选择性的要求，应由距短路点最近的保护 1 和 2 动作跳闸，将故障线路切除，这样，变电所 B 则仍可由另一条无故障的线路继续供电；而当 k_2 点短路时，按照选择性的要求，应由保护 6 动作跳闸，切除线路 C-D，此时只有变电所 D 停电。

另一方面，考虑到继电保护或断路器有拒绝动作的可能性，需要考虑后备保护的问题。如图 1-2 所示，当 k_2 点短路时，应由保护 6 动作切除故障，但由于某种原因，该处的继电保护或断路器拒绝动作。此时如其前面一条线路（靠近电源侧）的保护 5 能动作，故障也可消除。能起保护 5 这种作用的保护称为相邻元件的后备保护。同理，保护 1 和 3

又应该作为保护 5 和 7 的后备保护。按以上方式构成的后备保护是在远处实现的，因此称为远后备保护。

在复杂的高压电网中，当实现远后备保护在技术上有困难时，也可以采用近后备保护的方式。即当本元件的主保护拒绝动作时，由本元件的另一套保护作为后备保护；当断路器拒绝动作时，由同一发电厂或变电所内的有关断路器动作，实现后备。为此，在每一元件上应装设单独的主保护和后备保护，并装设必要的断路器失灵保护。由于这种后备作用是在主保护安装处实现的，故称为近后备保护。

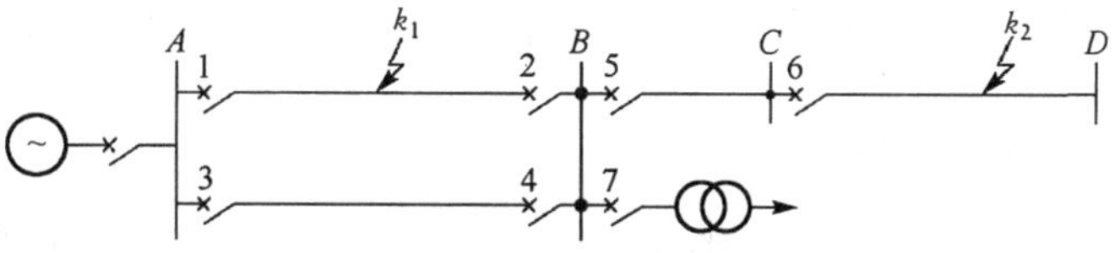

图 1-2　单侧电源网络的保护选择性动作说明

2. 速动性

当电力系统中发生故障时，继电保护装置应该能迅速动作切除故障。快速地切除故障可以提高电力系统并列运行的稳定性，减少用户在电压降低情况下的工作时间，缩小故障元件的损坏程度，还有利于电弧闪络处的绝缘强度恢复，从而提高再送电的成功率。

动作迅速同时又能满足选择性的保护装置，一般结构都比较复杂，价格比较昂贵。因此应根据被保护对象在电力系统中的地位和作用来确定对其保护动作速度的具体要求。对高压和超高压输电线路上发生的故障、大容量发电机和变压器中发生的故障要求保护能快速切除故障；而对低压线路允许其保护装置带有一定的延时切除故障。

故障切除的总时间等于保护装置和断路器动作时间之和。一般快速保护的动作时间为 0.06～0.12s，最快的可达 0.01～0.04s；一般断路器的动作时间为 0.06～0.15s，最快的可达 0.04～0.06s。

3. 灵敏性

灵敏性指的是继电保护装置对于其保护范围内发生故障或不正常运行状态的反应能力，通常用灵敏系数来衡量。满足灵敏性要求的保护装置应该是在事先规定的保护范围内部发生故障时，不论短路点的位置、短路的类型如何，以及短路点是否存在过渡电阻，都能敏锐感觉、正确反应。对各类保护灵敏系数的要求和计算方法将在后面相应的章节中分别予以讨论。

4. 可靠性

可靠性主要指就保护装置本身的质量和运行维护水平而言，要求在其规定的保护范围内发生了它应该动作的故障时，它不拒绝动作；而在任何其他不应该动作的情况下，不误动作。

一般说来，保护装置组成元件的质量越高、接线越简单、回路中继电器的触点数量越少，保护装置的工作就越可靠。同时，精细的制造工艺、正确的调整试验、良好的运行维护以及丰富的运行经验，对于提高保护装置的可靠性也具有重要作用。

提高继电保护装置不误动可靠性和不拒动可靠性的措施常常是矛盾的，在选用和设计继电保护装置时，需要依据保护对象的具体情况，对这两方面的性能要求适当地予以协调。例如，对于传送大功率的输电线路保护，一般宜于强调不误动的可靠性；而对于其他线路保护，往往宜于强调不拒动的可靠性。至于大型发电机组的继电保护，无论它的拒动作或误动作跳闸，都会引起巨大的经济损失，需要通过精心设置和装置配置兼顾这两方面的要求。

以上四个基本要求是分析研究继电保护性能的基础，在它们之间，既有矛盾的一面，又有在一定条件下统一的一面。继电保护的科学研究、设计、制造和运行的绝大部分工作也是围绕如何处理好这四个基本要求之间的辩证统一关系而进行的，在学习这门课程时应注意学习和运用这样的思考和分析方法。

除了上述四个基本要求以外，选用保护装置时还应该考虑经济性。在保证电力系统安全运行的前提下，尽可能采用投资少、维护费用低的保护装置。

1.3 电力系统自动控制的内容及控制方式

随着电力系统规模和容量的不断扩大，现代大型电力系统逐步形成，系统的网络结构和运行方式更加复杂多变，对运行水平的要求也越来越高。为了适应现代电力系统的特点，保证电网电能质量以及电力系统的安全经济运行，协调和控制电力系统各组成部分的运行方式，必须应用现代自动化技术来实现电力系统的自动控制。对电力系统自动控制的基本要求如下：

(1)迅速而正确地收集、检测和处理电力系统各元件、局部系统或全系统的运行参数。

(2)根据电力系统的实际运行状态和系统各元件的技术、经济和安全要求，为运行人员提供调节和控制的决策，或者直接对各元件进行调节和控制。

(3)实现全系统各层次、各局部系统和各元件间的综合协调，寻求电力系统质量、经济和安全的多目标最优运行方式。

(4)电力系统自动控制不仅能节省人力、减轻劳动强度，而且还能减少电力系统事故，延长设备寿命，全面改善和提高运行性能，特别是在发生事故情况下，能避免连锁性的事故发生和大面积停电。

1.3.1 电力系统自动控制的主要内容

电力系统自动控制是指应用各种自动检测、决策和控制功能的装置，通过信号和数据传输系统对电力系统各元件、局部系统或全系统运行进行就地或远方的自动监测、调节和控制，保证电力系统安全、经济运行和具有合格的电能质量。根据电力系统的组成和运行特点，电力系统自动控制大致划分为如下几个不同内容的系统。

1. 电力系统自动监视与控制系统(或称电力系统调度自动控制系统)

该控制系统主要是为了合理监视、控制和协调日益扩大的电力系统的运行状态，及时处理影响整个系统正常运行的事故和异常现象，提高电力系统的安全、经济运行水平。电力系统中各发电厂、变电所把反应电力系统运行状态的实时信息，由远动终端装置和通信装置传送至调度中心的计算机系统，由计算机信息处理系统及时地对电力系统的实时运行状态进行分析计算，通过人机联系系统向运行人员显示完整而准确的信息，同时由调度中心根据系统运行的要求作出对电力系统实施的控制决策，再通过远动的下行通道送到各个厂所，最后由现场的自动装置按照调度指令对电力系统进行控制和调节。图 1-3 示出了自动监视与控制系统的工作模式图。

2. 电厂动力机械自动控制系统

该控制系统主要是为电厂的动力机械自动控制服务的。电厂的动力机械随电厂类型不同而有很大的差别，其控制要求和控制规律也相差很大。火电厂需要控制的是锅炉汽机等热力设备，大容量火力发电机组自动控制系统主要有机炉协调主控系统、锅炉自动控制系统、汽机自动控制系统、发电机电气控制系统以及辅助设备自动控制系统等。水电厂需要控制的则是水轮机、调速器以及水轮发电机励磁自动控制系统等。我国葛洲坝水电厂和三峡水电厂是可以实现全自动的，自动化控制水平较高。除火电和水电外，目前核电也是我国正在大力发展的电源之一，我国自主设计建造的秦山核电厂（300MW 压水堆机组）已于 1997 年底并网发电，以后相继建成的核电站有大亚湾核电厂（2 台 944MW 压水堆机组），秦山第二、第三核电厂（分别为 2 台 600MW 机组），核电的自动控制系统将更加先进、可靠。

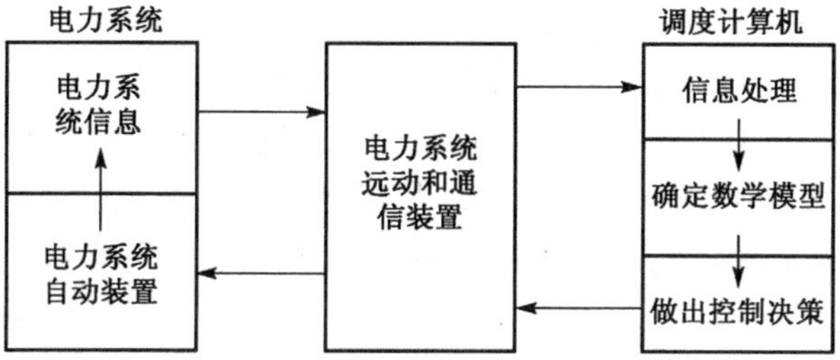

图 1-3　自动监视与控制系统工作模式图

3. 变电站自动控制系统

变电站的自动控制系统是在原来常规变电二次系统的基础上发展起来的，随着微机监控技术在电力系统和电厂自动化系统中的不断发展，微机监控监测技术也开始引入变电站，目前各地正大力开展无人值守变电站设计改造工作，将变电站综合自动化程度推向一个更高的阶段。

4. 电力系统自动装置

对发电厂、变电所设备运行的控制与操作自动装置，是直接为电力系统安全性、经济性和电能质量服务的基础自动化设备。电气设备的自动操作装置分为正常操作和反事故操作两种类型。按运行计划发电机并网运行的操作为正常操作；电网突然发生事故，为防止事故扩大的紧急操作为反事故操作；针对电力系统的系统性事故采取相应对策的自动操作装置称为电力系统安全自动控制装置。自动操作装置包括发电机组的自动并列、自动解列、自动按频率减负荷、备用电源自动投入等装置。

同步发电机的自动并列是较为频繁且重要的操作，无论系统正常运行还是发生事故，常常需要将备用发电机组投入电网，恢复系统的安全供电。自动并列操作装置不仅保证同步发电机并列操作的正确性和操作的安全性，同时也加快了发电机并列的过程。

电力系统区域互联或机组并联运行可取得较好的经济效益，供电安全可靠。但是当系统失去稳定后必须采取措施将电网分开，避免事故在全系统扩大。自动解列装置可根据系统的情况选择合适的解列点，防止系统稳定性破坏时引起系统长期大面积停电和对重要地区的破坏性停电。

自动按频率减负荷装置是一种典型的反事故自动装置，可防止电力系统因事故发生功率缺额时频率的过度降低，及时切除合适的负荷来保证电力系统的稳定运行。低频减负荷装置装设在部分变电站，但它的整定值则要经过全系统的协调确定。

备用电源自动投入装置是一种在电力系统正常和恢复状态下的开关操作，当工作电源断开后能迅速将备用电源投入工作，保证供电连续性，维持电力系统稳定不被破坏和提高供电可靠性。特别是随着大容量发电机组的投入，厂用电切换则是整个厂用电系统的一个重要环节。

厂用电快速切换装置通过实时检测厂用母线残压和备用厂用母线电压之间的频差和相角差，切换时将冲击电流和冲击电压控制在安全值内，保证厂用电的安全可靠运行。

电气设备的自动调节装置是保证电力系统正常稳定运行，保证电网电能质量符合指标，进而实现电网经济运行的重要自动化装置。图 1-4 所示的同步发电机有两个可控输入量——动力元素和励磁电流，其输出量为有功功率和无功功率，它们还分别与电网的频率和发电机端电压的电能质量有关。图 1-4 中所示的 P-f 控制器和 Q-U 控制器是电力系统维持电能质量的自动频率调节系统和自动励磁控制系统，是实时闭环调节系统。同步发电机自动励磁调节系统反映发动机端电压、电流和其他状态量，并通过调节策略或规律改变发动机励磁电流，起到稳定系统电压水平、提高电力系统稳定性以及加快故障切除后电压恢复过程的作用。自动调频装置反映发动机的转速变化和系统频率偏差，根据调节策略或规律控制调速器，改变发动机的出力，保证电力系统正常运行时有功功率的自动平衡，使系统频率在规定范围内变化，同时合理分配有功功率，提高系统运行的经济性。

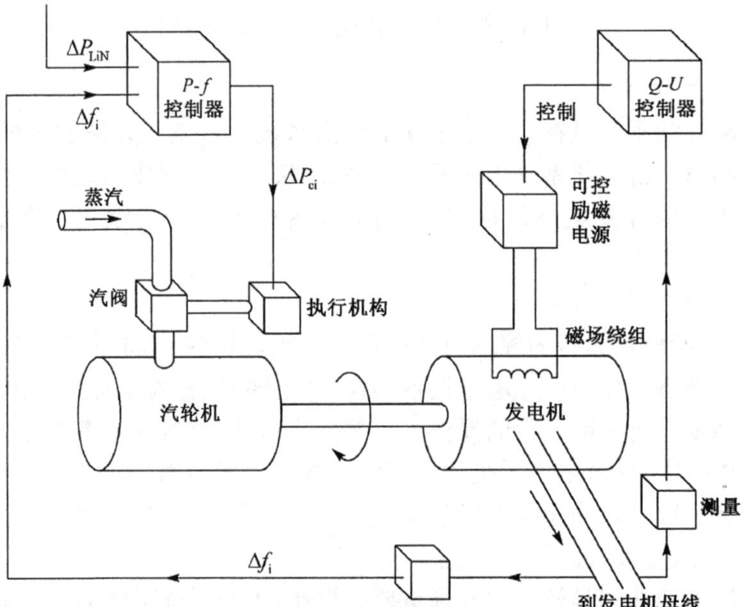

图 1-4　自动调节(控制)装置控制示意图

1.3.2　电力系统的分层控制方式

对于任何一个控制系统，可以根据控制的复杂程度和控制目标，把控制动作从物理结构上或从功能上进行分层，使形成的各子控制系统的控制(或操作)从整个控制系统来看达到最恰当的控制效果。电力系统自动控制是结合了电力系统的运行特点，按照复杂系统控制的一般规律分层实现的。电力系统的自动控制系统的分层可按以下三种方式进行。

1. 按照控制水平划分

根据电力系统控制的复杂程度(控制水平)，将自动控制系统划分为直接控制、最佳控制、自适应控制等。图 1-5 所示的是按照控制水平划分的分层控制示意图。

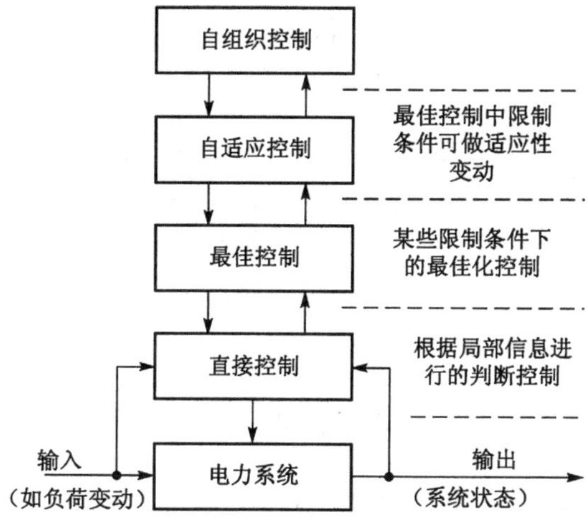

图 1-5　按控制水平划分系统

2. 按照模型化方法的不同划分

当同一控制对象从不同的角度模型化时，可以对应于各模型划分子系统。如图 1-6 所示，根据电力系统的控制模式，将系统划分为紧急控制、恢复控制及预防控制。

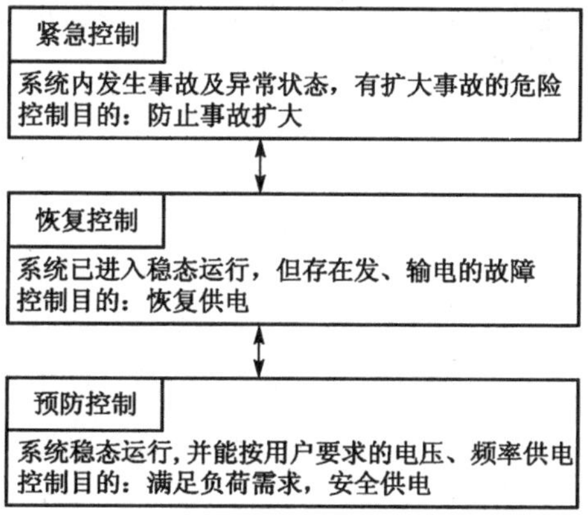

图 1-6　按模型化方法的不同划分系统

3. 按照组织分层划分

以计算机为主体的电力系统自动控制系统，如果把全系统中所有发电厂和变电所的信息全部采集到中央调度所进行处理，然后再把处理后的信息回送到各发电厂和变电所中，将会出现信息量庞大、通道拥挤、对计算机的容量要求增大、响应速度变慢、运行复杂等问题。因此，可以采用分层控制，按照组织划分层次，即设立中心调度所、地区调度所、发电厂与变电所控制中心等分层控制中心，如图 1-7 所示。分层控制后，凡涉及全系统的综合信息，都由中心调度所收集和控制处理。其余局部地区的信息，由各级地区调度所及厂所控制中心处理，这样可以就近获得信息并进行控制，避免大量信息来回传送，减轻上层控制的负担，提高信息处理的实时性。

电力系统继电保护和自动控制技术是随着电力系统的发展而不断发展的；同时，随着电子技术、通信技术、计算机技术、控制技术和信息技术等新理论新技术的发展，保护装置和自动装置的元件也不断更新，从机电型到静态型，再到微机型。目前微机型保护和自动装置在我国得到了大量应用，已形成集保护、测量、控制、运行调度及事故处理为一体的综合自动化系统。

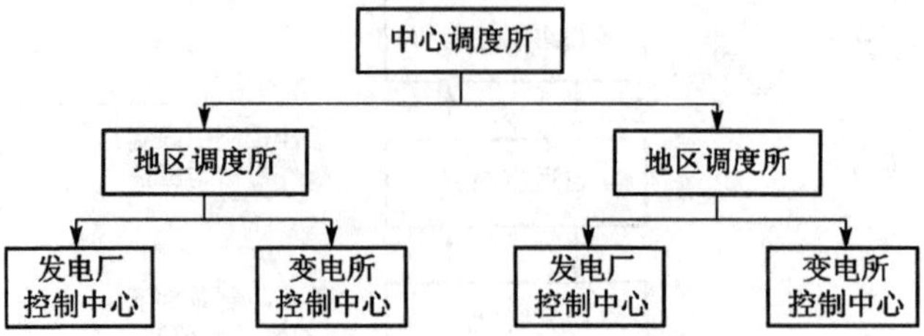

图 1-7　按组织分层划分的系统

思考题和习题

1-1　故障和不正常运行状态之间有什么不同?

1-2　指出继电保护的动作时间、短路器跳闸时间和故障切除时间之间的关系。

1-3　何谓主保护、后备保护? 远后备保护和近后备保护有何区别? 各自有何优缺点?

1-4　说明电力系统对继电保护的基本要求有哪些? 各项要求的意义何在?

1-5　根据电力系统的组成和运行特点,电力系统自动控制的主要内容是什么?

1-6　何谓电力系统安全自动装置? 电力系统常用的安全操作装置和自动调节装置有哪些?

1-7　电力系统电能质量的指标是什么? 发动机自动励磁控制系统和调速系统是如何改善电能质量的?

1-8　试述电力系统自动控制系统的分层方式。

第 2 章　电网的电流保护

2.1　电流继电器和辅助继电器

2.1.1　电流继电器

继电器是一种能够自动动作的电器，有一个控制它的量和一个被它控制的量。当控制量达到一定数值以后，被控制量发生突然变化，这种变化可以是接点的闭合、接点的打开或电平的跃变等。

电流继电器是实现电流保护的基本元件，也是反应于一个电气量而动作的简单继电器的典型。它可以是机电型的，即具有机械转动部件，例如电磁型、感应型或电动型的电流继电器；也可以是静态型的，包括晶体管型、集成电路型和微机型的电流继电器。下面通过对机电型的电磁型过电流继电器的分析来说明电流继电器的工作原理和继电特性。

图 2-1 是电磁型电流继电器的原理结构图。通过线圈 1 的电流 $\dot{I}_r$ 产生出磁通 $\dot{\Phi}$，它通过由铁心、空气隙和可动舌片组成的磁路。舌片被磁化后，与铁心的磁极产生电磁吸力，企图吸引舌片向左转动；当电磁吸力足够大时，即可吸动舌片并使可动接点 5 与固定接点 6 接通，称为继电器“动作”。

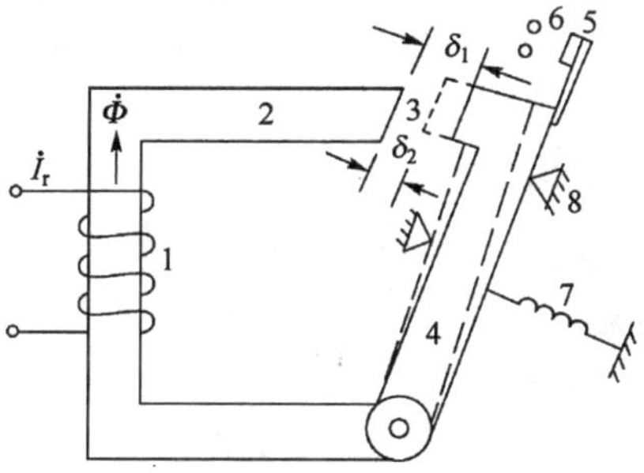

图 2-1　电磁型电流继电器的原理结构

1-线圈；2-铁心；3-空气隙；4-可动舌片；5-可动接点；6-固定接点；7-弹簧；8-止挡

当铁心不饱和时，Φ 与 I_r 成正比，而与磁路的磁阻成反比。由于磁路的磁阻几乎都集中在空气隙中，因此磁阻与空气隙的长度 δ 成正比，则磁通就与 δ 成反比。所以，与 Φ^2 成正比的电磁吸力作用到舌片上产生的电磁转矩可表示为

$$M_e = K_1\Phi^2 = K_2 \frac{I_r^2}{\delta^2} \tag{2-1}$$

式中，K_1 、K_2 为比例常数。

电力系统正常运行时，继电器线圈中流入负荷电流，作用于可动舌片上的工作转矩就是上述电磁转矩；而作用于其上的制动转矩为弹簧的初拉力矩 M_{s0} ，对应此时的空气隙长度为 δ_1 。两者平衡，这样可动舌片不会向左转动，继电器接点不闭合。

当电流增大时，M_e 增大，可动舌片试图向左转动；而可动舌片受到的制动转矩有两个，一个是与弹簧伸长成正比的反抗转矩，当舌片向左移动使气隙由 δ_1 减小到 δ 时，该转矩可表示为

$$M_s = M_{s0} + K_3 (\delta_1 - \delta) \tag{2-2}$$

式中，K_3 为比例常数。另一个是舌片转动过程中所必须克服的摩擦转矩 M_f，其值可认为是一个常数，不随 δ 的改变而变化。因此，阻碍继电器动作的全部制动转矩就是 $M_s + M_f$。

继电器能够动作的条件是

$$M_e \geqslant M_s + M_f \tag{2-3}$$

满足上述条件的，能使继电器动作的最小电流值称为继电器的动作电流，也称为启动电流，以 I_{act} 表示。对应此时的电磁转矩，根据式(2-1)可表示为

$$M_{act} = K_2 \frac{I_{act}^2}{\delta^2} \tag{2-4}$$

图 2-2 表示了当舌片由起始位置(空气隙为 δ_1)转动到终端位置(空气隙为 δ_2)时，电磁转矩及制动转矩与行程的关系曲线。当 I_{act} 不变时，随着 δ 的减小，M_e 与其平方成反比，按曲线 1 变化；而制动转矩则按线性关系增加，如直线 2 所示。因此在行程的末端将出现一个剩余转矩 M_r，它有利于保证继电器接点的可靠闭合。

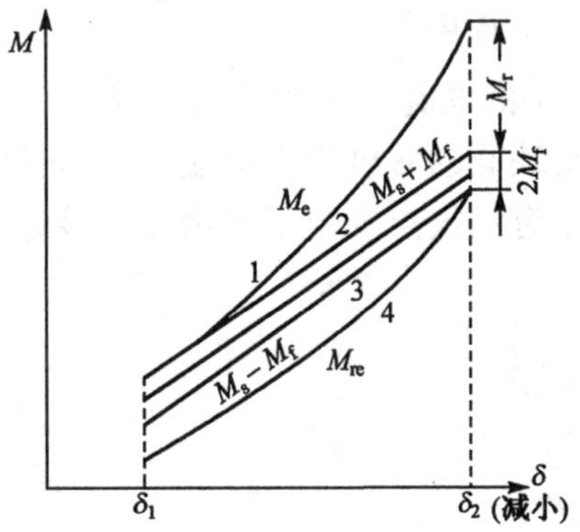

图 2-2 电磁型电流继电器转矩曲线

1-启动电磁转矩；2-启动时的反作用转矩；3-返回时的反作用转矩；4-返回时的电磁转矩

继电器动作后，逐渐减小电流以减小电磁转矩，处于吸起状态的可动舌片在弹簧的作用下会返回原位。在这个过程中，摩擦力又起着阻碍返回的作用。因此继电器能够返回的条件是

$$M_e \leqslant M_s - M_f \tag{2-5}$$

满足上述条件的、能使继电器返回原位的最大电流值称为继电器的返回电流，以 I_{re} 表示。代入式(2-1)，则得对应于此时的电磁转矩

$$M_{re} = K_2 \frac{I_{re}^2}{\delta^2} \tag{2-6}$$

在返回过程中，转矩与行程的关系如图 2-2 中的直线 3 和曲线 4 所示。

返回电流与启动电流的比值称为继电器的返回系数，用 K_{re} 表示

$$K_{re} = \frac{I_{re}}{I_{act}} \tag{2-7}$$

返回系数是表征继电器性能好坏的重要参数。由以上分析可见，由于行程末端存在的剩余转矩以及摩擦转矩的影响，电磁型过电流继电器的返回系数为 0.8～0.85。一切反应于动作量升高而动作的继电器，其返回系数恒小于 1，但为了使继电器在电力系统故障切除后易于返回，其返回系数又应该尽可能接近 1。可以采用坚硬的轴承以减小摩擦转矩，改善磁路系统的结构以适当减小剩余转矩等方法来提高返回系数。

继电器启动电流的调整，一般是利用改变线圈的匝数和弹簧的初拉力来实现。

上面分析的电流继电器具有如下特性：当 $I_r < I_{act}$ 时，触点是打开的；而当 $I_r \geqslant I_{act}$ 时，继电器能够突然迅速动作闭合其接点；继电器动作以后，只当电流减小到 $I_r \leqslant I_{re}$ 时，继电器又突然迅速地打开接点返回原位。在启动和返回的过程中，继电器的动作迅速、明确、干脆，不可能停留在某一个中间位置，这种特性称为"继电特性"。

以上所述的电磁型电流继电器，当线圈不通电时，接点是断开的；而当继电器动作时，其接点瞬时闭合，这种接点被称为常开接点。还有一种接点在线圈不通电时，接点是闭合的；而当继电器动作时能瞬时打开，称这种接点为常闭接点。

2.1.2 辅助继电器

在继电保护装置中，完成逻辑功能的辅助继电器包括有时间继电器、中间继电器和信号继电器。

1. 时间继电器

时间继电器的作用是：在保护装置中人为地建立所需要的动作时限。实际应用的时间继电器包括机电型和静态型两大类。

机电型时间继电器大多采用钟表机构式实现，含有电磁启动部件和钟表机构。其中，电磁启动部分的工作原理与中间继电器的相似，靠线圈通电后在铁心、空气隙和可动舌片组成的磁路中产生的电磁吸力使得可动舌片运动，进而带动附在衔铁上的传动齿轮促使延时机构转动以开始计时，在延时到达后闭合接点。因此，该接点就称为时间继电器的延时接点。

机电型时间继电器的动作时间比较精确，但制造工艺较复杂，而且调试维护比较麻烦。图 2-3给出的是 CMOS 门电路构成的静态型时间继电器的原理电路图，由两个异或门、R-C 充电回路和二极管 D 构成。由于 CMOS 门电路的开启电压约等于电源电压的一半，当选用工作电源电压为+15V 时，则开启电压≈7.5V，因此可以利用此开启电压作门槛电压。

正常时输入电压 U_{in} 为低电平 0V，异或门 1 输出低电平，电容 C 通过 D 被短接，异或门 2 的两个输入均为低电平，其输出 U_{out} 为低电平。当 U_{in} 输入高电平时，异或门 1 输出高电平，D 截至，电源通过 R 给 C 充电，当充电电压 $V_C \geqslant 7.5V$ 的门槛电压时，异或门 2 输出高电平，表示时间元件动作，时间元件的延时就是 C 从 0V 充电到门槛电压的时间。当 U_{in} 由高电平变为低电平时，异或门 1 又输出低电平，电容 C 通过 D 被短接，异或门 2 的输出 U_{out} 又返回到低电平。

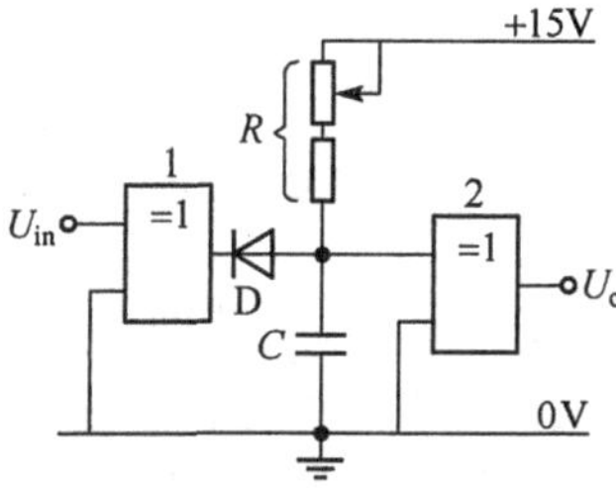

图 2-3 用 CMOS 门电路构成的时间元件

上述时间继电器的工作情况可以描述成“延时动作瞬时返回”，在继电保护的原理框图中用图 2-4(a)表示其功能。图 2-4(b)表示的是“瞬时动作延时返回”的时间元件符号，能实现这种功能的时间元件也称为展宽电路。图 2-4(c)给出的是“记忆电路”，只要有输入，立即输出一个固定宽度的信号，输出信号的时间长度与输入信号无关。

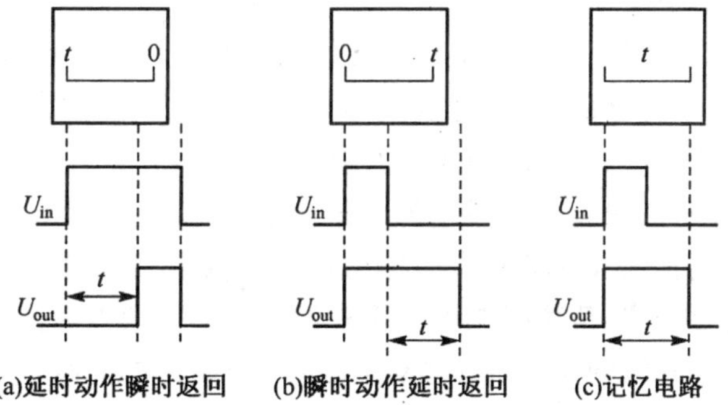

图 2-4 时间元件的表示符号及其功能

2. 中间继电器

中间继电器的特点和作用可以描述如下：接点的数量多，在保护装置中可以同时接通或断开几个回路；接点的容量大，用做保护装置的出口继电器以接通断路器的跳、合闸回路；动作和返回带有不大的延时，可以实现保护装置所需的必要延时；有些中间继电器带有自保持线圈，可以构成自保持回路。

图 2-5 示出了常用的电磁型中间继电器结构图。其动作原理是：当给线圈加上不小于60%～70%的额定电压时，可动舌片 3 即被吸向铁心 2，由可动舌片带动的电木传动销 8 向上运动，进而带动各个可动接点 5a 也向上运动，使得常开接点闭合、常闭接点断开。当瞬时撤销输入信号时，继电器随即返回。

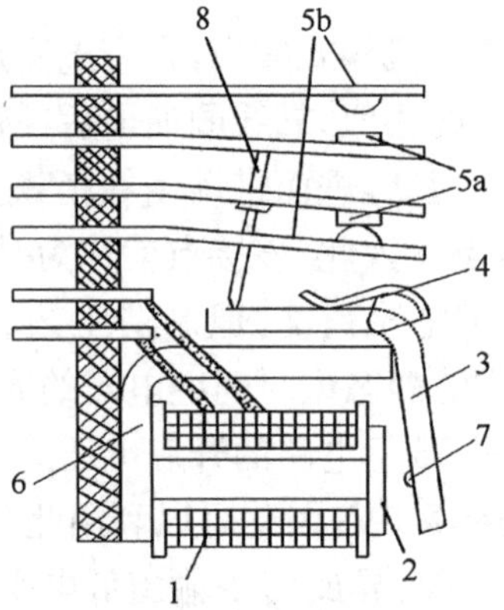

图 2-5　吸引衔铁式的电磁型中间继电器结构图

1-线圈；2-铁心；3-可动舌片；4-返回簧片；5a、5b-动、静接点；6-磁轭；7-止动钉；8-电木传动销

通常都会给中间继电器加上操作电源电压，此电压接近于继电器线圈的额定电压，只要加入该电压，中间继电器就动作；撤销该电压，继电器就返回。因此，对中间继电器的动作和返回参数不必提出较高要求。

有些中间继电器具有两种线圈，一种是电压线圈，另一种是电流线圈。前者接操作电源的全电压，就是工作线圈；后者与断路器跳闸线圈和断路器辅助接点相串联，只要断路器未跳闸，则中间继电器的电流线圈就一直有电流，这样可以保持衔铁 3 一直处于吸起状态，从而实现自保持。这种有自保持作用的电路在继电保护和二次系统的控制回路中用得很多。

静态型（包括晶体管型、集成电路型和微机型）继电保护装置的工作电压和工作电流都比较小，可以采用小型密封中间继电器作出口电路。小型密封中间继电器的尺寸和重量可以和半导体器件相比，多数也采用电磁原理实现，由线圈、铁心及可动舌片等组成。但是，其磁路材料采用的是高磁导率的坡莫合金，所以可以做得体积小、重量轻、动作速度快以及动作功率小（动作电压为几伏至十几伏，动作电流为几毫安至十几毫安）。

还有一种特殊形式的电磁型中间继电器——干簧继电器，图 2-6 示出了它的结构图。在密封的玻璃管 2 内，封接着两根由坡莫合金制成的簧片 1 和 3，被称为舌簧接点，这两根簧片既是导电的接点，又是导磁体，其靠绕在干簧管外面的线圈 4 通电后产生的磁场来驱动。当给线圈通上电时，其所产生的磁场使得簧片磁化，磁通穿过簧片的间隙，产生电磁吸力；电磁吸力大于簧片的弹性力时，两根簧片的自由端就吸合在一起；电磁吸力减小到簧片在吸合位置时的弹性力时，簧片接点便弹回原位。与一般的电磁型继电器一样，干簧继电器也可以有常开接点、常闭接点或切换接点(见图 2-6(b))。干簧继电器结构简单、动作速度快,但若制造工艺不良,会出现接点粘住现象。

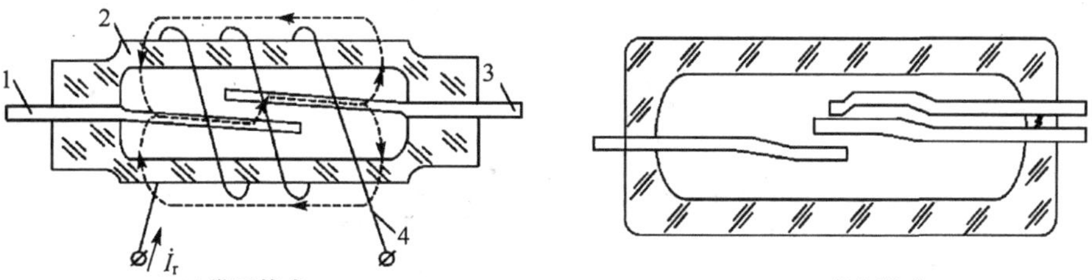

图 2-6 干簧继电器结构图

1、3-簧片(舌簧接点);2-玻璃管;4-线圈

3. 信号继电器

信号继电器的作用是:发出声信号和光信号,作为整套保护装置或其某些部分动作后的指示,以便于对装置动作情况和电力系统的故障进行分析。

电磁型信号继电器是一种瞬时动作而能自保持的继电器,分机械保持型和磁保持型两类,曾经在电力系统的保护和二次控制回路中广泛应用。随着微机保护的广泛应用和变电站二次回路的更新改造,电磁型信号继电器逐渐被发光二极管的信号回路所取代。这种信号回路将发光二极管和电阻相串联,供电电源的投退由保护装置或者其他自动装置中的干簧继电器的常开接点控制接通,只要几个毫安的电流就可以点亮;为了实现自保持,可以利用带有自保持作用的中间继电器的接点来接通电源,这样一来,只有当工作人员手动或是远方操作使得中间继电器复归以后,信号回路才能随即复归。

2.2 单侧电源网络相间短路的电流保护

2.2.1 电流速断保护

当电网中发生相间短路时,短路电流比正常时的负荷电流大得多;短路点越靠近电源处,短路电流越大。根据对继电保护速动性的要求,保护装置动作切除故障的时间原则上总是越快越好,因此,在输电线路上一般总是考虑装设既能快速动作又简单可靠的保护,电流速断保护就属于这样的保护。仅反应于被保护线路一侧电流增大而瞬时动作的保护就称为电流速断保护。

在图 2-7 所示的单侧电源放射网中,假定每条线路上均装有电流速断保护,我们希望每一个速断保护都能保护自己线路的全长,这是对继电保护全线速动性的要求;同时在下一条线路出口短路时又不动作,这是对继电保护选择性的要求。但是全线速动性和选择性的要求是不能同时满足的。

以保护 2 为例,实际上 k_1 点和 k_2 点短路时,从保护 2 安装处所流过短路电流的数值几乎是一样的。因此,k_1 点短路时速断保护 2 能动作,则 k_2 点短路时保护 2 必然也会动作。同样地,保护 1 也无法区别 k_3 点和 k_4 点的短路。

解决这个矛盾的办法就是优先保证动作的选择性,即从保护装置启动参数的整定上保证下一条线路出口处短路时不启动,在继电保护技术中,这又称为按躲开下一条线路出口短路的条件整定。

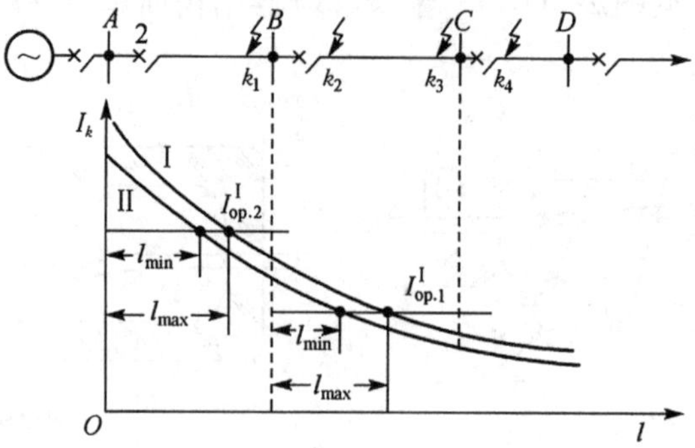

图 2-7　电流速断保护动作特性的分析

由于电流速断保护整定计算是以电网中发生相间短路时流过的短路电流为基础的，因此定义保护装置的启动电流这一概念，它是指能使该保护装置启动的最小电流值，以 $I_{op}^{Ⅰ}$ 表示。它所代表的意义是：当被保护线路的一次侧电流等于或大于这个数值时，安装在该处的保护装置就能够启动。$I_{op}^{Ⅰ}$ 与继电器启动电流 I_{act} 之间满足如下关系：

$$I_{act}=\frac{I_{op}^{Ⅰ}}{n_{TA}} \tag{2-8}$$

式中，n_{TA} 是电流互感器的变比。

根据电力系统短路的分析，当电源电势一定时，短路电流的大小与短路点和电源之间的总阻抗及短路类型有关。三相短路电流的数值可表示为

$$I_k=\frac{E_\varphi}{Z_\Sigma}=\frac{E_\varphi}{Z_S+Z_k} \tag{2-9}$$

式中，E_φ 为系统等效电源的相电势；Z_k 为短路点至保护安装处之间的阻抗；Z_S 为保护安装处到系统等效电源之间的阻抗。

从式(2-9)可以看出：短路地点不同，Z_k 不同，I_k 就不同；系统运行方式变化时，E_ϕ 和 Z_S 变化，I_k 也不同；两相短路电流的表达式也与式(2-9)不同，I_k 还决定于短路类型。所以，同一个系统有多条短路电流曲线 $I_k=f(l)$，l 为短路点至保护安装处的距离。对每一套保护装置来讲，通过该保护装置的短路电流为最大的方式称为系统最大运行方式；而短路电流为最小的方式则称为系统最小运行方式。在最大运行方式下三相短路时，通过保护装置的短路电流为最大，此时的短路电流变化曲线如图 2-7 中曲线Ⅰ所示；而在最小运行方式下两相短路时短路电流为最小，对应的短路电流变化曲线如图 2-7 中的曲线Ⅱ所示。

为了保证电流速断保护动作的选择性，其启动电流 $I_{op}^{Ⅰ}$ 必须大于系统最大运行方式下被保护线路末端发生三相短路时的电流 $I_{k.\max}$，即

$$\begin{cases}I_{op.1}^{Ⅰ}>I_{k.c.\max}\\ I_{op.2}^{Ⅰ}>I_{k.b.\max}\end{cases}$$

考虑到电流继电器实际启动值可能小于整定值、短路电流计算误差以及短路电流计算采用的是次暂态电流而未计及衰减非周期分量的影响等因素，引入可靠系数 $K_{rel}^{Ⅰ}=1.2\sim1.3$，则

$$\begin{cases}I_{op.1}^{Ⅰ}=K_{rel}^{Ⅰ}I_{k.c.\max}\\ I_{op.2}^{Ⅰ}=K_{rel}^{Ⅰ}I_{k.b.\max}\end{cases} \tag{2-10}$$

这样整定好的启动电流是不变的，与短路点远近（或 Z_k）无关，故在图 2-7 中是一条直线，它与曲线Ⅰ和Ⅱ各有一个交点。在交点至保护安装处的一段线路上短路时，由于短路电流大

于启动电流，保护装置能动作。而在交点以右的线路上短路时，由于短路电流小于启动电流，保护将不能启动。由此可见，电流速断保护不能保护线路的全长。系统最大运行方式下发生三相短路时，电流速断的保护范围最大为 $l_{\max}$；而当出现系统最小运行方式下的两相短路时，电流速断的保护范围最小为 $l_{\min}$。保护范围随系统运行方式的变化而变化。

速断保护的灵敏性用保护范围的大小来衡量，此保护范围用线路全长的百分数表示；一般要求该保护范围不小于线路全长的 15%，应按系统最小运行方式下两相短路来校验保护范围。

设线路及系统其他元件只考虑电抗，当启动电流 $I_{\mathrm{op}}^{\mathrm{I}}$ 算出后，最小保护范围用解析法由下式推出。令

$$I_{\mathrm{op}}^{\mathrm{I}} = I_{k.l.\min}^{(2)} \tag{2-11}$$

式中，$I_{k.l.\min}$ 为系统最小运行方式下，最小保护范围末端发生相间短路的最小短路电流。在系统正、负序阻抗相等情况下，该电流是同一点同一系统运行方式下三相短路电流的$\frac{\sqrt{3}}{2}$倍。

将 $I_{k.l.\min}^{(2)} = \frac{\sqrt{3}}{2} I_{k.l.\min}^{(3)} = \frac{\sqrt{3}}{2} \frac{E_{\varphi}}{Z_{\mathrm{S.max}} + Z_{l.\min}}$ 和 $I_{\mathrm{op}}^{\mathrm{I}} = K_{\mathrm{rel}}^{\mathrm{I}} \frac{E_{\varphi}}{Z_{\mathrm{S.min}} + Z_{l}}$ 代入式(2-11)得

$$K_{\mathrm{rel}}^{\mathrm{I}} \frac{E_{\varphi}}{Z_{\mathrm{S.min}} + Z_{l}} = \frac{\sqrt{3}}{2} \frac{E_{\varphi}}{Z_{\mathrm{S.max}} + Z_{l.\min}} \tag{2-12}$$

式中，$Z_{\mathrm{S.max}}$ 为系统最小运行方式下的最大等值阻抗；$Z_{\mathrm{S.min}}$ 为系统最大运行方式下的最小等值阻抗；$Z_{l.\min}$ 为保护安装处到最小保护范围末端之间的阻抗；Z_{l} 为被保护线路的总阻抗。

解式(2-12)得

$$Z_{l.\min} = \frac{1}{K_{\mathrm{rel}}^{\mathrm{I}}} \left(\frac{\sqrt{3}}{2} Z_{l} - K_{\mathrm{rel}}^{\mathrm{I}} Z_{\mathrm{S.max}} + \frac{\sqrt{3}}{2} Z_{\mathrm{S.min}} \right) \tag{2-13}$$

因此，最小保护范围为

$$l_{\min}\% = \frac{Z_{l.\min}}{Z_{l}} \times 100\% = \frac{1}{K_{\mathrm{rel}}^{\mathrm{I}}} \left(\frac{\sqrt{3}}{2} - \frac{K_{\mathrm{rel}}^{\mathrm{I}} Z_{\mathrm{S.max}} - \frac{\sqrt{3}}{2} Z_{\mathrm{S.min}}}{Z_{l}} \right) \tag{2-14}$$

由式(2-14)可见：线路长度一定时，系统最大、最小运行方式相差越小(即 $Z_{\mathrm{S.max}}$ 与 $Z_{\mathrm{S.min}}$ 差值越小)，保护范围越长。

电流速断保护的单相原理接线如图 2-8 所示，其中测量元件是接于电流互感器 TA 二次侧的电流继电器 KA。它动作后启动中间继电器 KM，其触点闭合后，经串联信号继电器而接通断路器的跳闸线圈 YR，使断路器跳闸。接线中采用中间继电器 KM 有两个作用：①电流继电器的触点容量比较小，不能直接接通跳闸线圈。因此，应先启动中间继电器，然后再由触点容量大的中间继电器去接通跳闸线圈。②当线路上装有管型避雷器时，利用中间继电器来增大保护装置的固有动作时间，以防止管型避雷器放电时由于在极短时间内线路中有很大电流通过，电流继电器可能很快动作一下而引起速断保护的误动作。

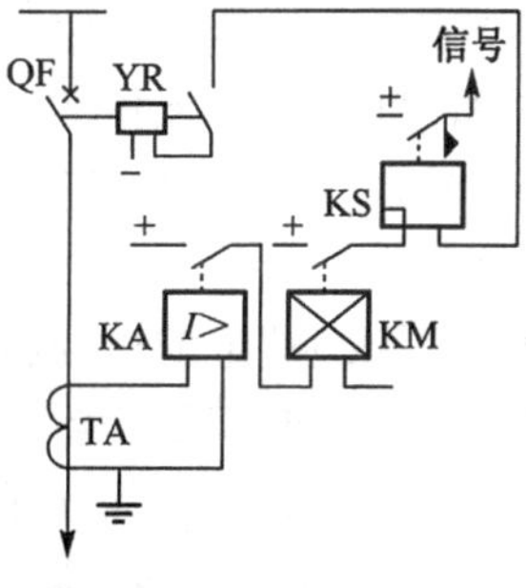

图 2-8　电流速断保护的单相原理接线图

由以上分析可以看出，电流速断保护是靠整定值的选取来满足选择性要求的。该保护的主要优点是简单可靠，动作迅速；它的缺点是不能保护线路的全长，且保护范围直接受系统运行方式变化的影响。

2.2.2 限时电流速断保护

由于电流速断不能保护本线路的全长，为了切除本线路上速断范围以外的故障，同时也作为速断的后备，需要增加一段新的保护。对这个新保护的要求，一是在任何情况下都能保护本线路的全长，并具有足够的灵敏性，二是在满足上述要求的前提下，力求具有最小的动作时限。这种能以较小的时限快速切除全线路范围内故障的保护就称为限时电流速断保护。

因为要求限时速断保护必须保护本线路的全长，所以它的保护范围必然要延伸到下一条线路中去，这样当下一条线路出口处发生短路时，它就要启动。为了保证动作的选择性，本线路限时电流速断保护的动作电流和动作时限都必须与下条线路的电流速断保护相配合。一般按下列原则对限时电流速断保护进行整定：使其保护范围不超出下一条线路电流速断保护的范围，而动作时限比下一条线路的速断保护高出一个时间阶段，此时间阶段以 Δt 表示。

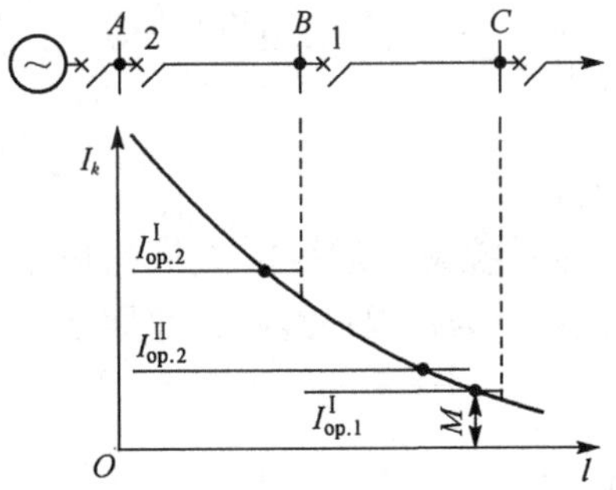

图 2-9 限时电流速断动作特性的分析

以图 2-9 的保护 2 为例，在单侧电源供电的情况下，它的启动电流和动作时限应该整定为

$$\begin{cases} I^{\mathrm{II}}_{\mathrm{op.2}} \geqslant I^{\mathrm{I}}_{\mathrm{op.1}} \\ t^{\mathrm{II}}_2 = t^{\mathrm{I}}_1 + \Delta t \end{cases} \tag{2-15}$$

如果选择保护 2 限时电流速断的保护范围与下条线路保护 1 电流速断的保护范围相同，那么上式中两个电流应该取相等。但考虑到电流互感器和电流继电器误差等因素的影响，为保证选择性，保护 2 的限时电流速断的保护范围应该缩小一些，即在式(2-15)中取大于号。引入可靠系数 $K^{\mathrm{II}}_{\mathrm{rel}} = 1.1 \sim 1.2$（考虑衰减非周期分量已经衰减掉，因此取得小），则得

$$I^{\mathrm{II}}_{\mathrm{op.2}} = K^{\mathrm{II}}_{\mathrm{rel}} I^{\mathrm{I}}_{\mathrm{op.1}} \tag{2-16}$$

从尽快切除故障的观点来看，Δt 应越小越好；但为了保证两个保护动作之间的选择性，Δt 应该符合下列条件

$$\Delta t = t_{\mathrm{QF.1}} + t_{t.1} + t_{t.2} + t_M \tag{2-17}$$

式中，$t_{\mathrm{QF.1}}$ 为故障线路断路器 1 从跳闸线圈收到跳闸脉冲到电弧熄灭为止的跳闸时间；$t_{t.1}$ 为保护 1 若采用时间继电器时，时间继电器动作时间的正误差(实际动作时间比整定时间大)；若保护 1 未采用时间继电器，不考虑这一项；$t_{t.2}$ 为保护 2 时间元件的负误差(实际动作时间比整定时间小)；t_M 为裕度时间。

对于常用的断路器和继电器而言，Δt 的数值为 0.35～0.6s，通常取为 0.5s。这样确定 Δt 后，就意味着：即使两个保护的动作时间均有误差，也能保证在下条线路电流速断的保护范围内发生故障时，它的断路器切除故障之前，前面靠近电源侧一级保护的限时电流速断绝不会发出跳闸信号。

按照上述原则整定的时限特性如图 2-10(a)所示。由图可见，在保护 1 电流速断范围以内的故障，将以 t^{I}_1 的时间被切除。此时，保护 2 的限时电流速断虽然可能启动，但由于 t^{II}_2 较 t^{I}_1 大一个 Δt，因而从时间上保证了选择性。当故障发生在保护 2 电流速断的范围以内时，则将以 t^{I}_2 的时间被切除。而当故障发生在速断的范围以外同时又在线路 AB 的范围以内时，则将以 t^{II}_2 的时间被切除。

由此可见，在线路上装设了电流速断和限时电流速断以后，它们的联合工作就可以保证全线路范围内的故障都能够在 0.5s 的时间内予以切除，在一般情况下都能够满足速动性的要求。具有这种性能的保护称为该线路的“主保护”。

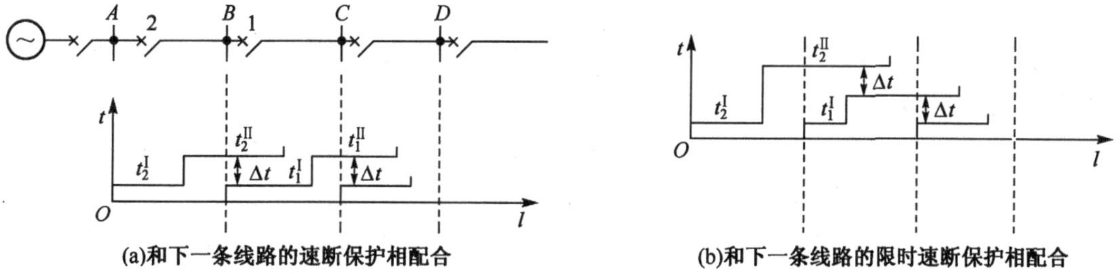

图 2-10　限时电流速断动作时限的配合关系

限时电流速断保护的灵敏性用灵敏系数 K_{sen}^{II} 来衡量。它是指：在系统最小运行方式下，线路末端发生两相短路时，流过保护装置的电流值 $I_{d.min}$ 与启动电流的比值。以保护 2 为例，其限时电流速断的灵敏系数为

$$K_{sen}^{II}=\frac{I_{d.B.min}}{I_{op.2}^{II}} \tag{2-18}$$

为了保证在线路末端短路时，保护装置一定能够动作，对限时电流速断保护应要求 $K_{sen}^{II}=1.3\sim1.5$。

当校验灵敏系数不能满足要求时，那就意味着将来真正发生内部故障时，由于不利因素的影响保护可能启动不了，这是不允许的。为了解决这个问题，通常都是考虑进一步延伸限时电流速断的保护范围，使之与下一条线路的限时电流速断相配合；而其动作时限就应该选择得比下一条线路限时速断的时限再高一个 Δt，一般取为 1～1.2s，即

$$\begin{cases}I_{op.2}^{II}=K_{rel}^{II}I_{op.1}^{II}\\ t_2^{II}=t_1^{II}+\Delta t\end{cases} \tag{2-19}$$

与该整定原则对应的时限特性如图 2-10(b)所示，可以看出：保护范围的伸长必然导致动作时限的升高。

限时电流速断保护的单相原理接线如图 2-11 所示，它和电流速断保护接线的主要区别是用时间继电器代替了原来的中间继电器。当电流继电器动作后，必须经过时间继电器的延时 t_2^{II} 才能动作于跳闸。而如果在 t_2^{II} 以前故障已经切除，则电流继电器立即返回，整个保护随即复归原状。

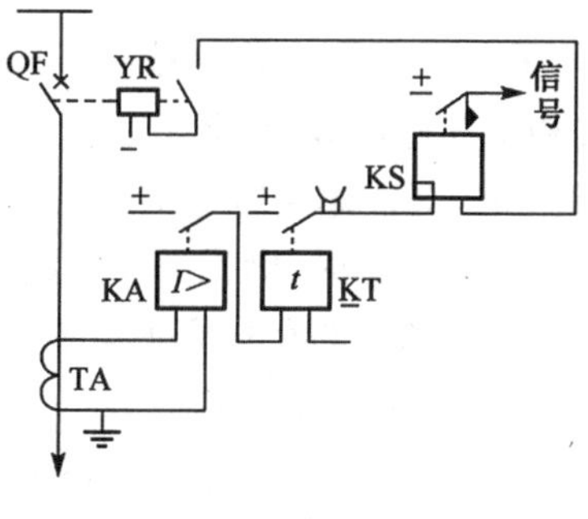

图 2-11　限时电流速断保护的单相原理接线图

限时电流速断是靠前后级保护在整定值和动作时限的选取上相互配合来满足选择性要求的。它的优点是能保护线路的全长，缺点是保护范围受系统运行方式的影响。

2.2.3　定时限过电流保护

电流速断保护和限时电流速断保护构成了输电线路的“主保护”，考虑到保护或者断路器有拒动的可能性，为了保证电力系统中发生故障时的选择性，还应该装设后备保护。定时限过电流保护就属于后备保护，它的启动电流按照躲开最大负荷电流来整定。在正常运行时不应

该启动；而在电网发生故障时，由于短路电流比负荷电流大而动作。一般情况下，它不仅能够保护本线路的全长，起到近后备保护的作用；而且能保护相邻线路的全长，起到远后备保护的作用。

1. 整定计算原则

电力系统正常运行情况下定时限过电流保护不应该动作，因此，其装置的启动电流必须大于该线路上可能出现的最大负荷电流 $I_{L.max}$ 。

另外，还必须考虑在外部故障切除后，保护装置是否能够返回的问题。例如在图 2-12 所示的网络接线中，当 k_1 点短路时，短路电流将通过保护 5、4、3，这些保护都要启动。按照选择性的要求应由保护 3 动作切除故障，然后保护 4 和 5 由于电流已经减小而立即返回。但是，当外部故障切除后，线路 AB 继续向变电所 B 供电。这时，变电所 B 母线上在短路时由于电压降低而被制动的电动机要有一个自启动的过程。电动机的自启动电流要大于它正常工作的电流，引入一个自启动系数 K_{Ms} 来表示最大的自启动电流 $I_{Ms.max}$ 与正常运行时最大负荷电流 $I_{L.max}$ 之比，即

$$I_{Ms.max} = K_{Ms} I_{L.max} \tag{2-20}$$

保护 4 和 5 在这个电流的作用下必须立即返回。因此应使保护装置的返回电流 $I_{re}^{Ⅲ} > I_{Ms.max}$ ，引入可靠系数 $K_{rel}^{Ⅲ}$ ，则

$$I_{re}^{Ⅲ} = K_{rel}^{Ⅲ} I_{Ms.max} = K_{rel}^{Ⅲ} K_{Ms} I_{L.max} \tag{2-21}$$

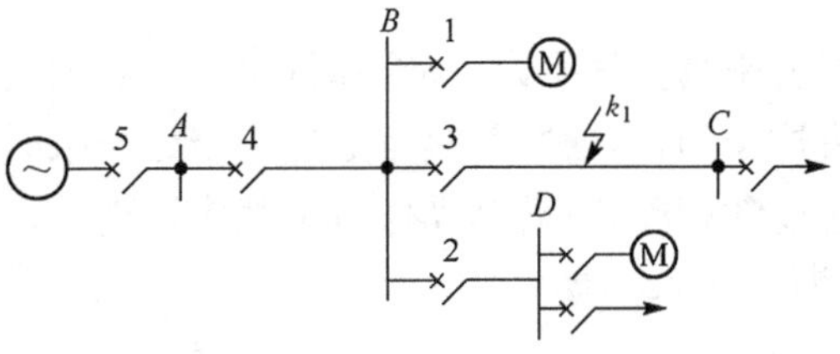

图 2-12　定时限过电流保护的网络接线图

由于保护装置的启动与返回是通过电流继电器来实现的，因此，继电器返回电流与启动电流之间的关系也就代表着保护装置返回电流与启动电流之间的关系。根据式(2-7)引入继电器的返回系数 K_{re} ，则保护装置的启动电流即为

$$I_{op}^{Ⅲ} = \frac{1}{K_{re}} I_{re}^{Ⅲ} = \frac{K_{rel}^{Ⅲ} K_{Ms}}{K_{re}} I_{L.max} \tag{2-22}$$

式中，$K_{rel}^{Ⅲ}$ 为可靠系数，一般采用 1.15～1.25；K_{Ms} 为自启动系数，数值大于 1，应由网络具体接线和负荷性质确定；K_{re} 为电流继电器的返回系数，一般采用 0.85～0.95。对机电型继电器采用 0.85，对静态型继电器采用 0.95。

当 K_{re} 越小时，则保护装置的启动电流越大，其灵敏性就越差。因此过电流继电器应有较高的返回系数，以保证其动作的灵敏性。

2. 动作时限的选择

为了保证选择性，电网中各个定时限过电流保护的动作时限必须相互配合。如图 2-13 所示，假定在每个电气元件上均装有过电流保护，各保护装置的启动电流均按照躲开各自的最大负荷电流来整定。这样当 k_1 点短路时，保护 1～5 在短路电流的作用下都可能启动。但要满足选择性的要求，应该只有保护 1 动作切除故障，而保护 2～5 在故障切除之后应立即返回。这个要求只有依靠使各保护装置带有不同的时限来满足。

保护 1 位于电网的最末端，当电动机内部故障时它可以瞬时动作切除故障，因此，$t_1^{Ⅲ}$ 即为保护装置本身的固有动作时间。为了保证 k_1 点短路时动作的选择件，保护 2 应整定其动作时限 $t_2^{Ⅲ} > t_1^{Ⅲ}$ ，引入时间阶段 Δt ，则保护 2 的动作时限为

$$t_2^{Ⅲ} = t_1^{Ⅲ} + \Delta t$$

保护 2 的时限确定以后，当 k_2 点短路时，它将以 t_2^{III} 的时限切除故障，此时为了保证保护 3 动作的选择性，又必须整定 $t_3^{\mathrm{III}} > t_2^{\mathrm{III}}$ 。引入 Δt 以后则得

$$t_3^{\mathrm{III}}\ \mathrm{I} = t_2^{\mathrm{III}} + \Delta t$$

依次类推，保护 4、5 的动作时限分别为

$$t_4^{\mathrm{III}} = t_3^{\mathrm{III}} + \Delta t$$

$$t_5^{\mathrm{III}} = t_4^{\mathrm{III}} + \Delta t$$

以上是以一个简单的单侧电源放射网为例给出定时限过电流保护动作时限整定原则，在较复杂一些的单侧电源网络中，任一过电流保护的动作时限，应选择得比相邻各元件保护的动作时限均高出至少一个 Δt ，只有这样才能充分保证动作的选择性。例如，在图 2-12 所示的网络中，保护 4 的动作时限应按下式整定：

$$t_4^{\mathrm{III}} = \max\{ t_1^{\mathrm{III}}, t_2^{\mathrm{III}}, t_3^{\mathrm{III}} \} + \Delta t \tag{2-23}$$

式中，t_1^{III} 为 1 号(电动机) 保护的动作时间；t_2^{III} 为 2 号(变压器) 保护的动作时间；t_3^{III} 为 3 号(线路 BC) 保护的动作时间。

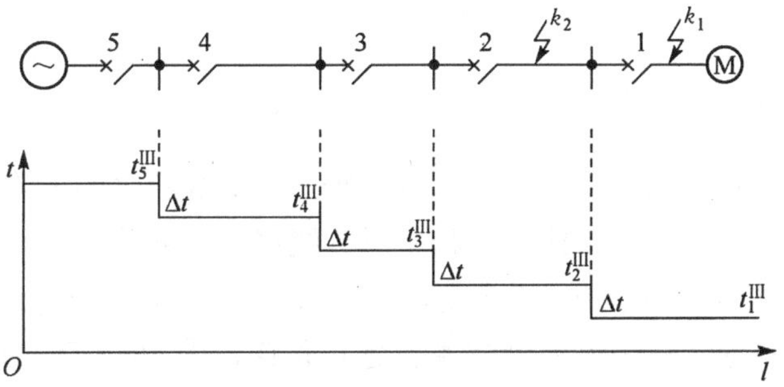

图 2-13　单侧电源网络中过电流保护动作时限特性

定时限过电流保护的动作时限，是靠专门的时间继电器来实现的，与短路电流的大小无关。保护的单相式原理接线与图 2-11 相同。

由以上分析也可以看出，处于电网终端附近的保护装置(如图 2-13 中的 1 和 2)，其过电流保护的动作时限并不长。因此，在这种情况下它就可以作为主保护兼后备保护，而无需再装设电流速断或限时电流速断保护。

3. 灵敏系数的校验

定时限过电流保护作为本线路的主保护或近后备保护，应该采用最小运行方式下本线路末端两相短路时的电流 $I_{k.本.\min}$ 与启动电流之比来校验灵敏系数，即

$$K_{\mathrm{sen}}^{\mathrm{III}} = \frac{I_{k.本.\min}}{I_{\mathrm{op}}^{\mathrm{III}}} \tag{2-24}$$

规程要求 $K_{\mathrm{sen}}^{\mathrm{III}} \geqslant 1.3$。

定时限过电流保护作为相邻线路的远后备保护，应该采用最小运行方式下相邻线路末端两相短路时的电流 $I_{k.邻.\min}$ 与启动电流之比来校验灵敏系数，即

$$K_{\mathrm{sen}}^{\mathrm{III}} = \frac{I_{k.邻.\min}}{I_{\mathrm{op}}^{\mathrm{III}}} \tag{2-25}$$

此种情况下，要求 $K_{\mathrm{sen}}^{\mathrm{III}} \geqslant 1.2$。

为了保证动作的选择性，还要求各个过电流保护之间灵敏系数必须相互配合，即对同一故障点而言，要求越靠近故障点的保护应具有越高的灵敏系数。例如，在图 2-13 的网络中，当

k_{11} 点短路时，应要求各保护的灵敏系数之间具有下列关系

$$K_{\text{sen.}1}^{\mathrm{III}} > K_{\text{sen.}2}^{\mathrm{III}} > K_{\text{sen.}3}^{\mathrm{III}} > K_{\text{sen.}4}^{\mathrm{III}} > \cdots \tag{2-26}$$

在单侧电源的网络中，上述灵敏系数应相互配合的要求是自然能够满足的。因为发生故障后，各保护装置均流过同一个短路电流；而越靠近电源端时，保护装置的整定值越大。在复杂网络的保护中，灵敏系数的相互配合问题尤其应该注意。

实际上，定时限过电流保护是靠灵敏系数和动作时限都相互配合来保证动作的选择性的，这一结论同样适用于以后要讲的零序Ⅲ段和距离Ⅲ段保护。

目前，在 35kV 及以下的电网中广泛应用三段式电流保护，它包括电流速断（也称电流Ⅰ段）、限时电流速断（也称电流Ⅱ段）和定时限过电流保护（也称电流Ⅲ段）。前两者作为线路的主保护；后者作为本线路的近后备和相邻线路的远后备。阶段式电流保护的最主要优点就是简单、可靠，并且在一般情况下也能够满足快速切除故障的要求；缺点是它直接受电网的接线以及电力系统运行方式变化的影响，例如整定值必须按系统最大运行方式来选择，而灵敏性则必须用系统最小运行方式来校验，这就使它往往不能满足灵敏系数或保护范围的要求。

2.2.4 电流保护的接线方式

电流保护的接线方式指电流继电器与电流互感器二次线圈之间的连接方式。相间短路的电流保护广泛采用的是三相星形接线和两相星形接线这两种方式。

图 2-14 所示的三相星形接线中，三个电流继电器分别接于三个电流互感器的二次侧，互感器和继电器均接成星形。三个继电器的触点是并联连接的，相当于“或”回路。当其中任一触点闭合后均可动作于跳闸或启动时间继电器等。在星形接线的中线上流回的电流为 $\dot{I}_a+\dot{I}_b+\dot{I}_c$，正常时此电流约为零；在发生接地短路时则为三倍零序电流 $3\dot{I}_0$。这种接线方式可以反应各种相间短路和中性点直接接地电网中的单相接地短路。

图 2-15 所示的两相星形接线，它和三相星形接线的主要区别在于 B 相上不装设电流互感器和相应的继电器，因此，它不能反应 B 相中所流过的电流。在这种接线中，中线上流回的电流是 $\dot{I}_a+\dot{I}_c$。

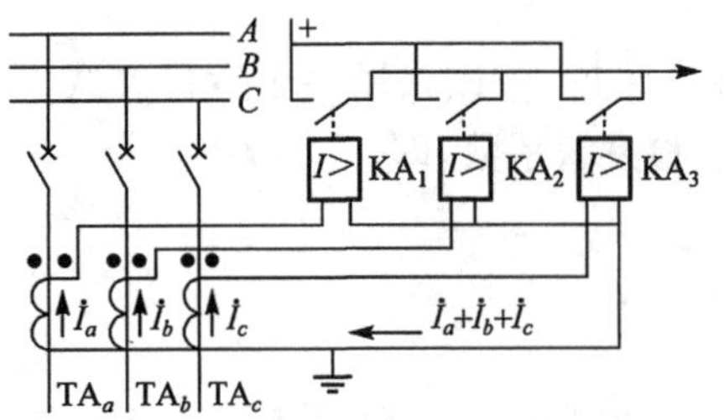

图 2-14　三相星形接线方式的原理接线图

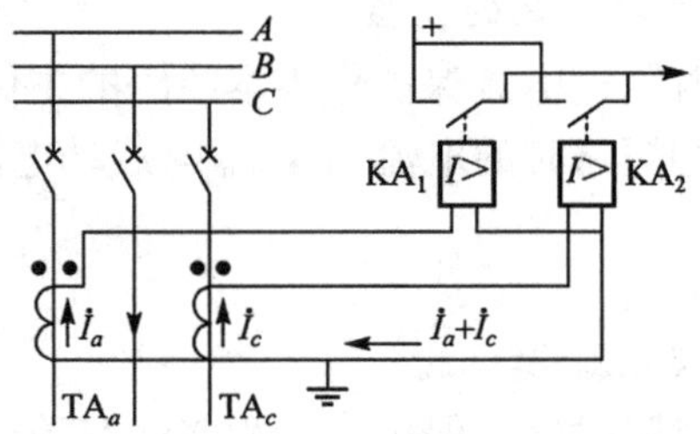

图 2-15　两相星形接线方式的原理接线图

对中性点直接接地电网和非直接接地电网中的各种相间短路，两种接线方式均能正确反应这些故障，不同之处仅在于动作的继电器数目不一样。三相星形接线方式在各种两相短路时，均有两个继电器动作；而两相星形接线方式在 AB 和 BC 相间短路时只有一个继电器动作。

2.3　多侧电源网络相间短路的方向性电流保护

2.3.1　多侧电源网络相间短路采用电流保护存在的问题

实际的电力系统是由很多电源组成的复杂网络，在多侧电源网络中采用第二节中介绍的三段式电流保护不能满足选择性的要求。

例如在图 2-16 所示的双侧电源网络中，每条线路的两侧均需装设断路器和保护装置。因为当线路上发生短路时，线路两侧分别流过各侧电源提供的短路电流，如果只在线路的一侧装设断路器和保护装置，实际上并不能真正切除故障。假设保护 1、2、3、4 的电流速断仍按第二节中的整定原则，其启动电流依据电源 E_{I} 单独存在情况下整定；保护 5、6、7、8 的电流速断依据电源 $\dot{E}_{\mathrm{II}}$ 单独存在情况下整定。在图 2-16(a)中 k_1 点发生短路时，按照选择性的要求应该由距故障点最近的保护 2 和 6 动作切除故障。然而，由电源 $\dot{E}_{\mathrm{II}}$ 供给的短路电流 $\dot{I}''_{k1}$ 也将通过保护 1，如果 I''_{k1} 大于保护 1 电流速断的启动电流 $I^{\mathrm{I}}_{\mathrm{op.1}}$，则保护 1 的电流速断会误动作。因此，可以得出这样的结论：在双侧或多侧电源的复杂网络中，采用电流速断不能满足选择性的要求。

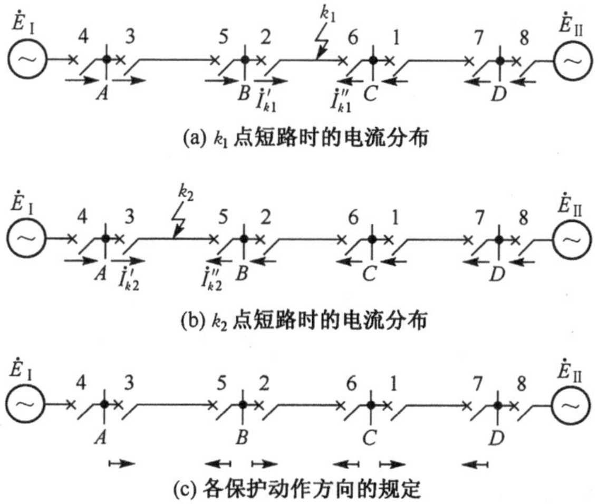

图 2-16　双侧电源网络接线及保护动作方向的规定

那么，此类网络中能否采用定时限过电流保护呢？结论也是否定的。因为当 k_1 点短路时，要求 $t^{\mathrm{III}}_5 > t^{\mathrm{III}}_2$；但是，当 k_2 点短路时，又要求 $t^{\mathrm{III}}_2 > t^{\mathrm{III}}_5$。这两个要求是不可能同时得到满足的。

2.3.2　方向性电流保护的工作原理

由上面的分析可知，多侧电源网络单纯采用电流保护会引起误动作。为了消除误动作，必须找出引起误动作的原因。为此，先分析 k_1 点短路时保护 1 电流速断的误动作原因，从图 2-16(a)可见，保护 1 电流速断的误动作是由 $\dot{I}''_{k1}$ 引起的，而此电流是保护 1 的对侧电源 $\dot{E}_{\mathrm{II}}$ 提供的。所以说，电流速断保护误动作是由对侧电源提供的短路电流引起的，此时的实际短路功率方向由线路流向母线。

再分析多侧电源网络中定时限过电流保护的误动作原因。保护 1、2、3、4 的动作时限是在不考虑 $\dot{E}_{\mathrm{II}}$ 存在的前提下整定的，满足 $t^{\mathrm{III}}_4 > t^{\mathrm{III}}_3 > t^{\mathrm{III}}_2 > t^{\mathrm{III}}_1$，而保护 5、6、7、8 的动作时限是在不考虑 $\dot{E}_{\mathrm{I}}$ 存在的前提下整定的，满足 $t^{\mathrm{III}}_8 > t^{\mathrm{III}}_7 > t^{\mathrm{III}}_6 > t^{\mathrm{III}}_5$。但是，这两组动作时限彼此之间没有

考虑配合关系,因此,有可能出现 $t_5^{\mathrm{III}} > t_2^{\mathrm{III}}$ 的情况。这样一来,当 k_2 点短路时,保护 2 的定时限过电流保护在对侧电源提供的短路电流 $\dot{I}_{k1}''$ 的作用下就会误动。归根结底,定时限过电流保护的误动作也是由对侧电源提供的短路电流引起的,此时的实际短路功率方向也是由线路流向母线的。

因此,为了消除双侧电源或多侧电源中三段式电流保护的无选择动作,需要在可能误动作的保护上增设一个功率方向的闭锁元件 KW。该元件当短路功率方向由母线流向线路时动作,开放电流保护;当短路功率方向由线路流向母线时不动作,闭锁电流保护。按照上述原理构成的保护就是方向性电流保护,每个保护的规定动作方向(也称为规定正方向)都是指短路功率(或短路电流)由母线流向线路的方向,如图 2-16(c)所示。

装设了方向元件以后,可以把双侧电源网拆开看成两个单侧电源网络,上一节所讲的三段式电流保护的工作原理和整定计算原则就仍然可以应用了。方向性过电流保护的单相原理接线如图 2-17 所示,主要由方向元件(即功率方向继电器)、电流元件(即电流继电器)和时间元件(即时间继电器)组成。方向元件和电流元件必须都动作以后,才能启动时间元件,再经过预定的延时后动作于跳闸。为了简化接线,同一断路器对应的三段保护可共用一个方向元件。

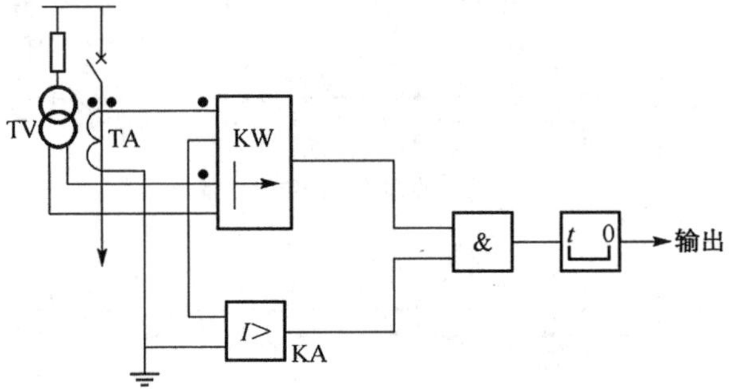

图 2-17 方向性过电流保护的原理接线图

2.3.3 功率方向继电器

1. *功率方向继电器的动作方程和动作特性*

如果短路功率的实际方向是由母线流向线路的,称该短路对于保护来说是正方向短路;反之称为反方向短路。例如图 2-16(a)中 k_1 点短路对保护 2、3、6、7 是正方向短路,对保护 1 和 5 是反方向短路。由此可见,故障的方向可以利用短路功率的方向判断,而短路功率的方向又取决于保护安装处电流、电压之间的相位关系。因此,功率方向继电器的基本原理就是反应于加入继电器中电流和电压的相位而动作。

按电工技术中测量功率的概念,对 A 相的功率方向继电器应加入电压 $\dot{U}_{\mathrm{r}} = \dot{U}_A$ 和电流 $\dot{I}_{\mathrm{r}} = \dot{I}_A$ 。下面以图 2-18(a)网络中的保护 1 为例,分析正、反方向短路时,保护安装处电压和电

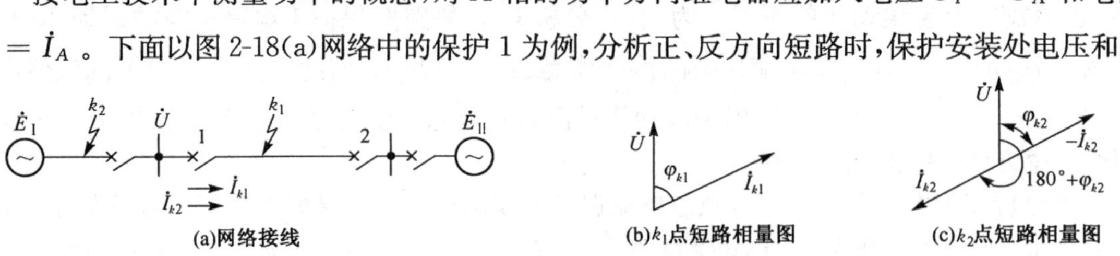

图 2-18 方向继电器工作原理的分析

流之间的相位关系，以推导出功率方向继电器的动作方程。当正方向 k_1 点三相短路时，短路电流 $\dot{I}_{k1}$ 滞后母线电压 $\dot{U}_A$ 一个相位角 φ_{k1}，φ_{k1} 为从母线至 k_1 点之间的线路阻抗角，其值为 $0° < \varphi_{k1} < 90°$，如图 2-18(b)所示。因此，功率方向继电器中电压、电流之间的相位角可表达为

$$\varphi_r = \arg\frac{\dot{U}_A}{\dot{I}_{k1.A}} = \varphi_{k1} \tag{2-27}$$

式中，符号 arg 表示分子相量超前于分母相量的角度。

当反方向 k_2 点短路时，通过保护 1 的短路电流是由电源 $\dot{E}_{\mathrm{II}}$ 供给的，对保护 1 来说，该电流的实际方向是由线路流向母线的。但由于保护是以规定正方向观测电流的，因此，此时保护 1 按规定的电流正方向观测到的 $\dot{I}_{k2}$ 滞后于母线电压 $\dot{U}_A$ 的角度为 $180° + \varphi_{k2}$，φ_{k2} 为从该母线至 k_2 点之间的线路阻抗角，其值为 $180° < 180° + \varphi_{k2} < 270°$，如图 2-18(c)所示。此时，继电器中电压和电流之间的相位角可表达为

$$\varphi_r = \arg\frac{\dot{U}_A}{\dot{I}_{k2.A}} = 180° + \varphi_{k2} \tag{2-28}$$

如以母线电压作为参考向量，并设 $\varphi_{k1} = \varphi_{k2} = \varphi_k$（线路阻抗角），则 $\dot{I}_{k1}$ 和 $\dot{I}_{k2}$ 的相位相差 180°。

由以上分析可见，用于反应相间短路的功率方向继电器当加入其上电压超前电流的夹角为 φ_k 时应该动作，而电压超前电流的夹角为 $180° + \varphi_k$ 时不应动作。考虑到实际短路时，故障点存在过渡电阻，且保护装置本身具有测量误差，因此，为保证正方向发生短路时功率方向继电器能可靠动作，动作角度不应该只局限于 φ_k 这一个值，而是应该有一定的角度范围。为了制作方便，这个角度范围通常取为 180°，而位于 180°动作范围中间的那条线就称为功率方向继电器的最大灵敏线，该直线与电流之间的夹角称为最大灵敏角，用 φ_{sen} 表示。

为了让继电器在正方向短路时动作最灵敏，采用上述相电压和相电流接线的功率方向继电器应做成最大灵敏角 $\varphi_{sen} = \varphi_k$，其动作角度以 φ_k 为中心向两边各扩展 90°。这样一来，功率方向继电器动作方程可表示为

$$\varphi_{sen} + 90° \geqslant \arg\frac{\dot{U}_r}{\dot{I}_r} \geqslant \varphi_{sen} - 90° \tag{2-29}$$

或

$$90° \geqslant \arg\frac{\dot{U}_r e^{-j\varphi_{sen}}}{\dot{I}_r} \geqslant -90° \tag{2-30}$$

当以 $\dot{I}_r$ 为参考向量时，对应的动作特性在复数平面上是一条直线，如图 2-19(a)所示，阴影部分为动作区。

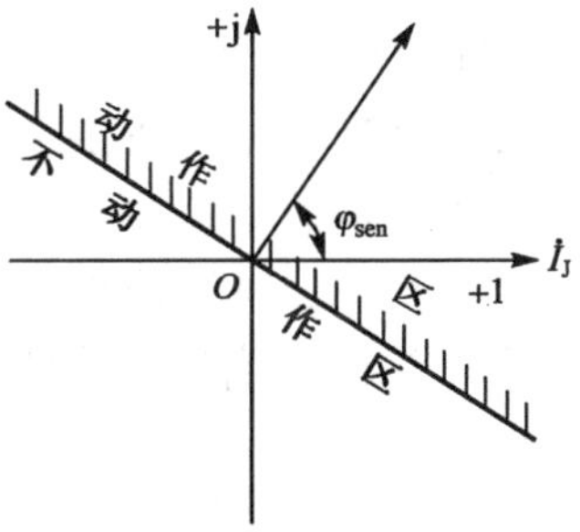

(a)按式(2-30)构成

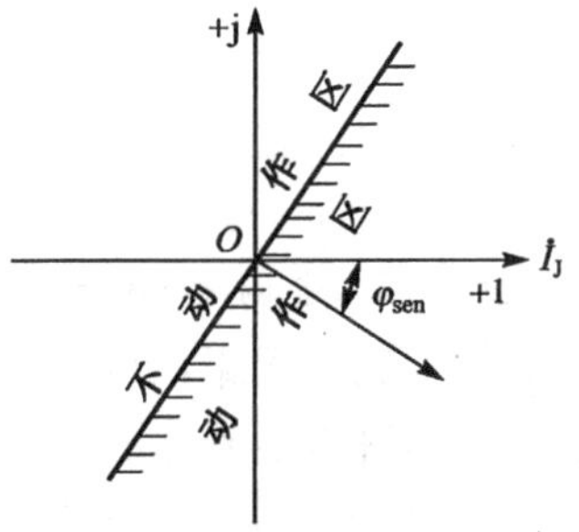

(b)按式(2-33)构成

图 2-19　功率方向继电器的动作特性

式(2-30)也可用功率的形式表示为

$$U_r I_r \cos(\varphi_r - \varphi_{sen}) > 0 \tag{2-31}$$

当余弦项和U_r、I_r越大时，其功率输出值也越大，继电器动作的灵敏度越高；而任一项等于零或余弦项为负时，继电器将不能动作。

实际应用中，这种接线和特性的继电器，在其正方向出口附近发生三相短路、A-B或C-A两相接地短路以及A相接地短路时，由于$U_A \approx 0$或数值很小，继电器将不能动作，这称为继电器的“电压死区”。为了减小和消除死区，在实际中广泛采用非故障的相间电压作为参考量去判别相电流的相位。例如，对A相的功率方向继电器加入电流$\dot{I}_r = \dot{I}_A$和电压$\dot{U}_r = \dot{U}_{BC}$（详见2.3.4节的分析）。此时，$\varphi_r = \arg \dot{U}_{BC} / \dot{I}_A$。显然，这种接线继电器中接入的电压比前述接线中接入的电压滞后90°。所以，为了让继电器在正方向短路时仍然最灵敏，其灵敏角也应该向滞后方向旋转90°，取为

$$\varphi_{sen} = \varphi_k - 90° \tag{2-32}$$

将此灵敏角代入式(2-30)，得到继电器对应的动作方程为

$$90° \geqslant \arg \frac{\dot{U}_r e^{j(90° - \varphi_k)}}{\dot{I}_r} \geqslant -90° \tag{2-33}$$

动作特性示于图2-19(b)中。习惯上令$90° - \varphi_k = \alpha$，α称为功率方向继电器的内角。内角和灵敏角之间存在如下关系：

$$\alpha = -\varphi_{sen} \tag{2-34}$$

式(2-33)如用功率形式表示，则为

$$U_r I_r \cos(\varphi_r + \alpha) > 0 \tag{2-35}$$

这种接入相电流和非故障相间电压的功率方向继电器，在发生任何包含A相的不对称短路时，由于I_A和U_{BC}的数值很大，继电器不仅没有死区，而且动作灵敏度很高。只有正方向出口附近发生三相短路时，由于$U_{BC} \approx 0$会产生很小的电压死区。消除这一死区可以采用电压记忆回路（见本书3.2.5节）。

2. *功率方向继电器的构成*

用式(2-33)实现功率方向继电器时，根据构成元件的不同分为感应型、整流型、晶体管型、集成电路型和微机型。本节只讨论集成电路型功率方向继电器，其构成框图示于图2-20。加入继电器的电压$\dot{U}_r$和电流$\dot{I}_r$经电压形成回路后，变换成适合于集成运算放大器所需要的电压；并与电压、电流互感器的二次回路相隔离，以防止来自二次回路干扰的影响。然后，使$\dot{U}_r$移相α角，以获得参考向量$\dot{U}_r e^{j\alpha}$。$\dot{U}_r e^{j\alpha}$与$\dot{I}_r R$均经50Hz带通有源滤波器，以消除短路暂态过程中衰减非周期分量和各种谐波分量的影响，而后形成方波。方波形成回路通常采用开环的运算放大器构成，具有很高的灵敏度，其负半周输出经二极管消波后，变为0V信号（参见图2-21中的U_3和U_4），以便与CMOS门电路配合工作。由与门、或非门、延时5ms、展宽20ms等器件组成的相位比较回路，可对两个方波进行相位比较，当满足式(2-33)的条件后，输出高电平1态信号，表示继电器动作。

相位比较回路的工作原理是：测量要比相的两个电压的瞬时值同时为正或同时为负的持续时间。例如，当$\dot{U}_r e^{j\alpha}$与$\dot{I}_r R$同相位时，如图2-21(b)所示，其瞬时值同时为正或同时为负的时间等于工频的半个周期，对50Hz而言即为10ms。而当上述两个电压的相位差增至90°时，

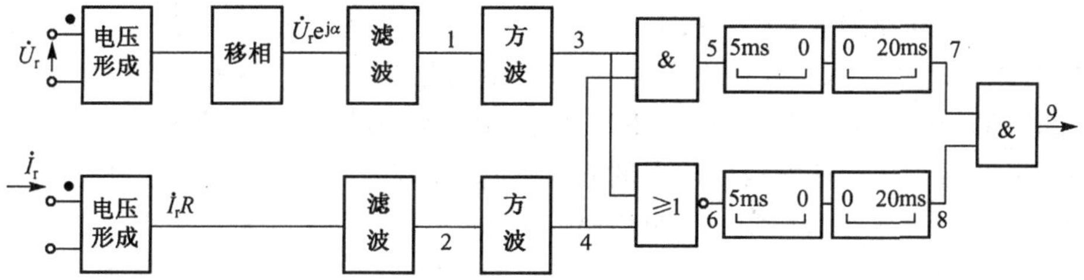

图 2-20 集成电路型功率方向继电器构成框图

如图 2-21(a)所示，其瞬时值同时为正或同时为负的时间减至 5ms。因此，要比较 $\dot{U}_re^{j\alpha}$ 与 $\dot{I}_rR$ 的相位差，可通过测量这两个电压瞬时值同时为正或同时为负的时间来实现。当两者之间的相位差小于或等于 90°时，其瞬时值同时为正或同时为负的时间必然大于或等于 5ms，满足这个关系继电器就应该动作。

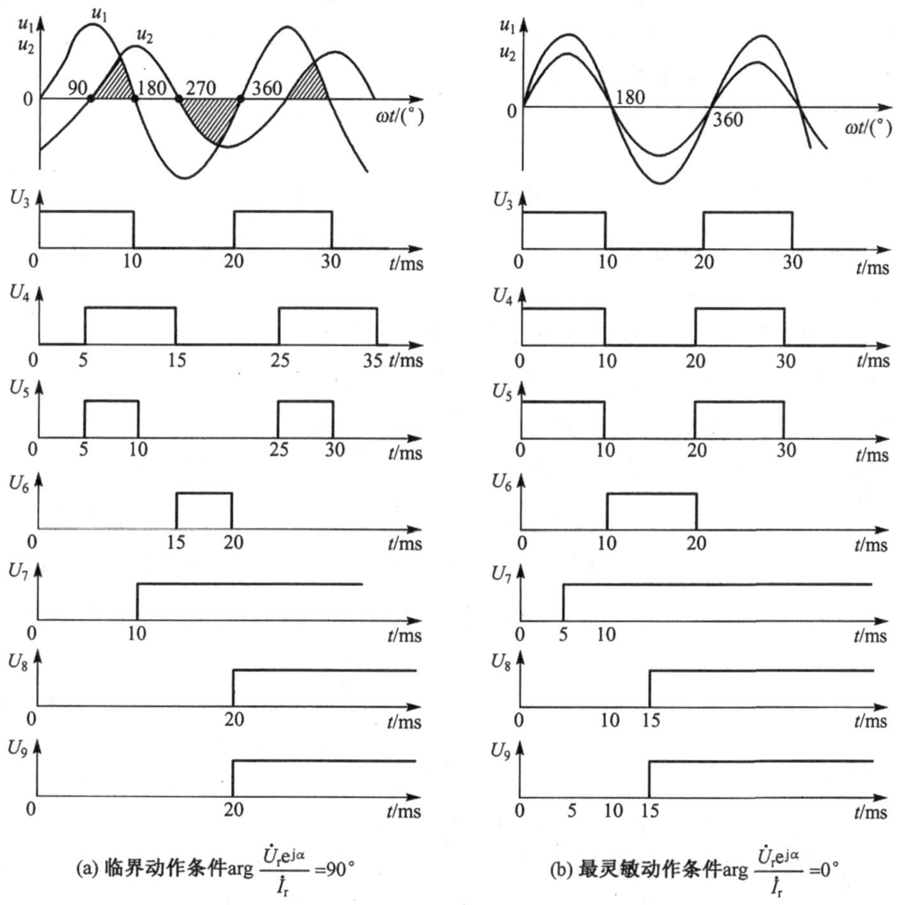

图 2-21 相位比较回路中各点输出电压波形图

在图 2-20 中，两个方波接入与门后的输出电压 U_5 能反应瞬时值同时为正的时间；而接入或非门后的输出电压 U_6 则能反应瞬时值同时为负的时间。因此，这个电路可以同时进行正、负半周的比相。当 U_5 为高电平的持续时间≥5ms 时，即可经 20ms 的展宽回路，使 U_7 输出高电平。由于 U_5 每隔 20ms 输出一次高电平，是一个间断的信号，故必须予以展宽后，才能变为长信号输出。同理，当 U_6 电压为高电平的持续时间≥5ms 时，经 20ms 展宽后，U_8 输出高电平长信号。

为提高继电器动作的可靠性，在图 2-20 中采用正、负半周比相、与门输出的方式，即 U_7 和 U_8 必须同时为高电平后，U_9 才输出高电平，表示继电器动作。这种输出方式的继电器动作速度较慢，最快的动作时间为 15ms，如图 2-21(b)所示。在有些情况下，当要求继电器快速动作时，则可以采用正、负半周比相或门输出的方式，即让 U_7 和 U_8 经或门输出。任一个为高电平后，U_9 就可以输出高电平，其最快的动作时间为 5ms。

上述功率方向继电器的构成框图中，方波形成回路需要一定数值的输入电压才能输出方波。当三相短路点靠近母线附近时，I_r 大但 $U_r \approx 0$，所以，方波形成回路的其中一个输入电压 $\dot{U}_r e^{j\alpha}$ 很小，小到不足以形成方波时，继电器将不能启动，这就是出现“电压死区”的原因。

在功率方向继电器的实际应用中，还必须考虑它的“潜动”问题。所谓潜动就是指：在只加入电流或只加入电压的情况下，继电器就能够动作的现象。按照继电器功率形式的动作方程式(2-35)，当 U_r 和 I_r 任何一个量为零时，继电器都不应该动作。但由于构成继电器某个环节的不平衡输出，如方波形成回路的零漂会引起继电器的“潜动”。发生潜动的最大危害是在反方向出口处三相短路时，此时 $U_r \approx 0$，而 I_r 很大，如果此时出现了潜动，就可能使保护装置失去方向性而误动作。必须采取措施消除继电器的“潜动”。在图 2-20 所示的框图中，采用正、负半周比相，与门输出的方式，就能够可靠地防止潜动的发生。

2.3.4 相间短路功率方向继电器的接线方式

功率方向继电器的接线方式是指它与电流互感器和电压互感器之间的连接方式。对功率方向继电器接线方式的要求是：

(1)正方向短路时动作，反方向短路时不动作；

(2)故障以后加入继电器的电流 $\dot{I}_r$ 和电压 $\dot{U}_r$ 应尽可能数值大一些，并尽可能使 φ_r 接近于最大灵敏角 φ_{sen}，以提高继电器动作的灵敏度并减小“电压死区”。

相间短路的功率方向继电器普遍采用的是 90°接线方式，这种接线方式的三个继电器分别接于 $\dot{I}_A$、$\dot{U}_{BC}$，$\dot{I}_B$、$\dot{U}_{CA}$ 和 $\dot{I}_C$、$\dot{U}_{AB}$。称其为 90°接线方式是由于在三相对称情况下，当 $\cos\varphi = 1$ 时，如图 2-22 所示，加入继电器的电流如 $\dot{I}_A$ 和电压 $\dot{U}_{BC}$ 相位相差 90°。这个定义仅仅是为了称呼的方便，无任何物理意义。

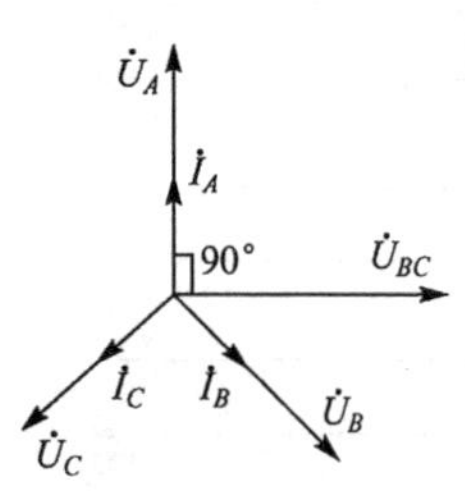

图 2-22 $\cos\varphi = 1$ 时的相量图

图 2-23 为采用这种接线方式构成的三相式方向过电流保护的原理接线图。接线时，必须十分注意继电器电流线圈和电压线圈的极性问题，如果有一个线圈的极性接错时，就会出现正方向短路时拒绝动作、而反方向短路时误动作的现象。

实际上，功率方向继电器的动作方程式(2-33)就是按这种接线方式推导出的，这种接线对各种两相短路都没有死区，因为继电器加入的是非故障的相间电压，相间短路时非故障相电压值很高。只是对三相短路存在“电压死区”。

厂家生产的用于相间短路的功率方向继电器一般都提供了 $\alpha = 45°$ 和 $\alpha = 30°$ 两个内角。实际应用中，选用两个角中的任一个作为内角都能保证被保护线路上在任何地点发生各种相间短路时，继电器都能可靠动作。但继电器动作最灵敏的条件，应根据三相短路时使 $\cos(\varphi_r + \alpha) = 1$ 来决定。因此，对某一已经确定了阻抗角的送电线路而言，应采用 $\alpha = 90° - \varphi_k$ 以便获得最大的灵敏度，如线路阻抗角为 60°，那么选用 $\alpha = 30°$ 的内角最好。

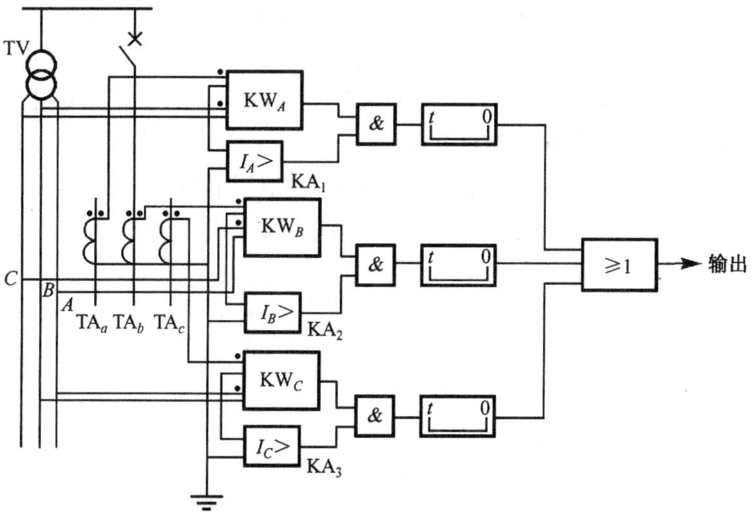

图 2-23　三相式方向过电流保护的原理接线图

2.3.5　双侧电源网络中电流保护整定的特点

在具有两个以上电源的网络接线中，必须采用方向性电流保护才能保证各保护动作的选择性。但应用方向元件后，使接线复杂、投资增加；同时保护安装地点附近正方向发生三相短路时，由于母线电压降低至零，方向元件存在动作的“电压死区”，其结果是导致整套保护装置拒动。

鉴于上述缺点的存在，方向性电流保护在不失掉动作选择性的前提下应力求不用方向元件。因此双侧电源网络中电流保护的整定计算有其自身的特点。

1. 电流速断保护

以图 2-24 为例，先分别计算出 k_1 点和 k_2 点的最大短路电流 $I_{k1.\max}$ 和 $I_{k2.\max}$，则保护 1、2 的电流速断启动电流应该分别整定为

$$\begin{cases} I_{\text{op.1}}^{\text{I}} = K_{\text{rel}}^{\text{I}} I_{k2.\max} \\ I_{\text{op.2}}^{\text{I}} = K_{\text{rel}}^{\text{I}} I_{k1.\max} \end{cases} \tag{2-36}$$

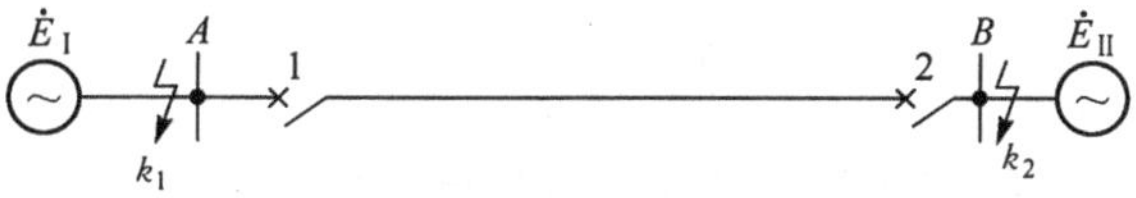

图 2-24　双侧电源线路上电流速断保护的整定

然后，将 $I_{\text{op.1}}^{\text{I}}$ 与 $I_{k1.\max}$ 进行比较。如果 $I_{\text{op.1}}^{\text{I}} < I_{k1.\max}$，说明保护 1 反方向 k_1 点发生短路时，由对侧电源 $\dot{E}_{\text{II}}$ 提供的短路电流会使其电流速断误动作，为了保证选择性，保护 1 必须装设方向元件。如果 $I_{\text{op.1}}^{\text{I}} > I_{k1.\max}$，说明保护 1 的电流速断从整定值上可靠躲开了反向短路时流过的最大电流，因此就不必装设方向元件了。

同理，将 $I_{\text{op.2}}^{\text{I}}$ 与 $I_{k2.\max}$ 进行比较，可决定其是否可以不装设方向元件。

2. 限时电流速断保护

与电流速断保护一样，应用于双侧电源网络的限时电流速断保护，只有当启动电流大于反向短路的最大电流时，才可以不装方向元件。其基本的整定原则仍应与下一级保护的

电流速断相配合，但需考虑保护安装地点与短路点之间有电源或线路（通称为分支电路）的影响。

（1）助增电流的影响。如图 2-25 所示，在保护 1 和保护 2 的中间母线上出现了分支电路，分支电路中有电源。当 BC 线路上的 k 点发生相间短路时，故障线路中流过的短路电流 I_{BC} 将大于 I_{AB}，其值为 $I_{BC}=I_{AB}+I'_{AB}$。这种使故障线路电流增大的现象，称为助增。在这类网络中，对保护 2 的限时电流速断保护进行整定时，必须考虑助增电流的影响。

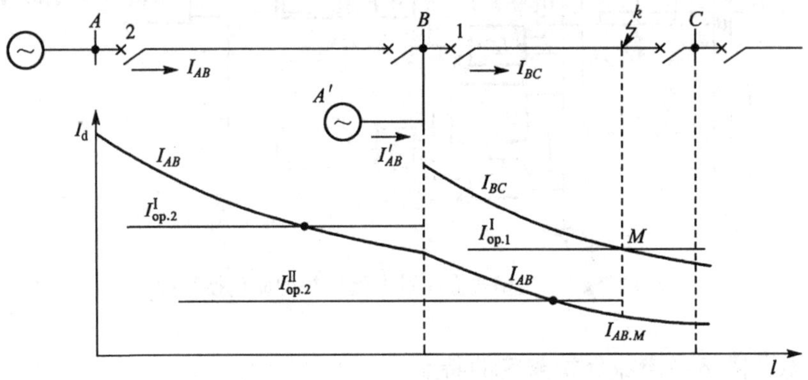

图 2-25　有助增电流时，限时电流速断保护的整定

保护 1 电流速断的整定值仍按躲开相邻线路出口短路整定为 $I^{\mathrm{I}}_{\mathrm{op.1}}$，其保护范围末端位于 M 点。此情况下，流过保护 2 的电流为 $I_{AB.M}$，其值小于 $I_{BC.M}(=I^{\mathrm{I}}_{\mathrm{op.1}})$。因此，保护 2 限时电流速断的整定值应取为

$$I^{\mathrm{II}}_{\mathrm{op.2}}=K^{\mathrm{II}}_{\mathrm{rel}}I_{AB.M} \tag{2-37}$$

引入分支系数 K_{b}，其定义为

$$K_{\mathrm{b}}=\frac{\text{故障线路流过的短路电流}}{\text{前一级保护所在线路上流过的短路电流}} \tag{2-38}$$

在图 2-25 中，整定配合点 M 处的分支系数为

$$K_{\mathrm{b}}=\frac{I_{BC.M}}{I_{AB.M}}=\frac{I^{\mathrm{I}}_{\mathrm{op.1}}}{I_{AB.M}}>1$$

代入式(2-37)得

$$I^{\mathrm{II}}_{\mathrm{op.2}}=\frac{K^{\mathrm{II}}_{\mathrm{rel}}}{K_{\mathrm{b}}}I^{\mathrm{I}}_{\mathrm{op.1}} \tag{2-39}$$

该式与单侧电源线路的整定公式(2-16)相比，在分母上多了一个大于 1 的分支系数的影响。

（2）外汲电流的影响。如图 2-26 所示，分支电路为一并联的线路，故障线路中的电流 I'_{BC} 将小于 I_{AB}，其关系为 $I_{AB}=I'_{BC}+I''_{BC}$，这种使故障线路中电流减小的现象，称为外汲。此时分支系数 $K_{\mathrm{b}}<1$。

有外汲电流影响时的分析方法同于有助增电流的情况，限时电流速断的启动电流仍应按式(2-39)整定。

当变电所 B 母线上既有电源又有并联线路时，其分支系数可能大于 1 也可能小于 1。应根据实际可能的运行方式，选取分支系数的最小值进行整定计算，以保证保护在任何情况下发生短路时的选择性。

3. 定时限过电流保护

定时限过电流保护一般很难从电流整定值上躲开反方向出口短路，而是否装设功率方向

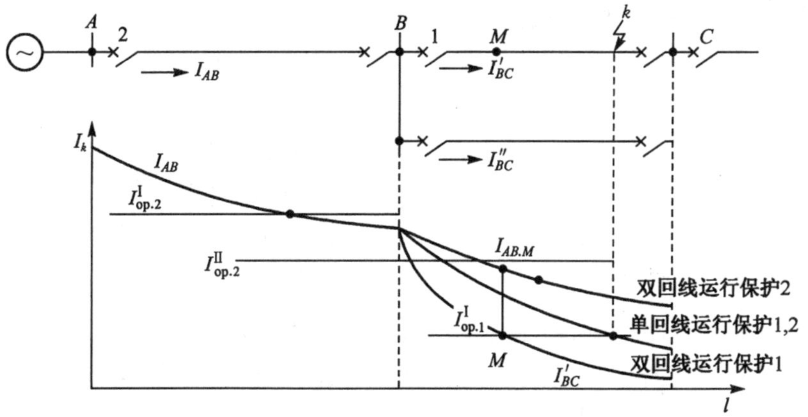

图 2-26　有外汲电流时，限时电流速断保护的整定

元件主要决定于动作时限的大小。以图 2-16 中保护 6 为例，如果其定时限过电流保护的动作时限 $t_6^{\mathrm{III}} \geqslant t_1^{\mathrm{III}} + \Delta t$，$t_1^{\mathrm{III}}$ 为保护 1 定时限过电流保护的时限，则保护 6 就可以不装方向元件，因为当反方向线路 C-D 短路时，它能以较长的时限来保证动作的选择性。但在这种情况下，保护 1 必须有方向元件，否则，线路 B-C 上短路时，由于 $t_1^{\mathrm{III}} < t_6^{\mathrm{III}}$，它将先于保护 6 而误动作。依据以上分析方法还可以看出，当 $t_1^{\mathrm{III}} = t_6^{\mathrm{III}}$ 时，保护 1 和保护 6 都需要装设方向元件。

2.4　中性点直接接地电网的接地保护

我国 110kV 及以上的电网采用中性点直接接地方式，这种电网发生接地故障时，短路点、大地和接地中性点构成了短路回路，所以故障电流很大，称此类电网为大电流接地电网。由于系统正常运行情况下没有零序电流；只有发生接地短路会出现很大的零序电流，因此，利用零序电流来构成大电流接地电网的接地保护就具有显著的优点。

2.4.1　中性点直接接地电网接地短路时零序分量的特点

图 2-27(a)网络发生接地短路时的零序等效网络如图 2-27(b)所示。零序电流的方向仍然采用母线流向线路为正；零序电压的方向取线路高于大地的电压为正，如图中的“↑”所示。

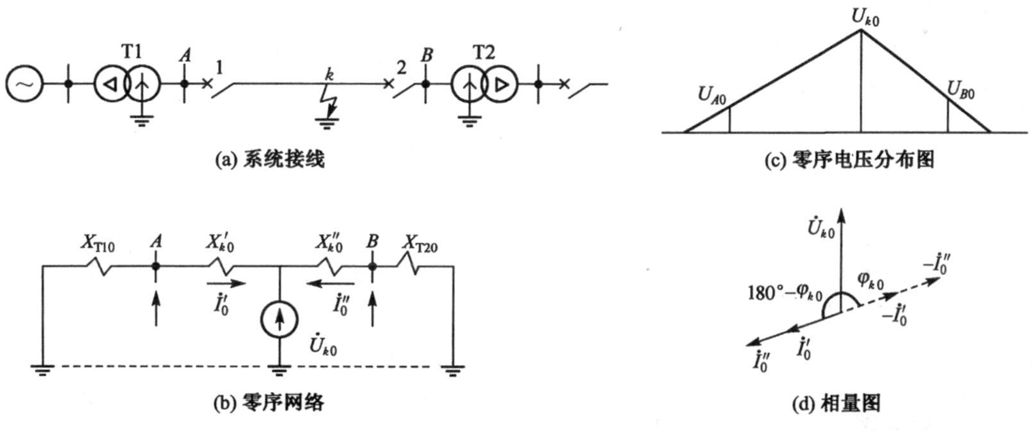

图 2-27　接地短路时的零序等效网

由零序等效网络可见，零序分量具有如下特点：

(1)故障点的零序电压最高，距离故障点越远处的零序电压越低，中性点处为0。零序电压的分布如图2-27(c)所示。

(2)网络中的零序电流是由于故障点出现零序电压而产生的。因此故障线路上的实际零序电流方向是由线路流向母线的，与保护规定的正方向相反。实际零序电流落后零序电压的相位由零序阻抗角 φ_{k0} 决定。按照规定的正方向画出零序电流和电压的向量图如图2-27(d)所示，$\dot{I}'_0$ 和 $\dot{I}''_0$ 超前 $\dot{U}_{k0}$ 的角度为：$180^\circ - \varphi_{k0}$。

(3)故障线路两端零序功率的方向实际上都是由线路流向母线的。

(4)任一保护安装处的零序电压只与流过的零序电流和被保护线路背后的阻抗有关，而与被保护线路的零序阻抗及故障点的位置无关。以保护1所在的 A 母线上的零序电压为例，$\dot{U}_{A0} = (-\dot{I}'_0)Z_{T1.0}$，$Z_{T1.0}$ 为变压器T1的零序阻抗。

(5)零序分量受系统运行方式的影响小。当电力系统运行方式变化时，如果送电线路和中性点接地的变压器数目不变，则零序阻抗和零序等效网络就是不变的；但系统的正序阻抗和负序阻抗要随着运行方式而变化。正、负序阻抗的变化将引起 U_{k1}、U_{k2}、U_{k0} 之间电压分配的改变，因而间接地影响零序分量的大小。

零序电压和零序电流可以从零序分量过滤器得到。

2.4.2 零序分量过滤器

在实现继电保护和自动装置的过程中，常常需要某些对称分量的电流和电压。此时通过专门的对称分量过滤器就可得到。所谓某一对称分量的过滤器，就是指在它的原边输入三相系统的电压或电流(其中可能包含正、负、零序分量)，而在它的输出端只输出与某一个对称分量成正比的电流或电压。如输出为零序者，就称为零序分量过滤器。

1. 零序电压过滤器

零序电压和三相电压之间满足如下关系：$3\dot{U}_0 = \dot{U}_A + \dot{U}_B + \dot{U}_C$。由该式可知，将电压互感器二次侧接成开口三角形，就可以得到零序电压，如图2-28(a)、(b)所示。图(a)为三个单相式的电压互感器，图(b)为三相五柱式电压互感器。

当发电机的中性点经电压互感器或消弧线圈接地时，如图2-28(c)所示，从它的二次绕组中也能够取得零序电压。

在集成电路保护中，由电压形成回路取得三个相电压后，利用加法器将三个相电压相加，如图2-28(d)所示，可以得到零序电压。

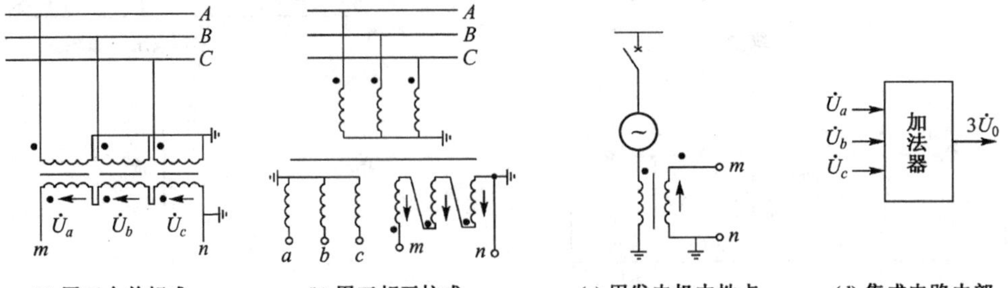

(a) 用三个单相式电压互感器　(b) 用三相五柱式电压互感器　(c) 用发电机中性点的电压互感器　(d) 集成电路内部合成零序电压

图2-28　取得零序电压的接线图

在微机保护中，可以通过单片机将三相电压的采样值相加得到对应时刻的零序电压采样值，也可以从零序电压过滤器副边直接获得零序电压。

理论上，零序电压过滤器只有在系统中发生接地故障时才有输出。但实际上在正常运行和电网相间短路时，由于电压互感器的误差以及三相系统对地不完全平衡，过滤器可能有数值不大的电压输出，称此电压为不平衡电压，以 U_{unb} 表示。此外，系统中存在三次谐波分量时，零序电压过滤器也会有输出，这是因为三相中的三次谐波电压是同相位的。对反应于零序电压而动作的保护装置，应该考虑躲开它们的影响。

2. 零序电流过滤器

$3\dot{I}_0=\dot{I}_A+\dot{I}_B+\dot{I}_C$，实际就是电流保护三相星形接线方式中线上所流过的电流。因此，三相星形接线电流互感器的中线就构成了零序电流过滤器，如图 2-29(a)所示。

根据图 2-29(b)给出的零序电流过滤器等效电路，考虑励磁电流 $\dot{I}_\mu$ 影响后，其输出电流，也即流入继电器中的电流为

$$\begin{aligned}\dot{I}_{\text{r}}&=\dot{I}_a+\dot{I}_b+\dot{I}_c\\&=\frac{1}{n_{\text{TA}}}[(\dot{I}_A-\dot{I}_{\mu A})+(\dot{I}_B-\dot{I}_{\mu B})+(\dot{I}_C-\dot{I}_{\mu C})]\\&=\frac{1}{n_{\text{TA}}}(\dot{I}_A+\dot{I}_B+\dot{I}_C)-\frac{1}{n_{\text{TA}}}(\dot{I}_{\mu A}+\dot{I}_{\mu B}+\dot{I}_{\mu C})\end{aligned}\tag{2-40}$$

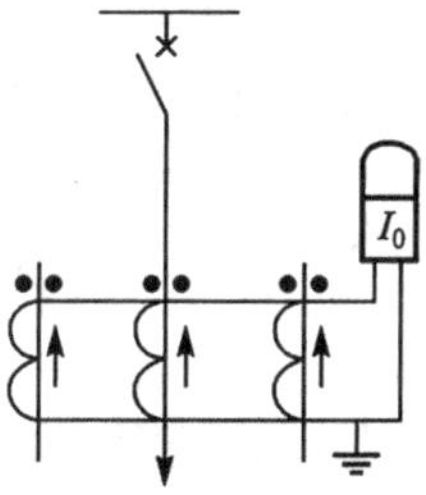

(a) 原理接线图

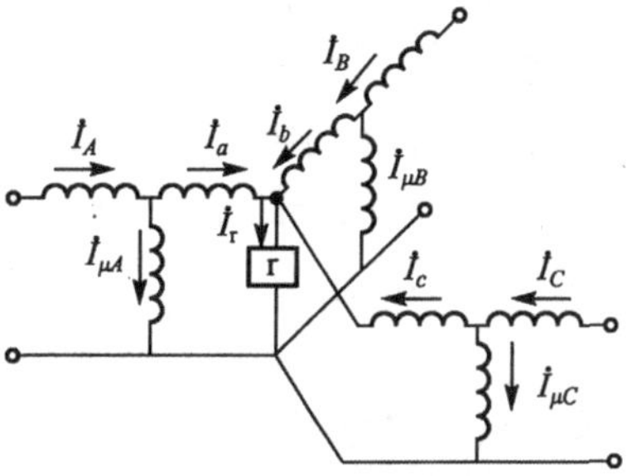

(b) 等效电路图

图 2-29 零序电流过滤器

正常运行和相间短路时，三个电流互感器一次侧电流的相量和必然为零。此时，流入继电器中的电流即为

$$\dot{I}_{\text{r}}=-\frac{1}{n_{\text{TA}}}(\dot{I}_{\mu A}+\dot{I}_{\mu B}+\dot{I}_{\mu C})=\dot{I}_{\text{unb}}\tag{2-41}$$

$\dot{I}_{\text{unb}}$ 称为零序电流过滤器的不平衡电流，它是由三个电流互感器励磁电流不相等产生的。而励磁电流的不等，则是由于铁心的磁化曲线不完全相同以及制造过程中的某些差别引起的。当发生相间短路时，电流互感器一次侧流过的电流值最大，并且包含有衰减非周期分量，不平衡电流也达到最大值，以 $\dot{I}_{\text{unb.max}}$ 表示。零序电流保护应该躲开此电流的影响。

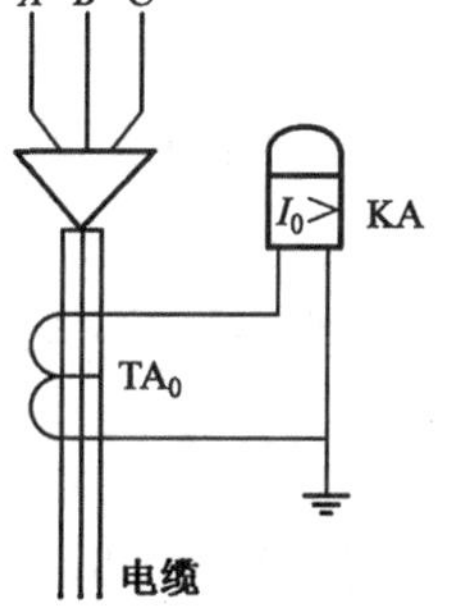

图 2-30 零序电流互感器接线示意图

3. 零序电流互感器实现的零序电流过滤器

对于电缆引出的送电线路，采用零序电流互感器获得 $3\dot{I}_0$，如图 2-30 所示。此电流互感器就套在电缆外面，从其铁心中穿过的

电缆就是电流互感器的一次绕组，一次电流就是 $\dot{I}_A+\dot{I}_B+\dot{I}_C$ 。只当一次侧出现零序电流时，在互感器的二次侧才有相应的 $3\dot{I}_0$ 输出。这种接线既简单，又不存在不平衡电流，但只能在电缆上实现。

2.4.3 三段式零序电流保护

1. 零序电流速断(零序Ⅰ段)保护

在中性点直接接地电网中，广泛采用三段式的零序电流保护作为接地短路的保护，其工作原理与相间短路的三段式电流保护相似。三段保护中的第Ⅰ段就是零序电流速断，其整定原则如下：

(1)躲开本线路末端接地短路时可能出现的最大零序电流 $3I_{0.\max}$，引入可靠系数 $K_{\rm rel}^{\rm I}$（一般为1.2～1.3)，即为

$$I_{0.\rm op}^{\rm I}=K_{\rm rel}^{\rm I}3I_{0.\max} \tag{2-42}$$

本线路末端发生接地短路时，流过线路的零序电流大小与接地短路的类型有关，应该选单相接地短路和两相接地短路中零序电流大的作为 $3I_{0.\max}$ 来进行整定。

(2)躲开断路器三相触头不同期合闸时所出现的最大零序电流 $3I_{0.\rm ust}$，引入可靠系数 $K_{\rm rel}^{\rm I}$ 即为

$$I_{0.\rm op}^{\rm I}=K_{\rm rel}^{\rm I}3I_{0.\rm ust} \tag{2-43}$$

常规的零序Ⅰ段应该取以上两个条件中较大的作为整定值。但在有些情况下，如按照条件(2)整定将使启动电流过大、保护范围缩小时，可以使零序Ⅰ段带有一个小的延时(约0.1s)，以躲开断路器三相不同期合闸的时间。这样在定值上就无须考虑条件(2)了。

(3)在装有单相自动重合闸的线路上，零序Ⅰ段应该躲开非全相运行状态下又发生系统振荡时，所出现的最大零序电流 $3I_{0.\rm unc}$。即

$$I_{0.\rm op}^{\rm I}=K_{\rm rel}^{\rm I}3I_{0.\rm unc} \tag{2-44}$$

但是，按照这一条件整定的零序Ⅰ段由于启动电流过大，在正常运行又发生接地故障时，保护范围过小。为了解决这个矛盾，可以设置两个零序Ⅰ段保护：

一个是灵敏Ⅰ段，按条件(1)、(2)取大者整定。其定值较小，保护范围较大。它的任务是对全相运行状态下的接地故障起保护作用；当单相重合闸启动时，则将其闭锁。

另一个是不灵敏Ⅰ段，按条件(3)整定，其定值较大。它的主要任务是在单相重合闸过程中，健全两相又发生接地故障时，尽快切除故障。

与相间短路的电流速断类似，零序Ⅰ段的保护范围可用解析法确定，其最小保护范围应该不小于被保护线路全长的15%～20%。

2. 零序电流限时速断(零序Ⅱ段)保护

零序Ⅱ段的启动电流和动作时限必须与相邻元件的零序Ⅰ相配合。图2-31所示电网在线路 B-C 上发生接地短路时，流过保护1和2的零序电流分别为 $\dot{I}_{k0.BC}$ 和 $\dot{I}_{k0.AB}$ 。引入零序电流的分支系数 $K_{0.\rm b}$ 之后，则零序Ⅱ段的启动电流应整定为

$$I_{0.\rm op.2}^{\rm II}=\frac{K_{\rm rel}^{\rm II}}{K_{0.\rm b}}I_{0.\rm op.1}^{\rm I} \tag{2-45}$$

上述例子中 $K_{0.\rm b}>1$；当变压器 $\rm T_2$ 切除或中性点改为不接地运行时，变压器支路即从零序等效网络中断开，此时 $K_{0.\rm b}=1$。应该取可能出现的最小分支系数进行整定计算。$K_{\rm rel}^{\rm II}$ 一般为1.1～1.2。

零序Ⅱ段与相邻元件的零序Ⅰ段配合时，其动作时限取0.5s。

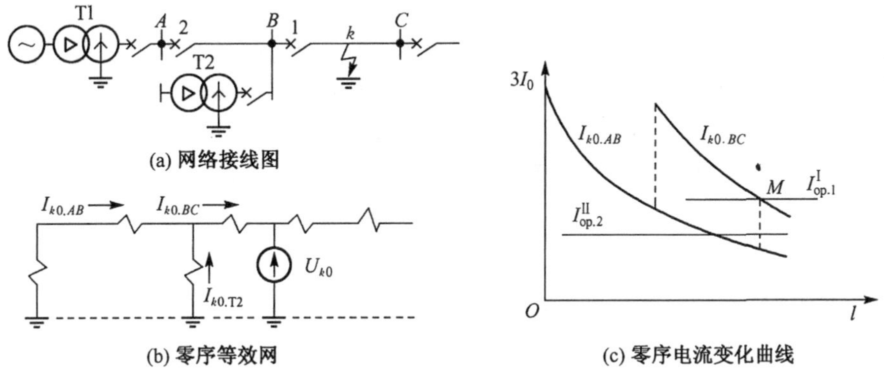

图2-31　零序Ⅱ段动作特性的分析

零序Ⅱ段的灵敏系数按照本线路末端接地短路时的最小零序电流来校验，并应满足$K_{sen} \geqslant 1.5$的要求。当不能满足对灵敏系数的要求时，可以考虑用下列方式解决：

(1)使零序Ⅱ段保护与下一条线路的零序Ⅱ段相配合，时限再抬高一级，为1～1.2s；

(2)保留0.5s的零序Ⅱ段，同时增加一个按第(1)项原则整定的保护。这样保护装置中，就具有两个定值和时限均不相同的零序Ⅱ段，一个定值较大，能在正常运行方式和最大运行方式下，以较短的延时切除本线路上所发生的接地故障；另一个具有较长的延时，它能保证在各种运行方式下线路末端接地短路时具有足够的灵敏性。

3. 零序过电流(零序Ⅲ段)保护

零序过电流保护按如下原则整定：

(1)保护中零序电流继电器的启动电流按躲开本线路末端相间短路时所出现的最大不平衡电流$I_{unb.max}$来整定。引入可靠系数$K_{rel}^{Ⅲ}$，即为

$$I_{0.op.r}^{Ⅲ} = K_{rel}^{Ⅲ} I_{unb.max} \tag{2-46}$$

(2)各保护之间的灵敏性互相配合。具体说，就是本保护零序Ⅲ段的保护范围不能超出相邻线路上零序Ⅲ段的保护范围，否则，可能产生越级跳闸。当两个保护之间具有分支电路时，参照图2-31的分析，保护装置的启动电流应整定为

$$I_{0.op.2}^{Ⅲ} = \frac{K_{rel}^{Ⅲ}}{K_{0.b}} I_{0.op.1}^{Ⅲ} \tag{2-47}$$

式中，$K_{rel}^{Ⅲ}$为可靠系数，一般为1.15～1.25；$K_{0.b}$为零序电流分支系数，即相邻线路零序Ⅲ段保护范围末端发生接地短路时，故障线路中零序电流与流过本保护装置中零序电流之比。

整定值选两个条件中较大者；零序Ⅲ段的动作时限的选取与相间短路的定时限过电流保护相似，遵循阶梯原则。

零序过电流保护作为本线路的主保护或近后备时，按本线路末端发生接地时的最小零序电流校验灵敏系数，要求$K_{sen} \geqslant 1.5$；作为相邻元件的远后备保护时，用相邻元件末端接地短路时，流过本保护的最小零序电流(应考虑图2-31所示的分支电路使电流减小所产生的影响)来校验灵敏系数，要求$K_{sen} \geqslant 1.2$。由于电网接地短路时，流过零序过电流保护的$3I_0$往往比启动电流大得多，因此一般都满足要求。这是零序过电流保护的一个优点。

零序过电流保护的另一个优点是：动作时限比相间短路定时限过电流保护来得小。如图2-32所示，因为变压器低压侧的任何故障都不能在高压侧引起零序电流，所以零序过电流

保护无须考虑与保护 1～保护 3 的配合关系。而相间短路过电流保护的动作时限，是从保护 1 开始逐级配合的。

零序Ⅲ段的作用相当于相间短路的过电流保护，在一般情况下是作为后备保护使用的，但在中性点直接接地电网中的终端线路上，它也可以作为主保护使用。

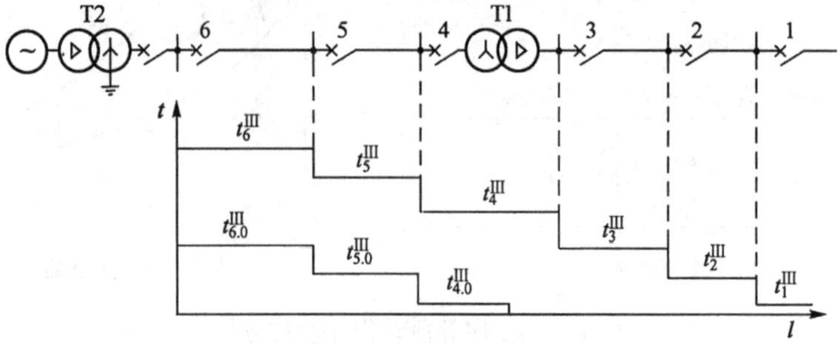

图 2-32　零序过电流保护的时限特性

2.4.4　方向性零序电流保护

具有方向性的三段式零序电流保护的原理接线如图 2-33 所示。其中零序功率方向继电器 KW_0 接于 $3\dot{I}_0$ 和 $3\dot{U}_0$ 上，反应于两者之间的夹角而动作。当保护正方向发生接地短路时，它应该动作；当保护反方向发生接地短路时，它应不动作。由它控制三段式零序电流保护，只有零序功率方向继电器和电流元件同时动作后，才能分别去启动各段的出口中间继电器或各自的时间继电器去跳闸。

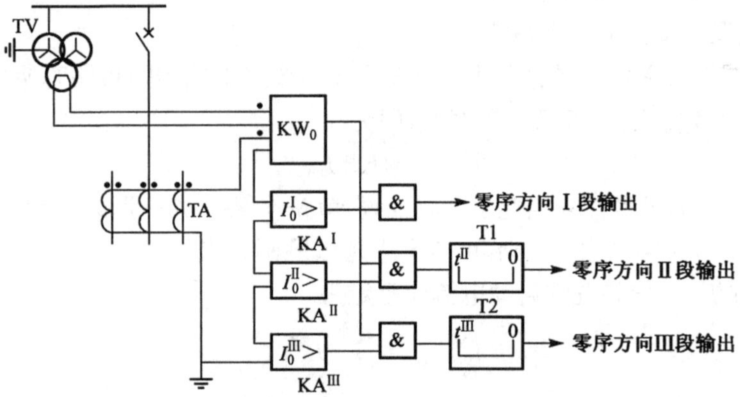

图 2-33　三段式零序方向电流保护的原理接线

在双侧或多侧电源的中性点直接接地网络中，如果采用阶段式零序电流保护，在保护反方向发生接地短路时，不能依靠动作电流和动作时限来保证有选择性动作的情况下，必须采用阶段式零序方向电流保护。

根据图 2-27 的分析，当保护范围内部发生接地故障时，按规定的电流、电压正方向看，$3\dot{I}_0$ 超前于 $3\dot{U}_0$ 的夹角为 $180°-\varphi_{k0}$。因此，为了让零序功率方向继电器在内部故障时最灵敏，其最大灵敏角应取为

$$\varphi_{\mathrm{sen}}=-(180°-\varphi_{k0}) \tag{2-48}$$

在微机型和集成电路型零序功率方向继电器中，就是把最大灵敏角作成 $\varphi_{\mathrm{sen}}=-(180°-\varphi_{k0})$，与上述要求是一致的。使用时的接线方式示于图 2-34(a)中。

但是整流型和晶体管型继电器中，由于难以获得式(2-48)的角度，而把最大灵敏角做成了 $\varphi_{sen}=70°\sim85°$。显然，这种继电器当加入其中的 $\dot{U}_r$ 超前 $\dot{I}_r$ 70°～85°时最灵敏。采用这种继电器作为零序功率方向继电器时，应该将电流线圈与电流互感器之间同极性相连，而将电压线圈与电压互感器之间异极性相连，即 $\dot{I}_r=3\dot{I}_0$，$\dot{U}_r=-3\dot{U}_0$（图 2-34(b)）。这样一来，当内部发生接地时，加入继电器中电压（$-3\dot{U}_0$）和电流（$3\dot{I}_0$）的夹角为线路的零序阻抗角 $\varphi_{k0}=70°\sim85°$，相量关系如图 2-34(c)所示，刚好符合最灵敏动作的条件。

实际工作中，对零序功率方向继电器的接线应给予特别的注意。一定要根据所采用继电器的最大灵敏角，先决定其 $\dot{I}_r$ 和 $\dot{U}_r$ 应该接入什么，然后再进行接线，以免极性接错造成正方向发生接地时不动作，而反方向接地时误动作的情况发生。

由于越靠近故障点的零序电压越高，因此零序方向继电器没有电压死区。相反，倒是当故障点距保护安装地点很远时，由于保护安装处的零序电压较低，零序电流较小，继电器反而可能不启动，为此，必须校验方向元件在这种情况下的灵敏系数。例如当作为相邻元件的后备保护时，采用相邻元件末端短路时，在本保护安装处的最小零序电流、电压或功率（经电流、电压互感器转换到二次侧的数值）与功率方向继电器的最小启动电流、电压或启动功率之比来计算灵敏系数，并要求 $K_{sen}\geqslant1.5$。

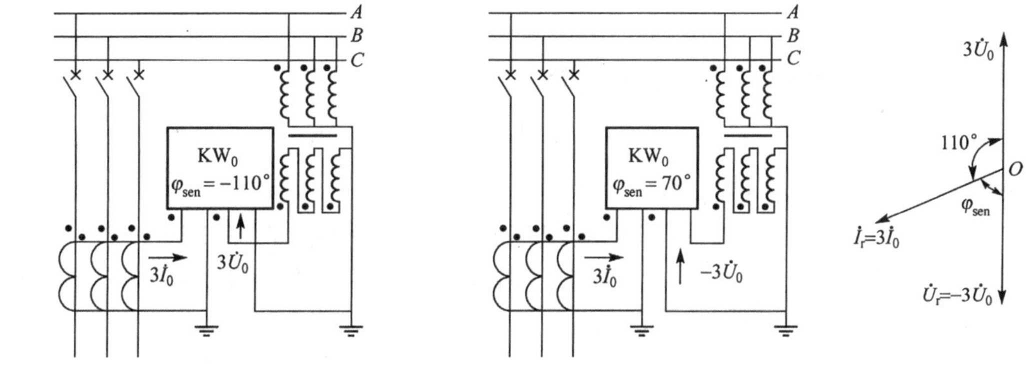

(a) 微机型和集成电路型继电器采用的方式　(b) 整流型和晶体管型继电器采用的方式　(c) 相量图

图 2-34　零序功率方向继电器的接线方式

2.5　中性点非直接接地电网的单相接地保护

中性点非直接接地电网发生单相接地故障时，故障点仅流过对地的电容电流，数值很小。因此，称这类电网为小电流接地电网，我国 35kV 及以下电网大多数属于小电流接地电网。

发生单相接地后由于这类电网的三个线电压仍然保持对称，对负荷的供电没有影响。因此，允许继续运行 1～2h，不需立即跳开故障线路。对单相接地保护的要求是：发出信号以便运行人员采取措施予以消除接地点，防止故障进一步扩大成两点或多点接地的短路；但在有些情况下（如对煤炭采掘工地供电的电网），根据人身和设备安全的要求，则应动作于跳闸。

2.5.1　中性点不接地电网中单相接地故障的特点和保护方式

图 2-35 所示的中性点不接地电网中，发电机和每条线路对地均有电容存在，设以 C_{0f}、$C_{0\text{I}}$、$C_{0\text{II}}$ 等集中电容来表示。当线路Ⅱ发生 A 相接地后，如果不计及三相对称负荷电流和电

容电流在线路阻抗上压降的影响，则全系统 A 相的对地电压均等于零，因而各元件 A 相对地的电容电流也等于零。现分析 B 相和 C 相的对地电压和电容电流。

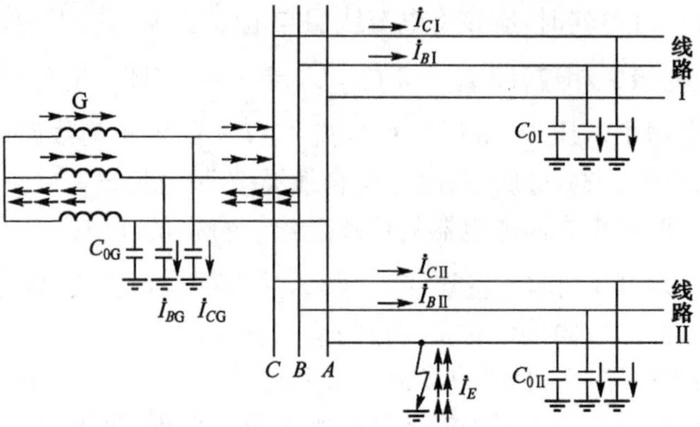

图 2-35　单相接地时的电容电流分布图

A 相接地以后，各相对地电压为

$$\begin{cases}\dot{U}_{A\text{-}E}=0\\ \dot{U}_{B\text{-}E}=\dot{E}_B-\dot{E}_A=\sqrt{3}\,\dot{E}_A\mathrm{e}^{-\mathrm{j}150^\circ}\\ \dot{U}_{C\text{-}E}=\dot{E}_C-\dot{E}_A=\sqrt{3}\,\dot{E}_A\mathrm{e}^{\mathrm{j}150^\circ}\end{cases}\tag{2-49}$$

全系统 B 相和 C 相的对地电压都升高 $\sqrt{3}$ 倍。故障点 k 的零序电压为

$$\dot{U}_{k0}=\frac{1}{3}(\dot{U}_{A\text{-}E}+\dot{U}_{B\text{-}E}+\dot{U}_{C\text{-}E})=-\dot{E}_A\tag{2-50}$$

根据以上分析，画出电压的相量图示于图 2-36 中。

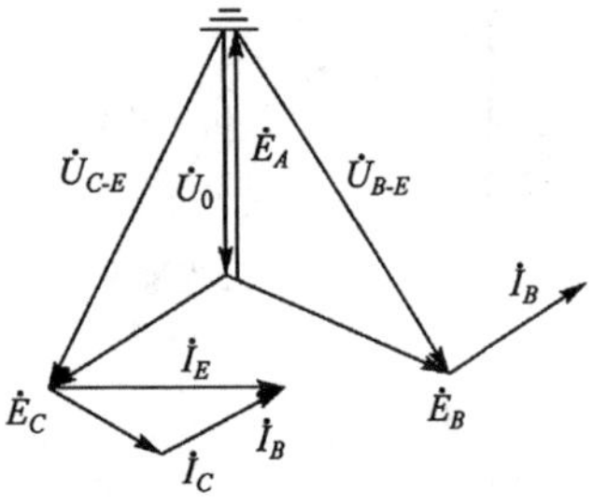

图 2-36　A 相接地时的相量图

此种情况下的电容电流分布，在图 2-35 中用“→”表示。非故障线路Ⅰ上，A 相电流为零，B 相和 C 相流向故障点的电容电流为：

$$\begin{cases}\dot{I}_{B\mathrm{I}}=\dot{U}_{B\text{-}E}\mathrm{j}\omega C_{0\mathrm{I}}=\sqrt{3}\,\dot{E}_A\mathrm{e}^{-\mathrm{j}150^\circ}\mathrm{j}\omega C_{0\mathrm{I}}\\ \dot{I}_{C\mathrm{I}}=\dot{U}_{C\text{-}E}\mathrm{j}\omega C_{0\mathrm{I}}=\sqrt{3}\,\dot{E}_A\mathrm{e}^{\mathrm{j}150^\circ}\mathrm{j}\omega C_{0\mathrm{I}}\end{cases}$$

其有效值为 $I_B=I_C=\sqrt{3}U_\varphi\omega C_0$，式中，$U_\varphi$ 为相电压的有效值。

线路Ⅰ始端所反应的零序电流为

$$3\dot{I}_{0\mathrm{I}}=\dot{I}_{B\mathrm{I}}+\dot{I}_{C\mathrm{I}}=\mathrm{j}\omega C_{0\mathrm{I}}(\dot{U}_{B\text{-}E}+\dot{U}_{C\text{-}E})=-\mathrm{j}3\omega C_{0\mathrm{I}}\dot{E}_A$$

其有效值为

$$3I_{0\mathrm{I}}=3U_\varphi\omega C_{0\mathrm{I}}\tag{2-51}$$

即零序电流为线路Ⅰ本身的电容电流；电容性无功功率的方向由母线流向线路。这一结论适用于每一条非故障线路。

在发电机 G 上，首先有它本身 B 相和 C 相的对地电容电流 $\dot{I}_{BG}$ 和 $\dot{I}_{CG}$；其次，由于它是产生其他电容电流的电源，因此，A 相中要流回从故障点流上来的全部电容电流，而 B 相和 C 相又要分别流出各线路上同名相的对地电容电流。此时，发电机出线端所反应的零序电流仍为三相电流之和。由图可见，各线路的电容电流由于从 A 相流入后又分别从 B 相和 C 相流出了，相加后互相抵消，只剩下发电机本身的电容电流。故

$$3\dot{I}_{0G}=\dot{I}_{BG}+\dot{I}_{CG}$$

其有效值为

$$3I_{0G}=3U_{\varphi}\omega C_{0G} \tag{2-52}$$

由此可见，发电机上的零序电流为本身的电容电流；其电容性无功功率的方向由母线流向发电机。这些特点与非故障线路是一样的。

在故障线路Ⅱ上，B 相和 C 相流有它本身的电容电流 $\dot{I}_{B\text{II}}$ 和 $\dot{I}_{C\text{II}}$；在接地点要流回全系统 B 相和 C 相对地电容电流之总和，即

$$\dot{I}_E=(\dot{I}_{B\text{I}}+\dot{I}_{C\text{I}})+(\dot{I}_{B\text{II}}+\dot{I}_{C\text{II}})+(\dot{I}_{BG}+\dot{I}_{CG})$$

有效值为

$$I_E=3U_{\varphi}\omega(C_{0\text{I}}+C_{0\text{II}}+C_{0f})=3U_{\varphi}\omega C_{0\Sigma} \tag{2-53}$$

式中，$C_{0\Sigma}$ 为全系统每相对地电容的总和。此电流要从 A 相流回发电机，因此从 A 相流出的电流可表示为 $\dot{I}_{A\text{II}}=-\dot{I}_E$。在线路Ⅱ始端所流过的零序电流为

$$3\dot{I}_{0\text{II}}=\dot{I}_{A\text{II}}+\dot{I}_{B\text{II}}+\dot{I}_{C\text{II}}=-(\dot{I}_{B\text{I}}+\dot{I}_{C\text{I}}+\dot{I}_{BG}+\dot{I}_{CG})$$

其有效值为

$$3I_{0\text{II}}=3U_{\varphi}\omega(C_{0\Sigma}-C_{0\text{II}}) \tag{2-54}$$

从式(2-54)可知，故障线路上的零序电流，其数值等于全系统非故障元件对地电容电流之总和；其电容性无功功率的方向由线路流向母线，与非故障线路上的相反。

根据上述的分析结果，可以作出单相接地时的零序等效网络，如图 2-37(a)所示。$\dot{U}_{k0}$ 为接地点的零序电压，零序电流通过各个元件的对地电容构成回路，相量关系如图 2-37(b)所示。由于送电线路的零序阻抗远小于电容的阻抗，可以忽略不计。因此，各线路本身的零序电流超前于 $\dot{U}_{k0}$ 90°，图中 $\dot{I}'_{0\text{II}}$ 表示线路Ⅱ本身的零序电容电流，而 $\dot{I}_{0\text{II}}$ 是按保护规定正方向观测到的故障线路Ⅱ上的零序电流。

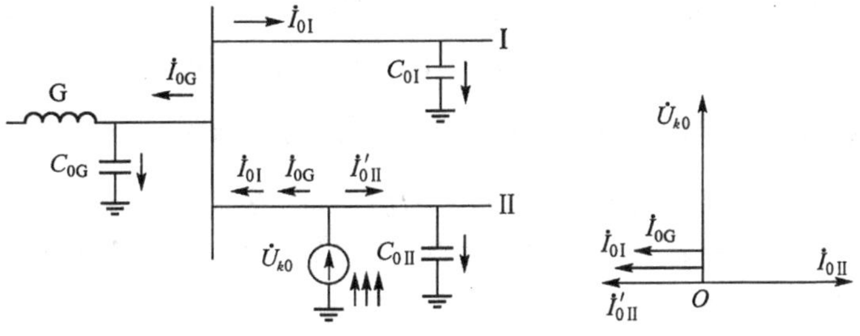

图 2-37　单相接地时的零序等效网络及相量图

综合以上分析，可以得出如下结论：

(1)中性点不接地电网中发生单相接地时，同一电压等级的全电网都将出现零序电压，其数值等于电网正常运行时的相电压；

(2)非故障元件上有零序电流，其数值等于本身的对地电容电流；电容性无功功率的实际方向由母线流向线路；

(3)故障线路上的零序电流为全系统非故障元件对地电容电流之总和，数值一般较大；电容性无功功率的实际方向由线路流向母线。

以上特点是考虑继电保护的依据。下面介绍基于上述特点构成的中性点不接地电网的单相接地保护方式。

1. 绝缘监视装置

它利用单相接地后同一电压等级的全电网会出现零序电压的特点，带延时动作于信号。其原理接线图如图 2-38 所示，用一过电压继电器接于零序电压过滤器上。这种方法只能鉴别出电网内有无单相接地故障发生，但不能鉴别出是哪条线路上故障，给出的信号是没有选择性的。要想找出故障是在哪一条线路上，还需要运行人员依次短时断开每条线路，并立即重新将断开线路投入；当断开某条线路时，零序电压的信号消失，即表明故障在该线路上。这种方法在电力系统中称其为“拉线法”。

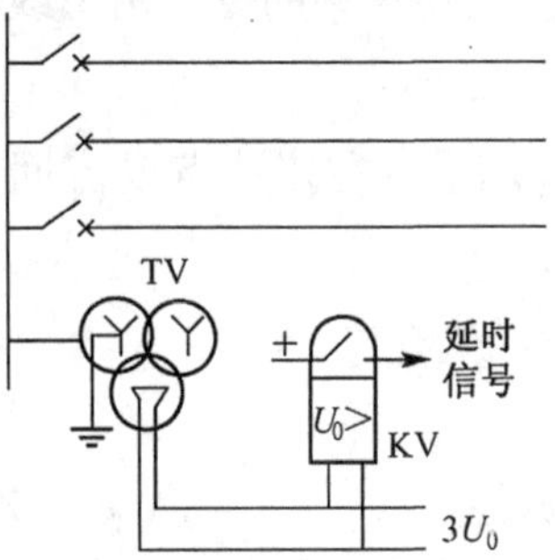

图 2-38　绝缘监视装置的原理接线

2. 零序电流保护

将电流继电器接于零序电流过滤器的二次侧，利用故障线路零序电流较非故障线路大的特点，实现有选择性地发出信号。

根据对图 2-35 的分析，当某一线路上发生单相接地时，非故障线路上的零序电流为本身的电容电流。因此，零序电流保护装置的启动电流 $I_{0.op}$ 应躲开本线路的电容电流，即

$$I_{0.op} = K_{rel} 3U_{\varphi} \omega C_0 \tag{2-55}$$

式中，C_0 为被保护线路每相的对地电容；K_{rel} 为可靠系数，取 1.5～2。

这样整定好后，当被保护线路上发生单相接地故障时，通过该线路的 $3I_0$ 等于所有非故障元件的对地电容电流即式(2-54)，该电流必然大于整定值，保护动作发出信号。该电流与动作电流的比值就是灵敏系数，要求 $K_{sen} \geqslant 2$ 。很显然，母线上带的出线越多，灵敏度越高。

3. 零序功率方向保护

如果采用零序电流保护灵敏系数不能满足要求时，可以采用零序功率方向保护。这种保护利用故障线路与非故障线路零序功率方向不同的特点有选择性地动作于信号。由图 2-37(b)可见，按规定的电流正方向来看，故障线路上的零序电流落后于零序电压 90°。因此，用于中性点不直接接地电网中反应单相接地的零序功率方向继电器的最大灵敏角应取为 $\varphi_{sen} = 90°$ 。

2.5.2　中性点经消弧线圈接地电网中单相接地故障的特点与保护方式

前面分析的中性点不接地电网发生单相接地故障时，接地点要流过全系统的对地电容电流。如果此电流比较大，就会在接地点燃起电弧，引起弧光过电压，从而使非故障相的对地电压进一步升高，以致使绝缘损坏，形成两点或多点的接地短路，造成停电事故。在我国，对 35kV 电网，如果接地点总电容电流超过 10A，3～10kV 电网超过 30A，就要在中性点接入一个电感线圈以补偿接地电容电流，减小接地点的总电流，称此电感线圈为消弧线圈。

在图 2-39(a)的采用消弧线圈接地电网中，当线路Ⅱ上 A 相接地以后，电容电流的大小和分布与不接消弧线圈时是一样的。不同之处是在接地点增加了一个电感分量的电流 $\dot{I}_L$ 。因此，从接地点流回的总电流为

$$\dot{I}_E = \dot{I}_L + \dot{I}_{C\Sigma} \tag{2-56}$$

式中，$\dot{I}_{C\Sigma}$ 为全系统的对地电容电流，可用式(2-53)计算；$\dot{I}_L$ 为消弧线圈的电流，设用 L 表示它的电感，则 $\dot{I}_L = \dfrac{-\dot{E}_A}{j\omega L}$ 。

由于 $\dot{I}_{C\Sigma}$ 和 $\dot{I}_L$ 的相位约差 180°，所以 $\dot{I}_E$ 将因消弧线圈的补偿而减小，称补偿后的接地点电流为残余电流。相似地，可以作出它的零序等效网络，如图 2-39(b)所示。

实际电网采用消弧线圈进行补偿时，对接地电容电流采用的是过补偿方式。所谓过补偿方式就是使 $I_L > I_{C\Sigma}$，补偿后的残余电流是电感性的。$I_L > I_{C\Sigma}$ 的程度用过补偿度 P 来表示，其关系为

$$P = \frac{I_L - I_{C\Sigma}}{I_{C\Sigma}} \tag{2-57}$$

一般选择过补偿度 $P = 5\% \sim 10\%$。

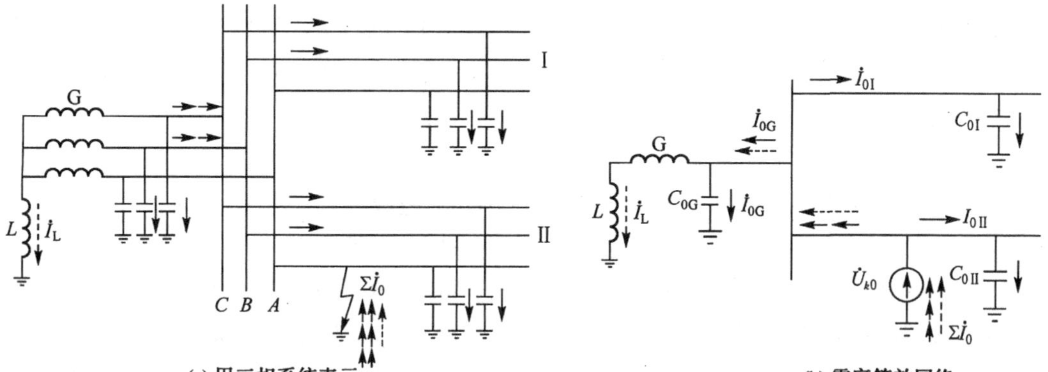

(a) 用三相系统表示　　(b) 零序等效网络

图 2-39　消弧线圈接地电网中，单相接地时的电流分布

采用过补偿方式时，流经故障线路上电感性的残余电流是由线路流向母线的，相当于电容性无功功率的实际方向由母线流向线路，和非故障线路的方向一样，所以无法利用功率方向的差别来判别故障线路。流经故障线路的零序电流虽然大于本身的电容电流，但大出的部分即为残余电流的数值即 $PI_{C\Sigma}$，由于过补偿度不大，所以也很难利用零序电流大小的不同来找出故障线路。

上述特点说明，在中性点经消弧线圈接地的电网中，要实现有选择性的单相接地保护难度很大。目前这类电网的接地保护方式，除仍可采用绝缘监视装置外，还可以采用反应稳态高次谐波分量或暂态零序电流的新原理构成。

1. 反应稳态高次谐波分量的接地保护

电力系统的电压和电流中包含有谐波分量，其原因主要是由于发电机转子的磁通密度不可能完全按正弦分布，所以定子电压不是绝对的正弦波，含有一定数量的谐波电压。另外，由于变压器一般在额定电压下已经饱和，故其励磁电流中会包含高次谐波分量，高次谐波电流流经发电机绕组和线路电抗，就产生对地的高次谐波电压。

高次谐波分量中以三次、五次谐波分量最大。由于三次谐波方向一致，相间没有三次谐波分量，加上三次谐波受变压器接线组别限制，故一般来说高次谐波分量最大的是五次谐波。在经消弧线圈接地电网发生单相接地故障时，接地电容电流和消弧线圈电流中都含有一定数值的五次谐波分量。

消弧线圈电感电流补偿接地点对地电容电流是对基波而言的，对五次谐波来说，由于消弧线圈的感抗 $X_L = 5\omega L$ 增大 5 倍，故消弧线圈中的电流减小 1/5；而电网对地的容抗 $X_C = \frac{1}{5\omega C_\Sigma}$ 则减小 1/5，使得五次谐波的接地电容电流将增大 5 倍。因此，消弧线圈的五次谐波电感电流相对于电网的五次谐波接地电容电流来说是很小的，即五次谐波的电容电流几乎未被补偿。当发生单相接地故障时，其五次谐波电容电流的分布规律与基波电容电流在中性点不接地电网中的分布规律相同，即：故障线路 $3\dot{I}_0$ 中的五次谐波电容电流等于所有非故障元件五次谐波电容电流之和，电容性无功功率的方向由线路流向母线；非故障线路 $3\dot{I}_0$ 中的五次谐波

电容电流就是其本身的五次谐波电容电流，电容性无功功率的方向由母线流向线路。利用这些差别，可实现有选择性的五次谐波零序电流保护和零序功率方向保护。

五次谐波零序电流保护的工作原理是：利用五次谐波过滤器提取出零序电流中的五次谐波分量，当该电流大于整定值经延时发出动作信号。整定值应躲开被保护线路本身的五次谐波电容电流。

五次谐波零序功率方向保护的工作原理与中性点不接地电网中用到的零序功率方向保护类似，继电器的最大灵敏角仍应取 90°，不同之处是前者需先将 $3\dot{I}_0$ 和 $3\dot{U}_0$ 中的五次谐波滤出来后再进行相位比较。

2. 反应暂态零序电流的接地保护

在此之前所讨论的零序保护，都是反应发生单相接地故障时的稳态电流大小或方向。实际上，也可以利用单相接地故障暂态过程的特点来实现零序保护。

在图 2-40 所示的中性点经消弧线圈接地电网中发生 A 相接地故障时，由于 A 相电压突然降为零，其对地电容将迅速放电，而非故障相对地电容将迅速充电。故障相的放电电流（以↣表示）只经过母线到故障点，由于回路中电阻和电感都比较小，故振荡的频率比较高，可达几千赫兹，衰减也比较快。非故障相的充电电流（以→表示）则是经过电源、母线和线路构成回路，这个回路的电阻和电感比较大，所以充电电流频率比较低，只有几百赫兹，衰减也比较慢。故障点的总电流 $\dot{I}_E$ 为上述放电电流与充电电流之和。

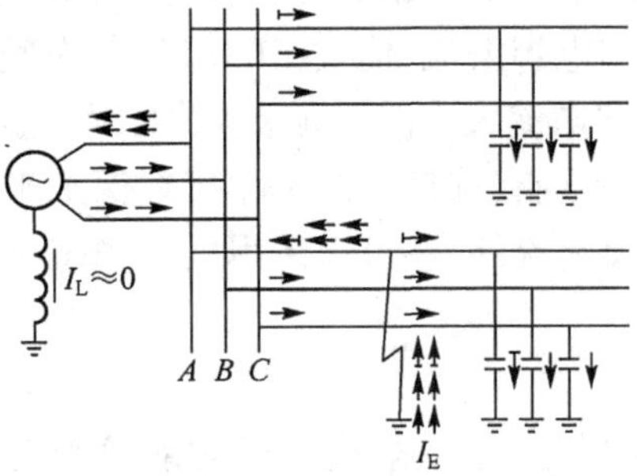

图 2-40　单相接地暂态电流的分布

这类电网的单相接地故障常由绝缘击穿引起，而绝缘被击穿形成的接地故障，通常最容易发生在相电压接近最大值瞬间。理论分析表明，这种情况下的暂态过程具有如下特点：

(1)零序暂态电流的数值较稳态电容电流大得多。

(2)故障线路的零序暂态电流大于非故障线路的零序暂态电流，且它们的方向相反。图 2-41给出的某中性点经消弧线圈接地电网单相接地故障的暂态零序电流波形很好地验证了该特征。

(3)消弧线圈的暂态电流可以忽略不计，这是因为消弧线圈中的电流 $\dot{I}_L$ 落后于故障点零序电压 $\dot{U}_{k0}$ 90°，而 $\dot{U}_{k0}$ 又等于接地相电压的负值，所以，在相电压瞬时值最大值附近单相接地时，$\dot{I}_L$ 正好接近于零；而当 $\dot{I}_L$ 增大时，暂态过程已经结束。

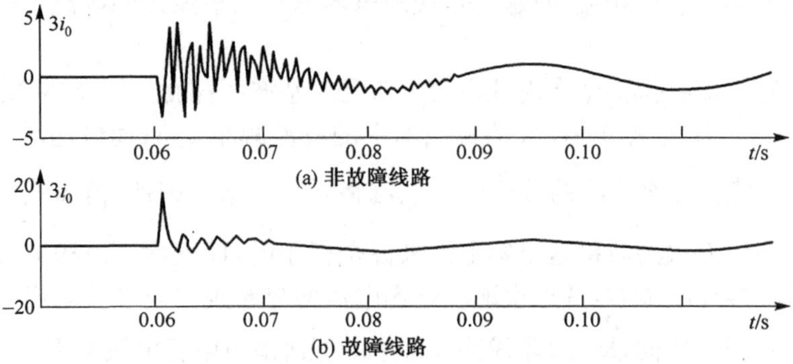

图 2-41　φ=90°时，故障线路和非故障线路零序电流

利用这些特点，将暂态零序电流中的高频分量过滤出来，可以构成反应暂态电流幅值或相位的零序保护。

极少数由于外界机械破坏所造成的单相接地故障有可能发生在相电压过零瞬间。这种情况下，上述反应高频暂态电流的保护可能拒绝动作。考虑到相电压过零时，电感电流 $\dot{I}_L$ 接近最大值且只流过故障线路，因此，可利用故障线路中暂态电感电流含有很大的衰减非周期分量的特点实现保护，以正确选择出故障线路。

思考题和习题

2-1　为什么要使过电流继电器的返回系数大于 0.85？时间继电器和中间继电器也要满足这一要求吗？

2-2　保护装置的动作电流与继电器的动作电流之间有什么关系？

2-3　什么是系统的最大运行方式和最小运行方式？

2-4　反应相间短路的三段式电流保护中的各段是靠什么来保证动作的选择性的？

2-5　举例说明，在什么情况下电流保护有必要加装方向元件。

2-6　功率方向继电器的最大灵敏角和动作范围如何确定？试举例说明之。最大灵敏角的含义是什么？什么是功率方向继电器的内角？

2-7　实现相位比较的方法之一是：测量两个电压瞬时值同时为正或同时为负的持续时间。解释为什么可以采用此方法。

2-8　何谓 90°接线？采用该接线方式的功率方向继电器在相间短路时会不会有死区？产生死区的原因是什么？

2-9　何谓分支系数？为什么在整定计算中要考虑分支系数的影响？

2-10　何谓中性点直接接地电网和中性点非直接接地电网？我国哪些电压等级的电网属于前者？哪些电压等级的电网属于后者？两者之间的主要区别是什么？主要的优缺点是什么？

2-11　在继电保护中，如何获取零序电压和零序电流？

2-12　在方向性零序电流保护中，零序功率方向继电器的最大灵敏角应该取多大？零序功率方向继电器有无死区？

2-13　何谓中性点非直接接地电网？在此种电网中发生单相接地故障时出现的零序电压和零序电流有什么特点？与中性点直接接地电网中的接地故障时出现的零序电压和零序电流相比，在大小、分布以及相位上有什么不同？

2-14　何谓系统中性点的完全补偿、欠补偿和过补偿？采用哪种补偿方式较好？为什么？

2-15　试叙述中性点非直接接地电网中的单相接地保护方式和原理。

2-16　在图 2-42 所示网络的线路 *AB*、*BC*、*BD* 上均装设了三段式电流保护，变压器采用了保护整个变压器的无延时差动保护，即纵联差动保护。并已知：电流保护采用了三相星形接线，线路 *AB* 上的最大负荷电流为 $I_{L.max}=200A$，时间级差 $\Delta t=0.5s$，取 $K_{Ms}=1.5$，$K_{rel}^{I}=1.25$，$K_{rel}^{II}=1.15$，$K_{rel}^{III}=1.15$，$K_{re}=0.85$。系统的 $X_{S.min}=13\Omega$，$X_{S.max}=18\Omega$，其他参数如图 2-42 所示，图中各电抗均为归算至 115kV 的欧姆数。试整定线路 *AB* 各段保护的启动电流、动作时限并校验灵敏系数。

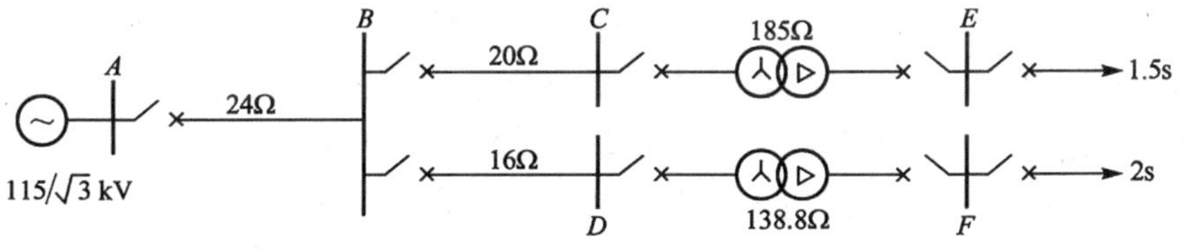

图 2-42　题 2-16 图

第3章 电网的距离保护

3.1 距离保护的作用原理

由于电流保护的灵敏性直接受电网运行方式的影响，在35kV及以上电压的复杂网络中很难满足选择性、灵敏性以及快速切除故障的要求。因此，必须采用性能更加完善的距离保护。

距离保护是反应故障点至保护安装地点之间的距离（或阻抗），并根据距离的远近而确定动作时间的一种保护装置。该装置的核心元件为距离继电器，也称为阻抗继电器。阻抗继电器根据其端子上所加的电压和电流测得的阻抗值被称为测量阻抗，表示为

$$Z_r = \frac{\dot{U}_r}{\dot{I}_r} = R + jX \tag{3-1}$$

系统正常运行时，$\dot{U}_r$ 近似为额定电压，$\dot{I}_r$ 为负荷电流，测量阻抗 Z_r 为负荷阻抗。其数值较大，阻抗角为数值较小的功率因数角。当电力系统中发生金属性短路时，$\dot{U}_r$ 降低，$\dot{I}_r$ 显著增大，测量阻抗 Z_r 变为短路点至保护安装处的线路阻抗。其数值小，阻抗角为数值较大的线路的阻抗角。因此，距离保护依据测量阻抗的不同，来区分系统是处于正常运行状态还是发生了短路。

那么，同一点短路时距离保护又如何满足选择性要求呢？依靠各条线路的距离保护带有不同的动作时限。当短路点距保护安装处近时，其测量阻抗小，保护以很短的时限动作切除故障；当短路点距保护安装处远时，其测量阻抗增大，保护动作时间增长。

作为输电线路的保护，距离保护采用三段式结构实现主后备保护的功能。

3.2 阻抗继电器

3.2.1 构成阻抗继电器的基本原则

阻抗继电器的作用是测量短路点到保护安装地点之间的阻抗，并与整定阻抗值进行比较，以确定保护是否应该动作。它是距离保护装置的核心元件。

常用的单相式阻抗继电器加入的是一个电压和一个电流。加入的电压可以是相电压或线电压；加入的电流可以是相电流、两相电流之差或其他形式的组合电流。这种继电器的动作特性可以利用复数阻抗平面来分析。

以图3-1(a)中线路 B-C 的保护1为例，将线路的始端 B 置于坐标原点，正方向线路的测量阻抗放在第一象限，反方向线路的测量阻抗置于第三象限，正方向线路测量阻抗与 R 轴间的夹角取为线路 B-C 的阻抗角 φ_k，则画在复数阻抗平面上的阻抗继电器测量阻抗如图3-1(b)所示。对保护1的距离Ⅰ段，若其保护范围为线路全长的85%，则阻抗继电器的启动特性可以用包括 $0.85Z_{BC}$ 在内的阴影线所括范围表示。只要测量阻抗 Z_r 落入阴影之中，继电器就动作。

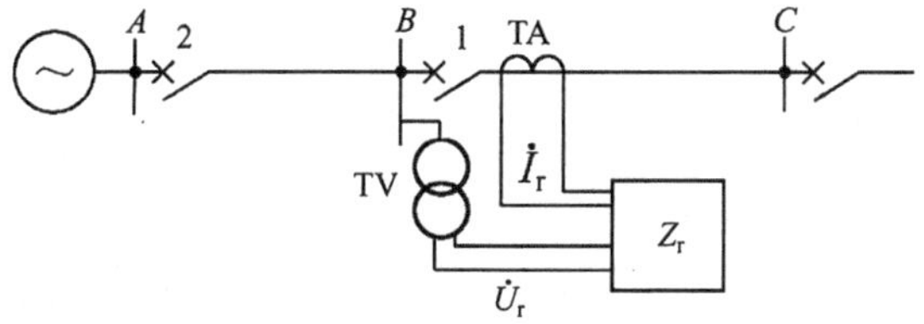

(a) 网络接线

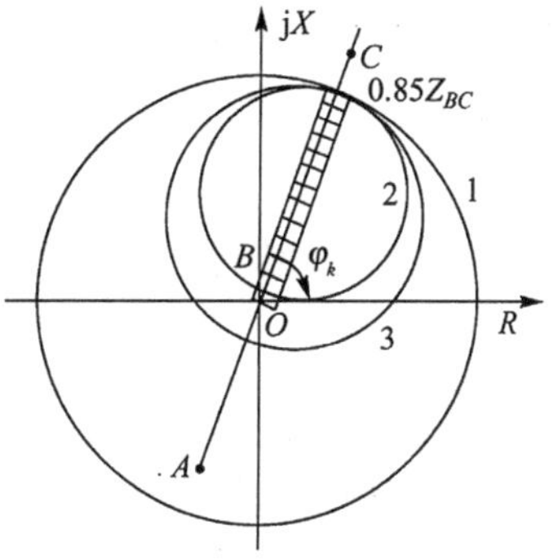

(b) 被保护线路的测量阻抗及动作特性

图 3-1　用复数阻抗平面分析阻抗继电器的特性

考虑到互感器的误差以及故障点存在过渡电阻，实际电力系统发生短路时，阻抗继电器的测量阻抗不可能总落在阴影所代表的启动特性内。另外，为了便于制造和调试，通常把阻抗继电器的动作特性扩大为一个圆，如图 3-1(b)所示。其中 1 为全阻抗继电器的动作特性，2 为方向阻抗继电器的动作特性，3 为偏移特性的阻抗继电器的动作特性。当测量阻抗 Z_r 落入圆内时，继电器动作。此外，还有动作特性为直线、椭圆、四边形的继电器。

对于圆特性阻抗继电器而言，把阻抗角与线路阻抗角相等，继电器刚好能动作的阻抗值称为整定阻抗，用 Z_{set} 表示。

由于阻抗继电器接于电流互感器和电压互感器的二次侧，其测量阻抗 Z_r 与系统一次侧阻抗之间存在下列关系

$$Z_r=\frac{\dot{U}_r}{\dot{I}_r}=\frac{\dfrac{\dot{U}_{(B)}}{n_{TV}}}{\dfrac{\dot{I}_{(BC)}}{n_{TA}}}=\frac{\dot{U}_{(B)}}{\dot{I}_{(BC)}}\frac{n_{TA}}{n_{TV}}=Z_k\frac{n_{TA}}{n_{TV}} \tag{3-2}$$

式中，$\dot{U}_{(B)}$ 为加于保护装置的一次侧电压，即母线 B 的电压；$\dot{I}_{(BC)}$ 为接入保护装置的一次电流，即从 B 流向 C 的电流；n_{TV} 为电压互感器的变比；n_{TA} 为线路 B-C 上电流互感器的变比。

3.2.2　不同特性阻抗继电器动作方程的推导

1. 全阻抗继电器

在复数阻抗平面上，全阻抗继电器的特性是将继电器安装处置于原点 O，以整定阻抗 Z_{set} 为半径，O 点为圆心所作的一个圆，如图 3-2 所示。圆内为动作区，圆外为不动作区。当测量阻抗 Z_r 位于圆周上时，继电器刚好动作，对应此时的阻抗就是继电器的启动阻抗 Z_{act} 。不论加入继电器电压与电流之间的角度 φ_r 为多大，这种特性继电器的启动阻抗的数值都等于整定阻抗，即 $|Z_{act}|=|Z_{set}|$ 。全阻抗继电器没有方向性，短路发生在保护的正方向和反方向均能动作。

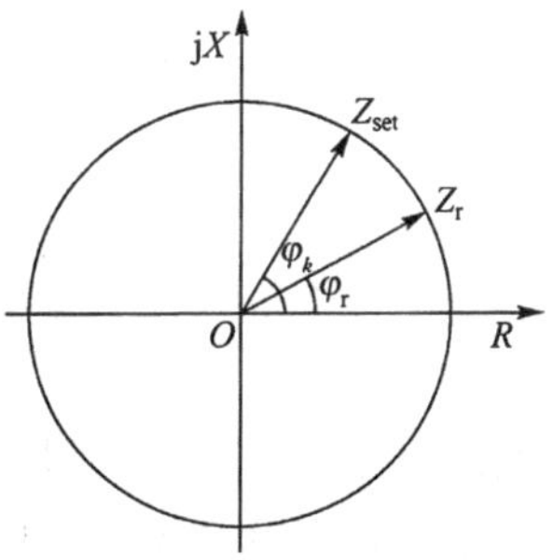

图 3-2　全阻抗继电器的动作特性

这种特性的继电器以及其他特性的继电器，都可以采用两个电压幅值比较或两个电压相位比较的方式构成。下面分析继电器的动作方程。

1)比幅式动作方程

根据图 3-2 所示动作特性，测量阻抗 Z_r 落到圆内时，继

电器就动作。因为圆内任何一点至圆心的连线小于半径，而这一连线就是测量阻抗 Z_r，所以继电器的启动条件可表示为

$$|Z_r| \leqslant |Z_{set}| \tag{3-3}$$

式(3-3)两端乘以电流 $\dot{I}_r$，因 $\dot{I}_r Z_r = \dot{U}_r$，则式(3-3)变为

$$|\dot{U}_r| \leqslant |\dot{I}_r Z_{set}| \tag{3-4}$$

$\dot{U}_r$ 可以从电压互感器副边得到，$\dot{I}_r Z_{set}$ 为电流在一个恒定阻抗 Z_{set} 上的压降，可以获得(如微机保护中通过计算获得)。比较两个电压的大小，当满足动作条件时，让继电器输出动作信号，这样得到的特性就是全阻抗圆。

2)比相式动作方程

利用圆的如下特性：直径上对应的圆周角等于直角。找到构成圆周角的两个相量，就可以写出比相式动作方程。如图 3-3 所示，当测量阻抗 Z_r 落在圆周上时，$Z_r + Z_{set}$ 和 $Z_r - Z_{set}$ 刚好构成全阻抗圆直径上对应的圆周角，且这两个相量满足如下关系：

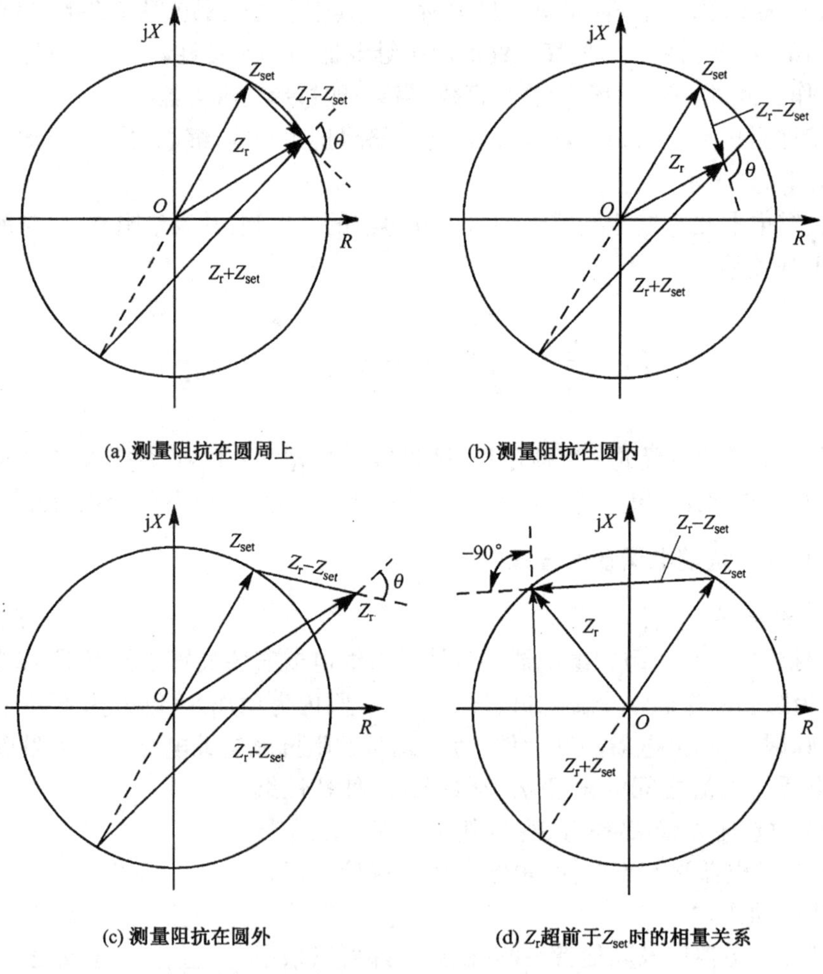

(a) 测量阻抗在圆周上　(b) 测量阻抗在圆内

(c) 测量阻抗在圆外　(d) Z_r超前于Z_{set}时的相量关系

图 3-3　分析相位比较方式的全阻抗继电器动作特性

当测量阻抗 Z_r 位于圆周上时，向量 $Z_r + Z_{set}$ 超前于 $Z_r - Z_{set}$ 的角度 $\theta = 90°$；当 Z_r 位于圆内时，$\theta > 90°$；当 Z_r 位于圆外时，$\theta < 90°$。因此，继电器的启动条件也可表示为

$$270° \geqslant \arg \frac{Z_r + Z_{set}}{Z_r - Z_{set}} \geqslant 90° \tag{3-5}$$

式中，$\theta < 270°$ 对应于 Z_r 超前于 Z_{set} 时的情况，如图 3-3(d)所示。将两个向量均以电流 $\dot{I}_r$ 乘之，得到比较相位的两个电压分别为

$$\dot{U}_P = \dot{U}_r + \dot{I}_r Z_{set}$$

$$\dot{U}' = \dot{U}_r - \dot{I}_r Z_{set}$$

因此，继电器的动作条件又可写成

$$270° \geqslant \arg \frac{\dot{U}_r + \dot{I}_r Z_{set}}{\dot{U}_r - \dot{I}_r Z_{set}} \geqslant 90° \quad 或 \quad 270° \geqslant \arg \frac{\dot{U}_P}{\dot{U}'} \geqslant 90° \tag{3-6}$$

式(3-6)可以看成：继电器以 $\dot{U}_P$ 为参考相量来测定 $\dot{U}'$ 的相位。一般称 $\dot{U}_P$ 为极化电压；$\dot{U}'$ 为补偿后的电压，简称补偿电压。

3)幅值比较和相位比较之间的相互关系

用比幅式动作方程式(3-4)和比相式动作方程式(3-6)都可以构成全阻抗特性的继电器，可见两种比较方式之间必然有一定的内在联系，以图 3-4 所示的三种情况进行分析。

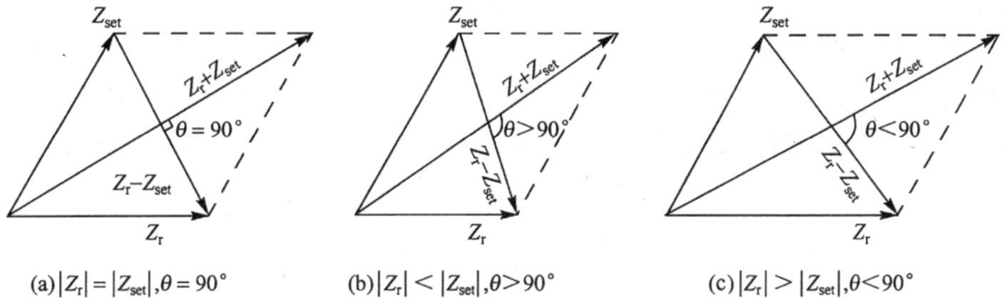

图 3-4　幅值比较和相位比较之间的关系

(1)当 $|Z_r| = |Z_{set}|$ 时，如图 3-4(a)所示，由这两个相量组成的平行四边形是一个菱形。因此，其两个对角线 $Z_r + Z_{set}$ 和 $Z_r - Z_{set}$ 互相垂直，$\theta = 90°$，正是继电器刚好启动的条件。

(2)当 $|Z_r| < |Z_{set}|$，如图 3-4(b)所示，$Z_r + Z_{set}$ 和 $Z_r - Z_{set}$ 之间的角度 $\theta > 90°$，继电器能够动作。

(3)当 $|Z_r| > |Z_{set}|$ 时，如图 3-4(c)所示，$Z_r + Z_{set}$ 和 $Z_r - Z_{set}$ 之间的角度 $\theta < 90°$，继电器不动作。

由此可见，比幅式动作方程中的两个电压和比相式方程中的两个电压是平行四边形的两条边和两个对角线的关系。一般而言，设以 $\dot{A}$ 和 $\dot{B}$ 表示比较幅值的两个电压，动作方程为 $|\dot{A}| \geqslant |\dot{B}|$；以 $\dot{C}$ 和 $\dot{D}$ 表示比较相位的两个电压，动作方程为 $270° \geqslant \arg \frac{\dot{C}}{\dot{D}} \geqslant 90°$，它们之间存在如下互换关系：

$$\begin{cases} \dot{C} = \dot{B} + \dot{A} \\ \dot{D} = \dot{B} - \dot{A} \end{cases} \tag{3-7}$$

或

$$\begin{cases} \dot{B} = \frac{1}{2}(\dot{C} + \dot{D}) \\ \dot{A} = \frac{1}{2}(\dot{C} - \dot{D}) \end{cases} \tag{3-8}$$

由于 $\dot{A}$ 和 $\dot{B}$ 是进行幅值比较的两个相量，故可取消式(3-8)中两式右侧的 $\frac{1}{2}$，表示为

$$\begin{cases}\dot{B}=\dot{C}+\dot{D}\\ \dot{A}=\dot{C}-\dot{D}\end{cases} \tag{3-9}$$

应当指出，以上互换关系只适用于 $\dot{A}$、$\dot{B}$、$\dot{C}$、$\dot{D}$ 为同一频率的正弦交流量。对短路暂态过程中出现的衰减非周期分量和谐波分量，以上转换关系显然是不成立的。

此外，只适用于相位比较方式动作范围为 $270°\geqslant \arg\frac{\dot{C}}{\dot{D}}\geqslant 90°$ 和幅值比较方式动作条件为 $|\dot{A}|\geqslant|\dot{B}|$ 之间的互换。

2. 方向阻抗继电器

如图 3-5 所示，方向阻抗继电器的特性是以整定阻抗 Z_{set} 为直径通过坐标原点的一个圆，圆内为动作区，圆外为不动作区。保护出口短路正处于继电器的启动条件，考虑互感器和继电器的误差，实际出口短路时继电器不动作，从而产生了动作的"死区"。当加入继电器的 $\dot{U}_r$ 和 $\dot{I}_r$ 之间的相位差 φ_r 为不同数值时，启动阻抗 Z_{act} 也随之改变。φ_r 等于 Z_{set} 的阻抗角时，继电器的启动阻抗 Z_{act} 达到最大值，等于圆的直径。此时，阻抗继电器的保护范围最大，工作最灵敏，称这个角度为继电器的最大灵敏角，用 φ_{sen} 表示。为了让继电器在保护范围内部发生金属性短路时最灵敏，应该调整继电器的最大灵敏角使 $\varphi_{sen}=\varphi_k$。当反方向发生短路时，测量阻抗 Z_r 位于第三象限，继电器不能动作。因此，方向阻抗继电器本身就具有方向性。

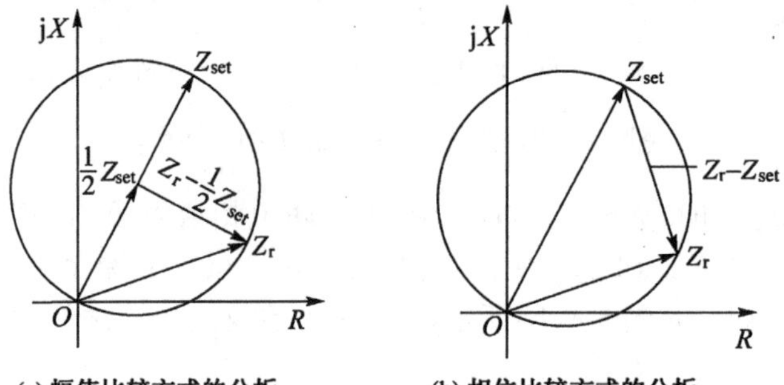

图 3-5 方向阻抗继电器的动作特性

1)比幅式动作方程

由图 3-5(a)，依据圆内任何一点至圆心的连线小于半径，可写出方向继电器测量阻抗落在圆内能够启动的条件是

$$\left|Z_r-\frac{1}{2}Z_{set}\right|\leqslant\left|\frac{1}{2}Z_{set}\right| \tag{3-10}$$

等式两端均乘电流 $\dot{I}_r$，可得出两个电压比较幅值的动作方程为

$$\left|\dot{U}_r-\frac{1}{2}\dot{I}_rZ_{set}\right|\leqslant\left|\frac{1}{2}\dot{I}_rZ_{set}\right| \tag{3-11}$$

2)比相式动作方程

在图 3-5(b)中找到构成直径上对应圆周角的两个相量 Z_r 和 Z_r-Z_{set}，设 Z_r 超前 Z_r-Z_{set} 的夹角为 θ。类似于对全阻抗继电器的分析，同样可以证明 $270°\geqslant\theta\geqslant 90°$ 是继电器能够启动的条件。

将 Z_r 与 $Z_r - Z_{set}$ 均以电流 $\dot{I}_r$ 乘之，即可得到比较相位的极化电压和补偿电压

$$\begin{cases}\dot{U}_P = \dot{U}_r \\ \dot{U}' = \dot{U}_r - \dot{I}_r Z_{set}\end{cases}$$

动作方程如下：

$$270° \geqslant \arg \frac{\dot{U}_r}{\dot{U}_r - \dot{I}_r Z_{set}} \geqslant 90° \quad 或 \quad 270° \geqslant \arg \frac{\dot{U}_P}{\dot{U}'} \geqslant 90° \tag{3-12}$$

3. 偏移特性的阻抗继电器

偏移特性阻抗继电器的特性如图 3-6，正方向的整定阻抗为 Z_{set}，反方向偏移阻抗为 αZ_{set}，通常取 $\alpha = 0.1 \sim 0.2$；圆内为动作区，圆外为不动作区。圆的直径为 $|Z_{set} + \alpha Z_{set}|$，圆心坐标为 $Z_0 = \frac{1}{2}(Z_{set} - \alpha Z_{set})$，圆的半径为 $|Z_{set} - Z_0| = \frac{1}{2}|Z_{set} + \alpha Z_{set}|$。其启动阻抗 Z_{act} 与 φ_r 有关；特性向反方向偏移 10%～20%是为了消除方向阻抗继电器的“死区”。

1)比幅式动作方程

由图 3-6(a)，依据圆内任何一点至圆心的连线小于半径写出继电器能够启动的条件为

$$|Z_r - Z_0| \leqslant |Z_{set} - Z_0| \tag{3-13}$$

等式两端均乘电流 $\dot{I}_r$，其电压表示的动作方程为

$$|\dot{U}_r - \dot{I}_r Z_0| \leqslant |\dot{I}_r (Z_{set} - Z_0)| \tag{3-14}$$

或

$$\left|\dot{U}_r - \frac{1}{2}\dot{I}_r(1-\alpha)Z_{set}\right| \leqslant \left|\frac{1}{2}\dot{I}_r(1+\alpha)Z_{set}\right|$$

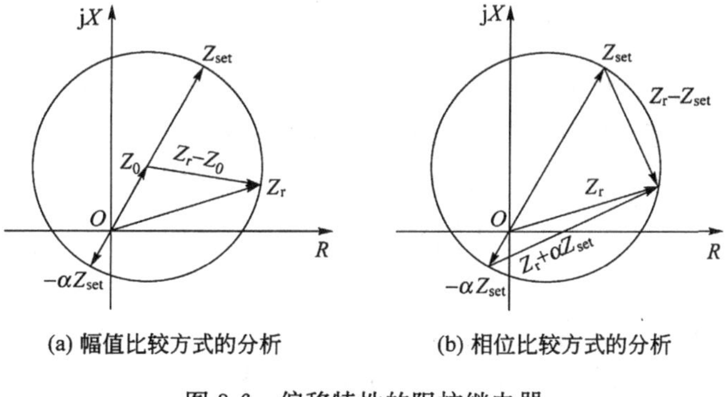

(a) 幅值比较方式的分析　　(b) 相位比较方式的分析

图 3-6　偏移特性的阻抗继电器

2)比相式动作方程

图 3-6(b)中的相量 $Z_r + \alpha Z_{set}$ 与 $Z_r - Z_{set}$ 是构成直径上对应圆周角的两个相量。记前者超前后者的相位差为 θ，当 Z_r 落在圆周上时 $\theta = 90°$，Z_r 落在圆内时 $\theta > 90°$，Z_r 落在圆外时 $\theta < 90°$，因此，$270° \geqslant \theta \geqslant 90°$ 也是继电器能够启动的条件。

将 $Z_r + \alpha Z_{set}$ 和 $Z_r - Z_{set}$ 均以电流 $\dot{I}_r$ 乘之，可得到比较相位的两个电压为

$$\begin{cases}\dot{U}_P = \dot{U}_r + \alpha \dot{I}_r Z_{zd} \\ \dot{U}' = \dot{U}_r - \dot{I}_r Z_{zd}\end{cases}$$

比相式动作方程为

$$270^\circ \geqslant \arg\frac{\dot U_r + \alpha \dot I_r Z_{set}}{\dot U_r - \dot I_r Z_{set}} \geqslant 90^\circ \quad 或 \quad 270^\circ \geqslant \arg\frac{\dot U_P}{\dot U'} \geqslant 90^\circ \tag{3-15}$$

以上三种圆特性阻抗继电器采用的动作角度范围均为 180°,如果使动作范围小于 180°,例如采用 $240^\circ \geqslant \arg\frac{\dot U_P}{\dot U'} \geqslant 120^\circ$,则圆特性将变为橄榄形特性,如图 3-7(a)所示。如果使动作范围大于 180°,例如采用 $290^\circ \geqslant \arg\frac{\dot U_P}{\dot U'} \geqslant 70^\circ$,则圆特性将变为苹果圆,如图 3-7(b)所示。另外,2.3 中讲述的功率方向继电器可看作方向阻抗继电器当整定阻抗 Z_{set} 趋于无穷大时的一个特例。

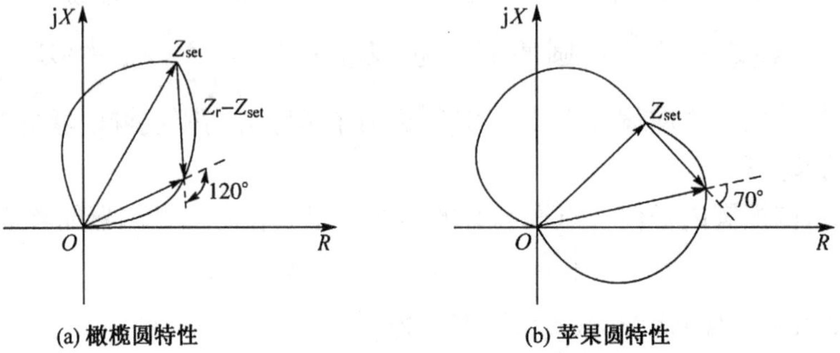

图 3-7 动作角度范围对动作特性的影响

4. 电抗继电器

电抗继电器的动作特性是一条直线,如图 3-8 所示,直线特性的下方为动作区,jX_{set} 代表整定电抗。电抗特性的直线与 $jX_{set}\cos\delta$ 相垂直,与 R 轴夹角为 δ,且 $\varphi_k + \delta = 90^\circ$。

1)比幅式动作方程

在图 3-8 中,延长 $jX_{set}\cos\delta e^{-j\delta} = Z_{set}$ 线至 b 点,取 $\overline{Ob} = 2X_{set}\cos\delta$。当 Z_r 的末端在直线特性上时(图中的 c 点) $\triangle Obc$ 为等腰三角形,$\overline{bc} = \overline{Oc}$,即 $|Z_r - 2jX_{set}\cos\delta e^{-j\delta}| = |Z_r|$;$Z_r$ 在动作区内时,$\overline{bc} > \overline{Oc}$。所以,两个电压幅值比较的动作条件为

$$|\dot U_r - 2\dot I_r jX_{set}\cos\delta e^{-j\delta}| \geqslant |\dot U_r| \tag{3-16}$$

2)比相式动作方程

图 3-8 中,当 Z_r 位于动作直线上时(如图中 C 点),$Z_r - jX_{set}$ 超前 jX_{set} $270^\circ - \delta$;Z_r 在动作区内超前角大于 $90^\circ - \delta$ 但小于 $270^\circ - \delta$,因此,继电器动作条件为

$$270^\circ - \delta \geqslant \arg\frac{\dot U_r - \dot I_r jX_{set}}{\dot I_r jX_{set}} \geqslant 90^\circ - \delta \tag{3-17}$$

5. 负荷限制继电器

负荷限制继电器的特性如图 3-9 所示,具有电阻特性,以限制正常运行时负荷阻抗的影响。其整定电阻为 R_{set},与 R 轴的夹角为 α,其左侧为动作区。

当测量阻抗 Z_r 位于直线上时(如图 3-9 中 C 点),$Z_r - R_{set}$ 超前 R 轴 α 角;而 Z_r 在动作区内时超前角大于 α 但小于 $180^\circ + \alpha$。因此,继电器的电压相位比较动作条件为

$$180^\circ + \alpha \geqslant \arg\frac{\dot U_r - \dot I_r R_{set}}{\dot I_r R_{set}} \geqslant \alpha \tag{3-18}$$

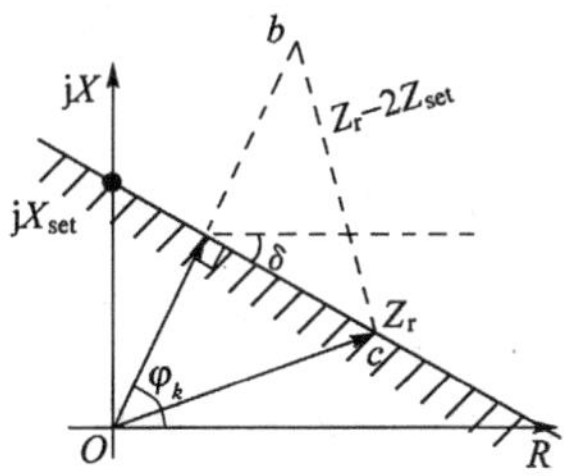

图 3-8　电抗继电器的特性

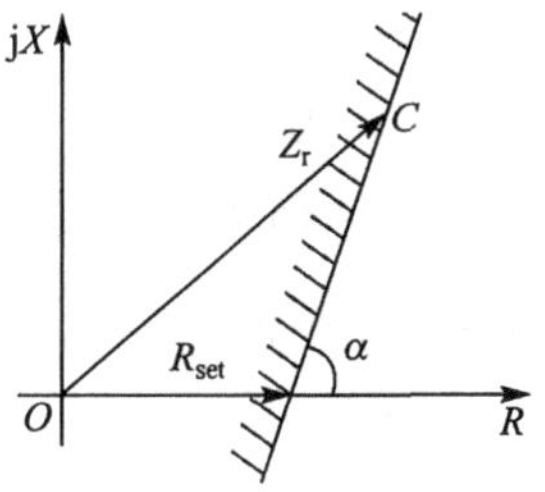

图 3-9　负荷限制继电器的特性

6. 四边形特性的阻抗继电器

前述的圆特性和直线特性的阻抗继电器具有制作简单、调试方便的优点，但各自又有不同的缺点。例如，圆特性躲避负荷阻抗的能力较差，因为负荷阻抗位于第一象限，而圆特性在此象限的动作区域较大，不利于躲开负荷阻抗的影响；电抗特性近似于 R 轴平行，躲避负荷阻抗的能力更差，这意味着正常运行时电抗继电器就可能误动作；电阻特性则无论短路点远近都会动作，区分不出是哪条线路发生了故障。由此看来，圆特性阻抗继电器可以用在实际的距离保护装置中，但不是最优选择，而直线特性的阻抗继电器根本无法单独被保护采用。因此，在实际的距离保护装置中，四边形特性的阻抗继电器得到了广泛的应用。其特性如图 3-10 所示，四边形内为继电器的动作区，四边形以外为不动作区。

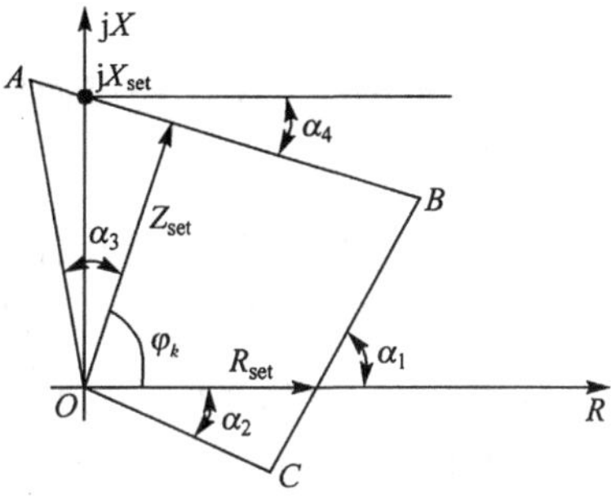

图 3-10　四边形阻抗继电器的特性

图 3-10 中折线 A-O-C 这段特性可以采用动作范围小于 180°的功率方向继电器来实现。为此，在与 R 轴夹角成 φ_k 的直线上找一相量 Z_{set}，其与电抗整定值 jX_{set} 之间满足如下关系：$Z_{set}=jX_{set}\cos\delta e^{-j\delta}$，即 Z_{set} 是 jX_{set} 在线路阻抗方向上的投影。若 O-C 与 R 轴间的夹角记作 α_2，O-B 与 Z_{set} 间的夹角记作 α_3，则 A-O-C 这段特性对应的比相式动作方程可写为

$$\alpha_3\geqslant\arg\frac{Z_r}{Z_{set}}\geqslant-(\alpha_2+\varphi_k)$$

式中，$\alpha_2+\alpha_3+\varphi_d<180°$。将 Z_r 和 Z_{set} 均以电流 $\dot{I}_r$ 乘之，得到比相式动作方程为

$$\alpha_3\geqslant\arg\frac{\dot{U}_r}{\dot{I}_rZ_{set}}\geqslant-(\alpha_2+\varphi_k)\tag{3-19}$$

直线 AB 是一个电抗继电器的特性曲线，通常使其特性曲线下倾 5°～8°，以防区外发生经过渡电阻故障时可能引起的“超范围”误动。所谓“超范围”就是指超出保护范围的误动。直线 BC 是负荷限制继电器特性，它与 R 轴的夹角 α_1 通常取为 70°，以躲开负荷阻抗的影响。根据前面对电抗继电器和负荷限制继电器的分析，当 $\alpha_4=8°$，$\alpha_1=70°$ 时，可写出 AB、BC 段特性对应的比相式动作方程分别为

$$262°\geqslant\arg\frac{\dot{U}_r-\dot{I}_rjX_{set}}{\dot{I}_rjX_{set}}\geqslant82°\tag{3-20}$$

$$250°\geqslant\arg\frac{\dot{U}_r-\dot{I}_rR_{set}}{\dot{I}_rR_{set}}\geqslant70°\tag{3-21}$$

将上述三个特性的继电器组成"与门"输出，即可获得图 3-10 的四边形特性。

7. 多相补偿阻抗继电器简介

由前面分析可见，各种圆特性继电器的补偿电压 $\dot{U}'$ 都具有相同的形式，即 $\dot{U}' = \dot{I}_r(Z_r - Z_{set})$。设电流和电压互感器的变比均为 1，则发生短路时图 3-1(a)中保护 1 的测量电压 $\dot{U}_r = \dot{I}_r Z_k$。前已述及，应选择继电器的最大灵敏角 $\varphi_{sen} = \varphi_k$，因此，发生金属性短路时 Z_{set} 与 Z_k 的阻抗角相同。

(1)当保护范围外部发生金属性短路时，$|Z_k| > |Z_{set}|$，对应的 $\dot{U}'$ 与 $\dot{U}_r$ 同相位，继电器不应该动作；

(2)当保护范围末端发生金属性短路时，$|Z_k| = |Z_{set}|$，对应的 $\dot{U}' = 0$，继电器应处于临界动作的条件；

(3)当保护范围内部发生金属性短路时，$|Z_k| < |Z_{set}|$，对应的 $\dot{U}'$ 与 $\dot{U}_r$ 相位差 180°，继电器应该动作。

由此可见，在圆特性阻抗继电器中，$\dot{U}'$ 的作用是用其相位的变化反应短路阻抗 Z_k 与整定阻抗 Z_{set} 的比较，以判断短路发生在区内还是区外。

为了判别 $\dot{U}'$ 相位的变化，必须有一个参考相量作为基准，这就是所采用的极化电压 $\dot{U}_P$。不同的极化电压产生不同特性的阻抗继电器，对于 $270° \geqslant \theta \geqslant 90°$ 的比相动作条件来说，极化电压不仅可以取前面介绍的那几种，还可以采用非故障相的电压、其他相的补偿电压、正序电压、零序电流或负序电流在一个阻抗上的压降等来构成其他特性的各种阻抗继电器。

当继电器的极化量采用的是其他相经过补偿后的电压时，继电器比相式的动作方程将变为两个补偿后电压相位的比较，这种继电器称为多相补偿阻抗继电器。它的优点是可以反应不同相别组合的相间或接地短路。但由于加入继电器的不是单一的电压和电流，因此不能利用测量阻抗的概念来分析它的特性，而必须结合给定的系统、给定的短路点和给定的故障类型对其动作特性进行具体分析。有关多相补偿阻抗继电器的分析，可参阅参考文献(贺家李，2004)。

3.2.3 阻抗继电器的实现方法

由以上分析可见，阻抗继电器可以用比较两个电气量幅值的方法实现；也可以用比较两个电气量相位的方法来实现。至于每个电气量的具体组成，则由阻抗继电器的动作特性所决定。阻抗继电器的构成框图如图 3-11 所示，其构成包括电压形成回路和幅值比较回路或相位比较回路。

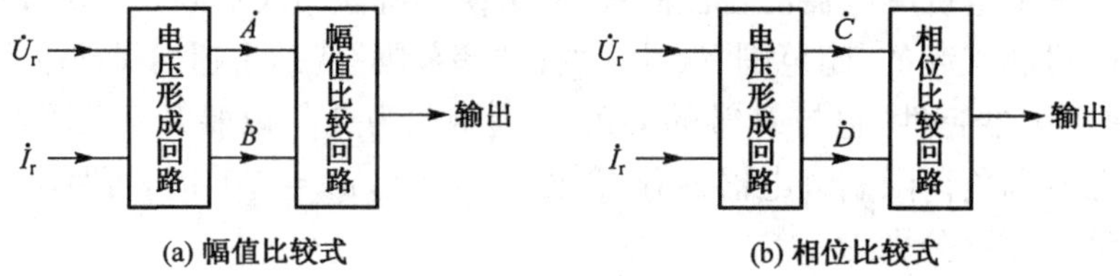

图 3-11　阻抗继电器构成框图

1. 电压形成回路

这一回路的作用就是形成比幅的两个电压 $\dot{A}$ 和 $\dot{B}$ 或比相的两个电压 $\dot{C}$ 和 $\dot{D}$。尽管 $\dot{A}$、

$\dot{B}$、$\dot{C}$、$\dot{D}$ 的组成各不相同，但基本上都可以归纳为两种形式：一种是加于继电器上的电压 $\dot{U}_r$；另一种是加入继电器的电流在某一已知阻抗上的电压降，如 $\dot{I}_r Z_{set}$、$\dot{I}_r Z_0$、$\dot{I}_r R$ 等。$\dot{U}_r$ 可以直接从电压互感器二次侧取得；也可以再经过一个小型中间变压器进行变换使数值进一步降低。$\dot{I}_r$ 在电阻上的压降 $\dot{I}_r R$ 可直接从电流互感器和小型中间变流器的副边得到，而 $\dot{I}_r$ 在一个已知阻抗（如 Z_0、Z_{set} 等）上的压降，在微机型继电器中是由单片机或数字处理芯片通过将 $\dot{I}_r R$ 乘以一个已知阻抗计算获得的；而在整流型、晶体管型和集成电路型继电器中，则由电抗互感器得到（贺家李，2004）。

在得到 $\dot{U}_r$ 和 $\dot{I}_r$ 在某一已知阻抗上的压降后，按照不同继电器的特性要求将两者或加或减地组合起来，就可得到 $\dot{A}$、$\dot{B}$、$\dot{C}$、$\dot{D}$。组合过程中应特别注意绕组间极性的连接，以免出错。

2. 幅值比较回路

幅值比较回路的作用是比较两个电气量 $\dot{A}$ 和 $\dot{B}$ 的大小，当 $|\dot{A}| \geqslant |\dot{B}|$ 时输出动作信号。

在微机型继电器中，判断 $\dot{A}$ 和 $\dot{B}$ 是否满足动作条件是根据 $\dot{A}$、$\dot{B}$ 的计算结果，直接比较两者的幅值大小而实现的，即用程序实现。

在集成电路型继电器中，将 $\dot{A}$ 和 $\dot{B}$ 各自进行整流和滤波，然后将所得的直流量 U_a 和 U_b 送入减法器中进行比较，当 $U_a - U_b \geqslant 0$ 时使后面的电平检测器动作来实现幅值比较，如图 3-12 所示。

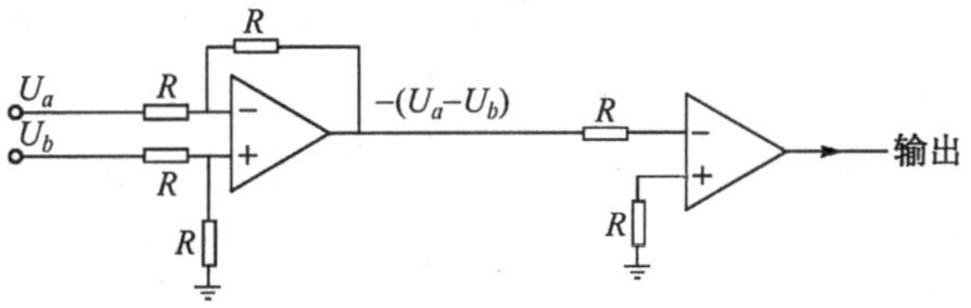

图 3-12　集成电路型幅值比较回路

3. 相位比较回路

相位比较回路的作用就是比较两个电压之间的相位关系，当满足动作方程时输出动作信号。

在微机保护中，根据 $\dot{C}$ 和 $\dot{D}$ 的计算结果，直接判断两者相位是否满足动作方程，即用程序实现。

而在集成电路型、晶体管型等继电器中的相位比较回路，虽然对应不同的比相动作方程构成方法不同，但是，各种相位比较回路的基本原理都是靠将两个电压相位的比较转化为测量两个电压瞬时值的极性来实现的。例如，对于动作方程为 $90° \geqslant \arg \dfrac{\dot{C}}{\dot{D}} \geqslant -90°$ 的继电器，可以将 $\dot{C}$ 和 $\dot{D}$ 相位的比较转化为测量两个电压瞬时值同时为正或同时为负的时间是否大于 5ms。因此，第 2 章图 2-20 已经做了详细分析的与门比相回路（由与门、或非门、延时 5ms、展宽 20ms 组成）即可。

再例如，对于动作方程为 $270° \geqslant \arg \dfrac{\dot{C}}{\dot{D}} \geqslant 90°$ 的继电器，可以将 $\dot{C}$ 和 $\dot{D}$ 相位的比较转化为测量两个电压瞬时值异极性的时间是否大于 5ms。把图 2-20 中的与门和或非门用一个异或门代替、后面跟延时 5ms 和展宽 20ms 回路就可以实现。因为异或门工作的特点是当输入信号中一个为高电平、另一个为低电平时，输出高电平；而当两个输入信号同时为高电平或同时为低电平时，均输出低电平。利用它可以测量 $\dot{C}$ 和 $\dot{D}$ 的瞬时值为异号时所持续的时间，且一个异或门可以同时进行正、负半周的比相。

当比相动作方程与上述介绍的两种比相回路的适用条件不相符合时，可以对动作方程进行变换，使变换后的动作方程符合使用条件。例如，给负荷限制继电器的动作方程式(3-18)不等式的三端同时减角 $90°+\alpha$，则比相动作方程变换为

$$90° \geqslant \arg\frac{(\dot{U}_r - \dot{I}_r R_{set})e^{-j\alpha}}{(\dot{I}_r R_{set})e^{j90°}} \geqslant -90°$$

将原方程式中的 $\dot{C}=\dot{U}_r-\dot{I}_r R_{set}$ 向滞后方向旋转 α 形成 $\dot{C}'=(\dot{U}_r-\dot{I}_r R_{set})e^{-j\alpha}$，原方程中的 $\dot{D}=\dot{I}_r R$ 向超前方向旋转 90° 形成 $\dot{D}'=\dot{I}_r Re^{j90°}$，就可以使用图 2-20 的比相回路实现相位比较。

4. 衰减非周期分量对相位比较回路工作的影响

实际电力系统发生故障以后，由于电流和电压的突然变化，在一次侧以及电流、电压互感器的二次侧都要出现一个过渡过程。在过渡过程中，会出现衰减非周期分量的电流和电压。对于超高压输电线路，由于分布电容、串联电容和并联电抗的影响，还可能出现高于和低于工频 50 周的谐波分量。这些分量都要影响到相位比较回路的正确工作。

仅就衰减非周期分量的影响而言，最严重的后果是：继电器出现"暂态超范围动作"，也称"暂态超越"，即在保护范围以外故障时，由于短路暂态过程中出现的衰减非周期分量，比相回路可能误动作。例如在图 3-13(a)中，稳态情况下 $\dot{C}$ 和 $\dot{D}$ 之间的相位差大于 90°，瞬时值同时为正或同时为负的时间均小于 5ms，相当于保护范围外部故障，继电器不动作。但是，如果在 $\dot{D}$ 中包含衰减非周期分量，如图 3-13(b)所示，当非周期分量为正时，$\dot{C}$、$\dot{D}$ 瞬时值同时为正的时间就可能大于 5ms，此时继电器将发生误动作；如果非周期分量为负，瞬时值同时为负时比相回路将发生误动作。

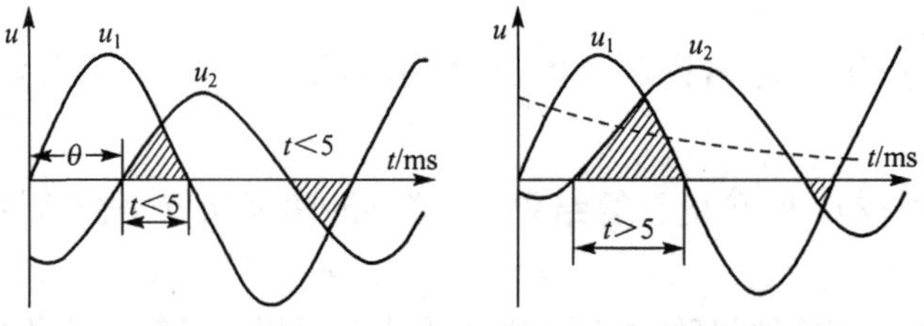

(a) 稳态情况　　(b) 有非周期分量时的情况

图 3-13　非周期分量对相位比较回路工作影响的分析

为了防止发生"暂态超越"，一般要求在最大灵敏角下超范围不大于 5%。通常采取的措施是：①对 $\dot{C}$ 和 $\dot{D}$ 进行滤波；②采用正、负半周比相与门输出的方式，只有当两个电压瞬时值同时为正和同时为负的时间都大于 5ms 时，才允许保护装置动作。

3.2.4　阻抗继电器的精确工作电流

对理想的单相式阻抗继电器来说，当它的整定阻抗一经确定后，其动作特性只与加入继电器的电压和电流的比值(即测量阻抗)有关，而与电流的大小无关。实际的阻抗继电器在动作

时都必须消耗一定的功率，例如幅值比较式的全阻抗继电器，其实际动作条件应为

$$|\dot{I}_r Z_{set}| - |\dot{U}_r| \geqslant U_0 \tag{3-22}$$

式中，U_0 表示 $|\dot{I}_r Z_{set}|$ 必须比 $|\dot{U}_r|$ 高出这个数值时，才能使幅值比较回路动作。

当被保护范围末端发生金属性短路时，$\varphi_r = \varphi_{sen} = \varphi_k$，式(3-22)中的各相量相位相同，可得临界动作方程为

$$I_r Z_{set} - U_0 = U_{act.r}$$

将上式两端以 I_r 除之，又由于 $U_{act.r}/I_r$ 是阻抗继电器刚好能启动时的电压与电流之比，即继电器的实际启动阻抗 Z_{act}，因此有

$$Z_{act} = Z_{set} - \frac{U_0}{I_r} \tag{3-23}$$

由式(3-23)可知，实际阻抗继电器的启动阻抗 Z_{act} 的大小与加入继电器电流 I_r 的大小有关。只有当 I_r 足够大时，实际启动阻抗 Z_{act} 在数值上才与整定阻抗 Z_{set} 相等。$Z_{act} = f(I_r)$ 的关系曲线如图 3-14 所示。

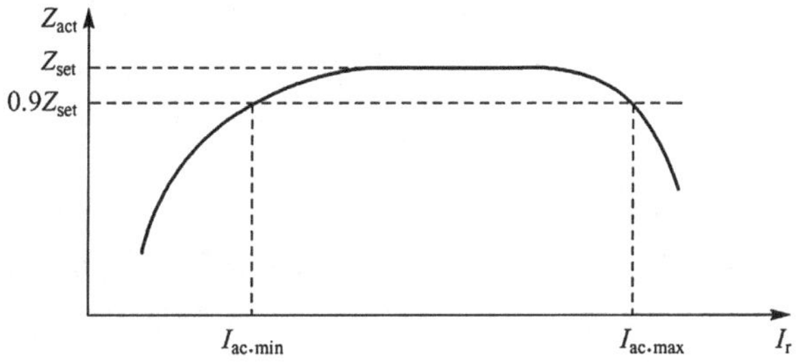

图 3-14　方向阻抗继电器 $Z_{act} = f(I_r)$ 的曲线

由图 3-14 可见，当加入继电器的电流较小和很大时，继电器的启动阻抗都将下降，使阻抗继电器的实际保护范围缩短。这将影响到本线路距离保护与相邻线路距离保护的配合，甚至引起非选择性动作。为了把启动阻抗的误差限制在一定的范围内，规定了精确工作电流 I_{Jg} 这一重要技术指标。

在 $Z_{act} = f(I_r)$ 曲线上，继电器启动阻抗 $Z_{act} = 0.9Z_{set}$ 对应两个电流，左边的称为“最小精确工作电流”，用 $I_{ac.min}$ 表示。在保护范围末端短路时，要求 $I_r > I_{ac.min}$ 才能保证启动阻抗的误差在 10%以内，而这个误差在整定计算的可靠系数里考虑。右边的称为“最大精确工作电流”，用 $I_{ac.max}$ 表示，这是由电流互感器或电抗互感器铁心饱和引起的。在被保护线路出口短路时，流经继电器的短路电流最大，在此电流的作用下，继电器的启动阻抗有可能因为铁心的饱和而下降，但继电器还是可以动作的。实际应用时，要求通过阻抗继电器的电流应满足 $I_{ac.min} < I_r < I_{ac.max}$，保证 $Z_{act} \approx Z_{set}$，使继电器的动作特性基本与 I_r 无关。

3.2.5　方向性继电器的“死区”及消除方法

在保护安装地点正方向出口的一定范围内发生金属性相间短路时，保护安装处即母线上的故障相间电压降为零或近似为零，从而使加入继电器上的电压 $\dot{U}_r = 0$ 或者小于继电器动作所需要的最小电压。在这种情况下，任何具有方向性的继电器将不能动作，从而出现保护装置的“死区”。

例如，对幅值比较式方向阻抗继电器，当 $\dot{U}_r = 0$ 的情况出现时，被比较的两个电压

$\dot{A}=\dfrac{1}{2}\dot{I}_r Z_{set}$ 和 $\dot{B}=\dot{U}_r-\dfrac{1}{2}\dot{I}_r Z_{set}$ 相等。考虑到幅值比较回路中的动作需要一定数值的电压，因此，继电器是不能启动的。对相位比较式方向阻抗继电器，$\dot{U}_r=0$ 的情况出现，则因极化电压变为零，从而失去了比较相位的依据，继电器也不能启动。

为了减小和消除死区，可采用以下方法。

1. 利用故障前母线电压的"记忆作用"

由于短路前后保护安装处即母线上的电压只是数值上发生变化而相位不变，所以可借用故障前母线电压的相位来替代极化电压 $\dot{U}_P$ 的相位进行与 $\dot{U}'$ 的比相，以决定保护是否应该跳闸。这种借用故障前母线电压的方法就称为"记忆作用"，可有效地消除距离Ⅰ段保护的动作"死区"。

微机保护具有存储记忆功能，可以保存故障前若干周波的母线电压采样数据。因此，出口附近发生短路，当判断出母线电压接近于零时，可以将故障前母线电压的采样数据调出来，算出它的相位，这相位实际上就是极化电压 $\dot{U}'_P$ 的相位，以此来消除出口短路的"死区"。

在集成电路型方向阻抗继电器中，可以采用"记忆回路"实现"记忆作用"。图 3-15 就是"记忆回路"的一个例子。极化回路的电压经一个品质因数 Q 很高的 50Hz 带通有源滤波器之后再形成方波，接入比相回路。由于 Q 值越高，输出信号跟随输入信号的延迟时间越长，因此，利用滤波器响应特性的时间延迟可以实现"记忆作用"，即当输入电压 $\dot{U}_P$ 为零或接近于零时，滤波器的输出电压不会突然消失，而是以 50Hz 的工频振荡逐渐衰减至零。方波形成回路的灵敏度很高，一般采用 $Q=5$ 左右即可达到记忆 4～5 个周波的要求，保证继电器的可靠动作。

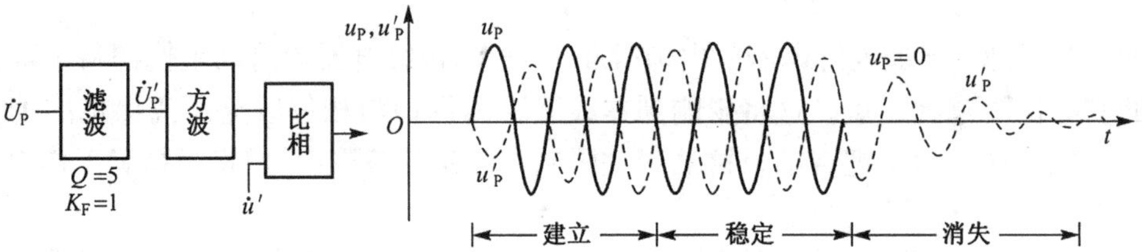

(a) 极化回路构成框图　　(b) 有源滤波器的响应特性

图 3-15　用带通有源滤器消除电压死区

2. 引入非故障相电压

对于动作时间较长的方向性阻抗继电器如距离Ⅲ段，采用"记忆作用"消除"死区"的办法就不行了。考虑到保护出口发生各种两相短路时，只有故障相间的电压降低至零，而非故障相的电压仍然很高，因此，可以在极化电压 $\dot{U}_P$ 中引入非故障相的电压来消除出口两相短路的"死区"。

引入第三相电压应遵循的原则是：不改变继电器的原有动作特性。例如，对于常用的 0° 接线（见 3.3 节）的相间短路方向阻抗继电器，其中反应 AB 相间短路的继电器的 $\dot{U}_r=\dot{U}_{AB}$，$\dot{I}_r=\dot{I}_{AB}$。当出口发生 AB 两相短路时，由于 $\dot{U}_P=\dot{U}_r=0$，会出现"死区"。为消除"死区"可将 $\dot{U}_C$ 引入到 $\dot{U}_P$ 中。但是，由于 $\dot{U}_C$ 超前于 $\dot{U}_{AB}$ 90°，故必须将 $\dot{U}_C$ 后移 90°才能接入 AB 相继电器的极化回路中。所以，其动作方程可以写为

$$270° \geqslant \arg \frac{\dot{U}_{AB} + \alpha \dot{U}_C e^{-j90°}}{\dot{U}_{AB} - (\dot{I}_A - \dot{I}_B) Z_{set}} \geqslant 90° \tag{3-24}$$

式中，α 为取用 $\dot{U}_C$ 的百分数，约为 10%。

应该指出，这种方法对消除三相短路时的“死区”是无能为力的，因为此时三个相电压和相间电压均为零。

除了以上介绍的两种消除“死区”的措施以外，还可以采用电流速断作为辅助保护与距离Ⅰ段组成“或门”以弥补方向性阻抗继电器距离Ⅰ段的“死区”；采用偏移特性的阻抗继电器取代方向性阻抗继电器作为距离Ⅲ段来消除“死区”。

3.3 阻抗继电器的接线方式

3.3.1 对接线方式的基本要求

为了使阻抗继电器能正确测量短路点到保护安装处的距离，加入其中的电压 $\dot{U}_r$ 和电流 $\dot{I}_r$ 应该满足以下要求：

(1)继电器的测量阻抗 Z_r 正比于短路点到保护安装地点之间的距离；

(2)继电器的测量阻抗 Z_r 应与故障类型无关，以保证保护范围不随故障类型而变化。

3.3.2 相间短路阻抗继电器的 0°接线方式

在三相系统中采用三个阻抗继电器，引入的电压和电流列于表 3-1 中。由于引入的是相间电压和相应相的相电流之差，当 $\cos\varphi = 1$ 时 $\dot{I}_r$ 和 $\dot{U}_r$ 同相位，所以称为 0°接线。这种称谓没有任何物理意义，只是为了称呼此种接线方便而起的名称而已。下面针对各种相间短路情况分析继电器的测量阻抗 Z_r，在假设电流互感器和电压互感器的变比为 $n_{TA} = n_{TV} = 1$ 前提下，系统一次侧的测量阻抗也等于 Z_r。

表 3-1 0°接线引入的电压和电流

继电器标号	$\dot{U}_r$	$\dot{I}_r$
r_1	$\dot{U}_{AB}$	$\dot{I}_A - \dot{I}_B$
r_2	$\dot{U}_{BC}$	$\dot{I}_B - \dot{I}_C$
r_3	$\dot{U}_{CA}$	$\dot{I}_C - \dot{I}_A$

1. 三相短路

如图 3-16 所示，设短路点至保护安装地点之间的距离为 1km，线路每千米的正序阻抗为 Z_1 欧姆，则继电器 r_1 的测量阻抗为

$$Z_{r1}^{(3)} = \frac{\dot{U}_{AB}}{\dot{I}_A - \dot{I}_B} = \frac{\dot{I}_A Z_1 l - \dot{I}_B Z_1 l}{\dot{I}_A - \dot{I}_B} = Z_1 l \tag{3-25}$$

三相短路时，三相是对称的，三个继电器的测量阻抗均等于短路点到保护安装地点之间的阻抗，三个继电器均能动作。

2. 两相短路

以图 3-17 的 AB 相间短路为例，故障环路的电压 $\dot{U}_{AB}$ 为

$$\dot{U}_{AB} = \dot{I}_A Z_1 l - \dot{I}_B Z_1 l = (\dot{I}_A - \dot{I}_B) Z_1 l$$

继电器 r_1 的测量阻抗为

$$Z_{r1}^{(2)}=\frac{\dot{U}_{AB}}{\dot{I}_A-\dot{I}_B}=Z_1 l \tag{3-26}$$

正确反应了短路点至保护安装处的距离，因此，r_1 能正确动作。其余两个继电器，由于所加电压为非故障相间电压，数值较 $\dot{U}_{AB}$ 为高；而电流只是其中一个故障相的电流，数值较（$\dot{I}_A-\dot{I}_B$）为小。因此，其测量阻抗很大，不能启动。

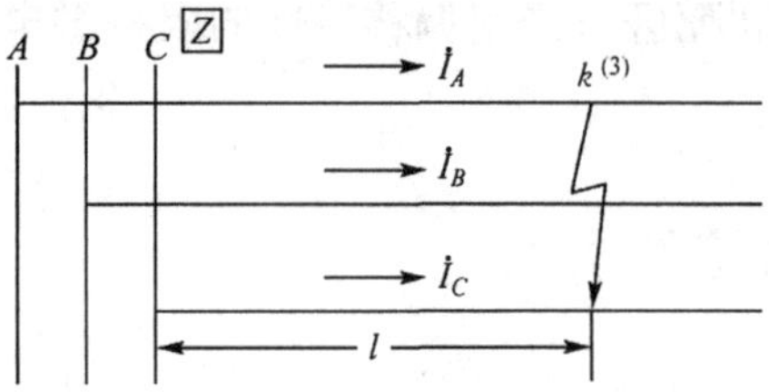

图 3-16　三相短路时测量阻抗的分析

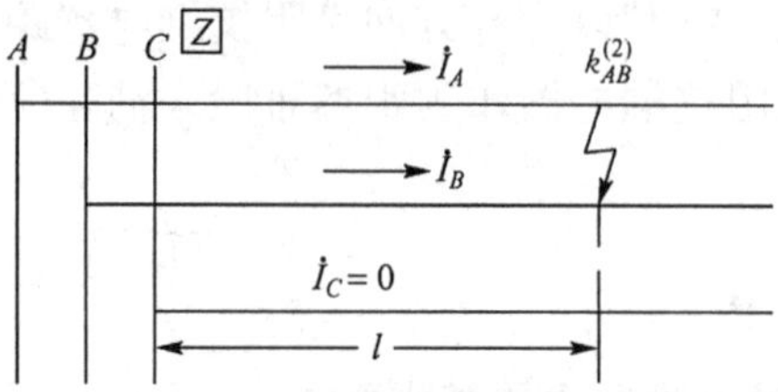

图 3-17　AB 两相短路时测量阻抗的分析

同理，BC 和 CA 两相短路时，相应地，只有 r_2 和 r_3 能准确地测量到短路点到保护安装处的阻抗而动作。但三个阻抗继电器是通过“或门”控制出口跳闸回路的，只要有一个继电器动作，就能保证距离保护正确动作。

3. 中性点直接接地电网的两相接地短路

图 3-18 表示线路发生 AB 两相接地短路。与两相短路不同之处是地中有电流流回，因此 $\dot{I}_A\neq\dot{I}_B$。此时，可以把 A 相和 B 相看成两个“导线-地”的送电线路并有互感耦合在一起。设 Z_L 表示输电线每千米的自感阻抗，Z_M 表示每千米的互感阻抗，则保护安装地点的故障相电压为

$$\dot{U}_A=\dot{I}_A Z_L l+\dot{I}_B Z_M l$$

$$\dot{U}_B=\dot{I}_B Z_L l+\dot{I}_A Z_M l$$

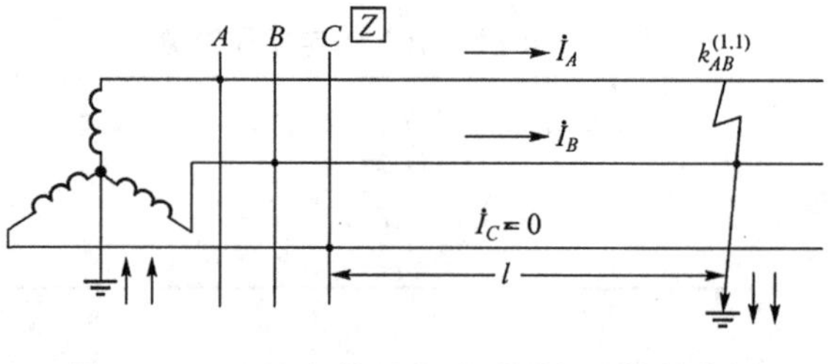

图 3-18　AB 两相接地短路时测量阻抗的分析

因此，继电器 r_1 的测量阻抗为

$$Z_{r1}^{(1,1)}=\frac{\dot{U}_{AB}}{\dot{I}_A-\dot{I}_B}=\frac{(\dot{I}_A-\dot{I}_B)(Z_L-Z_M)l}{\dot{I}_A-\dot{I}_B}=(Z_L-Z_M)l=Z_1 l \tag{3-27}$$

由此可见，当发生 AB 两相接地短路时，r_1 的测量阻抗与三相短路时相同，保护能够正确动作。

3.3.3　接地短路阻抗继电器的零序电流补偿接线方式

在中性点直接接地的电网中，当零序电流保护作为接地短路保护不能满足灵敏性要求时，一般考虑采用接地距离保护。

单相接地时，将故障点的电压 $\dot{U}_{kA}$ 和电流 $\dot{I}_A$ 分解为对称分量为

$$\begin{cases}\dot{I}_A=\dot{I}_1+\dot{I}_2+\dot{I}_0\\ \dot{U}_{kA}=\dot{U}_{k1}+\dot{U}_{k2}+\dot{U}_{k0}\end{cases}\tag{3-28}$$

保护安装地点即母线处的各对称分量电压与短路点的对称分量电压之间，应具有如下关系：

$$\begin{cases}\dot{U}_1=\dot{U}_{k1}+\dot{I}_1Z_1l\\ \dot{U}_2=\dot{U}_{k2}+\dot{I}_2Z_1l\\ \dot{U}_0=\dot{U}_{k0}+\dot{I}_0Z_0l\end{cases}\tag{3-29}$$

因此，保护安装地点母线上的 A 相电压为

$$\begin{aligned}\dot{U}_A&=\dot{U}_{A1}+\dot{U}_{A2}+\dot{U}_{A0}=\dot{U}_{k1}+\dot{I}_1\dot{Z}_1l+\dot{U}_{k2}+\dot{I}_2Z_1l+\dot{U}_{k0}+\dot{I}_0Z_0l\\ &=Z_1l\left(\dot{I}_1+\dot{I}_2+\dot{I}_0\frac{Z_0}{Z_1}\right)=Z_1l\left(\dot{I}_A-\dot{I}_0+\dot{I}_0\frac{Z_0}{Z_1}\right)\\ &=Z_1l\left(\dot{I}_A+\dot{I}_0\frac{Z_0-Z_1}{Z_1}\right)=Z_1l(\dot{I}_A+K3\dot{I}_0)\end{aligned}\tag{3-30}$$

式中，$K=\dfrac{Z_0-Z_1}{3Z_1}$ 称为零序电流补偿系数。

由式(3-30)可见，为了使 A 相的接地距离继电器 r_A 在 A 相发生接地短路时能正确反应短路点至保护安装处的距离，则应取 $\dot{U}_{rA}=\dot{U}_A$，$\dot{I}_{rA}=\dot{I}_A+K3\dot{I}_0$。

为了反应任一相的单相接地短路，接地继电器也必须采用三个。B 相和 C 相接地距离继电器的接线方式分别为：$\dot{U}_{rB}=\dot{U}_B$，$\dot{I}_{rB}=\dot{I}_B+K3\dot{I}_0$ 和 $\dot{U}_{rC}=\dot{U}_C$，$\dot{I}_{rC}=\dot{I}_C+K3\dot{I}_0$。

以上接线方式称为零序电流补偿的接线方式。它除了能正确反应单相接地短路时短路点至保护安装处的距离外，还能够反应于两相接地短路和三相短路，因为接于故障相的阻抗继电器测量阻抗亦为 Z_1l。

3.4 距离保护的构成和整定计算原则

3.4.1 距离保护的构成

三段式距离保护装置主要包括启动元件、测量元件和时间元件，另外还有电压回路断线闭锁元件和振荡闭锁元件，其构成如图 3-19 所示。

1. *启动元件*

用来判断线路是否发生故障。当有短路发生时瞬时启动整套保护，并和动作后的测量元件组成"与门"，启动出口回路动作于跳闸，以提高保护装置的可靠性。启动元件可选用过电流继电器、阻抗继电器、反应于负序和零序电流的继电器或反应电流突变量的继电器中的任一种。

2. *测量元件*

距离保护中的测量元件就是三段式的距离继电器 1KR、2KR 和 3KR，它们的作用是测量短路点到保护安装地点之间的距离。一般要求Ⅰ段距离继电器 1KR 和Ⅱ距离继电器 2KR 具有方向性，以保证正方向区内短路时动作，而反方向短路时不动作。

3. *时间元件*

时间元件的作用是建立Ⅱ段和Ⅲ段的动作延时，让保护按照预定的时限发出跳闸信号。

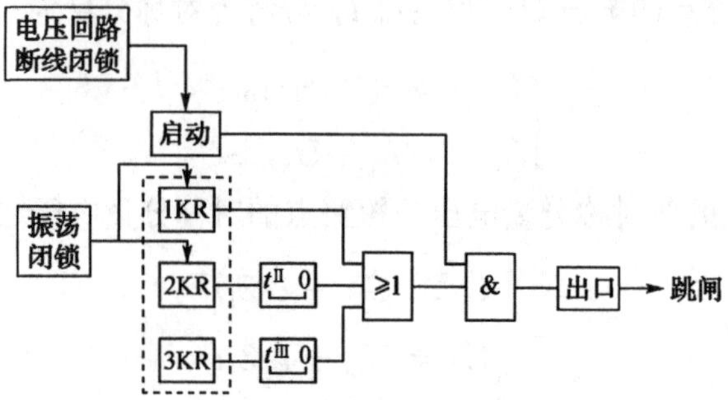

图 3-19　三段式距离保护的构成框图

当正方向发生故障时，启动元件动作。若故障位于第Ⅰ段范围内，则 1KR 动作，并与启动元件的输出信号通过“与门”瞬时作用于出口回路，动作于跳闸。若故障位于距离Ⅰ段保护范围外、距离Ⅱ段保护范围内，则 1KR 不动而 2KR 动作；随即启动Ⅱ段的时间元件 t^{II}，待延时到达后，也通过“与门”启动出口回路动作于跳闸。如果故障位于距离Ⅲ段保护范围以内，则 3KR 动作启动 t^{III}，在 t^{III} 的延时之内，如果故障未被其他保护动作切除，则在延时到达后，仍通过“与门”和出口回路动作于跳闸，起到后备保护的作用。

图 3-19 中的电压回路断线闭锁元件和振荡闭锁元件都是距离保护的附加元件。当电压互感器二次回路断线时，利用前者闭锁启动元件的输出，以防止距离保护误动作。当电力系统发生振荡时，后者将闭锁测量元件的输出。这样一来，可以有效防止距离保护在电力系统振荡过程中的误动作。有关振荡闭锁回路的工作原理在 3.5 节中进行分析。

3.4.2　距离保护的整定计算原则

距离保护的整定计算包括整定阻抗的大小与角度整定、各段动作时限的确定和保护灵敏度的校验等。以下的整定均是对距离保护装置即以系统一次侧参数为基础进行的，距离保护装置中阻抗继电器的整定值可依据式(3-2)得到。

1. 距离Ⅰ段

距离Ⅰ段采用方向阻抗特性。为了保证动作的选择性，距离Ⅰ段的整定值应按照躲开下一条线路出口处短路的原则来确定。如图 3-20 所示，其整定值应为

$$\begin{cases} Z_{\mathrm{op.2}}^{\mathrm{I}} = K_{\mathrm{rel}}^{\mathrm{I}} Z_{AB} \\ Z_{\mathrm{op.1}}^{\mathrm{I}} = K_{\mathrm{rel}}^{\mathrm{I}} Z_{BC} \end{cases} \tag{3-31}$$

可靠系数 $K_{\mathrm{rel}}^{\mathrm{I}}$ 取 0.8～0.85。因此，距离Ⅰ段在理想情况下只能保护线路全长的 80%～85%，动作时限为保护的固有动作时间。

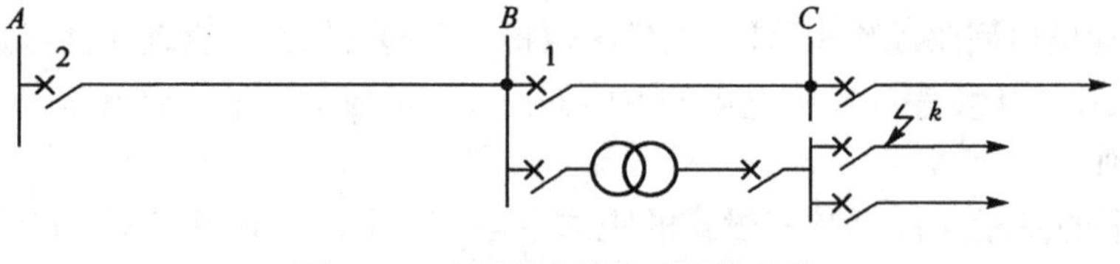

图 3-20　选择整定阻抗的网络接线

2. 距离Ⅱ段

距离保护Ⅱ段也采用方向阻抗特性，应该能保护线路全长，并力求动作时限尽可能短。因此，它必须与相邻元件的距离Ⅰ段配合，按以下两条原则来确定启动阻抗。

(1)与相邻线路距离Ⅰ段配合，并考虑分支系数 K_b 的影响，即

$$Z_{op.2}^{\mathrm{II}} = K_{rel}^{\mathrm{II}}(Z_{AB} + K_{b.min}Z_{op.1}^{\mathrm{I}}) \tag{3-32}$$

式中，可靠系数 K_{rel}^{II} 取 0.8；$K_{b.min}$ 为保护 1 第Ⅰ段末端短路时可能出现的最小分支系数，其计算方法仍采用第 2 章的式(2-38)。

(2)与相邻变压器上装设的瞬时动作保护配合，并考虑分支系数 K_b 的影响。设变压器的阻抗为 Z_T，则启动阻抗应整定为

$$Z_{op.2}^{\mathrm{II}} = K_{rel}^{\mathrm{II}}(Z_{AB} + K_{b.min}Z_T) \tag{3-33}$$

考虑到 Z_T 的误差较大，式中的可靠系数一般采用 $K_{rel}^{\mathrm{II}} = 0.7$；$K_{b.min}$ 则应采用当 k 点短路时可能出现的最小数值。

计算后，应取以上两式中数值较小的一个。距离Ⅱ段的动作时限与相邻线路的Ⅰ段相配合，一般取为 0.5s。

(3)灵敏性校验

与电流保护反应电流数值增大而动作不同，距离保护是反应于测量阻抗的数值下降而动作的。因此，其灵敏系数为

$$K_{sen} = \frac{\text{保护装置的动作阻抗}}{\text{保护范围内发生金属性短路时故障阻抗的计算值}} \tag{3-34}$$

距离Ⅱ段的灵敏系数用启动阻抗与本线路末端短路时的测量阻抗之比求得，以保护 2 为例

$$K_{sen}^{\mathrm{II}} = \frac{Z_{op.2}^{\mathrm{II}}}{Z_{AB}} \tag{3-35}$$

要求 $K_{sen} > 1.25$。当校验灵敏系数不能满足要求时，应进一步延伸保护范围，使之与下一条线路的距离Ⅱ段相配合，时限整定为 1s，考虑原则与限时电流速断保护相同。

3. 距离Ⅲ段

(1)保护装置的启动阻抗应按躲开正常时的最小负荷阻抗 $Z_{L.min}$ 来整定。

当线路上流过最大负荷电流 $\dot{I}_{L.max}$ 且母线上电压最低(用 $\dot{U}_{f.min}$ 表示)时，在线路始端所测量到的阻抗为

$$Z_{L.min} = \frac{\dot{U}_{L.min}}{\dot{I}_{L.max}} \tag{3-36}$$

参照过电流保护的整定原则，考虑到外部故障切除后，在电动机自启动的条件下，保护第Ⅲ段必须立即返回的要求，应采用

$$Z_{op}^{\mathrm{III}} = \frac{1}{K_{rel}^{\mathrm{III}}K_{Ms}K_{re}}Z_{L.min} \tag{3-37}$$

式中，可靠系数 K_{rel}^{III} 取 1.15～1.25；返回系数 K_{re} 取 1.17；自启动系数 K_{Ms} 为大于 1 的数值，由网络具体接线和负荷性质确定。

(2)继电器的启动阻抗为

$$Z_{act}^{\mathrm{III}} = Z_{op}^{\mathrm{III}}\frac{n_{TA}}{n_{TV}} \tag{3-38}$$

(3)继电器的整定阻抗 Z_{set}^{III} 根据 Z_{act}^{III} 和所采用的阻抗继电器动作特性来确定。

以输电线路的送电端为例，继电器感受到的负荷阻抗反应在复数阻抗平面上是一个与 R

轴夹角为负荷功率因数角 φ 的测量阻抗，如图 3-21 所示。而当被保护线路上发生金属性短路时，继电器的测量阻抗为短路点到保护安装地点之间的短路阻抗 Z_k，它与 R 轴的夹角为线路的阻抗角 φ_k，在高压输电线上一般为 60°～85°，也示于图 3-21 中。

当距离Ⅲ段采用全阻抗继电器时，由于它的启动阻抗与角度 φ_r 无关，可以式(3-38)的计算结果为半径作圆构成它的动作特性，如图 3-22 中的圆 1。在此情况下，全阻抗继电器的整定阻抗 $Z_{set}^{Ⅲ}$ 在数值上与启动阻抗 $Z_{act}^{Ⅲ}$ 相等，即

$$|Z_{set}^{Ⅲ}| = |Z_{act}^{Ⅲ}| \tag{3-39}$$

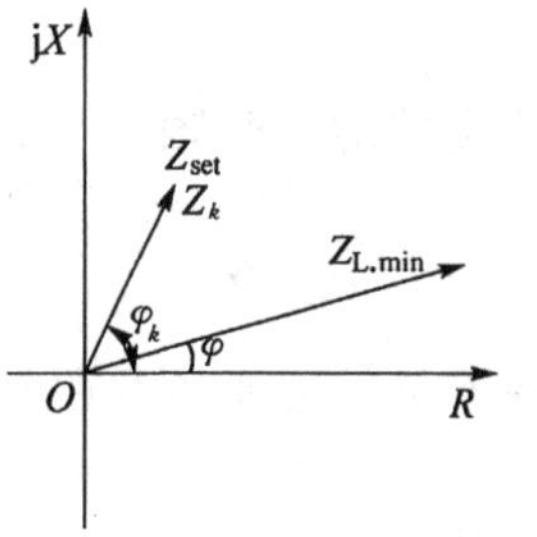

图 3-21　线路始端测量阻抗的相量图

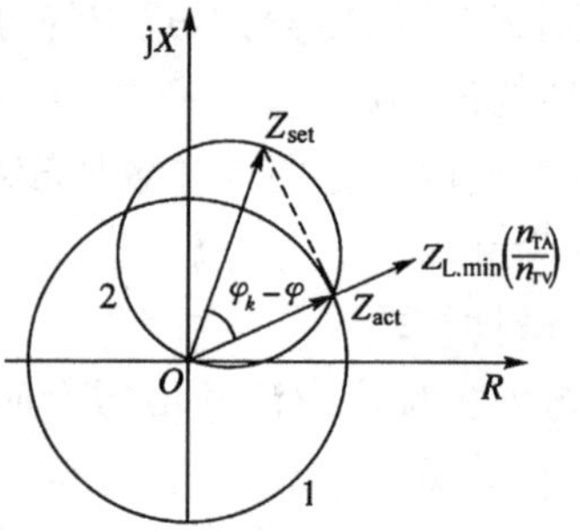

图 3-22　第Ⅲ段整定阻抗的选取

当距离Ⅲ段采用方向阻抗继电器时，由于式(3-38)所决定的继电器启动阻抗 $Z_{act}^{Ⅲ}$ 与整定阻抗 $Z_{set}^{Ⅲ}$ 不在同一相角上，所以取整定阻抗 $Z_{set}^{Ⅲ}$ 时一般是以 $Z_{act}^{Ⅲ}$ 为弦作出方向阻抗继电器的特性图，如图 3-22 中的圆 2，则圆的直径即第Ⅲ段继电器整定阻抗应为

$$|Z_{set}^{Ⅲ}| = \frac{|Z_{act}^{Ⅲ}|}{\cos(\varphi_k - \varphi)} \tag{3-40}$$

(4)动作时限较相邻的与之配合保护的动作时限高出一个 Δt 。

(5)灵敏性校验。

距离Ⅲ段作为远后备保护时，其灵敏系数应按相邻元件末端短路的条件来校验，并考虑分支系数为最大的运行方式，要求 $K_{sen}^{Ⅲ} \geqslant 1.2$；当作为近后备保护时，则按本线路末端短路的条件来校验，要求 $K_{sen}^{Ⅲ} \geqslant 1.5$。

4. 阻抗继电器的精确工作电流的校验

为保证阻抗继电器动作阻抗的误差在允许范围内，要求在保护区内发生短路时通过阻抗继电器的最小短路电流不小于最小精确动作电流，并且留有一定的裕度。因此，应分别求取出各段保护范围末端短路时的最小短路电流，并将其变换到二次侧，再用此数值与阻抗继电器的最小精确工作电流相除算出 $\frac{I_{k.\min.r}}{I_{ac.\min}}$，该比值应大于 1.5。

3.5　影响距离保护工作的因素

距离保护是依据测量阻抗决定是否动作的一种保护，因此能使测量阻抗发生变化的那些因素都会影响距离保护的正确动作。一般来说，这些因素包括：①短路点过渡电阻；②电力系统振荡；③保护装置电压回路断线；④输电线路的串联电容补偿；⑤电流互感器和电压互感器的过渡过程；⑥短路电流中的暂态分量；⑦系统的非全相运行等。本节只讨论①、②两项因素对距离保护的影响及防止办法，其他因素的影响可参阅有关的专业书籍。

3.5.1 短路点过渡电阻对距离保护的影响

电力系统中的短路一般都不是金属性的，而是在短路点存在过渡电阻。短路点的过渡电阻 R_g 是指当相间短路或接地短路时，短路电流从一相流到另一相或从相导线流入地的途径中所通过的物质的电阻，包括电弧、中间物质的电阻，相导线与地之间的接触电阻和金属杆塔的接地电阻等。

在相间短路时，过渡电阻主要由电弧电阻构成。短路初瞬间，电弧电流 I_g 最大，弧长 l_g 最短，弧阻 R_g 最小。几个周期后，在风吹、空气对流和电动力等作用下，电弧逐渐伸长，弧阻 R_g 迅速增大。因此，电弧电阻属于非线性电阻。在导线对铁塔放电的接地短路时，铁塔及其接地电阻构成过渡电阻的主要部分，铁塔的接地电阻与大地电导率有关，对于跨越山区的高压线路，铁塔的接地电阻可达数十欧；当导线通过树木或其他物体对地短路时，过渡电阻更高。目前，我国对 500kV 线路接地短路的最大过渡电阻按 300Ω 估计；对 220kV 线路，则按 100Ω 估计。

对于图 3-23 所示的单侧电源网络，当线路 BC 的出口经 R_g 短路时，保护 1 的测量阻抗为 $Z_{r.1}=R_g$，保护 2 的测量阻抗为 $Z_{r.2}=Z_{AB}+R_g$。可见，过渡电阻会使测量阻抗增大，对保护 1，测量阻抗增大的数值就是 R；对保护 2，由于 $Z_{r.2}$ 是 Z_{AB} 与 R_g 的相量和，由图 3-24 知其数值比无 R_g 时增大不多，即保护 2 受过渡电阻的影响较小。当 R_g 较大时，$Z_{r.1}$ 将落在保护 1 的第Ⅱ段范围内，而 $Z_{r.2}$ 仍落在保护 2 的第Ⅱ段范围内时，则两个保护将以第Ⅱ段时限同时跳闸，导致了保护 2 越级跳闸。

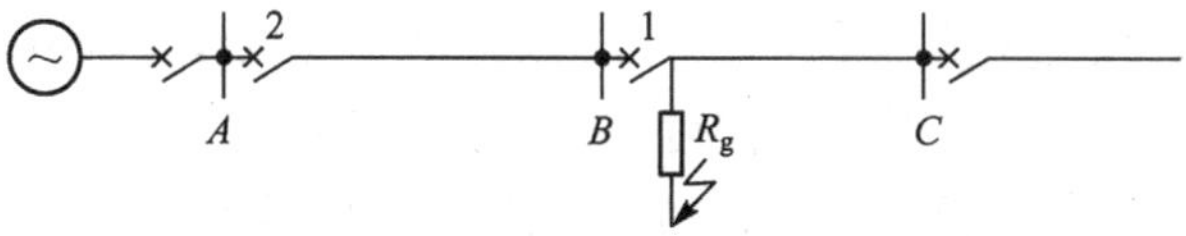

图 3-23 单侧电源线路经过渡电阻 R_g 短路的等效图

在图 3-25 所示双侧电源线路上，短路点的过渡电阻可能使测量阻抗增大，也可能使测量阻抗减小。设线路 BC 的出口经过渡电阻 R_g 三相短路，$\dot{I}'_k$ 和 $\dot{I}''_k$ 分别为两侧电源供给的短路电流，则流经 R_g 的电流为 $\dot{I}_k=\dot{I}'_k+\dot{I}''_k$。

保护 1 的测量阻抗为

$$Z_{r.1}=\frac{\dot{U}_B}{\dot{I}'_k}=\frac{\dot{I}_k}{\dot{I}'_k}R_g=\frac{I_k}{I'_k}R_g e^{j\alpha} \tag{3-41}$$

保护 2 的测量阻抗为

$$Z_{r.2}=\frac{\dot{U}_A}{\dot{I}'_k}=\frac{\dot{I}_kR_g+\dot{I}'_kZ_{AB}}{\dot{I}'_k}=Z_{AB}+\frac{I_k}{I'_k}R_g e^{j\alpha} \tag{3-42}$$

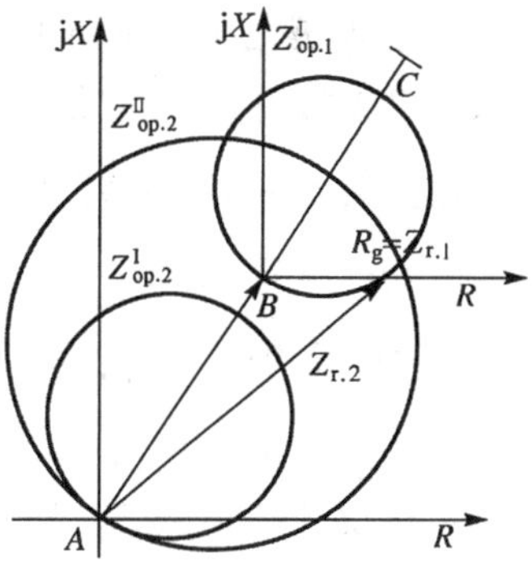

图 3-24 过渡电阻对不同安装地点距离保护的影响

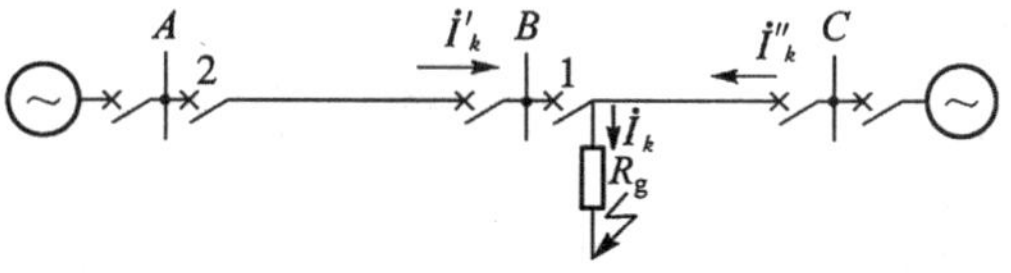

图 3-25 双侧电源线路经过渡电阻 R_g 短路的接线图

式中，α 表示 $\dot{I}_k$ 超前于 $\dot{I}'_k$ 的角度。当 α 为正时，测量阻抗的电抗部分增大；当 α 为负时，测量阻抗的电抗部分减小。在后一情况下，有可能使保护 1 的Ⅰ段拒动，而保护 1 和保护 2 同时以Ⅱ段时限跳闸，从而失去了选择性。

为了使距离保护能正确工作，防止过渡电阻影响采取的措施有：

(1)采用在 $+R$ 轴方向上有较大面积的动作特性，如偏移圆特性、四边形特性等。

(2)采用瞬时测量装置来固定阻抗继电器的动作。相间短路时，过渡电阻主要是电弧电阻，其数值在短路瞬间最小，经过 0.1～0.15s 后迅速增大。因此，电弧电阻对距离Ⅰ段影响不大，对距离Ⅱ段影响较大，即在电弧电阻急剧增大之下，距离Ⅱ段可能返回。根据这一特点，距离Ⅱ段可采用瞬时测量装置将短路瞬间的测量阻抗值固定下来，使 R_g 的影响减至最小。装置的原理框图如图 3-26 所示，在发生短路瞬间，启动元件和距离Ⅱ段阻抗元件动作，通过“与门”启动延时元件，同时距离Ⅱ段通过“或门”实现自保持。这样，只要启动元件不返回，“与门”就一直有输出；当Ⅱ段的整定时限到达时就跳闸。在此期间，即使由于电弧电阻增大而使第Ⅱ段的阻抗元件返回，保护也能正确动作。

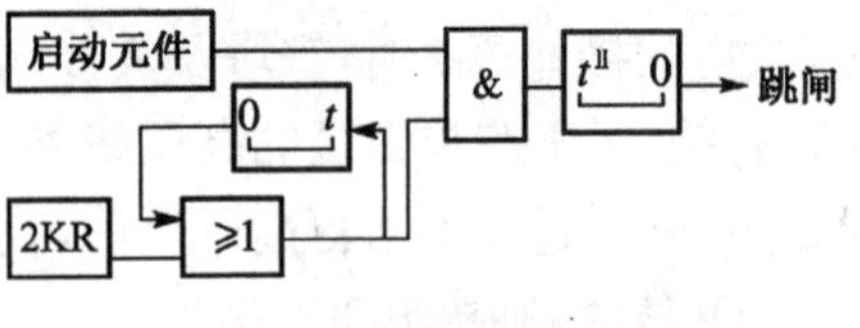

图 3-26　瞬时测量装置原理框图

3.5.2　电力系统振荡对距离保护的影响

电力系统正常运行时，接入系统的所有发电机都处于同步运行状态。因输电线路传输功率过大超过静态稳定极限、系统无功严重不足、发生故障后切除太慢或采用非同步重合闸时，并列运行的发电机或电力系统之间失去同步，使得功率角发生周期性的变化的现象，称为电力系统振荡。当电力系统发生振荡时，各点的电压、电流和功率的幅值和相位都将发生周期性的变化。电压与电流之比所代表的阻抗继电器的测量阻抗也将周期性地变化，当测量阻抗进入动作区域时，距离保护将发生误动作。因此，距离保护必须考虑电力系统振荡对其工作的影响。

1. 电力系统振荡时电压电流的变化规律

图 3-27(a)为一双侧电源系统。发生系统振荡时，三相总是对称的，可以按照单相系统来研究。图上标出了系统和线路的参数以及电压电流的规定正方向。如以电势 $\dot{E}_M$ 为参考，使其相位角为零，则 $\dot{E}_M = E_M$ 。系统振荡时，可认为 N 侧系统等值电势 $\dot{E}_N$ 围绕 $\dot{E}_M$ 旋转，$\dot{E}_N$ 落后于 $\dot{E}_M$ 之角度 δ 在 0°到360°之间变化，即 $\dot{E}_N = E_N e^{-j\delta}$ 。则振荡电流为

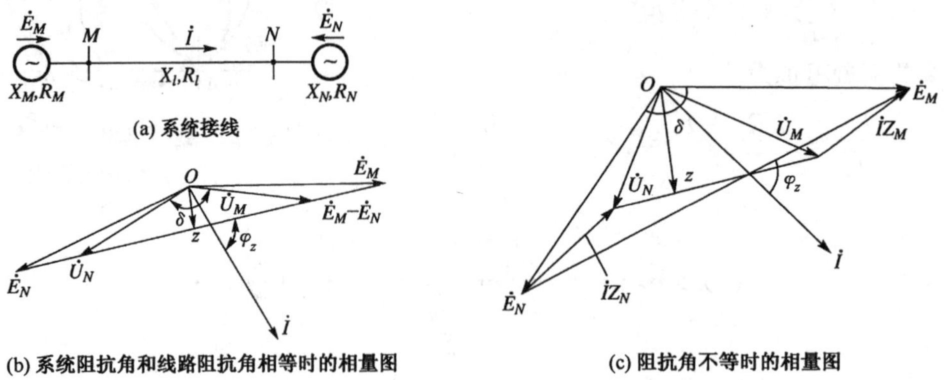

(a) 系统接线

(b) 系统阻抗角和线路阻抗角相等时的相量图

(c) 阻抗角不等时的相量图

图 3-27　双侧电源系统中的振荡

$$\dot{I}=\frac{\dot{E}_M-\dot{E}_N}{Z_M+Z_l+Z_N}=\frac{1-\frac{E_N}{E_M}e^{-j\delta}}{Z_M+Z_l+Z_N}E_M \tag{3-43}$$

此电流落后于电势差 $\dot{E}_M-\dot{E}_N$ 的角度为系统总阻抗角 φ_z：

$$\varphi_z=\arctan\frac{X_M+X_l+X_N}{R_M+R_l+R_N} \tag{3-44}$$

令 $h=\frac{E_N}{E_M}$ 表示双侧系统电势幅值之比，$Z_\Sigma=Z_M+Z_l+Z_N$ 为全系统总阻抗。则

$$\dot{I}=\frac{1-he^{-j\delta}}{Z_\Sigma}E_M=\frac{1-h\cos\delta+jh\sin\delta}{Z_\Sigma}E_M=\frac{E_M}{|Z_\Sigma|}\sqrt{1+h^2-2h\cos\delta}\,e^{j(\theta-\varphi_z)} \tag{3-45}$$

因此，振荡电流的幅值和相位分别为

$$I_M=\frac{E_M}{|Z_\Sigma|}\sqrt{1+h^2-2h\cos\delta} \tag{3-46}$$

$$\theta=\arctan\frac{h\sin\delta}{1-h\sin\delta} \tag{3-47}$$

由式(3-46)和式(3-47)可知，振荡电流的幅值和相位都随着振荡角度 δ 的变化而变化，其轨迹如图 3-28 所示。当 $\delta=0°$ 时，I_M 最小；当 $\delta=180°$ 时，I_M 最大。振荡电流幅值从一个最小值到另一个最小值之间所经历的时间正好为 δ 从 0°到 360°的时间，称这一时间为振荡周期，一般在 0.2～3s 的范围内。

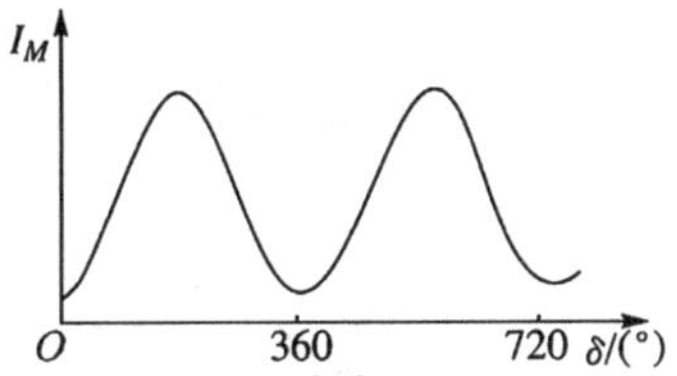

(a) 电流

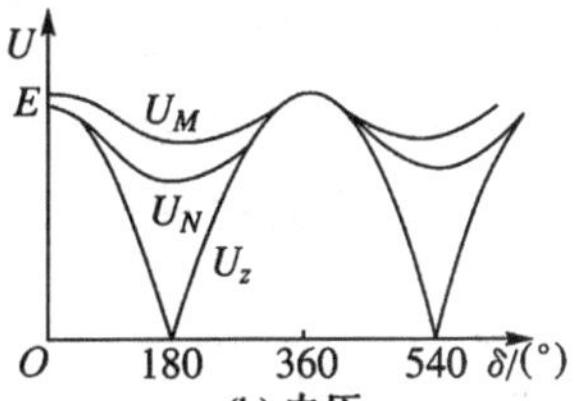

(b) 电压

图 3-28　电力系统振荡时电流电压的变化

振荡时，系统中性点电位仍保持为零，故线路双侧母线的电压 $\dot{U}_M$ 和 $\dot{U}_N$ 分别为

$$\begin{aligned}\dot{U}_M&=\dot{E}_M-\dot{I}Z_M=\dot{E}_M-\frac{\dot{E}_M-\dot{E}_N}{Z_\Sigma}Z_M=E_M-\frac{E_M-hE_Me^{-j\delta}}{Z_\Sigma}Z_M\\&=E_M[(1-m)+hme^{-j\delta}]=E_M[1-m+hm\cos\delta-jhm\sin\delta]\end{aligned} \tag{3-48}$$

式中，$m=\frac{Z_M}{Z_\Sigma}$。

$$\begin{aligned}\dot{U}_N&=\dot{E}_N+\dot{I}_NZ_N=hE_Me^{-j\delta}+\frac{E_M-hE_Me^{-j\delta}}{Z_\Sigma}Z_N\\&=E_M[n+(1-n)h\,e^{-j\delta}]=E_M[n+(1-n)h\cos\delta-j(1-n)h\sin\delta]\end{aligned} \tag{3-49}$$

式中，$n=\frac{Z_N}{Z_\Sigma}$。

因此，双侧母线电压的幅值和相位分别为

$$U_M=E_M\sqrt{h^2m^2+(1-m)^2+2hm(1-m)\cos\delta} \tag{3-50}$$

$$\theta_M=\arctan\frac{-hm\sin\delta}{1-m+hm\cos\delta} \tag{3-51}$$

$$U_N = E_M \sqrt{n^2 + (1-n)^2 h^2 + 2n(1-n)h\cos\delta} \tag{3-52}$$

$$\theta_N = \arctan \frac{-(1-n)h\sin\delta}{n+(1-n)h\cos\delta} \tag{3-53}$$

式(3-50)～式(3-53)表明，系统振荡时母线电压的幅值和相位也是随 δ 而变化的。当 $\delta = 0°$ 时，U_M 和 U_N 最大；当 $\delta = 180°$ 时，U_M 和 U_N 最小，图 3-28(b)给出了电压幅值的变化曲线。

在两侧系统阻抗角与线路阻抗角相等情况下，画出振荡时的相量图如图 3-27(b)所示。振荡电流 $\dot{I}$ 落后于 $\dot{E}_M - \dot{E}_N$ 的角度为 φ_z；$\dot{E}_N$ 加上 $\dot{I}Z_N$ 得到 N 点电压 $\dot{U}_N$；$\dot{E}_M$ 减去 $\dot{I}Z_M$ 后得到 M 点电压 $\dot{U}_M$。输电线上各点电压相量的端点沿着直线 $\dot{U}_M - \dot{U}_N$ 移动，从原点与此直线上任一点连线所构成的相量即代表输电线上该点的电压。从原点作直线 $\dot{U}_M - \dot{U}_N$ 的垂线所得的相量最短，垂足 z 点的电压最低，称为系统在振荡角度为 δ 时的振荡中心。当系统阻抗角和线路阻抗角相等且两侧电势幅值相等即 $h=1$ 时，振荡中心不随 δ 的改变而移动，始终位于系统纵向总阻抗 $Z_M + Z_l + Z_N$ 之中点。当 $\delta = 180°$，振荡中心的电压将降至零，而此时振荡电流又达到最大值，相当于此点发生了三相短路。

在两侧系统阻抗角与线路阻抗角不相等的情况下，如图 3-28(c)所示，电压相量 $\dot{U}_M$ 和 $\dot{U}_N$ 的端点不会落在直线 $\dot{E}_M - \dot{E}_N$ 上，线路上任一点电压相量的端点将落在代表线路电压降落的直线 $\dot{U}_M - \dot{U}_N$ 上。从原点作直线 $\dot{U}_M - \dot{U}_N$ 的垂线即可找到振荡中心的位置及振荡中心的电压。不难看出，在此情况下振荡中心的位置随着 δ 的变化而变化。

2. 电力系统振荡时测量阻抗的变化规律

设距离保护安装在图 3-27(a)中变电所 M 的出线上。系统振荡时，根据振荡电流和母线电压可以求出阻抗继电器的测量阻抗为

$$\begin{aligned} Z_{r.M} &= \frac{\dot{U}_M}{\dot{I}} = \frac{\dot{E}_M - \dot{I}Z_M}{\dot{I}} = \frac{\dot{E}_M}{\dot{I}} - Z_M = \frac{\dot{E}_M}{\dot{E}_M - \dot{E}_N} Z_\Sigma - Z_M \\ &= \frac{1}{1-h\mathrm{e}^{-\mathrm{j}\delta}} Z_\Sigma - Z_M \end{aligned} \tag{3-54}$$

假定两侧电势幅值相等即 $h=1$，且两侧系统阻抗角和线路阻抗角相同，则测量阻抗随 δ 的变化简化为

$$Z_{r.M} = \frac{1}{1-\mathrm{e}^{-\mathrm{j}\delta}} Z_\Sigma - Z_M \tag{3-55}$$

考虑到

$$\begin{aligned} 1-\mathrm{e}^{-\mathrm{j}\delta} &= 1-\cos\delta + \mathrm{j}\sin\delta = 2\sin^2\frac{\delta}{2} + \mathrm{j}2\sin\frac{\delta}{2} = 2\sin^2\frac{\delta}{2}\left(1+\mathrm{j}\cot\frac{\delta}{2}\right) \\ &= 2\sin^2\frac{\delta}{2} \cdot \frac{1+\cot^2\frac{\delta}{2}}{1-\mathrm{j}\cot\frac{\delta}{2}} = \frac{2}{1-\mathrm{j}\cot\frac{\delta}{2}} \quad \left(\text{因 } 1+\cot^2\frac{\delta}{2} = \frac{1}{\sin^2\frac{\delta}{2}}\right) \end{aligned}$$

代入式(3-55)可得

$$Z_{r.M} = \frac{1}{2} Z_\Sigma \left(1-\mathrm{j}\cot\frac{\delta}{2}\right) - Z_M = \left(\frac{1}{2}Z_\Sigma - Z_M\right) - \mathrm{j}\,\frac{1}{2} Z_\Sigma \cot\frac{\delta}{2} \tag{3-56}$$

为了将测量阻抗随 δ 变化的关系画在以保护安装地点 M 为原点的复数阻抗平面上，先将相量 $-\mathrm{j}\,\frac{1}{2} Z_\Sigma \cot\frac{\delta}{2}$ 求出，其结果列于表 3-2 中。

表 3-2　$-\mathrm{j}\frac{1}{2}Z_\Sigma\cot\frac{\delta}{2}$的计算结果

δ	$\cot\frac{\delta}{2}$	$-\mathrm{j}\frac{1}{2}Z_\Sigma\cot\frac{\delta}{2}$
0°	∞	$-\mathrm{j}\infty$
90°	1	$-\mathrm{j}\frac{1}{2}Z_\Sigma$
180°	0	0
270°	-1	$\mathrm{j}\frac{1}{2}Z_\Sigma$
360°	$-\infty$	$\mathrm{j}\infty$

在图 3-29 的复数阻抗平面上，从 M 点沿 MN 方向作相量 $\frac{1}{2}Z_\Sigma - Z_M$，再从其端点作相量 $-\mathrm{j}\frac{1}{2}Z_\Sigma$，则后一相量上的任何一点与 M 连接的相量就是 $Z_{r.M}$。

由图可见，当 $\delta = 0°$ 时，$Z_{r.M} = -\infty$；当 $\delta = 180°$ 时，$Z_{r.M} = \frac{1}{2}Z_\Sigma - Z_M$，即等于保护安装地点到振荡中心之间的阻抗；当 $\delta = 360°$ 时，$Z_{r.M} = +\infty$。此分析结果表明，当 δ 改变时，测量阻抗的数值和阻抗角都在变化，测量阻抗的轨迹将在垂直于 Z_Σ 的平分线 $\overline{OO'}$ 上移动。

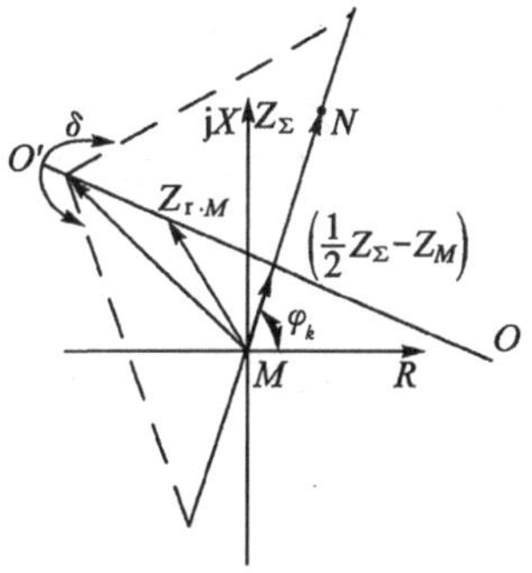

图 3-29　系统振荡时测量阻抗的变化

为了求出不同安装地点距离保护测量阻抗在系统振荡中的变化规律，可以在式(3-56)中用 Z_x 代替 Z_M，并假定 $p = Z_x/Z_\Sigma$ 为小于 1 的变数，则式(3-56)改写为

$$Z_{r.M} = \left(\frac{1}{2} - p\right)Z_\Sigma - \mathrm{j}\frac{1}{2}Z_\Sigma\cot\frac{\delta}{2} \tag{3-57}$$

对应不同的 p 值，测量阻抗变化的轨迹是一族平行于 $\overline{OO'}$ 线的直线，如图 3-30 所示。当 $p = \frac{1}{2}$ 时，直线通过坐标原点，相当于保护装置安装在振荡中心处；当 $p < \frac{1}{2}$ 时，直线族与 $+\mathrm{j}X$ 轴相交，相当于图 3-29 所分析的情况，此时振荡中心位于保护范围的正方向；而当 $p > \frac{1}{2}$ 时，直线族则与 $-\mathrm{j}X$ 相交，振荡中心位于保护范围的反方向。

上述 $Z_{r.M}$ 的轨迹是假设两侧电势幅值相等即 $h = 1$，且两侧系统阻抗角和线路阻抗角相同情况下求出的。当 $|E_M| > |E_N|$ 即 $h < 1$ 时，对式(3-54)进行分析可知(华中工学院，1985)，$Z_{r.M}$ 是位于 $\overline{OO'}$ 上侧的圆 1；当 $|E_M| < |E_N|$ 即 $h > 1$ 时，$Z_{r.M}$ 是位于 $\overline{OO'}$ 下侧的圆 2，如图 3-31 所示。

3. 电力系统振荡对距离保护的影响

电力系统振荡时，系统中的电流、电压的幅值是周期性变化的，因此，对过电流继电器和低电压继电器的工作是有影响的。以过电流继电器为例，在振荡电流大于其启动电流期间，继电器动作；而振荡电流小于启动电流期间，继电器将返回。如果过电流保护的动作时限整定得小于继电器的误动作时间，保护将误动作跳闸。可以采用延长动作时限的方法消除振荡对过电流继电器和低电压继电器的影响。

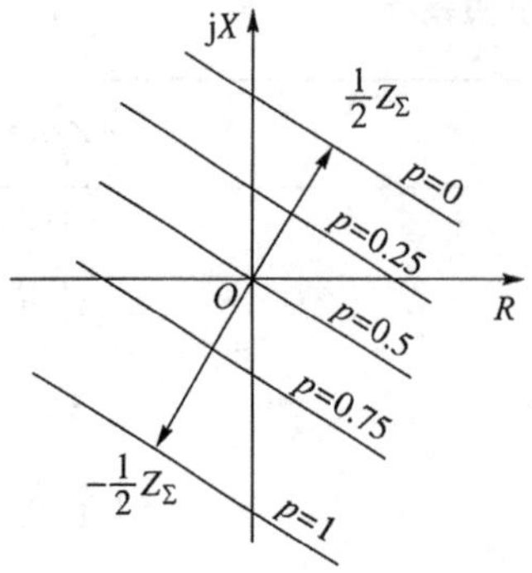

图 3-30 系统振荡时，不同安装地点距离保护测量阻抗的变化

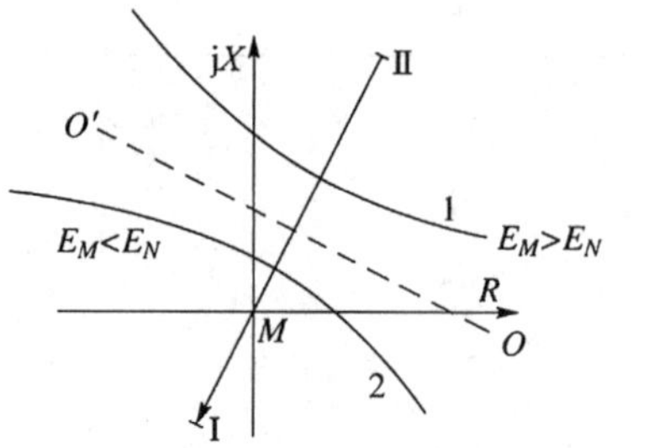

图 3-31 当 $h\neq 1$ 时，测量阻抗的变化

同样地，由于电力系统振荡时测量阻抗随着时间的推移是变化的，所以，距离保护也要受到影响。当测量阻抗进入动作特性内时，阻抗继电器误动作。图 3-32 绘出了方向橄榄圆、方向阻抗和全阻抗的动作特性曲线 1、2 和 3。从图中可以看到，在整定阻抗相同的情况下，测量阻抗穿越全阻抗继电器的时间最长、穿越橄榄圆继电器的时间最短。设振荡周期为 T，δ 做匀速变化，则测量阻抗穿越继电器的时间可用下式计算：

$$t=\frac{\delta''-\delta'}{360^\circ}T \tag{3-58}$$

式中，δ' 和 δ'' 分别为测量阻抗进入和穿出特性区时对应两侧电势摆开的夹角。

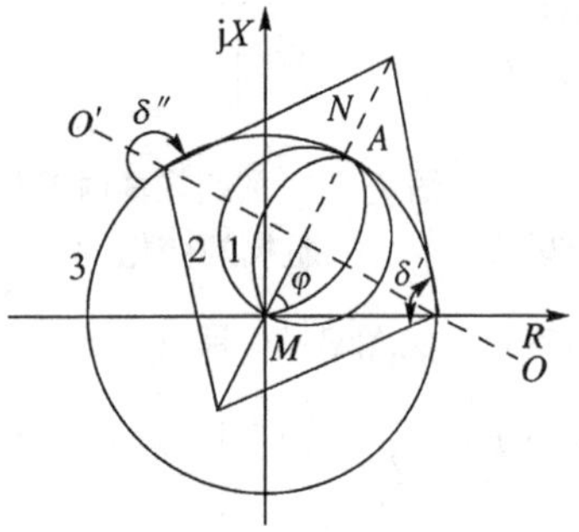

图 3-32 系统振荡时，M 变电所测量阻抗的变化轨迹

由以上分析得出如下结论：①阻抗继电器的动作特性在阻抗平面上沿 $\overline{OO'}$ 方向所占的面积越大，受振荡的影响就越大；②如果距离保护的动作时限大于测量阻抗穿越继电器动作特性的时间即式(3-58)给出的时间，则距离保护可躲开振荡的影响；③距离保护受振荡的影响与保护的安装地点有关，安装地点越靠近振荡中心，受到的影响越大；而振荡中心在保护范围以外或位于保护的反方向时，则振荡时距离保护不会误动作。

4. 振荡闭锁回路

电力系统振荡属于不正常运行状态而非故障，继电保护装置不应动作切除电气元件。所以，对于振荡过程中可能误动作的保护装置，应该装设专门的振荡闭锁回路将其闭锁以防其误跳闸。振荡闭锁回路要正确工作，必须有效地区分短路和振荡，而电力系统发生振荡和短路时的主要区别如下：

(1)振荡时，电流和各点电压的幅值均作周期性变化；而短路稳态后，短路电流和各点电压的幅值是不变的；

(2)振荡时电流和各点电压幅值的变化速度$\left(\frac{di}{dt}\text{ 和 }\frac{du}{dt}\right)$较慢；而短路时电流突然增大、电压突然降低，变化速度很快；

(3)振荡时，任一点电流与电压之间的相位关系随 δ 的变化而改变；而短路时电流和电压之间的相位是不变的；

(4)振荡时三相对称，系统中没有负序分量出现；而短路时，总要长期（在不对称短路过程中）或瞬间（在三相短路开始时）出现负序分量。

根据振荡和短路的上述区别，目前主要采用如下几种不同原理的振荡闭锁回路。

1)利用负序和零序电流启动的振荡闭锁回路

这种振荡闭锁回路的原理框图示于图 3-33。系统纯振荡时没有负序和零序电流，负序电流元件和零序电流元件均不动作。即使振荡时由于测量阻抗的穿越特性使距离Ⅰ段 1KR 和距离Ⅱ段 2KR 误动，跳闸出口的“与门”也不会开放，整套保护不会误动。

当发生区内短路出现负序电流和零序电流时（三相短路开始瞬时会出现短时的负序电流），“或门①”输出高电平，“或门②”也由于阻抗元件的动作输出高电平。只要时间元件的延时未到，不会闭锁跳闸出口的“与门”，因此故障可以切除。

若发生区外短路，距离Ⅰ段 1KR 和距离Ⅱ段 2KR 均不动作，则在 0.2s 后将两者闭锁以防止其在短路后引起的振荡过程中误动作。

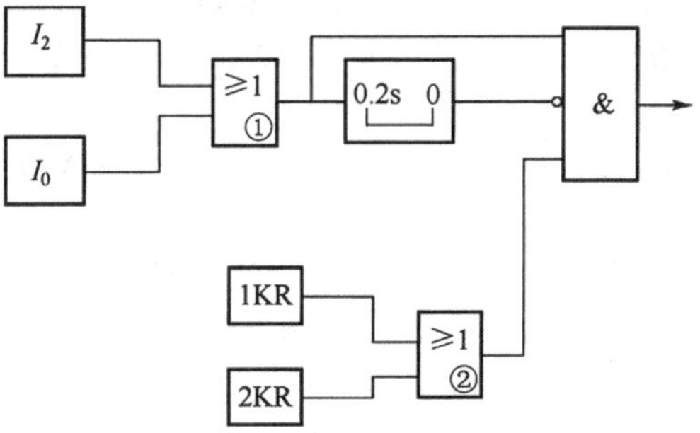

图 3-33 反应负序和零序电流的振荡闭锁回路原理框图

这种闭锁回路的缺点是：一旦进入振荡闭锁后，系统再发生故障，不论故障点是否位于第Ⅰ、Ⅱ段保护范围内，都只能以第Ⅲ段时限切除故障。为了使距离保护能快速反应振荡过程中的再故障，可以利用 $u\cos\varphi$（u 为母线电压，φ 为线路电流滞后母线电压的相角）来识别振荡过程中的三相短路；用 $|\dot{I}_2|+|\dot{I}_0|>m|\dot{I}_0|$ 识别振荡过程中的不对称短路（沈国荣等，1990）。当识别出振荡过程中又发生短路时，立即开放保护，以快速切除故障，从而避免了等待第Ⅲ段延时到了以后才切除故障。

2)反应测量阻抗变化速度的振荡闭锁回路

在三段式距离保护中，当Ⅰ、Ⅱ段采用方向阻抗，Ⅲ段采用偏移阻抗继电器时，如图 3-34 所示，根据其定值的配合，必然存在着 $|Z_{set}^{Ⅰ}|<|Z_{set}^{Ⅱ}|<|Z_{set}^{Ⅲ}|$ 的关系。可利用此关系和振荡时各段误动作时间不同的特点构成振荡闭锁回路。当系统发生振荡且振荡中心位于保护范围以内时，由于测量阻抗逐渐减小，因此 3KR 先启动，2KR 再启动，1KR 最后启动。而保护范围内部故障时，由于测量阻抗突然减小，1KR、2KR 和 3KR 将同时启动。

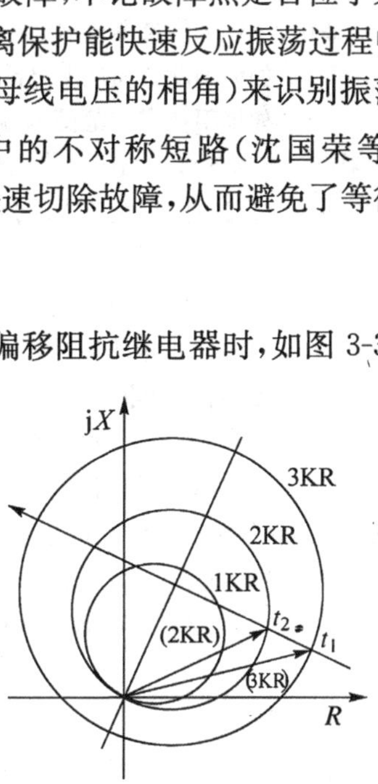

图 3-34 三段式距离保护的动作特性

基于上述区别，实现这种振荡闭锁回路的基本原则是：当 1KR、2KR 和 3KR 同时启动时，允许 1KR 和 2KR 动作于跳闸；而 3KR 先启动，经 t_0 延时 2KR、1KR 才启动时，则把 1KR 和 2KR 闭锁 t_1 秒，不允许它们动作于跳闸。按这种原则构成振荡闭锁回路的结构框图如图 3-35 所示。

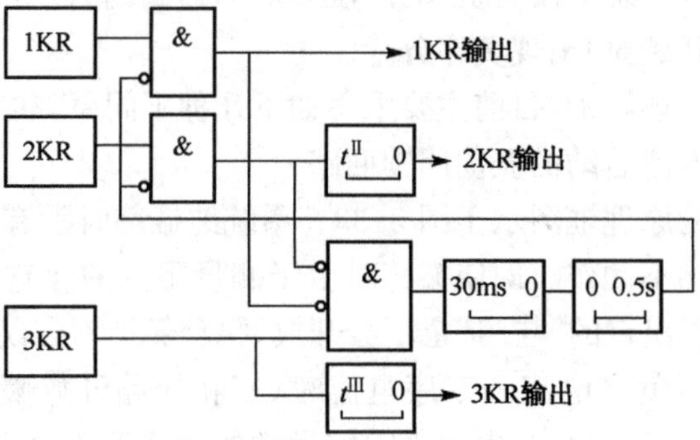

图 3-35　反应测量阻抗变化速度的振荡闭锁回路结构框图

思考题和习题

3-1　什么是测量阻抗、启动阻抗、整定阻抗、负荷阻抗、短路阻抗？它们之间有何不同？

3-2　在分析阻抗继电器时指出：幅值比较的动作方程和相位比较的动作方程之间可以相互转换。请问有无前提条件？如果有的话，是什么？

3-3　有一个方向阻抗继电器，其整定阻抗 $Z_{\mathrm{set}}=10\angle 82^{\circ}\ \Omega$，若测量阻抗为 $Z_K=6.5\angle 70^{\circ}\ \Omega$，该继电器是否动作？

3-4　阻抗继电器的特性圆如图 3-36 所示。$\mathrm{j}X_1$，$\mathrm{j}X_2$ 为已知；圆心 O' 在 $\mathrm{j}X$ 轴上，圆内为动作区。试由特性圆分析求出：(1)圆心坐标和圆的半径；(2)比较相位的动作方程；(3)比较幅值的动作方程。

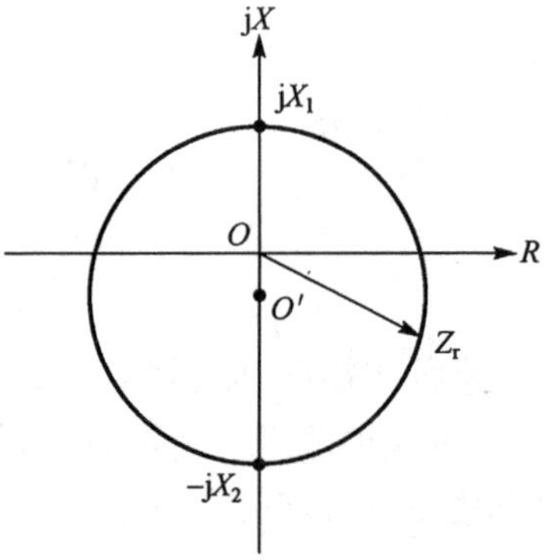

图 3-36　题 3-4 图

3-5　反应相间短路的阻抗继电器采用什么接线方式？接入什么电流和电压？反应接地短路的阻抗继电器采用什么接线方式？接入什么电流和电压？

3-6　为什么阻抗继电器会出现“暂态超越”？采取哪些措施消除？

3-7　如何消除方向性继电器的“死区”？

3-8　如果阻抗保护范围末端发生相间短路时的最小短路电流小于阻抗继电器的最小精确工作电流，会出现什么问题？

3-9　过渡电阻对距离Ⅰ段影响大还是对距离Ⅱ段影响大？过渡电阻对距离保护的影响，在长线路上大还是短线路上大？

3-10　什么是电力系统振荡？振荡和短路有何区别？振荡时的电流、电压和测量阻抗是如何变化的？试描述过电流保护、低电压保护和距离保护在振荡过程中的动作行为。

3-11　距离保护的Ⅰ段、Ⅱ段和Ⅲ段是否都要经过振荡闭锁？为什么？

3-12　如图 3-37 示网络，线路均装有距离保护。所有线路的正序阻抗均为 0.4Ω/km，全系统阻抗角均为 70°。变压器采用瞬时动作的纵联差动保护作为主保护，变压器容量为 31.5MVA，110kV/35kV，$U_k\%=10.5$，其后备保护动作时间 $t_{\mathrm{T}}=10.5\mathrm{s}$。双回线 AB 中每一回线的最大负荷电流 $I_{\mathrm{L\,max}}=90\mathrm{A}$，保护 7 的后备保护动作时间 $t_7=0.5\mathrm{s}$。取Ⅰ、Ⅱ段可靠系数 $K_{\mathrm{rel}}^{\mathrm{I}}=K_{\mathrm{rel}}^{\mathrm{II}}=0.8$，Ⅲ段可靠系数 $K_{\mathrm{rel}}^{\mathrm{III}}=1.25$，返回系数 $K_{\mathrm{re}}=1.17$，自启动系数 $K_{\mathrm{Ms}}=1$。试对保护 1 相间距离Ⅰ、Ⅱ和Ⅲ段的启动阻抗和动作时间进行整定计算。

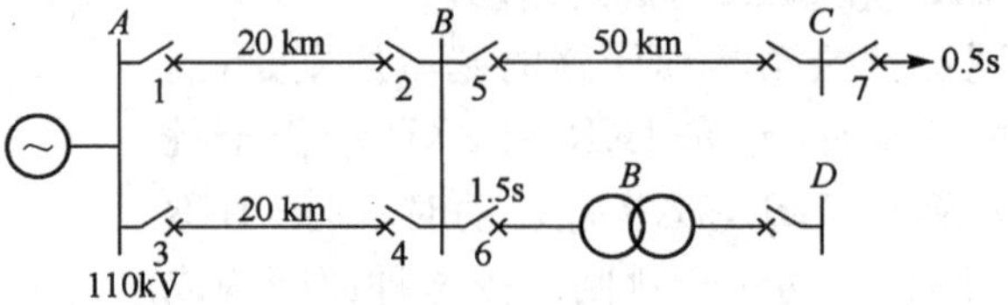

图 3-37　题 3-12 图

3-13　网络参数如图 3-38 所示，已知：线路的正序阻抗 $Z_1 = 0.45\Omega/\text{km}$，在双回线路上装设距离保护作为主保护，可靠系数 $K_{rel}^{I} = K_{rel}^{II} = 0.85$。试对距离保护 A 和 B 的第Ⅰ段和第Ⅱ段进行整定计算，包括启动阻抗、动作时限的整定和灵敏系数的校验。

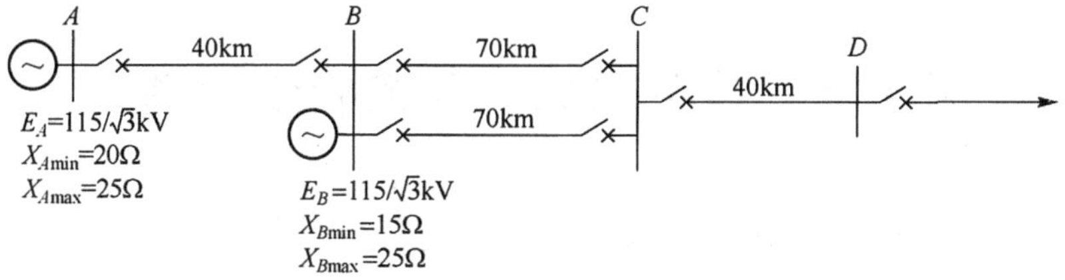

图 3-38　题 3-13 图

第 4 章　数字式保护及控制装置基础

4.1　数字式保护及控制装置的特点

数字式继电保护及控制装置是指:以微型计算机或具有强大数据处理功能的实时数字信号处理器(DSP)为核心硬件,以实现各种原理的保护及控制功能为目标的软件而构成的继电保护及自动控制装置。具有以下特点:

(1)调试维护方便。由于整流型、晶体管型或集成电路型继电保护及控制装置要实现的每一种功能都靠相应的电路实现,所以,为确认装置是否完好,就需要把所具备的各种功能都通过模拟试验来校核一遍,需要大量的人力投入和时间。数字式保护与控制装置则不同,各种功能主要通过微型计算机或实时数字信号处理器实现,即由相应的程序实现的,因此,可以通过检测程序对硬件各部分进行自动检测,一旦发现异常就会发出警报,大大减轻了调试和运行维护的工作量。

(2)可靠性高。微型计算机或实时数字信号处理器在程序的引导下,有极强的综合分析和判断能力,可以实现常规保护和控制装置中很难办到的自动纠错功能,即自动地识别和排除干扰,防止由于干扰而造成误动作。另外,它的自诊断能力能够自动检测出硬件的异常,再配合多重化可以有效地防止拒动,因此可靠性高。

(3)易于获得附加功能。数字式继电保护及控制装置具有记忆功能,可以将装置各部分的动作顺序和动作时间、电压和电流的波形等信息记录下来,给电力部门的事故分析提供真实依据。

(4)灵活性大。由于保护及控制的特性主要由软件决定,因此只要改变软件就可以改变装置的特性和功能,具有很大的灵活性。

(5)性价比高。数字式继电保护及控制装置不仅能完成测量、保护或控制任务,还能完成通信及管理任务。传统继电保护及控制装置中存在的技术问题,例如接地距离保护的允许过渡电阻的能力、距离保护如何区别振荡和短路、大型变压器差动保护如何识别励磁涌流和内部故障等问题都可以通过先进算法的应用找到新的解决办法。

4.2　数字式保护及控制装置的硬件原理

微型机保护及控制装置的硬件示意框图如图 4-1 所示,主要包括以下三大单元。

1. 数据采集单元(或称模拟量输入系统)

其作用是将装置的模拟输入量准确地转换为所需的数字量。包括电压形成回路、模拟低通滤波器(ALF)、采样保持(S/H)电路、多路转换开关(MPX)以及模数转换器(A/D)等功能块。

1)电压形成回路

一方面把从电流互感器 TA、电压互感器 TV 上取得的电量进一步降低以适应数字式保护和控制装置通常对信号±5V或±10V的要求；另一方面将数字式保护及控制装置与一次系统隔离起到抗干扰的作用。交流电压的变换一般采用中间变压器来实现；交流电流的变换一般采用中间变流器并在其二次侧并联电阻，只要铁心不饱和，则二次电流及并联电阻上的二次电压的波形可基本保持与一次电流波形相同且同相，即它的传变可使原信息不失真。

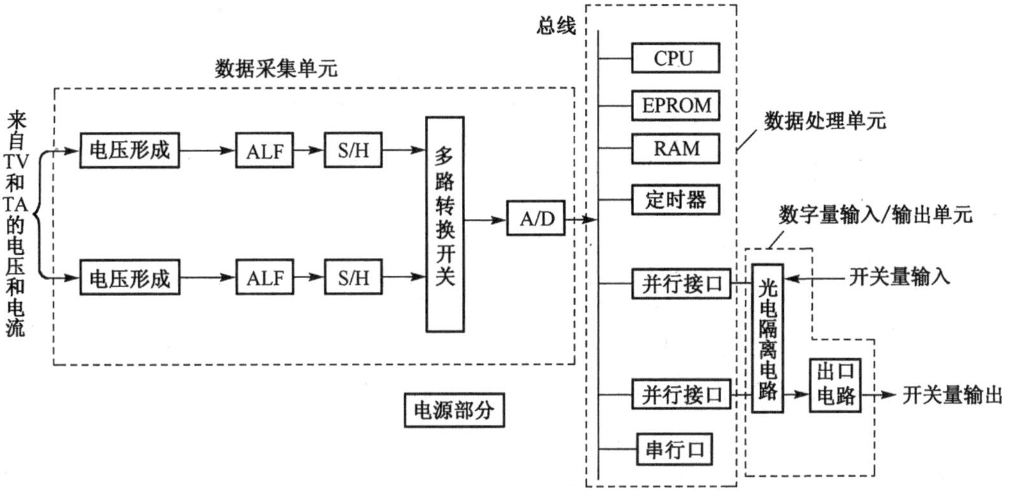

图 4-1　微型机保护及控制装置的硬件示意框图

2)采样保持(S/H)电路

其作用是在一个极短的时间内测量模拟输入量在该时刻的瞬时值，并在模拟/数字转换器进行转换的期间保持其输出不变。S/H电路的工作原理用图4-2来说明，它由一个电子模拟开关AS，电容C_h以及两个阻抗变换器组成。阻抗变换器由运算放大器构成的电压跟随器实现，具有输入阻抗高，输出阻抗低的特点。开关AS受逻辑输入端电平控制，高电平时AS闭合。此时，电路处于采样状态，C_h迅速充电到该时刻的输入值U_{sr}。为了正确采到U_{sr}在采样时刻的值，显然希望采样时间越短越好，因而应用了阻抗变换器Ⅰ，它在输入端呈现高阻抗，而输出阻抗很低，使C_h上的电压能迅速跟踪到U_{sr}值。当逻辑输入端为低电平时，AS打开，由于阻抗变换器Ⅱ对C_h呈现高阻抗，因此C_h上能保持住AS打开瞬间的电压。

图4-3给出了采样保持过程的示意图。T_c为采样时间，T_s为采样周期或称采样间隔，而采样频率f_s是T_s的倒数。由图可见，交流模拟信号经过S/H电路后变成了阶梯型信号，每个阶梯段所持续的时间就是采样间隔，而信号在每个采样间隔中就只有一个数值。这就为模数转换器(A/D转换器)要把该数值的模拟量转换成数字量奠定了基础。

3)模拟低通滤波器(ALF)

模拟低通滤波的作用是滤掉电流和电压中的高频分量以降低采样频率f_s。为防止无源模拟低通滤波器中的电阻和电容对信号造成衰减和时间延迟，可以采用有源模拟低通滤波器，但一般情况下采用无源模拟低通滤波器即可。图4-4为常用的两级RC无源低通滤波器及幅频特性，只要调整RC的数值就可改变低通滤波器的截止频率。

电力系统发生短路后的暂态过程中，电流和电压中不仅包括有基波分量，而且包含有衰减非周期分量和高次谐波，数字式保护及控制装置大多是基于反应基波分量构成的。根据采样定理，要从采样信号中复原信号，采样频率$f_s=1/T_s$必须大于原信号频率的二倍，否则会产生频率混叠。因此，图4-4中的截止频率可设计成$f_s/2$，这样$f_s/2$以上的高频分量可以被滤掉。

之后，再对电流和电压进行采样，可降低采样频率 f_s，从而降低对模/数转换芯片的要求，节省购置芯片的投资。

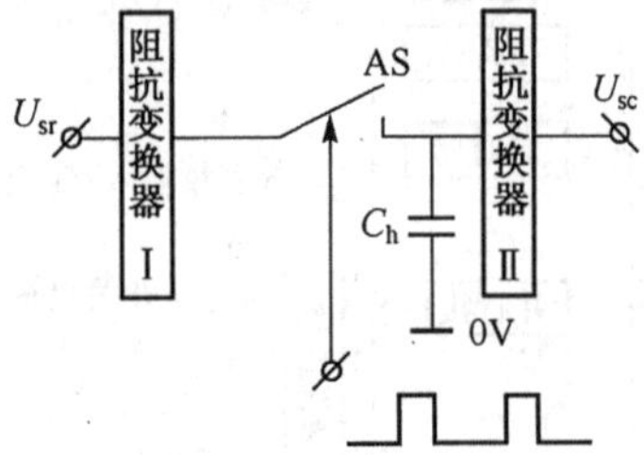

图 4-2　采样保持电路原理图

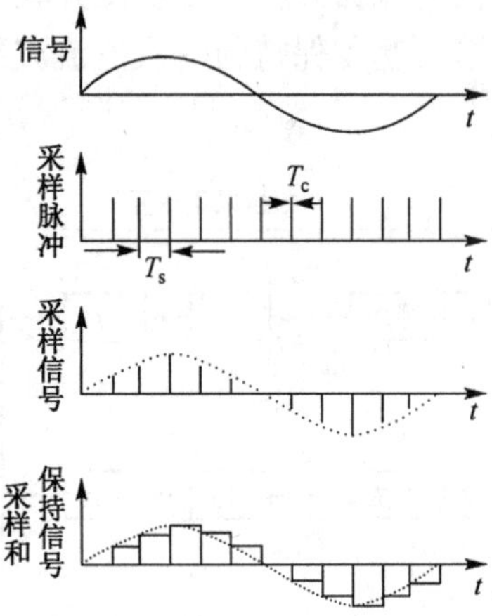

图 4-3　采样保持过程示意图

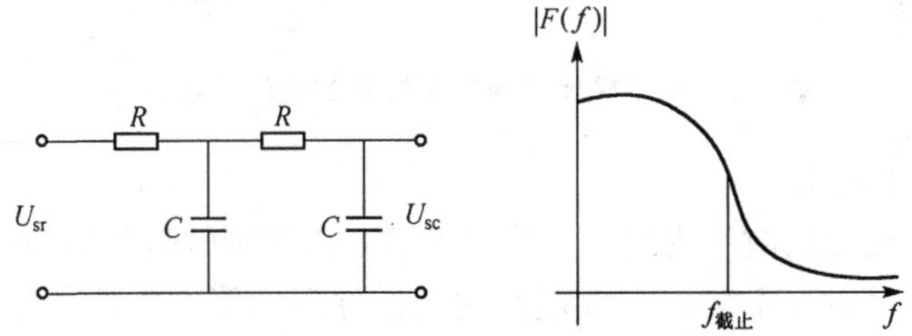

(a) 电路　　(b) 幅频特性

图 4-4　模拟低通滤波器

4)多路转换开关(MPX)

其作用是对多个模拟输入量进行切换，以实现一片 A/D 芯片对多路模拟输入量的模/数转换。通常由译码电路或电子开关构成。图 4-5 给出了由一个 16 路译码芯片 AD7506 实现的多路转换开关的原理框图，可完成对 16 个模拟输入量的切换。由 CPU 通过并行接口芯片或其他硬件电路给四个路数选择线 A_0～A_3赋予不同的二进制码以选通 AS_1～AS_{16}中相应的一路电子开关，该电子开关将被选中的模拟信号接通至公共的输出端以便进行 A/D 转换。EN(Enable)为芯片的使能端，只有在 EN 端为高电平时，多路转换开关才工作，否则不论 A_0～A_3处于什么状态，u_1 ～ u_{16} 均为断开状态。

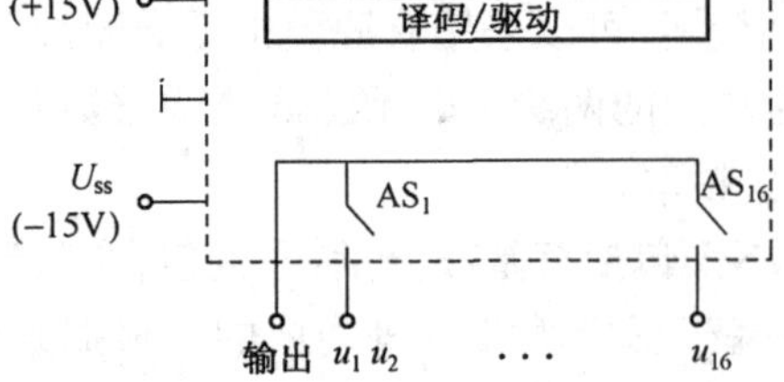

图 4-5　AD7506 实现的多路转换开关原理框图

5)模数转换器(A/D 转换器)

采用模数转换器 A/D 将连续的模拟量变为离散的数字量。选择 A/D 转换芯片时要考虑两个指标，一是分辨率，它表示输出数字量变化一个相邻数码所需输入模拟电压的变化量，以输出二进制的位数表达。例如 12 位分辨率的 A/D 芯片能分辨出满量程电压的 $1/2^{12}$，即满量程电压的 0.0245%。二是转换速率，它表示每秒转换的次数。很显然，完成一次 A/D 转换所需的时间就是转换速率的倒数。对于数字式保护和控制装置而言，由于多个模拟量共用一片 A/D，因此要求轮流转换所需时间总和必须小于采样间隔。

图 4-6 示出了一片分辨率为 8 位的逐次逼近式 A/D 转换芯片的原理框图。初始化时，把并行接口的 B 口定义为数字量输出口、A 口定义为数字量输入口。由 CPU 通过 B 口的 PB_0～PB_7 往 8 位 D/A 转换器试探性地送数。每送一个数，CPU 通过读取并行口 A 口的 PA_0 状态（“1”或“0”）来观察试送的 8 位数相对于模拟输入量 U_{sr} 是偏大还是偏小。如果偏大，则比较器输出“0”；否则输出“1”。如此通过软件不断修正送往 D/A 的 8 位二进制数，直到找到最相近的值即为转换结果。

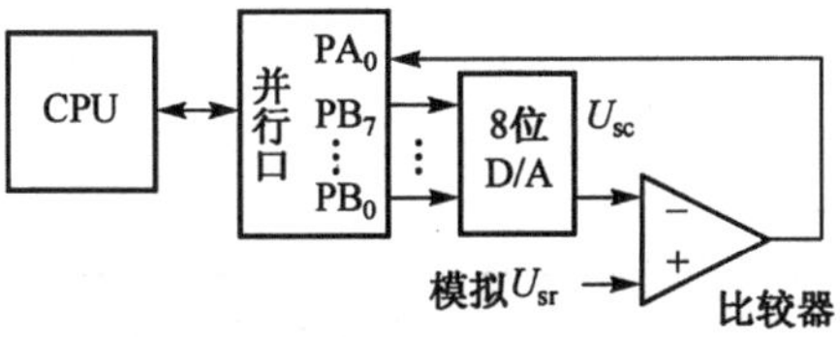

图 4-6　模数转换器原理框图

2. 数据处理单元（或称数字主系统）

微型计算机或实时数字信号处理器执行存放在只读存储器中的程序，对数据采集单元采集到并存入至随机读写存储器的数据进行分析处理，以完成各种继电保护及控制的功能。这一单元包括微型计算机或实时数字信号处理器、只读存储器（如 EPROM 和 E^2PROM）、随机读写存储器（RAM）、I/O 并行口、串行口以及定时器等。

微型计算机或实时数字信号处理器虽然设置有一定容量的内部存储器，但一般容量较小。因此，对于数字式保护及控制装置而言，需要扩展程序存储器（如 EPROM）和数据存储器（RAM）。保护装置的整定值以及自动控制装置的门槛值等应该存放在电可擦除的只读存储器（如 E^2PROM）中。另外，保护及控制装置的输出信号比较多，还需要扩展一些 I/O 并行口。为了实现保护与控制装置之间的信息互传或联网，对不带串行口的微型计算机还应该扩展串行口。图 4-7 给出了一个数据线为 16 位的数字式保护及控制装置中的数据处理单元的原理框图。

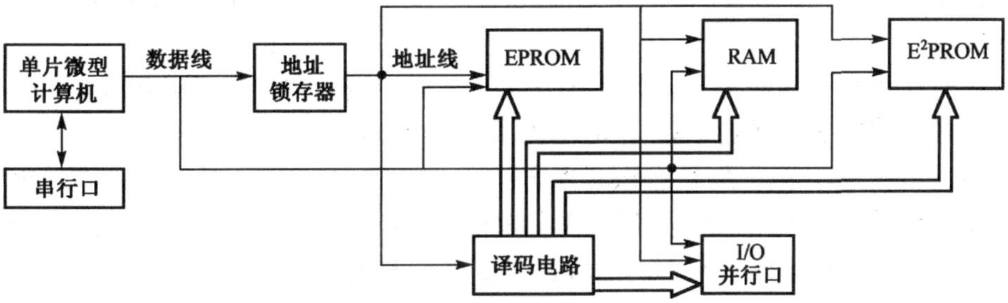

图 4-7　数据处理单元的原理框图

图中需要按照微型计算机或实时数字信号处理器的可寻址空间人为地给每个芯片即 EPROM、E^2PROM、RAM、I/O 并行口等分配好地址，而每个芯片被人为分配的地址在硬件电路中靠译码电路的输出得到。例如，假设图 4-7 中 RAM 芯片的容量是 16KB，人为给其分配的地址为 16 进制的 8000H～BFFFH。很显然，这段地址所具有的共同特征为：最高位地址线 $A_{15}=1$ 和次高位地址线 $A_{14}=0$。因此，可用一片 2-4 译码器（74HC139）作译码电路，由它的输出得到这一片地址的译码，接至 RAM 芯片的片选端。图 4-8 为该译码电路的示意图，表 4-1 为其真值表。由真值表可知，只要将地址线 A_{14} 和 A_{15} 分别接于译码电路的输入端 A 和 B，则 $A_{14}=0$ 和 $A_{15}=1$ 同时出现时，Y_1 的输出就为低电平。所以，将 Y_1 和 RAM 芯片的片选端(低电平有效)相连接，就可以使 RAM 芯片在符合 $A_{14}=0$ 和 $A_{15}=1$ 的这段地址区间内既可读又可写，而这段地址区间正好是 8000H ~BFFFH，从而使人为分配的地址靠译码电路得以实现。

表 4-1　2-4 译码器真值表

$\bar{E}$	A	B	Y_0	Y_1	Y_2	Y_3
0	0	0	0	1	1	1
0	0	1	1	0	1	1
0	1	0	1	1	0	1
0	1	1	1	1	1	0

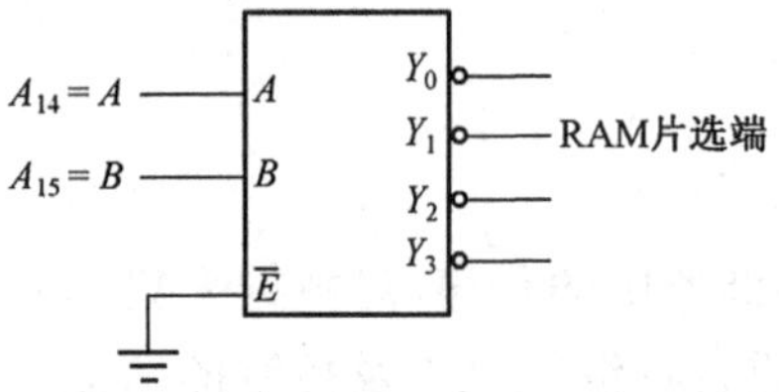

图 4-8　2-4 译码器电路示意图

数据处理单元是数字式保护和控制装置的核心，它的性能在一定程度上决定着装置性能的优劣，因为继电保护和控制功能的实现主要是靠它来完成的。

3. 数字量输入/输出单元(或称开关量输入/输出系统)

其作用是完成各种保护及控制装置的出口跳闸、信号输出、外部接点输入及人机对话等功能。由光电隔离器件和有接点的中间继电器等组成。

1)开关量输入回路

数字式保护及控制装置的开关量输入即接点状态(接通或断开)的输入可以分成以下两大类。一类是安装在装置面板上的接点。这类接点包括在装置调试时用的或运行中定期检查装置用的键盘接点以及切换装置工作方式用的转换开关的接点等。另一类是从装置外部经过端子排引入装置的接点. 例如需要由运行人员不打开装置外盖而切换的各种压板、转换开关以及其他保护及控制装置的接点等。

对于装在装置面板上的接点，可直接接至并行接口，如图 4-9 所示。只要在初始化时规定图中可编程并行口的 PA_0 为输入口，则 CPU 就可以通过软件查询，随时知道图 4-9 中面板上接点 S 的状态。

对于从装置外部引入的接点，考虑到接点电压可能与 CPU 电压不匹配，另外，若也按图 4-9接线将给 CPU 引入干扰，故经光电隔离，如图 4-10 所示。图中虚线框内是一个光电耦合器件，集成在一个芯片内。当外部接点 S 接通时，有电流通过光电器件的发光二极管回路，使光敏三极管导通。当 S 打开时，光敏三极管截止。因此，三极管的导通和截止完全反应了外部接点的状态。由于图 4-10 中可能带有电磁干扰的外部接点回路和 CPU 电路部分之间无电的联系，而光电耦合芯片的两个互相隔离部分间的分布电容仅仅是几个微法，因此可大大降低干扰。

2)开关量输出回路

开关量输出主要包括保护的跳闸、信号出口以及控制装置的输出信号等。一般采用并行接口的输出来控制带有接点的继电器(干簧或密封小中间继电器)，且为提高抗干扰能力，要经过一级光电隔离，如图 4-11 所示。只要由软件使并行口的 PB_0 输出“0”、PB_1 输出“1”，便可使“与非门”输出低电平，光敏三极管导通，继电器 KM 的接点闭合。在初始化和需要继电器 KM

返回时，使 PB_0 输出“1”、PB_1 输出“0”。图中未将发光二极管直接同并行口相连，而是设置了反相器 B_1 及“与非门”，其原因一方面是因为并行口带负载能力有限，不足以驱动发光二极管，另一方面因为采用“与非门”后要满足两个条件才能使 KM 动作，增加了抗干扰能力。

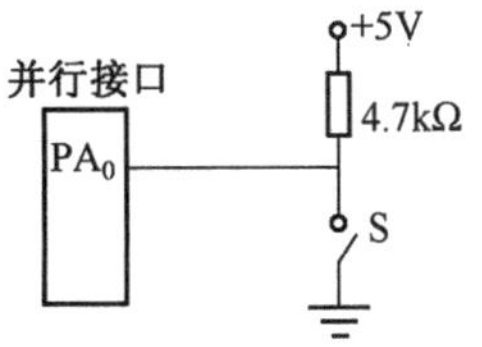

图 4-9 装置面板上的接点与 CPU 接口连接图

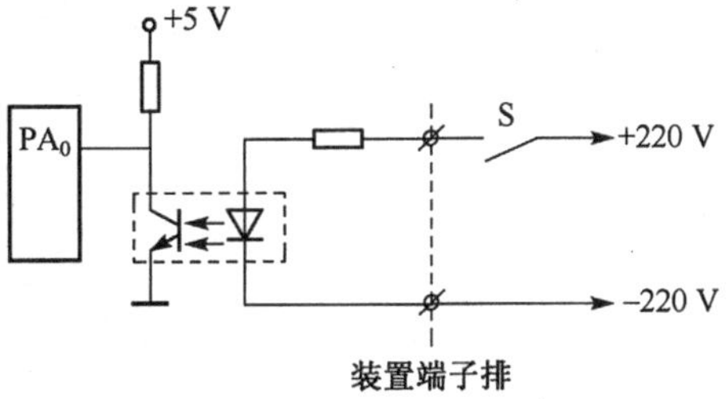

图 4-10 装置外部接点与 CPU 的连接图

3)人机对话接口回路

人机对话接口回路是微型机保护及控制装置中的一个重要组成部分，保护装置整定值和控制装置门槛值的输入和修改、液晶显示器的控制都由其完成。主要由键盘和液晶显示器构成。有关键盘以及液晶显示器的工作原理、接线以及编程方法在一般的单片机书中都有讲述，限于篇幅本书不再介绍。

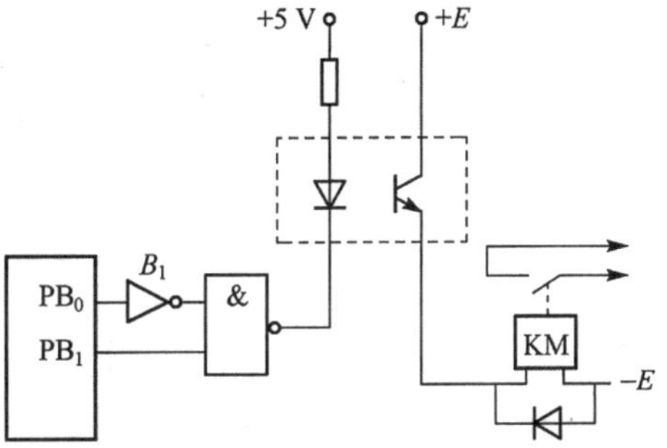

图 4-11 装置开关输出回路接线图

除了以上介绍的三大主要单元以外，数字式保护及控制装置的硬件还包括通信接口和电源。前者用于实现多单片机系统的通信和联网，后者给保护及控制装置提供所需的稳定直流电源。

4.3 数字式保护及控制装置的软件流程

硬件是保护及控制装置传递信息的载体，而软件则决定其动作特性和规律。数字式保护及控制装置的软件可分为监控程序和运行程序两部分。所谓监控程序包括对人机接口键盘命令的处理程序和为装置中各个单元进行调试、整定值或门槛值设置和报告显示等而配置的程序。运行程序则是保护及控制装置在运行状态下所需要执行的程序，以完成某种原理的保护功能或达到某种控制的目的。这里将着重介绍运行程序。

1. 数字式保护的运行软件

其主要包括三个程序模块：主程序、采样中断服务程序和事故处理程序。

1)主程序

主程序包括初始化、全面自检、开放和等待中断等功能，其框图如图 4-12 所示。当装置上电或按复位按钮后，进入该程序模块的入口。首先进行必要的初始化(一)，如堆栈寄存器赋值、I/O 并行口初始化、查询面板上开关的位置等。当面板上开关在调试位置时则进入监控程序，否则执行运行程序。进入运行程序后，CPU 将开始运行状态所需的各项准备工作即初始化(二)，包括往 I/O 并行口写数，让所有开出量处于正常状态；将所需要的那一套整定值或门槛值从 E^2PROM 中取出，放在预先规定好的 RAM 区。之后，CPU 依据程序对装置硬件的各部分进行全面自检。

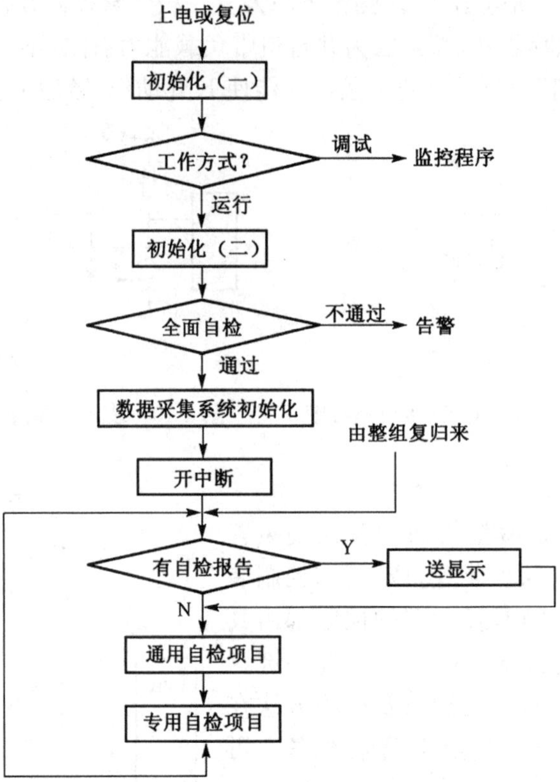

图 4-12　数字式继电保护的主程序流程框图

在确认一切良好后才允许数据采集系统开始工作。首先，将采集指针和软件定时器初始化，准备好定时对各模拟输入量进行采样和 A/D 转换。这一工作完成后，开放软件定时器中断开始对模拟输入量进行采样和 A/D 转换。若中断时刻到，则转入采样中断服务程序，执行完后返回至主程序的断点处，继续执行主程序。若中断时刻未到，主程序会反复地执行通用自检及专用自检项目。通用自检项目主要是对开入量进行监视，而专用自检项目依据不同的被保护元件或不同的保护原理自行设置。如果有自检报告出现，则在液晶显示器上给出显示并通过串行口通知管理计算机。

2)采样中断服务程序

包括对模拟量的采样、A/D 转换、采样值存储、启动元件的计算和是否有故障发生的判断等功能。图 4-13 给出了采样中断服务程序的框图。进入该程序模块后，首先发出采样/保持命令以保证各模拟输入通道的同时采样；再对各通道保持信号依次进行 A/D 转换并将转换结果存储到预先划分好的 RAM 区域；然后进行启动元件的计算和判断。

在编制这个程序时，应该注意以下问题：①刚开放采样中断服务程序的 60ms 内，不要进行启动元件的计算和是否有故障发生的判断。因为，启动元件大多采用相电流差突变量元件(其工作原理在 4.4 节中介绍)，需要用到三个工频周期即 60ms 的采样电流数据。为防止启动元件利用了 RAM 的随机数据而发生误动，必须等待 60ms；②如果启动元件未动作，则需要进行启动元件的计算和判断，当判断出启动元件刚好动作时，修改返回地址为事故处理程序的入口地址，这样在采样中断服务程序的出口处程序将返回到事故处理程序，而不是返回到主程序的断点处；③ 如果启动元件已经动作，则不用再进行启动元件的计算，直接返回事故处理程序。

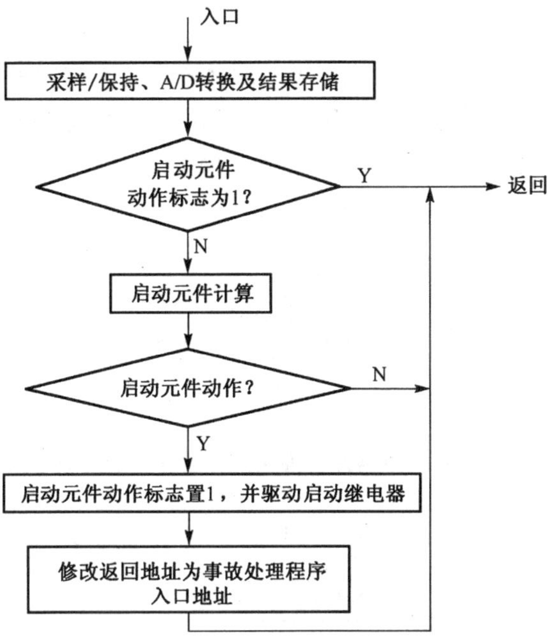

图 4-13　数字式保护的采样中断服务程序框图

应当指出:采样中断服务程序必须在一个采样间隔的时间内完成,否则将造成数据的丢失,引起微机型继电保护装置的错误动作。

3)事故处理程序

此程序模块在启动元件动作后才投入,包括保护特性的计算、故障性质的判定等功能,其框图如图 4-14 所示。进入该模块后,首先检查故障后的采样数据是否够一个数据窗长。所谓数据窗长是指能估算出电气量中所含某一频率分量的幅值和相位所需要的最短采样数据长度。若数据窗长已经达到,则开始进行保护动作方程的计算和判定。当判定故障发生在区外,则进入整组复归模块,使所有动作标志和继电器重新复原至初始正常运行的状态;当判定故障发生在区内,则发出跳闸命令,即往并行口写数使出口跳闸继电器动作。在故障切除后,经整组复归后进入主程序,准备下次故障时再动作。如果发出跳闸令 5s 后,故障仍未切除,就收回跳闸令,以防止被保护元件又发生故障时保护拒动作。

事故处理程序和主程序一样,不要求在一个采样间隔的时间内完成,可以顺序地执行下去。当采样中断时间到时,把刚得出的中间结果保存在堆栈寄存器中,待采样中断服务程序执行完毕后将中间结果取出,程序又自动地继续执行下去。

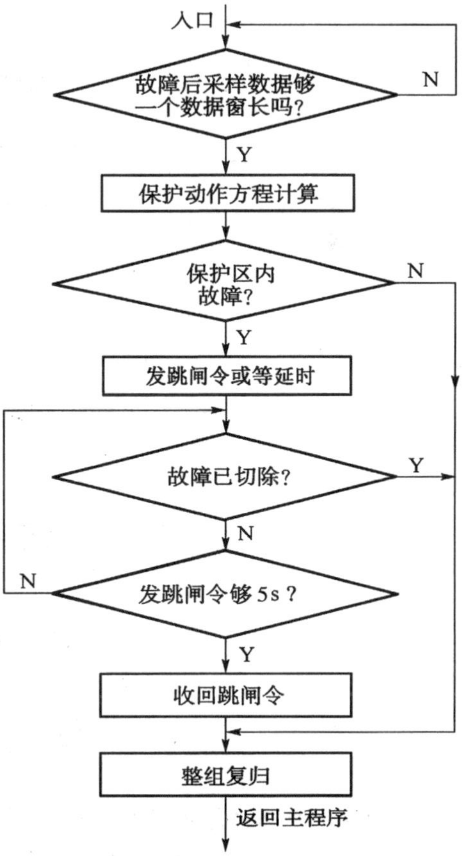

图 4-14　数字式保护的事故处理程序框图

2. 数字式自动控制装置的运行软件

一般包括两个程序模块：主程序和采样中断服务程序。主程序包括了初始化、全面自检和控制方法的计算和判断等功能；采样中断服务程序则主要是完成对输入模拟量的定时采集功能。图 4-15 和图 4-16 分别给出了它们各自的程序框图。

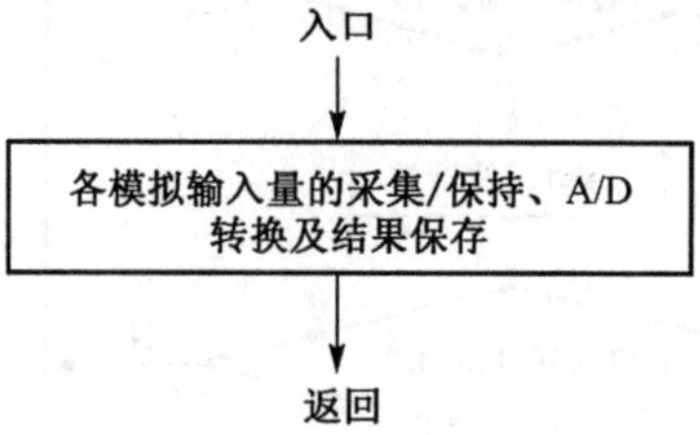

图 4-15　数字式自动控制装置的采样中断服务程序框图

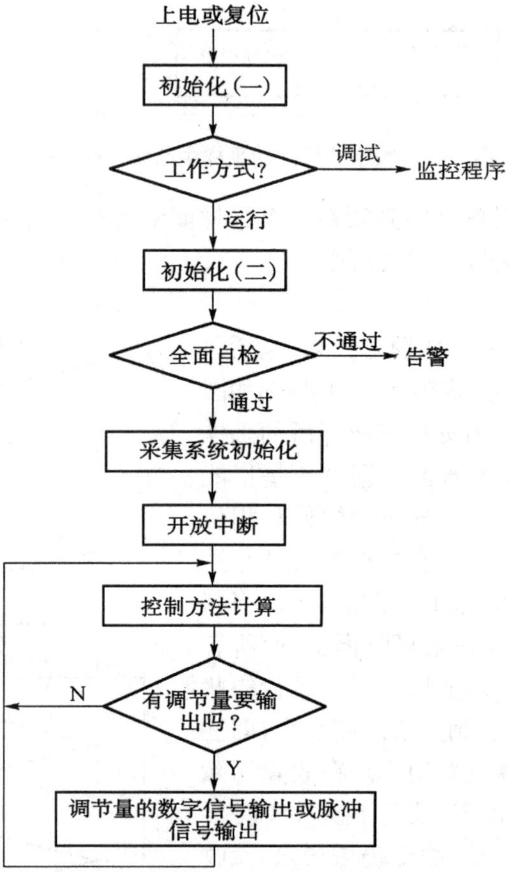

图 4-16　微机型自动控制装置的主程序框图

4.4　数字式保护及控制装置的算法

数字式保护及控制装置根据模数转换器提供的输入电气量的采样数据进行分析、运算和判断，以实现各种继电保护及其控制功能的方法称为算法。目前已提出的算法有很多种，不管哪一类算法，其核心问题归根结底不外乎是从已有的输入电气量的采样值中算出可表征被保护或控制对象运行特点的物理量，如电压、电流等的有效值和相位以及视在阻抗、频率等，或基波分量，或谐波分量的大小和相位等。有了这些基本的电气量的计算值，就可以很容易地实现各种不同原理的保护及控制策略。

算法是研究数字式保护及控制装置的重点之一。分析和评价各种不同的算法优劣的标准是精度和速度。速度又包括两个方面：一是算法所要求的采样点数或称数据窗长度，二是算法的运算工作量。精度和速度又总是矛盾的，比如，要想让计算精度高，往往需要利用更多的采样点和进行更多的计算工作量。所以研究算法的实质是如何在速度和精度两方面进行权衡。另外，算法本身是否具有数字滤波的功能，即是否能从带有其他频率成分的采样值中比较精确地将基波分量的幅值和相位估算出来，也是必须考虑的。特别是作为继电保护的算法时，更需要考虑选用数字滤波功能好的算法，因为从图 4-14 所示的事故处理程序可知，故障是否发生在被保护范围区内是通过继电保护的算法进行计算和判断的。而在故障后的暂态过程中，保护安装处的电压和电流中除了含有基波分量外，还含有高次谐波和衰减非周期分量，保护要从这样的电压和电流采样值中比较精确的估算出基波分量，必须选用数字滤波功能好的算法。

下面介绍四种常用的算法。

1. 半周积分算法

半周积分算法的依据是一个纯正弦量在任意半个周期内绝对值的积分为一常数 S。

$$S=\int_0^{\frac{T}{2}}\sqrt{2}I\,|\sin\,(\omega t+\alpha)\,|\,\mathrm{d}t=\int_0^{\frac{T}{2}}\sqrt{2}I\sin\,\omega t\,\mathrm{d}t=\frac{2\sqrt{2}}{\omega}I \tag{4-1}$$

上述积分值 S 与积分起始点的初相角 α 无关，因为如图 4-17 所示的两块阴影面积显然是相等的。

式(4-1)的积分可以用图 4-18 所示的梯形法则近似求出

$$S\approx\left[\frac{1}{2}\,|\,i_0\,|+\sum_{K=1}^{\frac{N}{2}-1}|\,i_K\,|+\frac{1}{2}\,|\,i_{\frac{N}{2}}\,|\right]T_s \tag{4-2}$$

式中，i_K 为第 K 次采样值；N 为工频一周期的采样点数；i_0 为 $K=0$ 时的采样值；$i_{\frac{N}{2}}$ 为 $K=\frac{N}{2}$ 时的采样值。

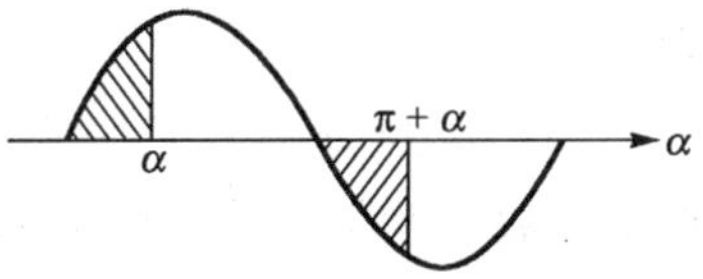

图 4-17　半周积分算法原理示意图

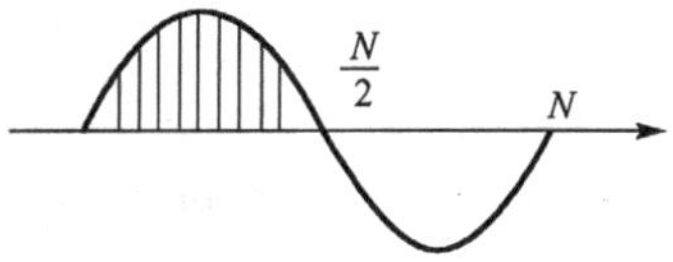

图 4-18　用梯形法近似求半周积分

求出积分值 S 后，应用式(4-1)可求得纯正弦量的有效值 $I=\dfrac{S\omega}{2\sqrt{2}}$。

半周积分算法的数据窗长度为 10ms，显然较长，但它本身有一定的滤除高频分量的能力。这是因为叠加在基频上的幅值不大的偶次谐波在半周积分中其对称的正负半周期互相抵消，剩余的高次谐波虽未能抵消，但所占的比重减小了。半周积分算法不能抑制直流分量。由于这种算法运算量极小，可以用非常简单的软件实现，因此特别适用于正常运行时电流和电压幅值的计算。

2. 全波傅里叶算法(全波傅氏算法)

假定被采样的模拟信号 $x(t)$ 是一个周期性时间函数，除基波外还含有不衰减的直流分量

和高频分量，根据傅里叶级数的概念，可以将其展开成无数次谐波的和

$$x(t)=\sum_{n=0}^{\infty}\left[b_n\cos(n\omega_1 t)+a_n\sin(n\omega_1 t)\right] \tag{4-3}$$

式中，n 为自然数，$n=0, 1, 2, \cdots$；a_n 和 b_n 分别为各次谐波的正弦项和余弦项的振幅，如 a_1 和 b_1 分别为基波分量的正弦和余弦项的振幅，b_0 为不衰减直流分量的值等。

根据傅氏级数的原理，可以求出 a_1 和 b_1 分别为

$$\begin{cases} a_1=\dfrac{2}{T}\displaystyle\int_0^T x(t)\sin(\omega_1 t)\mathrm{d}t \\ b_1=\dfrac{2}{T}\displaystyle\int_0^T x(t)\cos(\omega_1 t)\mathrm{d}t \end{cases} \tag{4-4}$$

于是 $x(t)$ 中的基波分量可表达为

$$x_1(t)=a_1\sin(\omega_1 t)+b_1\cos(\omega_1 t) \tag{4-5}$$

而从电工原理的角度看，基波分量又可表达为

$$x_1(t)=\sqrt{2}X\sin(\omega_1 t+\alpha_1)=\sqrt{2}X\cos\alpha_1\sin(\omega_1 t)+\sqrt{2}X\sin\alpha_1\cos(\omega_1 t) \tag{4-6}$$

式中，X 为基波分量的有效值；α_1 为 $t=0$ 时基波分量的相角。

因为式(4-5)和式(4-6)代表的都是基波分量，不难得到 X 、α_1 和 a_1 、b_1 之间的关系为

$$\begin{cases} a_1=\sqrt{2}X\cos\alpha_1 \\ b_1=\sqrt{2}X\sin\alpha_1 \end{cases} \tag{4-7}$$

式(4-7)表明，可根据傅里叶系数 a_1 和 b_1 求出基波分量的有效值和相角，即

$$2X^2=a_1^2+b_1^2 \tag{4-8}$$

$$\tan\alpha_1=b_1/a_1 \tag{4-9}$$

在数字式保护及控制装置中，为求出傅里叶系数 a_1 和 b_1 ，式(4-4)和式(4-5)的积分可用梯形法则求得

$$\begin{cases} a_1=\dfrac{2}{N}\displaystyle\sum_{K=1}^{N}x_K\sin\left(K\dfrac{2\pi}{N}\right) \\ b_1=\dfrac{2}{N}\displaystyle\sum_{K=1}^{N}x_K\cos\left(K\dfrac{2\pi}{N}\right) \end{cases} \tag{4-10}$$

式中，N 为一周期采样点数，x_K 为第 K 次采样值。当采样频率一定后，N 就确定了，式(4-10)中对应的正弦和余弦变成了已知数，因此用采样值与已知数进行简单的数学运算就可求出 a_1 和 b_1 。

实际上，将式(4-10)改写为下列表达式即可求得任意次谐波的振幅和相位：

$$\begin{cases} a_n=\dfrac{2}{N}\displaystyle\sum_{K=1}^{N}x_K\sin\left(Kn\dfrac{2\pi}{N}\right) \\ b_n=\dfrac{2}{N}\displaystyle\sum_{K=1}^{N}x_K\cos\left(Kn\dfrac{2\pi}{N}\right) \end{cases} \tag{4-11}$$

式中，n 为谐波次数。

图 4-19 是全波傅里叶算法的幅频特性，从图中看出它不仅能滤掉所有的整次谐波和纯直流分量，而且对非整次高频分量和按指数衰减的非周期分量中(具有连续的频谱，不仅含纯直流分量，还有低次分量和分次谐波)的低频分量有一定的抑制作用。正是因为全波傅里叶算法具有良好的数字滤波特性，使得它成为应用广泛的继电保护及控制算法，但是该算法的数据窗长较长，为 20ms。

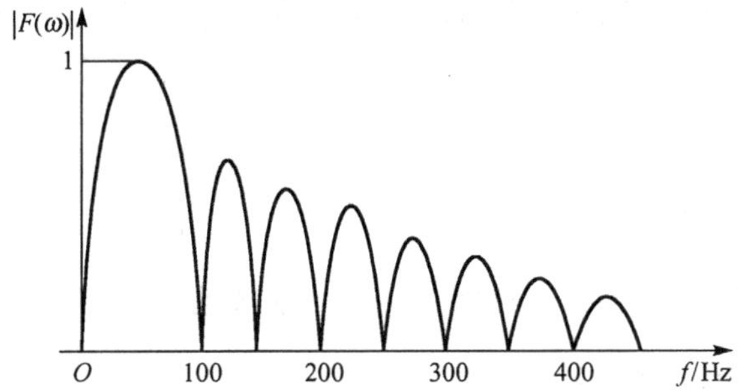

图 4-19　全波傅里叶算法的幅频特性

3. 相电流差突变量启动元件算法

数字保护装置中用于判断是否有故障发生的启动元件广泛采用反应两相电流之差的突变量元件，其公式如下：

$$\begin{cases}\Delta I_{ab}=\left|\,|i_{abK}-i_{ab(K-N)}|-|i_{ab(K-N)}-i_{ab(K-2N)}|\,\right|\\ \Delta I_{bc}=\left|\,|i_{bcK}-i_{bc(K-N)}|-|i_{bc(K-N)}-i_{bc(K-2N)}|\,\right|\\ \Delta I_{ca}=\left|\,|i_{caK}-i_{ca(K-N)}|-|i_{ca(K-N)}-i_{ca(K-2N)}|\,\right|\end{cases}\tag{4-12}$$

式中，N 为工频一周期的采样点数；i_{aK}、i_{bK}、i_{cK} 为当前时刻各相电流的采样值；$i_{a(K-N)}$、$i_{b(K-N)}$、$i_{c(K-N)}$ 为一周前对应时刻各相电流的采样值；$i_{a(K-2N)}$、$i_{b(K-2N)}$、$i_{c(K-2N)}$ 为二周前对应时刻各相电流的采样值；$\begin{cases}i_{abK}=i_{aK}-i_{bK}\\ i_{bcK}=i_{bK}-i_{cK}\\ i_{caK}=i_{cK}-i_{aK}\end{cases}$ 分别代表第 K 次采样时刻对应的两相电流之差。

当正常运行时，系统中流过数值较稳定的负荷电流，相邻三个周期对应采样点的每相电流采样值变化很小，以 ΔI_{ab} 为例，i_{abK}、$i_{ab(K-N)}$、$i_{ab(K-2N)}$ 三个值近似相等，因此 $\Delta I_{ab}=0$，启动元件不动作。

当系统中发生故障时，故障相电流将急剧增大。例如发生 A 相接地短路，i_{aK} 增大，致使 i_{abK} 增大。而 $i_{ab(K-N)}$ 和 $i_{ab(K-2N)}$ 是依据故障前电流采样值求出的值，均为零，故 ΔI_{ab} 的数值急剧增大。若该值大于预先给定的整定值时，ΔI_{ab} 元件将动作。

式(4-12)中，大绝对值号中还采用了两个小绝对值相减，这是为了消除系统正常运行但频率偏离 50Hz 时可能引起相电流差突变量启动元件的误动作。因为频率变化时，相邻三个周期对应采样点的每相电流采样值将不相等，使 $|i_K-i_{K-N}|$ 和 $|i_{K-N}-i_{K-2N}|$ 均不为零，但两者相减后可以相互抵消，致使总输出 ΔI_{ab} 近似为零。

另外，采用两相电流之差（即相电流差）突变量作为启动元件比采用单一相电流差突变量在抗共模干扰特性上优越。

4. 解微分方程算法

解微分方程算法仅用于计算阻抗。以应用于线路的距离保护为例，它假设被保护输电线路的分布电容可以忽略，因而从故障点到保护安装处的线路段可用电阻和电感的串联电路来表示。于是，在短路时下列微分方程成立：

$$u=R_1 i+L_1\frac{\mathrm{d}i}{\mathrm{d}t}\tag{4-13}$$

式中，R_1、L_1 分别为故障点至保护安装处线路段的正序电阻和电感；u_1、i_1 分别为保护安装处的电压、电流。

对于相间短路应该采用0°接线方式，例如 AB 相间短路时，取 u_{ab} ，i_a-i_b 进行计算。对于单相接地短路应该采用相电压及相电流带零序补偿电流的接线方式，以 A 相接地为例，式(4-13)将写成

$$u_a=R_1(i_a+K_r 3i_0)+L_1\frac{\mathrm{d}(i_a+K_l 3i_0)}{\mathrm{d}t} \tag{4-14}$$

式中，$K_r=\dfrac{r_0-r_1}{3r_1}$ 和 $K_l=\dfrac{l_0-l_1}{3l_1}$ 分别为电阻及电感分量的零序补偿系数；r_0，r_1，l_0，l_1 分别为输电线每公里的零序和正序电阻和电感。

下面仅按式(4-13)的基本形式讨论。式中的 u 、i 和 $\dfrac{\mathrm{d}i}{\mathrm{d}t}$ 都是可以通过采样值测量和计算的，未知数只有 R_1 和 L_1 。如果在两个不同的时刻 t_1 和 t_2 分别测量 u 、i 和 $\dfrac{\mathrm{d}i}{\mathrm{d}t}$ ，就可得到两个独立方程

$$\begin{cases}u_1=R_1 i_1+L_1 D_1\\ u_2=R_1 i_2+L_1 D_2\end{cases} \tag{4-15}$$

式中，D 表示 $\dfrac{\mathrm{d}i}{\mathrm{d}t}$ ，下标"1"和"2"分别表示测量时刻为 t_1 和 t_2 。

联立解式(4-15)即可求得两个未知数 R_1 和 L_1

$$L_1=\frac{u_1 i_2-u_2 i_1}{i_2 D_1-i_1 D_2} \tag{4-16}$$

$$R_1=\frac{u_2 D_1-u_1 D_2}{i_2 D_1-i_1 D_2} \tag{4-17}$$

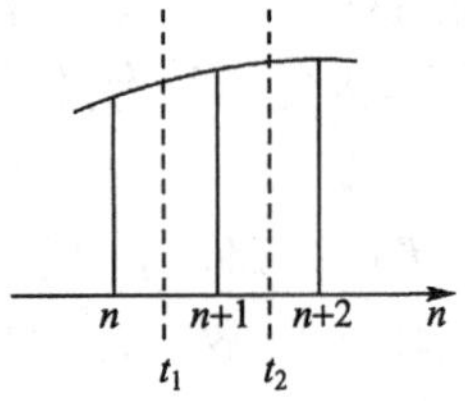

图 4-20　用差分近似求导

在用计算机处理时，电流的导数可用差分来近似计算，最简单的方法是取 t_1 和 t_2 分别为两个相邻的采样瞬间的中间值，如图 4-20 所示。于是近似有

$$\begin{cases}D_1=\dfrac{i_{n+1}-i_n}{T_s}\\ D_2=\dfrac{i_{n+2}-i_{n+1}}{T_s}\end{cases} \tag{4-18}$$

而电流、电压取相邻采样值的平均值，即

$$\begin{cases}i_1=\dfrac{i_n+i_{n+1}}{2}\\ i_2=\dfrac{i_{n+1}+i_{n+2}}{2}\end{cases} \tag{4-19}$$

$$\begin{cases}u_1=\dfrac{u_n+u_{n+1}}{2}\\ u_2=\dfrac{u_{n+1}+u_{n+2}}{2}\end{cases} \tag{4-20}$$

解微分方程算法的数据窗长较短，为两个采样间隔。但是，由于式(4-19)是在忽略了输电线路分布电容的基础上导出的，而分布电容是造成暂态高频电流的根源，所以该算法的高频特性比较差。

思考题和习题

4-1　数字式保护装置与模拟式保护装置的主要区别是什么？

4-2　数字式保护装置的硬件包括哪几部分？各部分的作用是什么？

4-3　简述逐次逼近式 A/D 转换器的工作原理，它的两个重要指标是什么？

4-4　简述采样定理、采样、采样率、采样中断的概念。

4-5　在数字式保护装置的数据处理单元中，一般包括哪些芯片？各个芯片是如何寻址的？

4-6　简述全波傅里叶算法计算基波幅值和相位的过程。该算法的优缺点是什么？

4-7　解微分方程算法的高频特性为什么比较差？

第 5 章　自动并列装置及自动重合闸

5.1　自动并列的意义和方式

1. 并列的意义和并列操作的重要性

为了提高供电的可靠性和电能质量，电力系统中的发电机通常都采用并联运行。根据系统运行情况的需要，有时会将一台或多台同步发电机退出或投入运行，在某些情况下，甚至需要将已被解列为两部分的电力系统重新恢复并列运行。同步发电机投入电力系统并列运行的操作，或者电力系统解列的两部分进行并列运行的操作称为并列或同期操作。

图 5-1 说明需要进行并列操作的两种基本情况。图 5-1(a)表示发电机 G 欲与母线 B 并列运行时，必须利用断路器 QF 进行并列操作；图 5-1(b)说明当系统两部分要实现同步运行时，也必须利用断路器 QFA 进行并列操作。

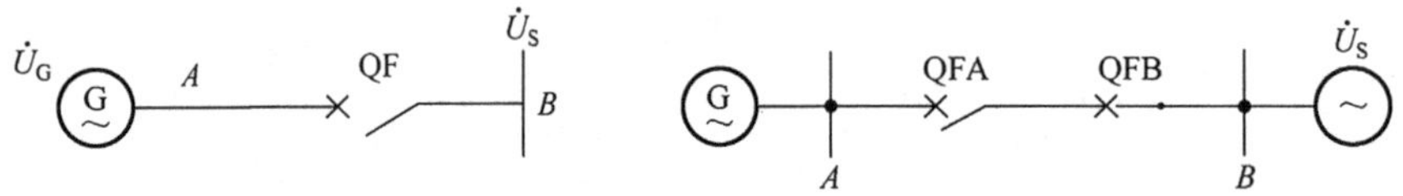

(a) 发电机与系统并列　　(b) 两系统之间并列

图 5-1　发电机并列示意图

同步发电机的并列操作是较为频繁且重要的操作。不但正常运行时需要它，在系统发生某些事故时，也常常要求将备用发电机组迅速投入电网运行，恢复整个系统的安全供电。在发电机并列瞬间，往往伴随有冲击电流和冲击功率，这些冲击将引起系统电压瞬间下降。如果并列操作不当，冲击电流过大，还可能引起机组大轴发生机械损伤，或者引起机组绕组电气损伤。特别地，随着电力系统容量在不断增大，同步发电机的单机容量也越来越大，大型机组不恰当的并列操作导致的后果将更加严重。因此，对同步发电机的并列操作进行研究，提高并列操作的准确度和可靠性，对于系统的可靠运行具有很大的现实意义。

为了避免并列操作不当而影响电力系统的安全运行，同步发电机组并列时应遵循如下的原则：

(1)发电机组并列瞬间，冲击电流应尽可能小，其瞬时最大值不应超过允许值。

(2)发电机组并入电网后，应能迅速进入同步运行状态，其暂态过程要短，以减小对电力系统的扰动。

2. 并列的方式

同步发电机的并列方式可分为两种，它们是准同期并列(或称准同步并列)和自同期并列(或称自同步并列)。

1)准同期并列

准同期并列是发电机在并列合闸前发电机转子已励磁，调整待并发电机的频率、电压大小分别和并列点系统侧的频率、电压大小相等，当这两个条件满足时，在电压相位重合时刻发出合闸脉冲，合上发电机与系统之间的并列断路器，完成并列操作。

采用准同期并列的优点是：并列时产生的冲击电流比较小，对系统和待并发电机均不会产生什么危害，因而在电力系统正常运行情况下的同期并列中得到广泛应用。

准同期并列的缺点是：因同期时需调整待并发电机的频率和电压，使之与系统的频率和电压接近，这就需要一定的时间，使并列时间加长，不利于系统发生事故出现功率缺额时及时投入备用容量。

2）自同期并列

自同期并列是待并发电机并列时，转子先不加励磁，调整待并发电机的转速，当转速接近同步转速时（正常情况下频差允许为2%～3%，事故情况下可达10%），合上发电机端的并列断路器，并同时给发电机转子励磁，在发电机电势逐渐增长的过程中由系统将发电机拉入同步运行，完成并列操作。

自同期并列最大的优点是投入迅速，操作简单。当系统发生事故要求备用机组迅速投入时，采用这种并列方式比较有效。

自同期并列的缺点是，自同期初期待并发电机不加励磁，没有建立起定子电压，即发电机的感应电势等于0，相当于系统经过很小的发电机次暂态电抗短路，合闸时出现较大的冲击电流，对发电机不利；同时待并发电机将从系统吸收无功功率，引起系统电压突然降低，对其他用电设备的正常工作将产生影响。

因此，在电力系统正常运行情况下，一般采用准同期并列方式将发电机组投入运行。自同期并列方式已很少采用，只有当电力系统发生事故、频率波动较大的情况下，为了迅速把备用机组投入电网运行，才采用自同期并列方式，所以曾一度广泛应用于水轮发电机组，作为处理系统事故的重要措施之一。随着自动控制技术的进步，现在也可用准同期方法快速投运水轮发电机组。本书只介绍准同期并列方式，不再讨论自同期。

5.2 准同期并列条件的分析

5.2.1 准同期并列的条件

如图5-2(a)所示，G为待并发电机，其端电压为$\dot{U}_G$，QF为并列断路器，QF的另一侧为系统，等值电压为$\dot{U}_S$。并列断路器合闸之前，QF两侧电压的状态量一般不相等，需对发电机G进行控制使之符合并列条件，然后发出QF的合闸信号。

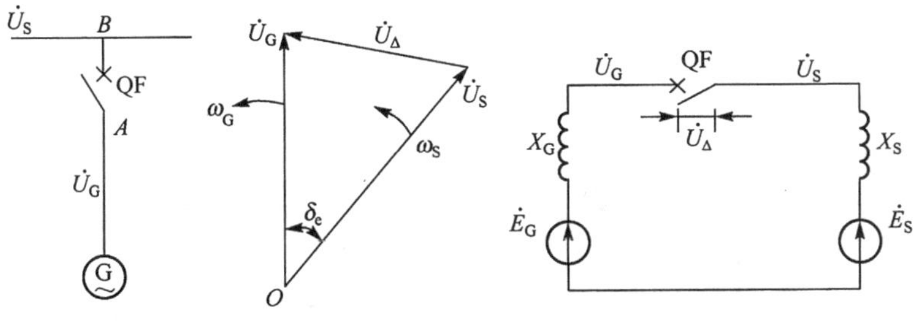

(a) 电路示意　(b) 相量图　(c) 等值电路图

图5-2　准同期并列

设发电机电压的角频率为 ω_G，系统电压的角频率为 ω_S，当发电机电压与系统电压存在相角差 δ_e 时，电压矢量图如图 5-2(b)所示。由于 QF 两侧电压的状态量不等，QF 主触头间存在的电压差 $\dot{U}_G-\dot{U}_S$ 为 $\dot{U}_\Delta$。由电压三角形不难看出

$$U_\Delta=\sqrt{U_G^2+U_S^2-2U_GU_S\cos\delta_e} \tag{5-1}$$

计算并列时冲击电流的等值电路如图 5-2(c)所示。在电网参数一定时，冲击电流决定合闸瞬间的 $\dot{U}_\Delta$ 值。要求 QF 合闸瞬间的 $\dot{U}_\Delta$ 应尽可能小，其最大值应使冲击电流不超过允许值。最理想情况 $\dot{U}_\Delta$ 的值为零，这时 QF 合闸的冲击电流也就等于零，并且希望并列后能顺利地进入同步运行状态，对系统无任何扰动。

综上所述，发电机并列的理想条件为并列断路器两侧电源电压的三个状态量全部相等，即图 5-2(b)中 $\dot{U}_G$、$\dot{U}_S$ 两个相量完全重合并且同步旋转，所以并列的理想条件可表达为

(1)待并发电机与系统的频率相等，即 $\omega_G=\omega_S$ 或 $f_G=f_S$；

(2)待并发电机电压与系统电压的幅值相等，即 $U_G=U_S$；

(3)待并发电机电压与系统电压间的相角差为零，即 $\delta_e=0$。

5.2.2 准同期并列条件的分析及整定

同步发电机在并入系统的过程中，如果待并发电机的调速器和调压器能够按照上述的并列条件进行调节，实现理想的并列操作，这时并列合闸的冲击电流等于零，并且并列后发电机 G 与系统立即进入同步运行，不发生任何扰动现象。但是，实际进行并列操作时，发电机组的调节系统并不能完全按理想并列条件调节，总存在一定的差别，但差别应在允许的范围内。并列合闸时只要冲击电流较小，不危及电气设备，合闸后发电机组能迅速拉入同步运行，对待并发电机和系统运行的影响较小，不致引起任何不良后果。

因此，并列操作中并列的实际条件允许偏离理想条件，其偏离的允许范围则需要经过分析确定。下面分析三个并列条件的偏差及其影响。

1. 电压幅值差

设并列时，发电机角频率 ω_G（或频率 f_G）等于系统角频率 ω_S（或频率 f_S）；发电机电压与系统电压相位相等，即相角差 $\delta_e=0$；电压幅值不等，即 $U_G\neq U_S$。相量图如图 5-3 所示。由相量图可以看出，并列断路器 QF 闭合瞬间，在电压差 $\dot{U}_\Delta$ 的作用下，会产生冲击电流，此电流为

$$\dot{I}_{imp}=\frac{\dot{U}_G-\dot{U}_S}{j(X''_d+X_S)}=\frac{\dot{U}_\Delta}{j(X''_d+X_S)} \tag{5-2}$$

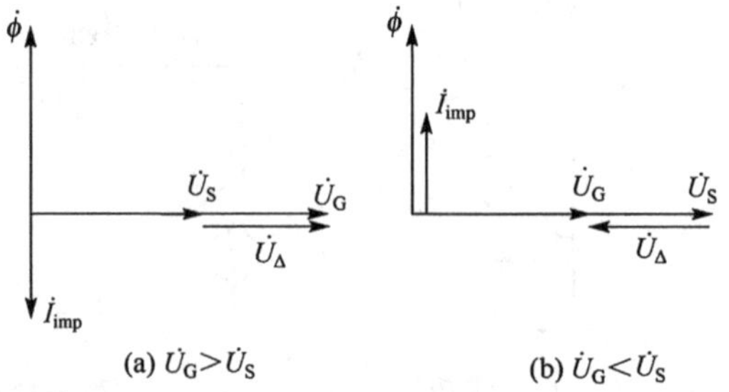

图 5-3　电压幅值不等时的相量图

冲击电流的有效值为

$$I_{imp}=\frac{|U_G-U_S|}{X''_d+X_S}=\frac{U_\Delta}{X''_d+X_S} \tag{5-3}$$

从图 5-3 可见，由于发电机与系统之间的阻抗是感性的，冲击电流主要为无功电流分量。当 $U_G>U_S$ 时，$\dot{I}_{imp}$ 滞后于 $\dot{U}_G$ 90°，如图 5-3(a)所示。该冲击电流对待并发电机来说是呈感性的，即起去磁作用，它将向系统发出无功功率；当 $U_G<U_S$ 时，$\dot{I}_{imp}$ 超前于 $\dot{U}_G$ 90°，如图 5-3(b)所示。该冲击电流对待并发电机来说是呈容性的，即起助磁作用，它将从系统吸收无功功率。

通过分析可以看出，当 $U_G\neq U_S$ 时，所产生的无功性质的冲击电流将引起发电机定子绕组发热，以及由之产生的电动力会使发电机绕组端部受到损坏，因此必须限制冲击电流。

冲击电流最大瞬时值的计算式为

$$i_{imp.max}=1.8\sqrt{2}I_{imp} \tag{5-4}$$

一般规定

$$i_{imp.max}\leqslant KI_{GN} \tag{5-5}$$

式中，I_{GN} 为发电机额定电流；K 取 1～2；1.8 为计算电流非周期分量的冲击系数；$\sqrt{2}$ 为电流幅值的系数。

发电机电压 U_G 与系统电压 U_S 间的允许电压差值决定于发电机的最大允许冲击电流值 $i_{imp.max}$，当给定 $i_{imp.max}$ 值后，由式(5-3)即可求得允许电压差 U_Δ。为了保证机组的安全，我国曾规定压差并列冲击电流不允许超过机端短路电流的 5%～10%，据此，电压差不能超过额定电压的 5%～10%。

2. 合闸相角差

设并列时，电压幅值相等，$U_G=U_S$；频率相等，$f_G=f_S$；但合闸瞬间存在相角差 $\delta_e\neq 0$。相量关系如图 5-4 所示。

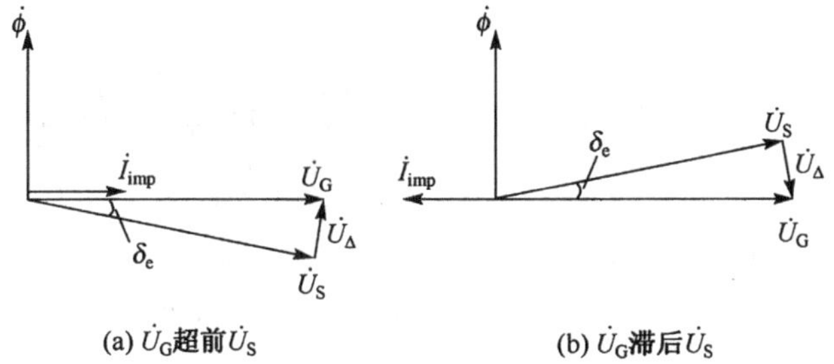

图 5-4 相位不等时的相量图

发电机与系统并列前为空载情况，电动势即为端电压，并与系统的电压相等。由相量图可以看出，在并列瞬间，在电压差 $\dot{U}_\Delta$ 的作用下，产生的冲击电流为

$$\dot{I}_{imp}=\frac{\dot{U}_G-\dot{U}_S}{j(X''_q+X_S)}=\frac{\dot{U}_\Delta}{j(X''_q+X_S)} \tag{5-6}$$

冲击电流的有效值为

$$I_{imp}=\frac{U_\Delta}{X''_q+X_S}=\frac{2E''_q}{X''_q+X_S}\sin\frac{\delta_e}{2} \tag{5-7}$$

式中，X''_q 为发电机交轴次暂态电抗；E''_q 为发电机交轴次暂态电动势。

并列时，合闸脉冲难以控制并列开关触头闭合时的 δ_e 为零。因为开关是由机械构件组成的，每次的闭合时间不可能完全一样，同时自动准同期装置也可能出现误差，只能按照开关机械的平均闭合时间进行整定，这就使得发电机不能每次都在 $\delta_e=0$ 瞬间并列。但并列瞬间，相角差是很小的。从图 5-4 可见，冲击电流主要为有功电流分量。若发电机电压相位超前系统电压 δ_e，相量图如图 5-4(a)所示，冲击电流 $\dot{I}_{imp}$ 和发电机电压 $\dot{U}_G$ 同向，发电机送出有功功率；若发电机电压相位滞后系统电压 δ_e，相量图如图 5-4(b)所示，冲击电流 $\dot{I}_{imp}$ 和发电机电压 $\dot{U}_G$ 反向，发电机从系统吸收有功功率。

由于相角差的存在，使合闸后发电机与系统立刻交换有功功率。发电机送出有功功率，意味着给发电机突然加上制动转矩；发电机吸收有功功率，意味着发电机突然得到加速转矩。这些突加的转矩，不管是制动的还是加速的，都将使机组的联轴受到突然应力，使发电机产生抖动或机械损伤。为了保证机组安全运行，一般将有功冲击电流限制在较小数值。参照式(5-4)，可求出冲击电流最大瞬时值为

$$i_{imp.max}=1.8\sqrt{2}I_{imp} \tag{5-8}$$

一般规定 $i_{imp.max}\leqslant KI_{GN}$，$K$ 通常取 1～2。

δ_{emax} 决定于发电机的允许最大冲击电流值 $i_{imp.max}$，当给定 $i_{imp.max}$ 值后，按式(5-7)和式(5-8)，可求得最大允许相角差的公式

$$\delta_{emax}=2\arcsin\left[\frac{i_{imp.max}(X''_q+X_S)}{2\times1.8\times\sqrt{2}E''_q}\right]\leqslant2\arcsin\left[\frac{K_{mar}I_{GN}(X''_q+X_S)}{2\times1.8\times\sqrt{2}E''_q}\right](\text{rad}) \tag{5-9}$$

3. *频率差*

设并列时，电压幅值相等，$U_G=U_S$，但频率不等，$f_G\neq f_S$ 或 $\omega_G\neq\omega_S$，发电机电压相量 $\dot{U}_G$ 相对系统电压相量 $\dot{U}_S$ 将以 $\omega_\Delta=\omega_G-\omega_S$ 的相对角速度旋转，相角差 $\delta_e=\omega_\Delta t$ 随着时间的增长从 0 到 2π 作周期性变化。相量关系如图 5-5(a)所示。

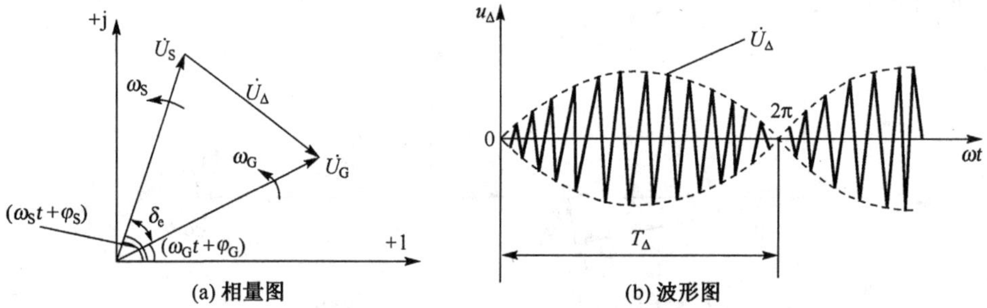

图 5-5　频率不等时的相量图

在并列断路器 QF 两侧间的电压差也随着 δ_e 的变化成为一个脉动电压 u_Δ。对 u_Δ 的描述为

$$u_\Delta(t)=U_G\sin(\omega_G t+\varphi_G)-U_S\sin(\omega_S t+\varphi_S) \tag{5-10}$$

设初始角 $\varphi_G=\varphi_S=0$，则

$$u_\Delta(t)=2U_G\sin\left(\frac{\omega_G-\omega_S}{2}t\right)\cos\left(\frac{\omega_G+\omega_S}{2}t\right) \tag{5-11}$$

以 $\omega_\Delta=\omega_G-\omega_S$ 代入式(5-11)，得

$$u_\Delta(t)=2U_G\sin\left(\frac{\omega_\Delta}{2}\right)t\cos\left(\frac{\omega_G+\omega_S}{2}t\right) \tag{5-12}$$

式中，ω_{Δ} 为滑差角频率。

因为并列时已将待并发电机的频率调整到与系统频率接近，所以式(5-12)中的 ω_{Δ} 很小，对应式中的正弦项随时间变化很缓慢，它是频率为 $\omega_{\Delta}/2$ 的波形振幅的包络线，即脉动电压 $u_{\Delta}(t)$ 的幅值，用 U_{Δ} 表示。图 5-5(a)所示两个电压相量间的相角差为

$$\delta_{e} = \omega_{\Delta} t \tag{5-13}$$

于是

$$U_{\Delta} = 2U_{G}\sin\frac{\omega_{\Delta}}{2}t = 2U_{G}\sin\frac{\delta_{e}}{2} \tag{5-14}$$

则

$$u_{\Delta}(t) = U_{\Delta}\cos\left(\frac{\omega_{G}+\omega_{S}}{2}t\right) \tag{5-15}$$

由式(5-15)可知，$u_{\Delta}(t)$ 波形可以看成是幅值为 U_{Δ}、频率接近于工频的交流电压波形，其随时间变化的波形如图 5-5(b)所示。分析可知，脉动电压 $u_{\Delta}(t)$ 是周期性变化的，当脉动电压的相角 δ_{e} 从 0 到 π 变动时，幅值 U_{Δ} 相应地从最小值变到最大值；当脉动电压的相角 δ_{e} 从 π 到 2π 变动时，幅值 U_{Δ} 又从最大值回到最小值。δ_{e} 从 0 到 2π 转动一圈的时间称为脉动周期 T_{Δ}，则有

$$\omega_{\Delta} T_{\Delta} = 2\pi$$

所以

$$T_{\Delta} = \frac{2\pi}{\omega_{\Delta}} = \frac{1}{f_{\Delta}} \tag{5-16}$$

脉动电压周期 T_{Δ}，滑差频率 f_{Δ} 或滑差角频率 ω_{Δ} 都可用来表示待并发电机的频率与系统频率之间相差的程度。需要说明的是：滑差频率 f_{Δ} 或滑差角频率 ω_{Δ} 可以不加区分，统称为滑差。

因此，脉动电压 $u_{\Delta}(t)$ 的幅值包络线 U_{Δ} 含有准同期并列三个条件的信息：电压差、频率差、相位差。将 $u_{\Delta}(t)$ 整流、滤波后可得到 U_{Δ}，由于它能反应并列的条件，所以通常所指的脉动电压实际上是 $u_{\Delta}(t)$ 的包络线 U_{Δ}。

由式(5-13)可知，相角差 δ_{e} 是时间和滑差的函数，如果并列时发出合闸信号的时间不恰当，就有可能在相角差较大时合闸，引起较大的冲击电流；另一方面，如果发出合闸信号的时间恰当，就有可能在两电压重合时刻将并列断路器 QF 的主触头闭合，从而使冲击电流等于 0。需要指出的是，如果滑差较大，即使合闸时的相角差 δ_{e} 很小，满足要求，但这时待并发电机需经历一个很长的暂态过程才能进入同步运行状态，严重时甚至失步，也是不允许的，所以合闸时 ω_{Δ} 的极限值应根据发电机能否进入同步运行的稳定条件进行校验。在一般情况下，并列时 ω_{Δ} 的值远小于上述极限值，因此可以不必校验。但是，当并列的发电机组与电网间的联系较弱时，也有可能需要按稳定条件对合闸时的滑差进行校验。一般地，最大允许滑差可以只根据冲击电流来整定。

由于自动准同期装置输出回路和断路器合闸动作时间都存在着误差，因此就造成合闸误差角 δ_{e}，在时间误差一定的条件下，δ_{e} 和 ω_{Δ} 成正比。设 δ_{emax} 为发电机组的允许合闸相角，由式(5-17)可求得最大允许滑差 $\omega_{\Delta max}$ 为

$$\omega_{\Delta max} = \frac{\delta_{emax}}{|\Delta t_{c}| + |\Delta t_{QF}|} \tag{5-17}$$

式中，$|\Delta t_{c}|$、$|\Delta t_{QF}|$ 为自动并列装置、断路器的动作误差时间。

只要滑差角频率不超过 $\omega_{\Delta max}$，那么由时间偏差所造成的合闸误差角就不会超过允许值，冲击电流也就不会超过允许值。

5.3 自动准同期装置的基本原理

5.3.1 自动准同期装置的功能

在满足并列条件的情况下，采用准同期并列方法将待并发电机组投入电网运行，前已述及只要控制得当就可使冲击电流很小且对电网扰动甚微，因此准同期并列是电力系统运行中的主要并列方式。

自动准同期装置一般具有两种功能：

(1)自动检测待并发电机与系统母线之间的压差及频差是否符合并列条件，并在满足这两个条件时，能自动地发出合闸脉冲，使并列断路器主触头在相角差 δ_e 为零的瞬间闭合。

(2)当压差、频差不满足并列条件时，能对待并发电机自动地进行调压、调速，以加快进行自动并列的过程。

5.3.2 自动准同期装置的构成

自动准同期装置的构成可用图 5-6 表示。为了使待并发电机组满足并列条件，自动准同期装置设置了三个控制单元。

(1)频率差控制单元。它的功能是检测 $\dot{U}_G$ 与 $\dot{U}_S$ 间的滑差(滑差角频率 ω_Δ 或滑差频率 f_Δ)，当滑差不满足并列条件时，调节发电机的转速，使发电机电压的频率接近于系统的频率。

(2)电压差控制单元。它的功能是检测 $\dot{U}_G$ 与 $\dot{U}_S$ 间的电压差 U_Δ，当电压差不满足并列条件时，调节发电机的电压 U_G，使发电机电压 U_G 与系统电压 U_S 间的差值小于规定的允许值。

(3)合闸控制单元。检测并列条件，当待并机组的频率和电压都满足并列条件时，选择合适的时间发出合闸信号，使并列断路器 QF 的主触头接通时，相角差 δ_e 接近于零或控制在允许的范围内。

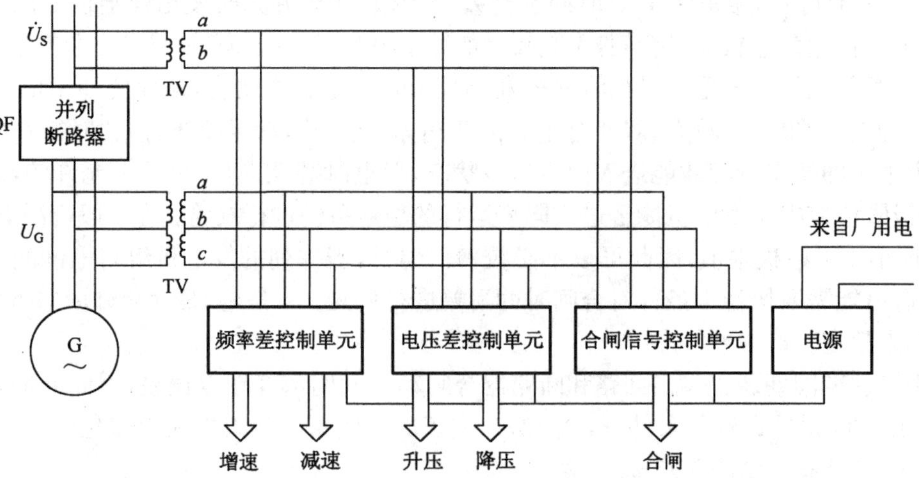

图 5-6 自动准同期装置的构成

5.3.3 准同期并列合闸信号

在准同期并列操作中，合闸控制单元是自动准同期并列装置的核心。前已述及，最理想的合闸瞬间是在 $\dot{U}_G$ 与 $\dot{U}_S$ 两相量重合的瞬间。考虑到自动并列装置合闸信号输出回路动作到断路器操作机构完成合闸需要一定的时间，并列合闸信号应该在两电压相角差 $\delta_e=0$ 之前发出。因此准同期并列装置合闸控制单元的控制原则是，当频率和电压都满足并列条件的情况下，在两电压相量重合之前发出合闸信号，该重合之前的合闸信号称为提前量信号。装置的合闸信号控制的逻辑结构如图 5-7 所示。

同步发电机的自动准同期并列装置，按提前量信号的不同，可分为恒定越前相角和恒定越前时间两种原理的准同期并列装置。

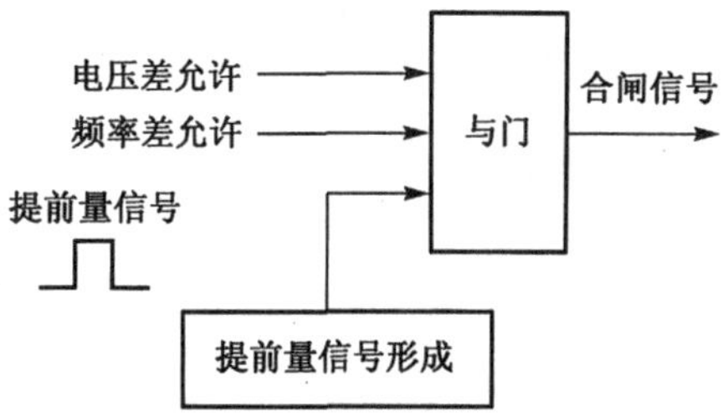

图 5-7 准同期并列合闸信号控制的逻辑结构框图

1. 恒定越前相角准同期并列

若装置所取的提前量信号是某一恒定的相角 δ_{lead}，即在到达 $\delta_e=0$ 之前的 δ_{lead} 相角差时发出合闸信号，则该同期装置称为恒定越前相角准同期并列装置。

该装置的工作原理可通过图 5-8 来分析。恒定越前相角 δ_{lead} 与滑差角频率和时间有如下关系：

$$\delta_{lead}=\omega_\Delta t_\delta \tag{5-18}$$

即恒定越前相角 δ_{lead} 相对应的越前时间 t_δ 随滑差角频率 ω_Δ 而变化。设断路器 QF 的合闸时间 t_{QF} 近乎恒定。

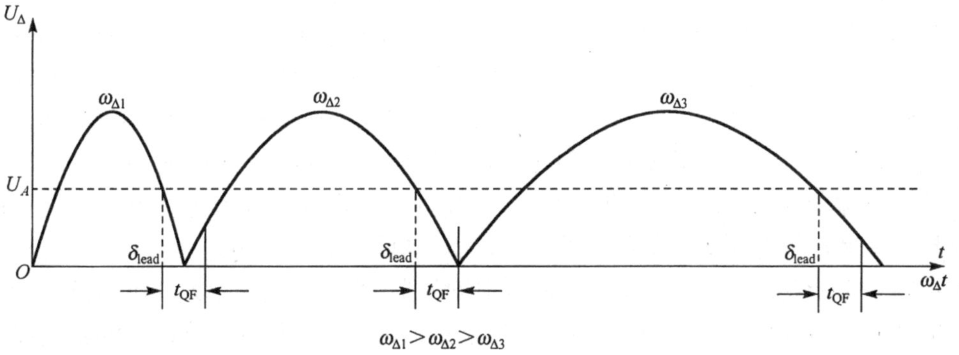

图 5-8 恒定越前相角原理

当 $\omega_\Delta=\omega_{\Delta2}=\dfrac{\delta_{lead}}{t_{QF}}$ 时，$t_\delta=t_{QF}$，并列瞬间的相角差等于零。$\omega_{\Delta2}$ 称为最佳滑差角频率。

当 ω_Δ 较小时，t_δ 很大，并列瞬间的相角差接近于 δ_{lead}。

当 ω_Δ 较大时，t_δ 很小，并列瞬间的相角差又将增大。

通过分析可知，这种同期装置从原理上讲不能保证并列时相位差为零，相应也就不能使冲击电流为零或接近零。为了使合闸时冲击电流值不超过允许值，滑差角频率的允许值就必须限制在某一范围内。为此，这类同期装置较少采用。

2. 恒定越前时间准同期并列

若装置所取的提前量信号是某一恒定的时间 t_{lead}，即在 $\delta_e=0$ 之前某一恒定的时间 t_{lead} 时发出合闸信号，则该同期装置称为恒定越前时间准同期并列装置。

该装置的工作原理可通过图 5-9 来分析。一般恒定越前时间 t_{lead} 选择的值使之等于断路器合闸需要的时间 t_{QF}。这样，从理论上讲，就可以使并列时相位差 δ_e 等于零，做到无冲击并列。由于该类并列装置在原理上具有明显的优点，在电力系统中得到了广泛的应用。

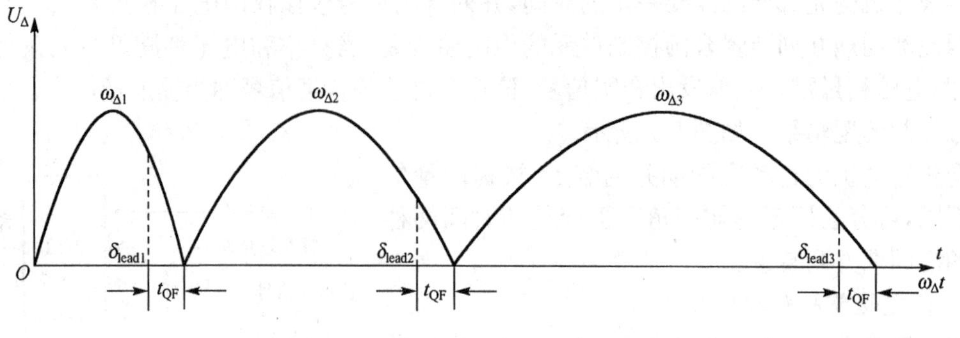

$\omega_{\Delta1} > \omega_{\Delta2} > \omega_{\Delta3}$

图 5-9　恒定越前时间原理

虽然从理论上讲，按恒定越前时间原理工作的自动并列装置可以使合闸相角差 $\delta_e=0$。但实际上，由于装置的输出回路动作时间以及断路器的合闸时间存在着分散性，只要并列时存在着频率差，就会难免具有合闸相角误差，同样使并列时的允许滑差角频率受到限制。

5.3.4　恒定越前时间并列装置的控制逻辑

恒定越前时间准同期并列装置的合闸控制单元由滑差角频率检测、电压差检测和越前时间信号等环节组成，各环节作用的逻辑关系可用图 5-10 说明。在每一个脉动周期内，产生一个恒定越前时间信号，频率差闭锁环节检测当时的滑差角频率是否在允许的范围内，电压差闭锁环节检测当时的电压差是否在允许的范围内。频率差闭锁环节和电压差闭锁环节的输出信号构成“或非”关系。恒定越前时间信号能否通过与门成为合闸输出信号，决定于滑差角频率检测和电压差检测的结果。只要频率差闭锁环节和电压差闭锁环节中任一个发出闭锁信号，就由或非门的输出使与门闭锁，越前时间信号不能通过与门，也就不能发出合闸信号；只有频率差闭锁环节和电压差闭锁环节都不发闭锁信号，越前时间信号将通过与门成为合闸信号输出。所以在一个脉动周期内，必须在越前时间信号到达之前完成频率差和电压差的检测任务，作出是否让越前时间信号通过与门的判断，也就是作出是否允许并列合闸的判断，各环节的时间配合关系及检测区间如图 5-10 (b)所示。如果在一个脉动周期内，频率差或电压差不满足并列条件，就不允许合闸，在下一个脉动周期内将重新检测，重复上述过程直到并列条件都满足，此时就在 t_{lead} 时刻发合闸信号，从而完成并列操作的控制任务。

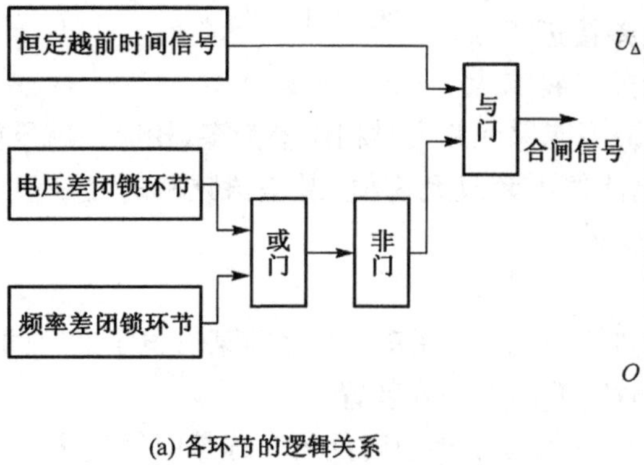

(a) 各环节的逻辑关系

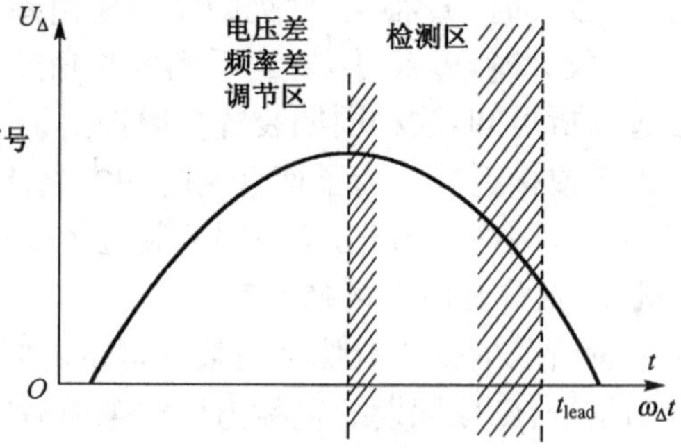

(b) 各环节的时间配合关系

图 5-10　恒定越前时间并列装置合闸控制逻辑

5.4 数字式自动准同期并列装置

5.4.1 数字式自动准同期并列装置的软件流程

数字式自动准同期并列装置硬件简单，编程方便灵活，运行可靠，成为当前自动并列装置发展的主流。对于发电机频率为50Hz、每周期20ms的信号来说，CPU具有足够充裕的时间进行相角差 δ_e 和滑差角频率 ω_Δ 近乎瞬时值的运算，并按照频率差值的大小和方向、电压差值的大小和方向，确定相应的调节量，对机组进行调节，以达到较满意的并列控制效果。一般模拟式并列装置为了简化电路，在一个滑差周期 T_Δ 时间内，把 ω_Δ 假设为恒定，数字式并列装置可以克服这一假设的局限性，采用较为精确的计算公式，考虑相角差 δ_e 可能具有加速运动等问题，能按照 δ_e 当时的变化规律，选择最佳的越前时间发出合闸信号，可以缩短并列操作的过程，提高了自动并列装置的技术性能和运行可靠性。

图5-11示出了数字式自动准同期并列装置主程序框图。同期未启动时，装置工作于自检、数据采集的循环中，当某一元件发生故障或程序出现了问题，装置立即发出告警并闭锁同期装置工作。同期装置启动后，则对机组进行调压、调频，当压差、频差满足要求时，发出越前时间脉冲，命令并列断路器合闸，合闸后在显示屏上显示同期成功信息。在同期过程中，如果出现电压参数越限、调压或调速脉冲发出后在一定时间内调压机构或调速机构不响应等情况，

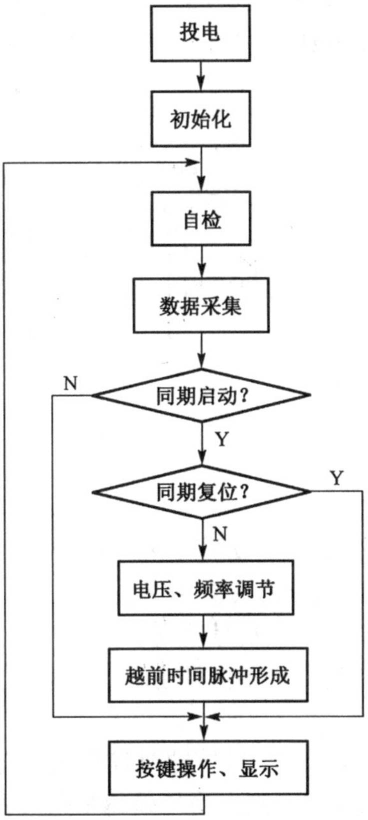

图5-11　数字式自动准同期并列装置主程序框图

应闭锁同期装置并同时发出告警信号；同期装置启动后，若因故要退出同期装置工作，则只要输入复位信号即可。

5.4.2 电压差的检测及控制

电压差是发电机与系统进行同期并列的条件之一。在合闸信号发出之前，必须对电压差进行检测，当电压差大小在允许范围内时，不发闭锁信号，允许断路器合闸并列；反之，则不允许断路器合闸。在电压差不满足并列条件的情况下，对发电机电压与系统电压之间差值的正负(亦称压差方向)进行判别，从而可以发出相应的降压或升压信号。

1. 交流电压幅值测量

交流电压幅值的测量有两种方法，一种是电量变送器法，另一种是交流采样法。

1)电量变送器法

电量变送器法是把交流电压信号转换成直流电压，输出的直流量与其交流输入电量成比例，经 A/D 转换接口电路进入主机，其原理图如图 5-12(a)所示。CPU 读得的数值直接反映了 U_G 和 U_S 的有效值。这种方法简单、容易实现，也可保证足够的精度，但是变送器把交流电量转换成直流量时往往需要滤波，还要对滤波电路作相应的设计。

2)交流采样法

交流采样法不用变送器把交流电压信号转换成直流量，而是直接对交流电压信号进行采样，其原理图如图 5-12(b)所示。CPU 对这些采样值，用傅里叶算法求出电压信号的实部和虚部，进一步可求得电压的有效值或幅值。这种测量发电机电压的方法不仅硬件少，时间常数也较小，由可编程定时/计数器可实现对采样间隔的控制。在计算机运算能力允许的条件下交流采样是可取的方案。

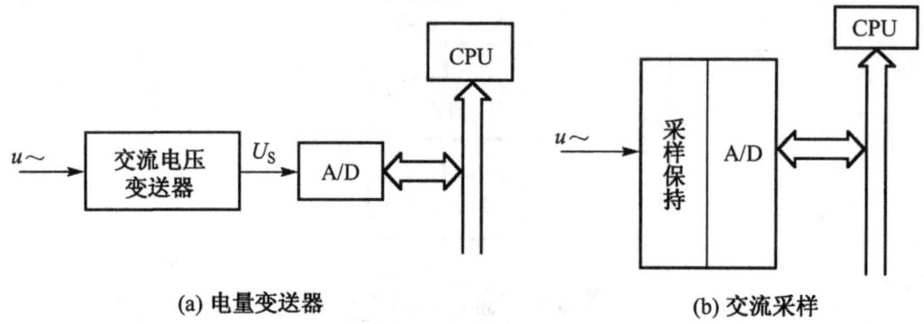

图 5-12 电压测量

2. 电压差的大小检测

利用上述的交流电压幅值测量方法，可获得发电机电压 U_G 和系统电压 U_S 的有效值或幅值。机组并列时，设定的允许电压偏差的阈值为 $U_{\Delta max}$ 。

当 $|U_G - U_S| \leqslant U_{\Delta max}$ 时，允许合闸信号输出。

当 $|U_G - U_S| > U_{\Delta max}$ 时，不允许合闸信号输出。

3. 电压差的方向控制

发电机在同期并列过程中，压差越限时应即时发出调压脉冲，使发电机电压跟踪系统电压，以最快的速度调整压差进入设定范围。当压差越限并且发电机电压高于系统电压时，即 $U_G > U_S$ ，应发降压脉冲；当压差越限并且发电机电压低于系统电压时，即 $U_G < U_S$ ，应发升压脉冲，而且并行口输出的调压脉冲宽度应与压差成正比，或直接设置脉冲宽度。

发电机同期并列过程中的调压系统是一个闭环反馈自动调节系统，如图 5-13 所示，被调量是发动机电压，目标电压是系统电压。自动准同期装置输出的调压脉冲，作用于发电机的自动调节励磁装置，通过改变励磁电压，达到调节发电机电压的目的。实际上，调压脉冲改变的是自动励磁调节装置的参考电压，调节后使发电机电压与系统电压相等。

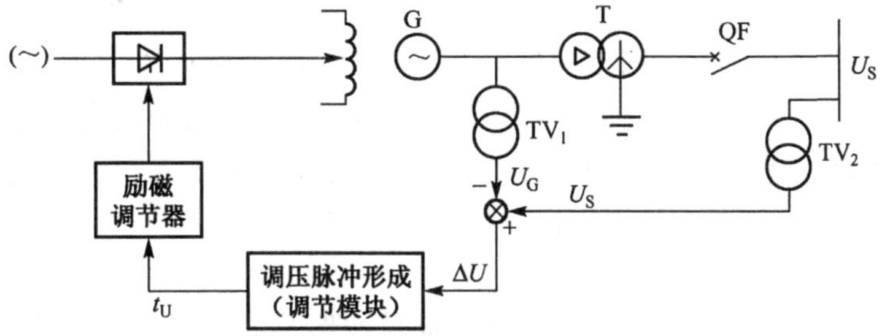

图 5-13　自动准同期装置自动调压系统

为提高调压系统品质，自动调节系统可采用 PID 调节规律。其中加入 ΔU 的微分项可加快调节速度，加入积分项可提高调节精度，调压脉冲宽度 t_U 可表示为

$$t_U = K_P \Delta U + K_I \int_0^t \Delta U \mathrm{d}t + K_D \frac{\mathrm{d}\Delta U}{\mathrm{d}t} \tag{5-19}$$

式中，ΔU 为压差；K_P、K_I、K_D 分别为比例、积分、微分项系数。

因 ΔU 不是连续测量的，而是以一定的时间间隔测量的。在所取计算时间内，设测量到的压差值分别为 ΔU_1，ΔU_2，ΔU_3，…，ΔU_M（共测量 M 次），采用差分方程表示时，则式(5-19)可近似地表示为

$$t_U = K_P \Delta U + K_I T \sum_{k=1}^{M} \Delta U_k + \frac{K_D}{T_M}(\Delta U_M - \Delta U_1) \tag{5-20}$$

式中，T 为测量时间间隔；ΔU_k 为在计算时间内，第 k 次的 ΔU 值；M 为在计算时间内测量 ΔU 的次数；T_M 为选取的计算时间。

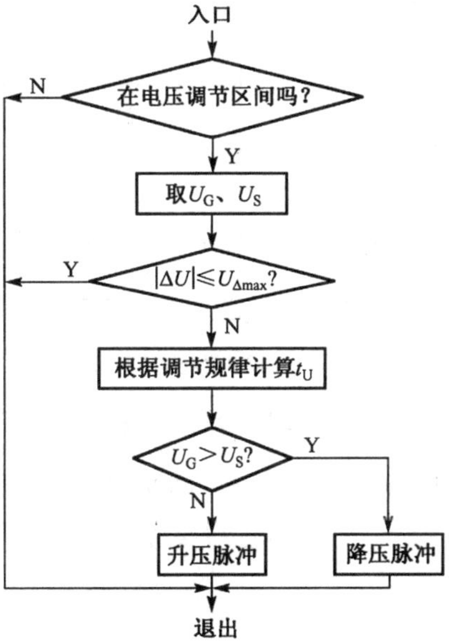

图 5-14　电压调节程序示意框图

图 5-14 示出了电压调节程序框图。调压脉冲经开出电路通过继电器触点输出，作用于发电机的自动调节励磁装置，改变自动调节励磁装置的参考电压，通过自动调节励磁装置的调节，使压差快速进入设定范围。

5.4.3 频率差的检测及控制

频率差是发电机与系统进行同期并列的又一条件。在合闸信号发出之前，必须对频率差进行检测，当频率差大小在允许范围内时，不发闭锁信号，允许断路器合闸并列；反之，则不允许断路器合闸。在频率差不满足并列条件的情况下，对发电机电压与系统电压的频率差值的正负(亦称频差方向)进行判别，从而可以发出相应的减速或加速信号。

1. 频率测量

数字电路测量频率的基本方法是测量交流信号波形的周期 T，图 5-15 为一个测频方案。把交流电压正弦信号转换为方波，经二分频后，它的半波时间即为交流电压的周期 T。具体的实施可利用正半周高电平作为可编程定时计数器开始计数的控制信号，其下降沿即停止计数并作为中断申请信号，由 CPU 读取其中计数值 N，并使计数器复位，以便为下一个周期计数做好准备。

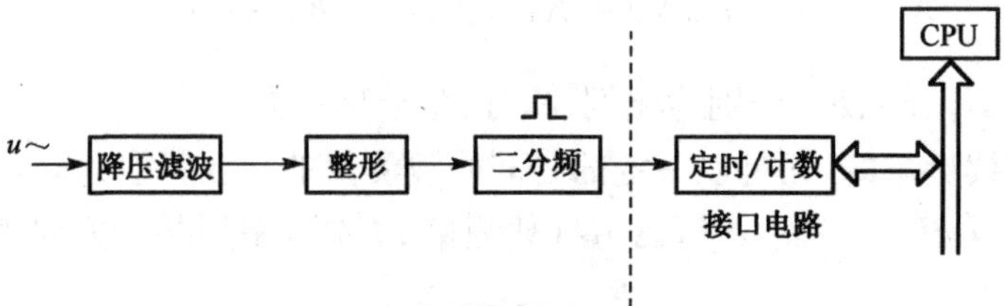

(a) 频率测量框图

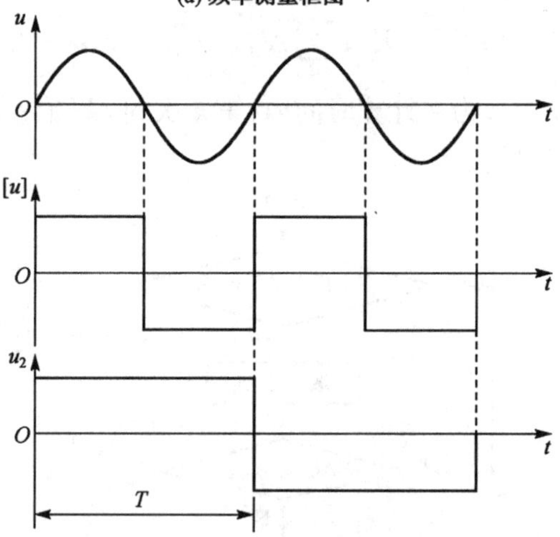

(b) 频率测量波形分析

图 5-15 频率测量

如可编程定时计数器的计时脉冲频率为 f_c，则交流电压的周期 T 为

$$T = \frac{1}{f_c}N \tag{5-21}$$

求得交流电压的频率为

$$f = \frac{f_c}{N} \tag{5-22}$$

2. 频率差的大小检测

发电机电压和系统电压分别由可编程定时计数器计数，主机读取计数脉冲值 N_S 和 N_G 后，由式(5-22)可求得 f_S 和 f_G 。机组并列时，设定的允许滑差阈值为 $f_{\Delta max}$ 。

当 $|f_G - f_S| \leqslant f_{\Delta max}$ 时，允许合闸信号输出。

当 $|f_G - f_S| > f_{\Delta max}$ 时，不允许合闸信号输出。

3. 频率差的方向控制

发电机在同期并列过程中，频差越限就应发出调速脉冲，使发电机频率跟踪系统频率，以最快的速度使频差进入阈值范围。当频差越限并且发电机频率低于系统频率时，即 $f_G < f_S$ ，应发增速脉冲；当频差越限并且发电机频率高于系统频率时，即 $f_G > f_S$ ，应发减速脉冲，而且并行口输出的调速脉冲宽度应与频差成正比，或直接设置脉冲宽度。

发电机同期并列过程中的调频系统是一个闭环反馈自动调节系统，如图 5-16 所示，被调量是发电机频率 f_G ，目标频率是系统频率 f_S 。自动准同期装置根据频差形成的输出调速脉冲，作用于发电机的调速系统，通过改变原动机的动力因素，实现对发电机频率的调整。实际上，调速脉冲改变的是调速系统的参考频率，调节后使发电机频率与系统频率相等。

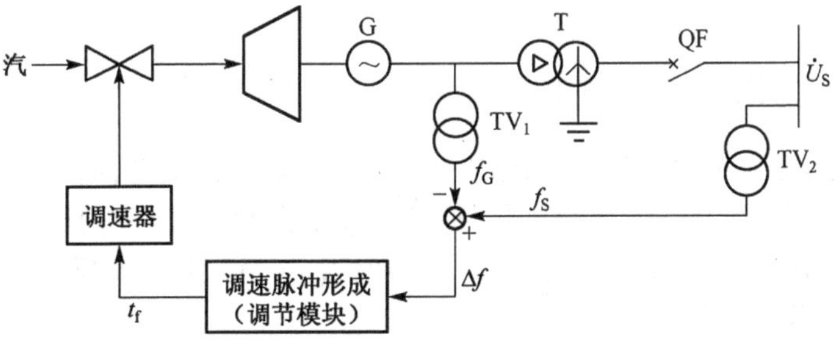

图 5-16　自动准同期装置构成的闭环反馈自动调频系统

为提高调频系统品质，可采用 PID 调节规律。其中加入 Δf 的微分项可加快调节速度，加入积分项可提高调节精度。所形成的调速脉冲宽度 t_f 可表示为

$$t_f = K_P \Delta f + K_I \int_0^t \Delta f \mathrm{d}t + K_D \frac{\mathrm{d}\Delta f}{\mathrm{d}t} \tag{5-23}$$

式中，Δf 为频差，$\Delta f = f_S - f_G$ ；K_P 、K_I 、K_D 分别为比例、积分、微分项系数。

因 Δf 不是连续测量的，而是以一定的时间间隔测量的。在所取计算时间内，设测量到的频差值分别为 $\Delta f_1, \Delta f_2, \Delta f_3, \cdots, \Delta f_M$ (共测量 M 次)，采用差分方程表示时，则式(5-23)可近似地表示为

$$t_f = K_P \Delta f + K_I T \sum_{k=1}^{M} \Delta f_k + \frac{K_D}{T_M}(\Delta f_M - \Delta f_1) \tag{5-24}$$

式中，T 为测量 Δf 值的时间间隔；Δf_k 为在计算时间内，第 k 次的 Δf 值；M 为在计算时间内测量 Δf 的次数；T_M 为选取的计算时间。

图 5-17 示出了频率调节程序框图。调速脉冲经输出电路通过继电器触点作用于调速回路实现调速，使频差快速进入阈值范围。当频差满足要求但频差甚小(如小于 0.05Hz)时，发出增速脉冲，以便加快同期速度和同期实现。

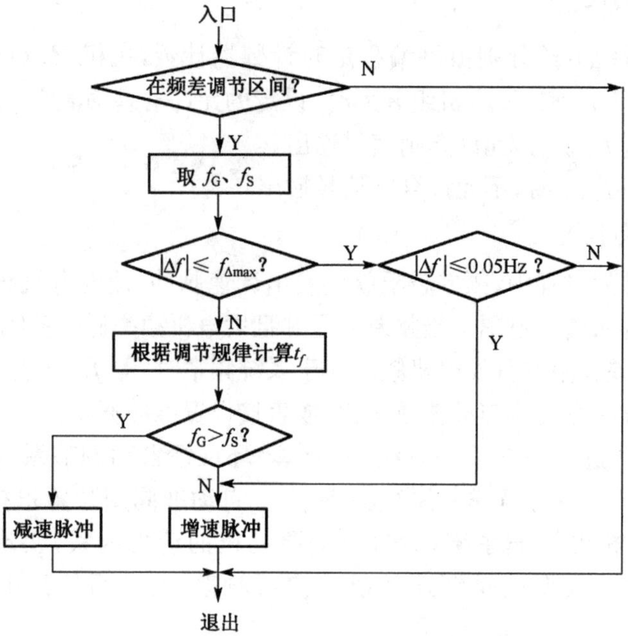

图 5-17　频率调节程序示意框图

5.4.4　越前时间的整定和合闸脉冲的形成

在并列过程中，当发电机电压与系统电压间的频率差和幅值差都在允许范围内时，在相角差 $\delta_e=0$ 之前的恒定时间 t_{lead} 发出合闸信号，将断路器闭合，完成并列操作。

恒定越前时间 t_{lead} 的检测是转成相角差来实现的，对恒定越前时间 t_{lead} 的整定也是转成越前 $\delta_e=0$ 时刻的相角 δ_{lead} 值。

1. 相角差 δ_e 测量

图 5-18(a)示出了测量相角差 δ_e 的方案。把电压互感器二次测的交流电压信号转换成同频、同相的方波，u_S、u_G 的两个方波信号 [u_S]、[u_G] 接到异或门，当两个方波输入电平不同时，异或门的输出为高电平，用于控制可编程定时计数器的计数时间。从图 5-18(b)可知，异或门的输出是一系列宽度不等的矩形波，它表示了相角差 δ_e 的变化，CPU 从定时计数器可读取矩形波宽度的大小。显然，这一系列矩形波的宽度 τ_i 或其计数值 N_i 与相角差 δ_i 相对应。系统电压方波的宽度 τ_S 为已知，它等于二分之一周期 π(或 180°)，因此 δ_i 可按下式求得：

$$\begin{cases}\delta_i=\dfrac{\tau_i}{\tau_S}\times\pi, & \tau_i\geqslant\tau_{i-1}\\[2ex] \delta_i=\left(2\pi-\dfrac{\tau_i}{\tau_S}\times\pi\right)=\left(2-\dfrac{\tau_i}{\tau_S}\right)\pi, & \tau_i<\tau_{i-1}\end{cases}\tag{5-25}$$

式中 τ_S 和 τ_i 的值，CPU 可从定时计数器读入求得。如每一工频周期(约 20ms)作一次计算，主机可记录下 $\delta_e(t)$ 的轨迹，如图 5-19 所示。

2. 恒定越前时间整定与检测

微机自动准同期装置，可按下式计算理想的导前合闸相角 δ_{lead}，它可以计及 δ_e 含有加速度的情况

$$\delta_{lead}=\omega_{\Delta i}t_{on}+\frac{1}{2}\frac{\Delta\omega_{\Delta i}}{\Delta t}t_{on}^2\tag{5-26}$$

式中，$\omega_{\Delta i}$ 为计算点的滑差角速度，其值可按下式求得：

$$\omega_{\Delta i}=\frac{\Delta\delta_i}{\Delta t}=\frac{\delta_i-\delta_{i-1}}{2\tau_S} \tag{5-27}$$

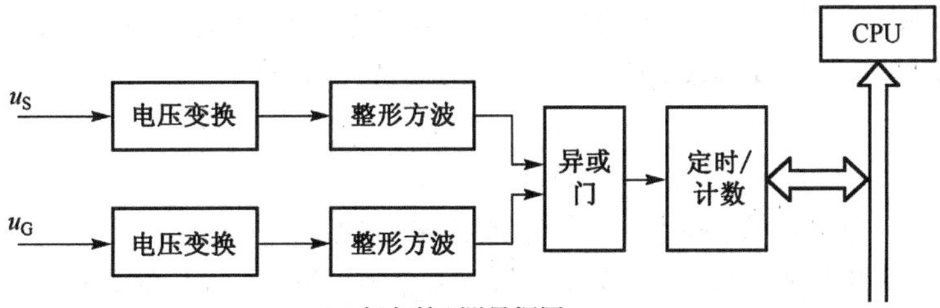

(a) 相角差δ_e测量框图

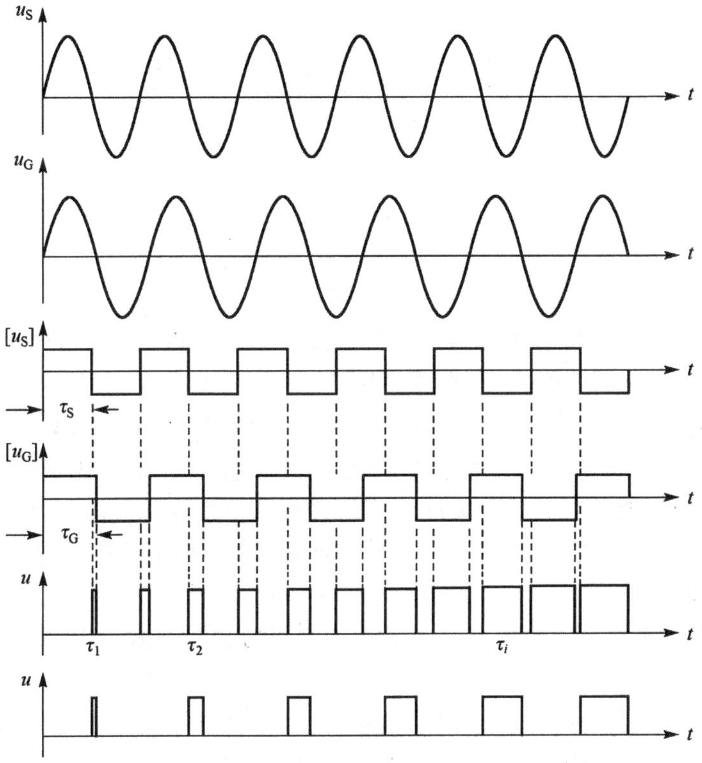

(b) 相角差δ_e测量波形分析

图 5-18　相角差 δ_e 测量

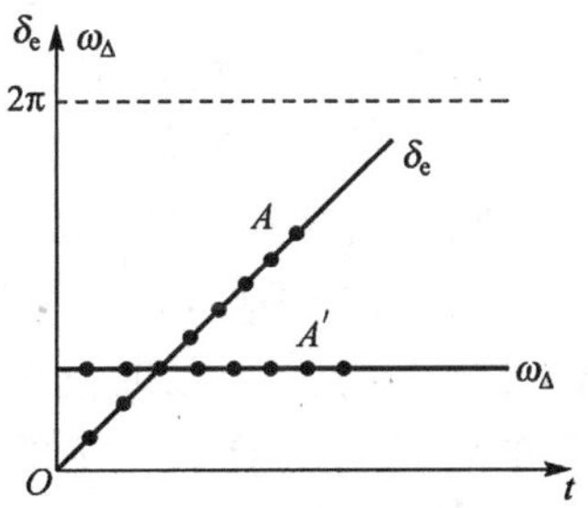

(a) ω_Δ 为常数

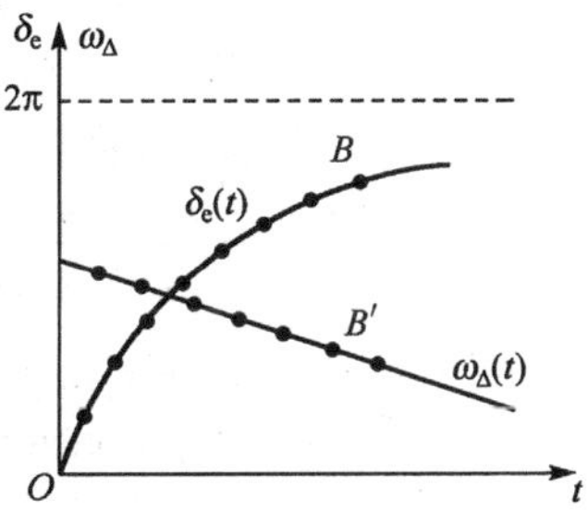

(b) ω_Δ 等速变化

图 5-19　$\delta_e(t)$ 计算轨迹

式中，δ_i 和 δ_{i-1} 分别为本计算点和上一计算点的角度值；$2\tau_S$ 为两计算点间的时间；t_{on} 为微机发出合闸信号到断路器主触头闭合时所需经历的时间。设 t_c 为出口继电器动作时间，则

$$t_{on} = t_{QF} + t_c \tag{5-28}$$

恒定越前时间 t_{lead} 通常按 t_{on} 值整定。由于两相邻计算点间的 ω_Δ 变化甚微，因此 $\Delta\omega_{\Delta i}$ 一般可经若干计算点后才计算一次，所以式(5-26)的 $\Delta\omega_{\Delta i}$ 可表示为

$$\frac{\Delta\omega_{\Delta i}}{\Delta t} = \frac{\omega_{\Delta i} - \omega_{\Delta i-n}}{2\tau_S n} \tag{5-29}$$

式中，$\omega_{\Delta i}$、$\omega_{\Delta i-n}$ 分别为本计算点和前 n 个计算点求得的 ω_Δ 值。

根据式(5-26)可以求出最佳的合闸越前相角 δ_{lead} 值，该值与本计算点的相角 δ_i 按式(5-30)～式(5-32)进行比较（ε 为计算允许误差）

若

$$|(2\pi - \delta_i) - \delta_{lead}| \leqslant \varepsilon \tag{5-30}$$

则立刻发出合闸信号。

若

$$|(2\pi - \delta_i) - \delta_{lead}| > \varepsilon \tag{5-31}$$

又

$$2\pi - \delta_i > \delta_{lead} \tag{5-32}$$

则继续进行下一点计算，直到 δ_i 逐渐逼近 δ_{lead} 符合式(5-30)为止。

设在计算中，一个滑差周期的 $\delta_e(t)$ 曲线如图 5-19(a)中直线 A 所示，它对应的 ω_Δ 为常数（直线 A'），这时 $\Delta\omega_{\Delta i} = 0$，与常规准同期检测越前时间公式类同，如果 $\delta_e(t)$ 的曲线如图 5-19(b)中曲线 B 所示，与它对应的 $\omega_\Delta(t)$ 为直线 B'（ω_Δ 按等速变化），这相当于待并机按恒定加速度加速，发电机频率与电网频率逐渐接近。这时式(5-26)为计及发电机加速度后求出的最佳合闸导前角。可见，微机型准同期装置可以方便地考虑频率差的不同变化规律，并不需要增加硬件，这是它最突出的优点。

最佳的合闸导前角 δ_{lead} 与本计算点的 δ_i 比较也有可能出现下式情况，即

$$2\pi - \delta_i < \delta_{lead} \tag{5-33}$$

这就是如图 5-20 中所示，错过了合闸时机的情况。设待并发电机转速恒定，本点计算时 a 点对应 δ_i 已接近 δ_{lead}，但不符合式(5-30)，符合式(5-31)和式(5-32)。可是当下一个计算点时，b 点还是不符合式(5-30)，却符合式(5-31)和式(5-33)，这就错过了合闸时机。

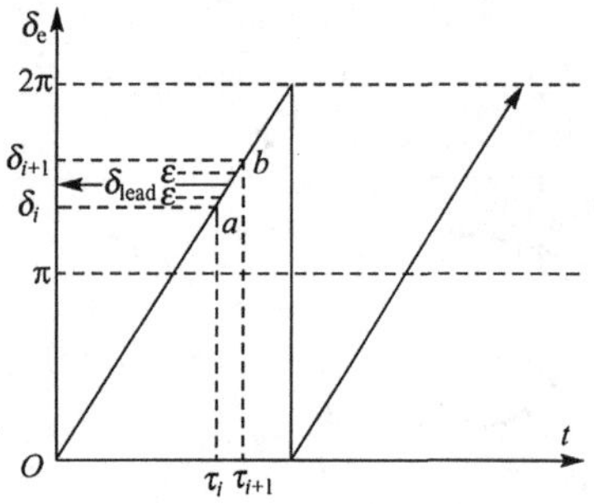

图 5-20　错过合闸时机的情况

为了避免上述情况，在进行本点 δ_i 计算时，可同时对下一个计算点 δ_{i+1} 值进行预测。估计最佳合闸导前相角 δ_{lead} 是否介于本计算点与下一个预测点 δ_{i+1} 之间，以便及时采取措施，推算出 $\delta_i \sim \delta_{lead}$ 所需的时间。这样可以不失时机地在越前相角 δ_{lead} 瞬间发出合闸信号。因此，一旦待并发电机的电压、频率符合允许并列条件，在一个滑差周期内就可以捕捉到最佳合闸导前相角 δ_{lead}，及时发出合闸信号。

由于断路器的合闸时间具有一定的分散性，在给定允许合闸误差角的条件下，并列时的允许滑差角频率及角加速度需通过计算确定。

3. 合闸脉冲的形成

越前时间脉冲应该在相角差 $\delta_e=0$ 之前发出。若以 $\dot{U}_S$ 为参考，$\dot{U}_G$ 围绕 $\dot{U}_S$ 旋转的话，$\dot{U}_G$ 在 $\dot{U}_{G(lead)}$ 位置时形成合闸脉冲，如图 5-21 所示。实际上，当 $\dot{U}_G$ 临近 $\dot{U}_{G(lead)}$ 时，自动准同期装置应即时预报出 $\dot{U}_{G(lead)}$ 的位置并提示。

无论频差方向如何，当 δ_e 过了 180°后，异或门的输出矩形波的宽度逐渐变窄，由式(5-25)、式(5-27)可计算出 δ_i 、$\omega_{\Delta i}$ 序列，即

$$\{\delta_i\}=\cdots,\delta_{lead-2},\delta_{lead-1},\delta_{lead},\cdots$$

$$\{\omega_{\Delta i}\}=\cdots,(\omega_\Delta)_{lead-2},(\omega_\Delta)_{lead-1},(\omega_\Delta)_{lead},\cdots$$

δ_{lead-2} 和 $(\omega_\Delta)_{lead-2}$ ，δ_{lead-1} 和 $(\omega_\Delta)_{lead-1}$、δ_{lead} 和 $(\omega_\Delta)_{lead}$ 为 $\dot{U}_G$ 分别在 $\dot{U}_{G(lead-2)}$、$\dot{U}_{G(lead-1)}$、$\dot{U}_{G(lead)}$ 位置时的相角差 δ_e 和滑差 ω_Δ 。

当 $\dot{U}_G$ 相量在 $\dot{U}_{G(lead-2)}$ 位置时，可预测 $\dot{U}_G$ 相量经越前时间 t_{lead} 后从 $\dot{U}_{G(lead-2)}$ 位置转动到 $\dot{U}'_{G(lead-2)}$时 的角度 φ_{lead-2} ，φ_{lead-2} 可表示为

$$\varphi_{lead-2}=\delta_{lead-2}-\left[(\omega_\Delta)_{lead-2}t_{lead}+\frac{1}{2}\frac{(\Delta\omega_\Delta)_{lead-2}}{\Delta t}t_{lead}^2\right] \tag{5-34}$$

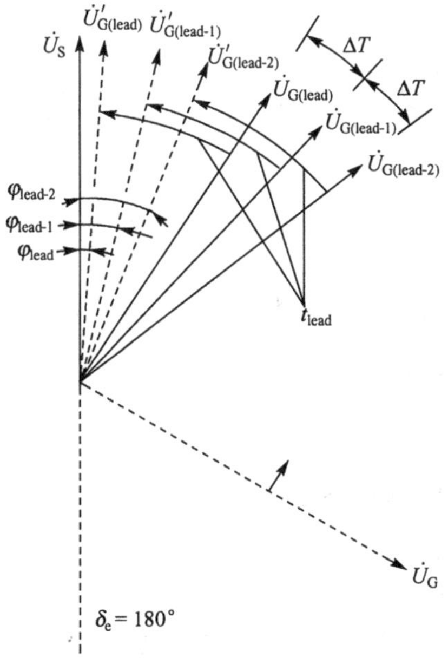

图 5-21　形成越前时间脉冲工作原理

经过一个工频周期 ΔT ，$\dot{U}_G$ 从 $\dot{U}_{G(lead-2)}$ 位置转动到 $\dot{U}_{G(lead-1)}$ 位置，再经过一个工频周期 ΔT ，$\dot{U}_G$ 从 $\dot{U}_{G(lead-1)}$ 位置转动到 $\dot{U}_{G(lead)}$ ，相应的可预测出 $\dot{U}_G$ 相量经越前时间 t_{lead} 后转到的角度 φ_{lead-1} 、φ_{lead} 为

$$\varphi_{lead-1}=\delta_{lead-1}-\left[(\omega_\Delta)_{lead-1}t_{lead}+\frac{1}{2}\frac{(\Delta\omega_\Delta)_{lead-1}}{\Delta t}t_{lead}^2\right] \tag{5-35}$$

$$\varphi_{lead}=\delta_{lead}-\left[(\omega_\Delta)_{lead}t_{lead}+\frac{1}{2}\frac{(\Delta\omega_\Delta)_{lead}}{\Delta t}t_{lead}^2\right] \tag{5-36}$$

若设定

$$\varphi_{lead}=\delta_{emax} \tag{5-37}$$

则

$$\varphi_{\text{lead-1}} = \delta_{\text{emax}} + 2\pi f_{\Delta\max}\Delta T \tag{5-38}$$

$$\varphi_{\text{lead-2}} = \delta_{\text{emax}} + 2\times 2\pi f_{\Delta\max}\Delta T \tag{5-39}$$

由图可见，$\dot{U}_G$ 相量只有在临近 $\dot{U}_{G(\text{lead})}$ 位置时，才有可能出现相角差测量值经 t_{lead}后的角度满足 $\varphi_{i-2} \leqslant \varphi_{\text{lead-2}}$、$\varphi_{i-1} \leqslant \varphi_{\text{lead-1}}$、$\varphi_i \leqslant \varphi_{\text{lead}}$。因此当 $\varphi_{i-2} \leqslant \varphi_{\text{lead-2}}$ 时计数器加 1；紧接着 $\varphi_{i-1} \leqslant \varphi_{\text{lead-1}}$ 时，计数器加 1；再当 $\varphi_i \leqslant \varphi_{\text{lead}}$ 时，计数器再加 1。当计数器计数加到 3 时发出越前时间脉冲，在计数时只要任一条件不满足就将计数器清零，重新开始计数，这样就可保证在允许的频差范围内，导前同期点 t_{lead} 时刻形成越前时间脉冲，形成的越前时间脉冲就是同期并列时的合闸脉冲命令。图 5-22 示出了越前时间脉冲形成程序框图。

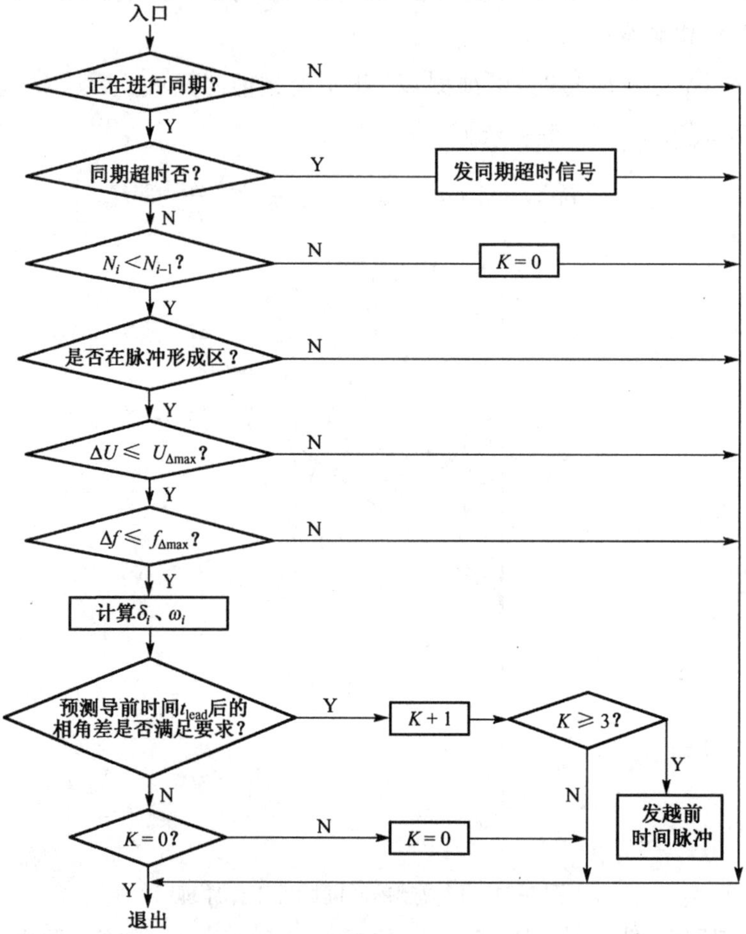

图 5-22　越前时间脉冲形成程序框图

5.5　自动重合闸的作用及对其基本要求

运行经验表明，架空线路故障大都是“瞬时性故障”，如雷电引起的绝缘子表面闪络，大风引起的碰线，通过鸟类以及树枝等物掉落在导线上引起的短路等。所谓“永久性故障”是指像线路倒杆、断线、绝缘击穿或损坏等引起的故障，在线路被断开之后，它们仍然是存在的。如果故障是瞬时性的，在继电保护迅速跳开断路器之后，电弧即可熄灭，故障点的绝缘强度重新恢复，外界物体（如树枝、鸟类等）也被电弧烧掉而消失。此时若把断开的线路断路器重新合上，就能够恢复正常的供电。重新合上断路器的工作可以由运行人员手动操作进行，但采用这种办法停电时间过长，用户电动机多数已经停转，其效果并不显著。为此，在电力系统中采用了自动重合闸，简称 ARC，即当断路器跳闸之后，能够自动地将断路器重新合闸的装置。根据运行资料统计，重合闸动作成功率一般为 60%～90%。

在电力系统中采用 ARC 的作用可归纳如下：

(1)在输电线路上发生“瞬时性故障”时，可以迅速恢复供电，大大提高供电的可靠性；

(2)对双侧电源的高压输电线路，可以提高电力系统并列运行的稳定性；

(3)在电网的设计与建设过程中，有些情况下由于考虑重合闸的作用，可以暂缓架设双回线路，以节约投资；

(4)可以纠正由于断路器机构不良或继电保护误动作而引起的误跳闸。

ARC 装置本身的投资很低，工作可靠。因此，对 3kV 及以上的架空线路和电缆与架空的混合线路，只要其上有断路器，就应装设 ARC。采用 ARC 以后，当重合于“永久性故障”上时，将使电力系统又一次受到故障的冲击，可能引起电力系统振荡。另外，断路器要在很短的时间内连续切断两次短路电流，故油断路器在采用了重合闸以后，其遮断容量要降低。

电力系统对用于输电线路上的 ARC 提出了如下要求：

(1)手动跳闸或遥控装置跳闸时不应重合。由值班人员手动操作或通过遥控装置将断路器断开时，ARC 不应该自动重合。

(2)手动合闸于故障线路不应重合。手动投入断路器，由于线路上有故障随即被继电保护将其断开，这种情况下的故障属于永久性的，再重合一次也不可能成功。

(3)ARC 应优先采用不对应原则启动，也可以由保护装置启动。当断路器的控制开关在合闸位置，而断路器实际在断开位置的不对应情况下，重合闸应该启动，这样可以保证不论是任何原因使断路器跳闸都可以进行一次重合。

当利用保护装置来启动重合闸时，如果出现保护装置动作很快，使重合闸来不及启动的情况，必须采取措施(如用自保持回路、记忆问路等)，保证重合闸的可靠动作。

(4)自动重合闸装置的动作次数应符合预先的规定。如一次重合闸只应动作一次，当重合于“永久性故障”而再次跳闸以后，就不应该再动作。

(5)ARC 动作后，应能自动复归。ARC 动作成功后，应该自动复归，准备好下次动作。这一点对于雷雨季节，雷害活动较多的地方尤其重要。

(6)ARC 应能与继电保护配合加速保护的动作。ARC 应有可能在重合闸以前或重合闸以后加速继电保护的动作，以便加速故障的切除。

(7)双侧电源线路的 ARC 应考虑同步问题。在双侧电源线路上实现 ARC 时，应考虑合闸时两侧电源间的同步问题。

(8)ARC 应有闭锁措施。当断路器处于不正常状态，例如操作机构中使用的气压、液压降低时，不允许实现重合闸，应将 ARC 闭锁。

5.6　三相自动重合闸

5.6.1　单侧电源线路的三相一次自动重合闸

单侧电源线路宜采用一般的三相一次重合闸，这种重合闸不具备直接应用于双侧电源线路上的功能。所谓三相一次自动重合闸是指无论线路上发生的是相间短路还是接地短路，继电保护装置动作都将三相断路器一起跳开，之后重合闸启动将三相断路器再一起合上。若故障为“瞬时性故障”，则重合成功；若为“永久性故障”，保护再次动作跳开三相断路器，则 ARC 不再重合。

三相一次 ARC 的原理框图如图 5-23 所示，由重合闸启动回路、延时元件、一次合闸脉冲元件、控制开关闭锁回路以及实现重合闸后加速保护动作的后记忆元件等组成。启动回路的作用是：在断路器位置和控制开关位置不对应情况下或保护动作使断路器跳闸之后启动 ARC。延时元件的作用是：保证断路器跳开后，故障点有足够的去游离时间和断路器绝缘强度恢复及消弧室重新充满油准备好再次动作，其延时 t_{ARC} 一般取 1s。一次合闸脉冲元件的作用是：保证 ARC 只重合一次。图中，KK 为手动操作的控制开关，在手动跳闸和手动合闸时接通，让一次合闸脉冲元件放电，同时闭锁重合闸的动作；KC 为合闸继电器；KS 为信号继电器；KCP 为重合闸后加速继电器，它和记忆 1s 的后记忆元件一起实现重合闸后继电保护的加速功能。

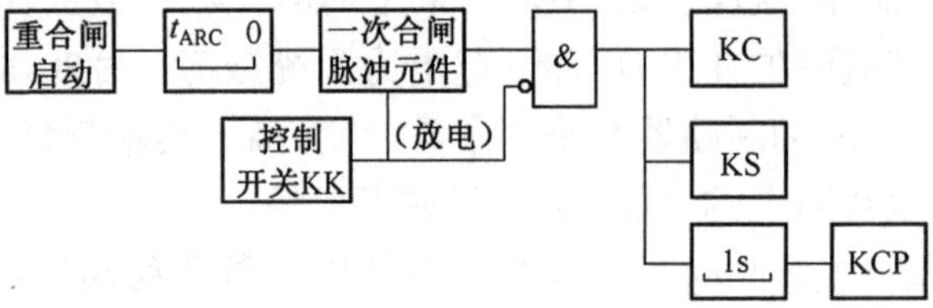

图 5-23　三相一次重合闸原理框图

现对其工作情况分析如下：

(1)正常工作状态。正常工作状态下，重合闸启动回路不动作。因此，重合闸执行继电器 KC 和信号继电器 KS 均不动作。

(2)断路器由保护动作或其他原因误动作而跳闸。由于重合闸启动回路是由控制开关位置与断路器位置不对应启动或是由保护启动的，所以只要断路器跳开它就启动。经预定延时 t_{ARC} 后，触发“一次合闸脉冲元件”发出 0.1s 的合闸脉冲，在此期间 KC 动作进行一次重合。

如果线路上发生的是“瞬时性故障”，则重合闸成功。断路器合闸以后，启动回路和延时元件立即返回，使“一次合闸脉冲元件”开始充电，经 15～20s 后充满电，整个回路自动复归原状，准备好再次动作。

如果线路上发生的是“永久性故障”，在重合闸以后继电保护将再次动作，断路器再次跳开。ARC 的启动回路和延时元件动作同前。但由于“一次合闸脉冲元件”尚未来得及充满电，就不会再发出宽度为 0.1s 的脉冲，从而保证了重合闸只动作一次。

(3)手动操作控制开关跳闸。当控制开关在预跳闸位置时，KK 触点接通。它一方面接通了放电回路，使“一次合闸脉冲元件”放电，另一方面又通过“与门”电路实现手动闭锁，从而保证了手动跳闸以后不致重合。在手动跳闸以后，由于“一次合闸脉冲元件”在此之前一直处于放电状态未充满电压，因此不会发出合闸脉冲。

(4)手动操作控制开关合闸。用控制开关手动合闸后，“一次合闸脉冲元件”开始充电，如上所述需经 15～25s 时间后充满电压。如果手动合闸后线路上存在有故障，则当断路器投入而随即由继电保护动作跳闸以后，由于“一次合闸脉冲元件”未充满电就不会自动重合。

(5)“后记忆元件”动作情况分析。后记忆元件的作用在于：将一次合闸脉冲元件发出的宽度为 0.1s 的短脉冲加以展宽，使它变成为 1s 的输出信号。在这段记忆的时间里，KCP 动作可配合继电保护在重合闸以后实现保护的加速，详见 5.6.3 节。

5.6.2 双侧电源线路的三相一次自动重合闸

在双侧电源的输电线路上实现重合闸时，必须考虑以下问题。

(1)时间的配合。当线路上发生故障时，两侧的保护装置可能以不同的时限动作于跳闸，例如一侧为第Ⅰ段动作，而另一侧为第Ⅱ段动作。为了保证故障点电弧的熄灭和绝缘强度的恢复以使重合闸有可能成功，线路两侧的重合闸必须保证在两侧的断路器都跳闸以后，再进行重合。从最不利的情况出发，每一侧都应该以本侧先跳闸而对侧后跳闸作为考虑时间整定值的依据。设本侧保护Ⅰ段的动作时间为 t_1^{I}，本侧断路器动作时间为 $t_{\mathrm{QF.1}}$；对侧保护Ⅱ段的动作时间为 t_2^{II}，对侧断路器动作时间为 $t_{\mathrm{QF.2}}$，则在本侧跳闸以后，对侧还需要经过 $t_2^{\mathrm{II}}+t_{\mathrm{QF.2}}-t_1^{\mathrm{I}}-t_{\mathrm{QF.1}}$ 的时间才能跳闸。再考虑故障点灭弧和周围介质去游离的时间 t_{u}（取 1s）。因此，本侧 ARC 的动作时限应整定为

$$t_{\mathrm{ARC}}=t_2^{\mathrm{II}}+t_{\mathrm{QF.2}}-t_1^{\mathrm{I}}-t_{\mathrm{QF.1}}+t_{\mathrm{u}} \tag{5-40}$$

(2)同步问题。当线路上发生故障跳闸以后，两侧电源电势角有可能摆开失去同步。后合的那一侧应考虑两侧电源是否同步，以及是否允许非同步合闸的问题。

因此，双测电源线路上的重合闸，应根据电网的接线方式和运行情况，在单侧电源重合闸的基础上，采取一些附加的措施，以适应新的要求。现将我国电网中双侧电源线路上采用的三相一次重合闸方式分述如下。

1. 不检查同期的重合闸方式

并列运行的发电厂或电力系统之间在电气上有紧密联系时，由于同时断开所有联系的可能性几乎是不存在的，因此，当任一条线路断开之后又进行重合闸时，都不会出现非同步合闸的问题。这种情况下，可以采用不检查同步的自动重合闸，如图 5-24 中电源 A 和 C 之间的关系。

2. 自动解列或自同步的重合闸方式

(1)解列重合闸。如图 5-25 所示，正常时由系统向小电源侧输送功率。当线路（如 k 点）发生故障后，系统侧的保护动作跳开线路上本侧的断路器，小电源侧的保护动作使解列点跳闸，实现小电源与系统解列。解列后，小电源其容量应基本上与所带的重要负荷相平衡，这样可以保证地区重要负荷的连续供电。在两侧断路器跳闸后，系统侧的重合闸检查线路无电压、确认对侧已跳闸后，进行重合。如重合成功，则由系统恢复对地区非重要负荷的供电，然后，在解列点处实行同步并列，恢复正常运行。如果重合不成功，则系统侧的保护再次动作跳闸，地区的非重要负荷将被迫中断供电。

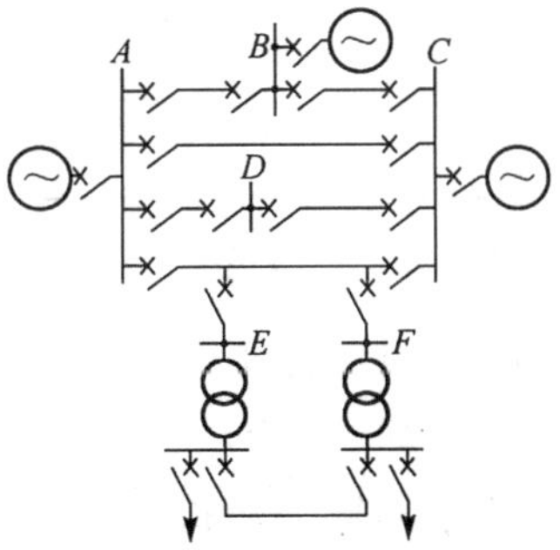

图 5-24　电源 A 和 C 间有紧密联系

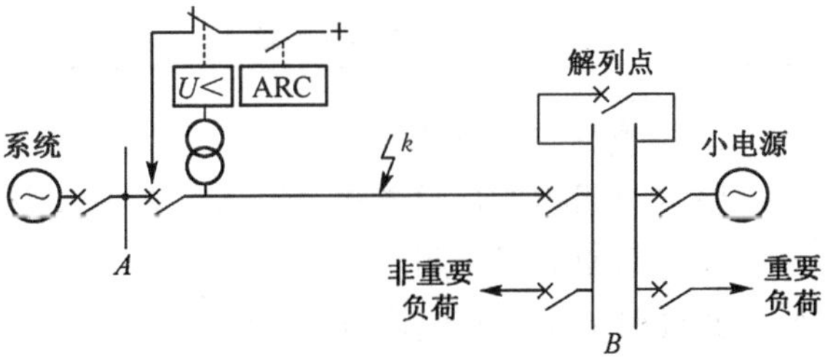

图 5-25　采用解列重合闸的示意图

解列点的选择原则：尽量使发电厂的容量与其所带的重要负荷接近平衡。

(2)自同步重合闸。适用于水电厂一侧，如图 5-26 所示。线路上(如 k 点)发生故障后，系统侧的保护动作跳开本侧的断路器；水电厂侧的保护则动作跳开发电机的断路器和灭磁开关而不跳故障线路的断路器。然后，系统侧的重合闸检查线路无电压而重合，如重合成功，则水轮发电机以自同步的方式与系统并列。如重合不成功，系统侧的保护再次动作跳闸，水电厂也被迫停机。

采用自同步重合闸时，必须考虑对水电厂地区负荷供电的影响。因为，在自同步重合闸的过程中，如果不采取其他措施，它将被迫全部停电。当水电厂有两台以上的机组时，为了保证对地区负荷的供电，则应考虑使一部分机组与系统解列，继续向地区负荷供电，另一部分机组实行自同步重合闸。

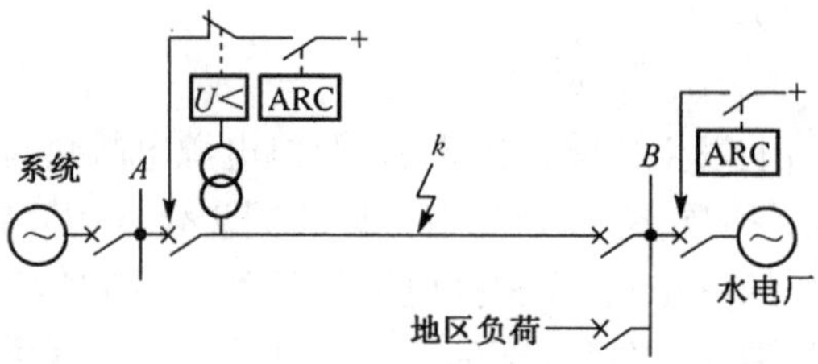

图 5-26　水电厂采用自同步重合闸的示意图

3. 非同步重合闸方式

非同步重合闸是指线路两侧断路器跳闸后，不管两侧电源是否同步即进行重合。故在合闸瞬间两侧电源很可能是不同步的，靠自行拉入同步。采用这种重合闸方式时，必须符合下列条件。

(1)非同步重合闸时，流过发电机、同步调相机或电力变压器的最大冲击电流不超过表 5-1 中的规定值。表中数值是考虑实际中可能出现的对同步电机或电力变压器为最严重的运行方式，按 $\delta = 180°$，所有同步发电机的电势按 1.05 倍的额定电压即 $E = 1.05U_{N.G}$ 计算得出的。

(2)非同步合闸后所产生的振荡过程中，对重要负荷的影响较小。

表 5-1　最大冲击电流与额定电流允许倍数

机组类型		允许倍数
汽轮发电机		$0.65/x''_d$
水轮发电机	有阻尼回路	$0.6/x''_d$
	无阻尼回路	$0.6/x_a$
同步调相机		$0.84/x''_d$
电力变压器		$1/x_T$

4. 检查同期的重合闸方式

检定同期的重合闸方式是高压电网中应用最广泛的一种三相自动重合闸方式。

检定同期可以采用间接方式，例如图 5-27 所示没有其他旁路联系的双回线路上，可检定另一回线路上是否有电流，因为当另一回线路上有电流时，表示两侧电源仍保持联系，一般是同步的，因此可以重合。

检定同期也可以采用直接方式。这种方式的特点是：当线路故障，两侧断路器跳开后，一侧检定无压先重合本侧断路器;另一侧断路器重合时,检查同步条件是否满足,只有当条件满足时才允许进行重合。把这种检定同期重合闸的方式称为同步检定和无压检定的重合闸,其工作原理图示于图 5-28。除在线路两侧均装设有单侧电源线路上采用的三相一次自动重合闸装置以外,还装设有检定线路无电压的低电压继电器和检查同步的继电器。同步检定继电器的作用就是检查两侧电源是否满足同期条件,实际上就是检查两侧电源的电压差、频率差和相位差是否都在一定的允许范围内,才允许重合闸。

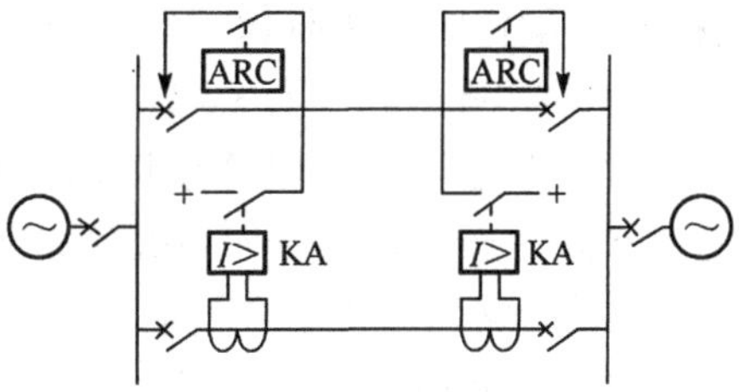

图 5-27 双回线路上采用检定另一回线路有电流的重合闸示意图

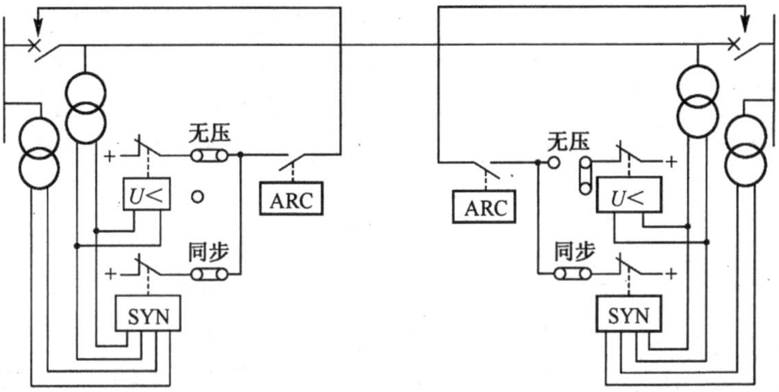

图 5-28 同步检定和无电压检定的重合闸

当线路发生故障,两侧断路器跳闸以后,检定线路无电压一侧的重合闸首先动作,使断路器投入。如果重合不成功,则断路器再次跳闸。此时,由于线路另一侧没有电压,同步检定继电器不动作,该侧重合闸根本不启动。如果重合成功,则另一侧在检定同步之后投入断路器,线路即恢复正常工作。

由此可见,在检定线路无电压一侧的断路器,如重合不成功,就要连续两次切断短路电流。因此,该断路器的工作条件要比同步检定一侧断路器的工作条件恶劣。为了解决这个问题,通常在每一侧都装设同步检定和无电压检定的继电器,利用连接片定期切换其检定方式,从而使两侧断路器工作的条件接近相同。

此外,在使用检查线路无电压方式重合闸的一侧,当其断路器在正常运行情况下由于某种原因(如误碰跳闸机构、保护误动作等)而跳闸时,由于对侧并未动作,线路上有电压,因而就不能实现重合,这是一个很大的缺陷。为了解决这个问题,通常都是在检定无电压的一侧也同时投入同步检定继电器,使两者的触点并联工作。如遇有上述情况,则同步检定继电器就能够起作用,当检测到符合同步条件时,即可将误跳闸的断路器重新投入。但是,在使用同步检定的另一侧,其无电压检定是绝对不允许同时投入的。

5.6.3 重合闸与继电保护的配合

为了能尽量利用重合闸所提供的条件加速切除故障,提高供电的可靠性,重合闸与继电保护的配合方式有重合闸前加速保护动作和重合闸后加速保护动作两种。

1. 重合闸前加速保护

重合闸前加速保护简称为“前加速”。假定在图 5-29 所示网络的每条线路上均装设过电流保护，其动作时限按阶梯型原则相互配合。因此，靠近电源端保护3的时限就很长。为了能加速故障的切除，可在保护3处采用重合闸前加速的方式，即当任何一条线路上发生故障时，第一次都由保护3瞬时动作予以切除。很显然，故障若在线路 A-B 以外(如 k_1 点)，此时保护3的动作是无选择性的。如果故障是瞬时性的，则重合闸后就恢复了供电。如果故障是永久性的，则在断路器3重新合上后，过电流保护将按照动作时限有选择性地将相应的断路器跳开。例如 k_1 点短路时，由保护1过电流动作跳开断路器1；若保护1拒动，则保护2过电流动作跳开断路器2。采用“前加速”的优点是：能够快速切除“瞬时性故障”；只需装设一套重合闸装置，接线简单。缺点是：装有ARC的断路器动作次数较多；重合于永久性故障上时，故障切除的时间较长；如果重合闸装置或断路器3拒绝合闸，则将扩大停电范围。

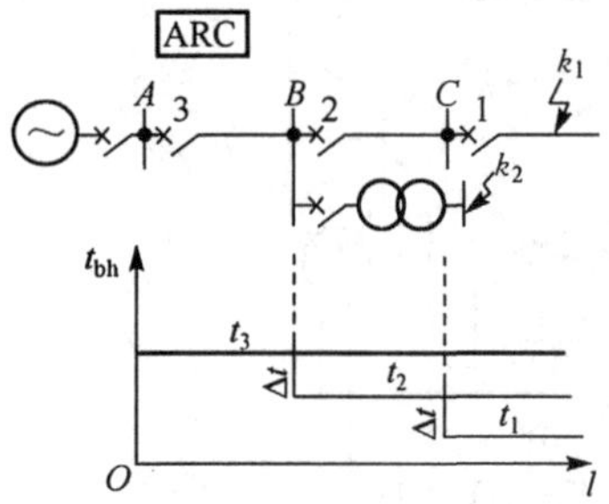

图 5-29 重合闸前加速保护的网络接线图

重合闸前加速保护主要用于35kV以下由发电厂或重要变电所引出的直配线路上。一般情况下，两个电压等级的电网不采用“前加速”，例如图5-29中，变压器低压侧 k_2 短路时，保护3的不应加速，因此，其启动电流应按躲开相邻变压器低压侧短路的条件进行整定。

2. 重合闸后加速保护

重合闸后加速保护又简称为“后加速”。所谓后加速就是当线路第一次故障时，保护按照选择性动作跳闸，然后进行重合。如果重合于永久性故障上，则加速保护动作，瞬时切除故障。

“后加速”的配合方式广泛应用于35kV以上的网络及对重要负荷供电的送电线路上。采用这种方式时，必须在每条线路上装设有选择性的保护及ARC。实现重合闸后加速过电流保护的原理接线如图5-30所示，图中的常开接点KCP由图5-23中的后记忆元件提供。当线路发生故障时，过电流继电器KA的接点启动时间继电器KT，经整定时限后时间继电器的接点 KT_2 闭合，启动出口继电器KM跳闸。重合闸以后，如前分析，KCP的触点将闭合1s的时间，如果重合于“永久性故障”上，则KA再次动作，此时可通过时间继电器的瞬时常开接点 KT_1、压板XB和KCP的接点串联而立即启动KM动作于跳闸，从而实现了重合闸以后使过电流保护加速的要求。

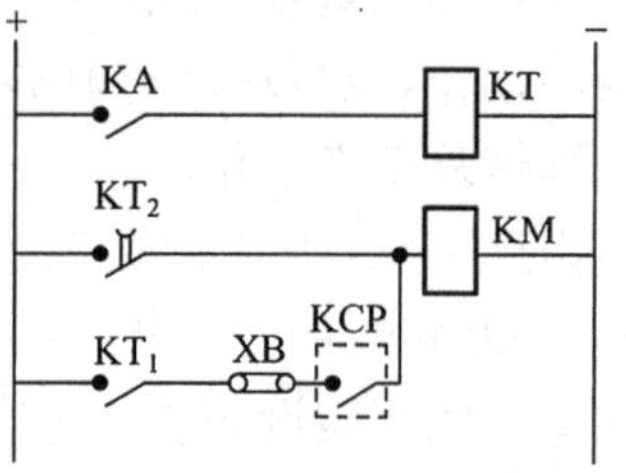

图 5-30 重合闸后加速过电流保护的原理接线图

采用“后加速”的优点是：保护第一次动作有选择性；如果重合于“永久性故障”上，第二次能瞬时动作切除故障；在使用上不受网络结构和负荷条件限制，对系统有利无害。而第一次切除故障可能带有延时；每个断路器上都需要装设一套重合闸则是“后加速”的缺点。

5.7 单相自动重合闸和综合重合闸

在220～500kV的架空线路上，由于导线之间的距离加大，相间故障的机会较少，绝大部分故障都是单相接地短路。在这种情况下，如果只把发生故障的一相断开，然后再进行单相重合，就能够大大提高供电的可靠性和系统并列运行的稳定性。所以，在220～500kV电网中广泛采用单相重合闸和综合重合闸。

5.7.1 单相自动重合闸

所谓单相重合闸是指：线路上发生单相接地故障时，保护动作断开故障相断路器，然后进行单相重合。如果是“瞬时性故障”，则单相重合成功，恢复三相供电。如果是“永久性故障”，单相重合不成功，而系统又不允许长期非全相运行时，应切除三相并不再进行重合。

电网采用单相自动重合闸时，除了要求系统中装设按相操作的断路器之外，还应该考虑并解决好以下的问题：①保护装置中必须有故障相选择元件，简称选相元件；②在单相接地跳单相、进行单相重合的过程中会出现只有两相运行的非全相状态，应该对误动作的保护进行闭锁；③非全相状态下，电网中会出现潜供电流影响故障点电弧的熄灭。以下对这几个问题进行分析说明。

1. 常用的选相元件

选相元件只担负选择故障相的任务，不要求其担负判定故障范围的任务。常用的选相元件有如下几种。

(1)电流选相元件。每相装设一个过电流继电器，根据故障相短路电流增大的原理而动作。其启动电流按照大于最大负荷电流和单相接地短路时非故障相电流继电器不误动的原则进行整定。这种选相元件适于装设在电源端、且短路电流比较大的线路上。

(2)低电压选相元件。用三个低电压继电器分别接于三个相电压上，依据故障相电压降低的原理而动作。它的启动电压应小于正常运行以及非全相运行时可能出现的最低电压。这种选相元件一般适于装设在小电源侧或单侧电源线路的受电侧。

(3)阻抗选相元件。根据故障相测量阻抗降低的原理动作。采用 $\dfrac{\dot{U}_{a(b、c)}}{\dot{I}_{a(b、c)}+K3\dot{I}_0}$ 接线方式的三个阻抗继电器以保证单相接地时故障相继电器的测量阻抗与短路点到保护安装地点之间的正序阻抗成正比。至于阻抗继电器的特性，一般采用带记忆作用的方向阻抗继电器或四边形特性的阻抗继电器。

对于故障相和非故障相，其测量阻抗的差别大，易于区分，因此，阻抗选相元件能正确选择故障相，比前两种选相元件具有更高的选择性和灵敏性。但是，在单相经过渡电阻接地短路时，由于接地电阻及对侧零序电流的助增，有可能使其动作速度变慢甚至拒动。因此，它不是理想的选相元件。

(4)相电流差突变量选相元件。利用故障时电气量发生突变的原理构成，三个继电器所反应的电流就是式(4-12)的相电流差突变量，分别为 ΔI_{ab} 、ΔI_{bc} 和 ΔI_{ca} 。

正常运行以及短路后的稳态情况下，每相电流均无变化，三个选相元件均不动作。短路发生的初瞬间，故障相的电流发生突然的变化，与故障相相关的相电流差突变量选相元件动作。

各种故障情况下，相电流差突变量选相元件的动作情况如表 5-2 所示。由表可见，在单相接地故障时，只有反应非故障相电流差突变量的继电器不动作。为此，采用如图 5-31 所示的逻辑方框图可构成单相接地故障的选相元件。

相电流差突变量选相元件在全相正常运行、非全相负荷状态和系统振荡时均不误动，因此，被广泛应用于继电保护中。

(5) $\dot{I}_0$ 与 $\dot{I}_{2A}$ 比相的选相元件。根据对称分量电流间的相位关系实现单相接地短路时的选相。由于线路上发生单相金属性短路时，故障相的 $\dot{I}_0$ 和 $\dot{I}_2$ 同相位。因此，A 相接地时，$\dot{I}_0$

与 $\dot{I}_{2A}$ 同相位；B 相接地时，$\dot{I}_0$ 超前 $\dot{I}_{2A}$ 120°；C 相接地时，$\dot{I}_0$ 落后 $\dot{I}_{2A}$ 120°。故利用 $\dot{I}_0$ 和 $\dot{I}_{2A}$ 相位关系实现选相的动作方程如下：

当 $-60° < \arg \dfrac{\dot{I}_0}{\dot{I}_{2A}} < 60°$ 时，选 A 相；

当 $60° < \arg \dfrac{\dot{I}_0}{\dot{I}_{2A}} < 180°$ 时，选 B 相；

当 $180° < \arg \dfrac{\dot{I}_0}{\dot{I}_{2A}} < 300°$ 时，选 C 相。

表 5-2　各种类型故障时，相电流差突变量继电器的动作情况

故障类型	故障相别	选相元件		
		ΔI_{ab}	ΔI_{bc}	ΔI_{ca}
单相接地	A	+	−	+
	B	+	+	−
	C	−	+	+
两相短路或两相短路接地	AB	+	+	+
	BC	+	+	+
	CA	+	+	+
三相短路	ABC	+	+	+

选相区域如图 5-32 所示，也是一种比较理想的选相元件。

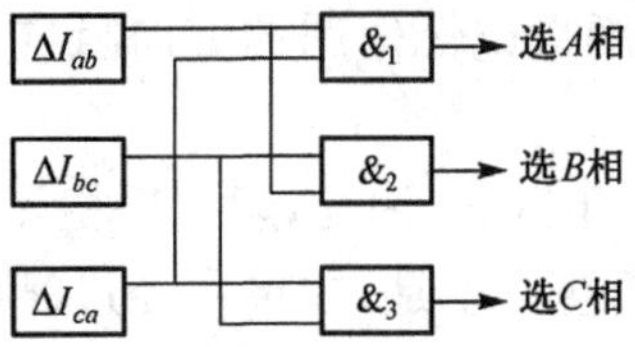

图 5-31　用相电流差突变量继电器组成选相元件的逻辑框图

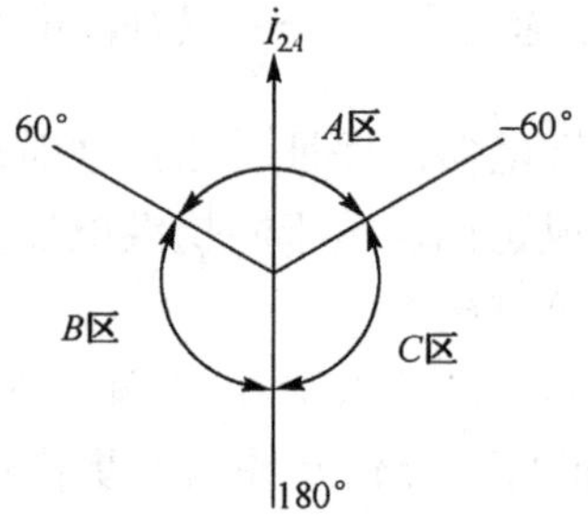

图 5-32　反应对称分量电流间相位关系的选相区域

2. 非全相运行状态的影响

采用单相自动重合闸后，系统会出现非全相运行状态，产生负序和零序的电流和电压。这将给电力系统本身和继电保护带来不利影响。

(1)负序电流对发电机的影响。负序电流在发电机转子绕组中产生二倍于工频频率的交流电流，引起转子附加发热，而转子中的偶次谐波又会在定子绕组中感应出奇次谐波的电动势，此电动势与基波电动势叠加，就有可能使发电机产生过电压。因此，在靠近发电厂的高压线路上采用单相自动重合闸时应加以注意。

(2)零序电流对通信的影响。非全相运行状态下产生的零序电流对附近的通信线路会产生影响，并可能造成通信设备的过电压。

(3)非全相运行状态对继电保护的影响。由于非全相运行产生的负序和零序分量会引起本线路以及系统中其他保护(反应负序或零序分量的保护等)的误动作。对于可能误动作的保护，应在单相重合闸动作时予以闭锁或整定保护的动作时限大于单相重合闸的时间，以躲开之。

实现对误动作保护闭锁的原理框图如图 5-33 所示。非全相运行中仍然能继续工作的保护接入 N 端子，非全相运行中可能误动作的保护接入 M 端子。重合闸启动以后，利用"非门"将接于 M 端的保护闭锁。当断路器重合而恢复全相运行时，这些保护立即恢复工作。保护装置和选相元件动作后，经"与门"进行单相跳闸，并同时启动重合闸回路进行单相重合。

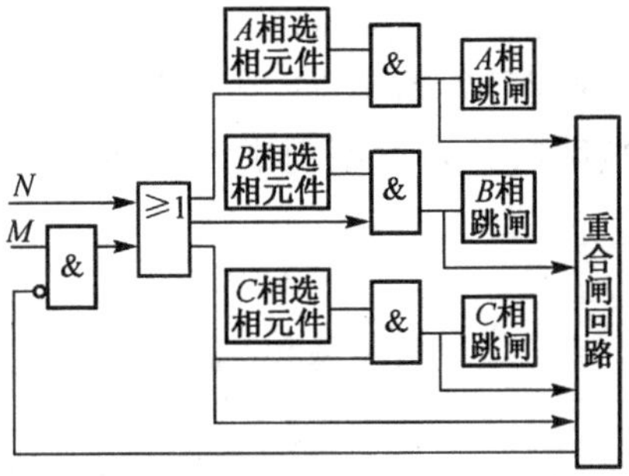

图 5-33　保护装置、选相元件与重合闸回路互相配合的框图

3. 潜供电流的影响

在图 5-34 中，当故障相线路自两侧切除后，由于非故障相 A、B 与断开相 C 之间存在电容和互感，虽然短路电流已被切断，但在故障点的弧光通道中，仍然有下面的电流存在：

(1)非故障相 A 通过 A、C 相间电容 C_{AC} 供给的电流；

(2)非故障相 B 通过 B、C 相间电容 C_{BC} 供给的电流；

(3)非故障相 A、B 流过的负荷电流 $\dot{I}_{LA}$ 和 $\dot{I}_{LB}$ 在 C 相中感应电势 $\dot{E}_M$，此电势通过故障点和该相对地电容 C_0 而产生的电流。

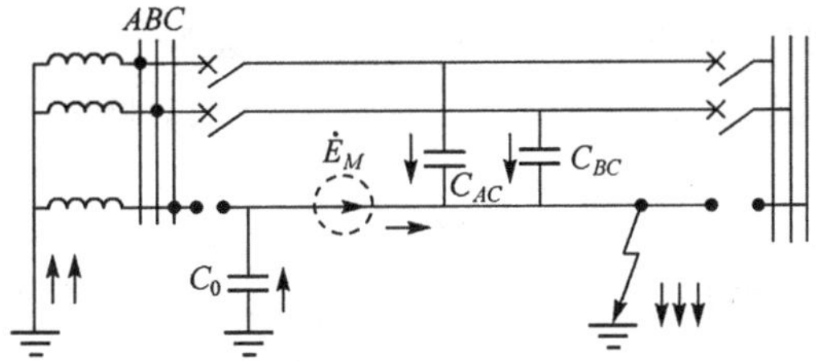

图 5-34　C 相单相接地时，潜供电流的示意图

这些电流的总和称为潜供电流。一般地，线路电压越高，线路越长，则潜供电流越大。潜供电流的持续时间不仅与其大小有关，而且也与故障电流的大小、故障切除的时间、弧光的长度以及故障点的风速等因素有关。潜供电流的存在将维持故障点的电弧，使其不易熄灭，而自动重合闸只有在故障点电弧熄灭且绝缘强度恢复以后才有可能成功，因此，单相重合闸的时间还必须考虑潜供电流的影响，国内外许多电力系统都是由实测来确定，此时间比三相重合闸的时间要长得多。

5.7.2　综合重合闸简介

采用单相自动重合闸以后，如果发生各种相间故障仍需要切除三相，然后进行三相重合闸，如重合不成功则再次断开三相而不再进行重合。因此，实际上在实现单相重合闸时，也总是把实现三相重合闸的问题结合在一起考虑。将单相重合闸方式和三相重合闸方式结合在一起就称为“综合重合闸”。在综合重合闸的接线中，经过转换开关的切换能实现综合重合闸、单相重合闸、三相重合闸以及停用重合闸等四种运行方式。

在综合重合闸中，除了选相元件以外，还增加了故障类型判别元件。其作用是判断故障的性质是接地短路还是不接地的相间短路。由于零序电流和零序电压只有在接地短路时才会出现，因此可用作综合重合闸中的故障类型判别元件。当发生单相接地短路时，故障类型判别元件动作，解除相间故障跳三相回路，由选相元件选出故障相别跳单相。当发生两相接地短路时，故障类型判别元件动作，两个故障相的选相元件此时也动作，则由逻辑回路跳开三相。而发生相间故障时故障类型判别元件不动作，保护通过三相跳闸回路跳开三相断路器。

思考题和习题

5-1　同步发电机准同期并列的条件是什么？并列的方式有哪些？各有什么特点？

5-2　发电机准同期并列时，压差、相角差产生的冲击电流有什么不同？对发电机产生的影响有什么区别？

5-3　如何整定准同期并列的三个条件？请给出并列各条件的分析过程和整定计算公式。

5-4　说明恒定越前时间准同期并列装置和恒定越前相角准同期并列装置的区别。

5-5　说明恒定越前时间准同期并列装置各环节的时间配合关系。

5-6　数字式准同期并列装置中恒定越前时间是如何整定和实现的？

5-7　数字式准同期并列装置中压差大小检测和方向控制是如何实现的？

5-8　数字式准同期并列装置中频差大小检测和方向控制是如何实现的？

5-9　某发电机采用自动准同期方式与系统进行并列，系统的参数已归算到以发电机额定容量为基准的标幺值。原始数据如下：$X''_q=0.125$，$X_S=0.25$，$E''_q=1.05$（此处按1.05计算是考虑并列时电压有可能超过额定电压的5%），断路器合闸时间 $t_{QF}=0.5s$，它的最大可能误差为±20%；自动并列装置最大误差时间为±0.05s；允许冲击电流幅值取为 $i_{impmax}=\sqrt{2}I_{GN}$。试确定最大允许合闸误差角 δ_{emax}、允许滑差角频率 $\omega_{\Delta max}$ 和脉动周期 T_{Δ}。

5-10　已知：$\omega_G=\omega_S$，$\delta_e=0$，$U_{GN}=15.75kV$，$X''_d=0.18$，$X_S=0.25$，取 $U_S=1.0$，且要求最大冲击电流 $i_{impmax}=0.5I_{GN}$。求：冲击电流的有效值 I_{imp}，以及发电机与系统并列时的空载电势 U_G。

5-11　重合闸的启动方式有哪几种？

5-12　单侧电源线路采用的三相一次重合闸的动作延时一般取多大？考虑了哪些因素的影响？

5-13　在超高压电网中使用三相一次重合闸为什么要考虑两侧电源的同步问题？使用单相重合闸是否也需要考虑同步问题？

5-14　简述双侧电源线路上可以采用的三相一次重合闸方式。

5-15　在同步检定和无压检定的重合闸装置中，检无压侧必须投入检同步，而检同步侧不允许投入检无压？

5-16　什么是重合闸前加速保护？主要适用于什么场合？

5-17　什么是重合闸后加速保护？主要适用于什么场合？

5-18　什么叫潜供电流？对重合闸的动作时间有何影响？

5-19　对采用单相重合闸的线路，当发生永久性单相接地故障时，保护及重合闸的动作顺序是怎样的？

5-20　采用单相重合闸会给系统一次侧和继电保护带来哪些问题？如何解决？

第 6 章　输电线路纵联保护

6.1　纵联保护的基本原理和分类

反应电流、电压和测量阻抗的变化而构成的继电保护，由于只采用了被保护元件一侧的电气量作为测量量，所以在整定值上必须与下一元件的保护相配合以保证动作的选择性。从原理上看，这类保护无法区分本元件末端故障和下一元件出口故障，不能快速切除被保护元件在末端附近所发生的故障。在高压、超高压和特高压电力系统中，为了保证系统的稳定运行和减小故障的损害程度，要求继电保护装置在电网的任一点发生故障时都能瞬时切除故障；在像发电机、变压器、母线和大容量电动机这样的贵重元件上发生的故障也要求快速切除以减轻损失避免事故扩大。这种情况下，只能采用纵联保护了。

所谓纵联保护，就是利用某种通信通道(简称通道)将被保护元件两端的保护装置纵向联结起来，把各端的电气量传送到对端，将两端的电气量进行比较以判断故障是在元件范围内还是在范围之外，从而决定是否动作。理论上，这种纵联保护具有绝对的选择性。适合作为高压、超高压和特高压输电线路的主保护，也适合作发电机、变压器、母线和大型电动机的主保护。

按照比较的是两端的何种电气量，可以将纵联保护分成以下两大原理：

(1)纵联方向比较原理。这类保护利用通信通道比较被保护元件各端的功率方向(全功率或负序功率)或测量阻抗，依据比较结果区分区内、外的故障。

(2)纵联差动原理。这类保护利用通信通道比较被保护元件各端电流的相量(包括幅值和相位)构成纵联电流差动保护，或是只比较各端电流的相位构成纵联相差保护，由比较结果判断出区内、外的故障。

目前的通信通道种类包括有：电力线载波通道、微波通道、光纤通道和导引线通道。根据通信通道的不同，纵联保护可分为以下的四类：

(1)电力线载波纵联保护。

(2)微波纵联保护。

(3)光纤纵联保护。

(4)导引线纵联保护。

6.2　纵联保护通道的构成原理及传送信号的分类

6.2.1　电力线载波通道

“电力线载波”是指将频率在 50～300kHz 频段上的高频信号叠加在工频电流上进行传送。利用“导线—大地”作为载波通道是最经济的方案，因为它只需要在一相线路上装设加工设备，在我国得到了广泛的应用。它的缺点是高频信号的衰耗和受到的干扰都比较大。图 6-1就是这种载波通道的构成原理图，室外的高频加工设备包括阻波器、结合电容器、连接滤波器和高频电缆等。

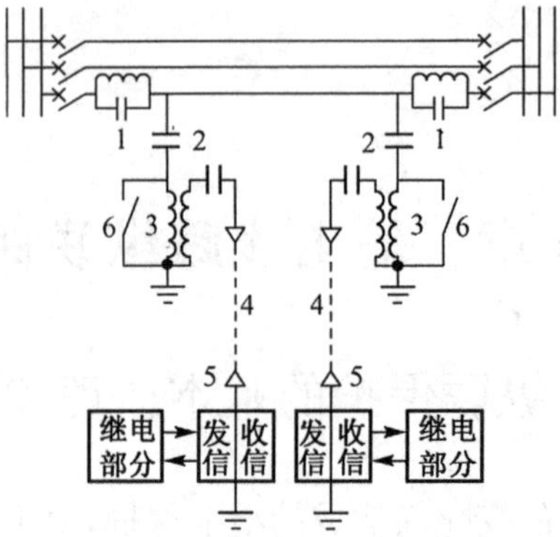

图 6-1　载波通道构成原理图

1-阻波器；2-结合电容器；3-连接滤过器；4-高频电缆；5-高频收发信机；6-刀闸

(1)高频阻波器。高频阻波器是由一电感线圈与可调电容器组成的并联谐振回路，其谐振频率就是通道所用的载波频率。因此，对载波电流呈现很大的阻抗(1000Ω 以上)，从而使高频信号被限制在被保护输电线路的范围以内，而不会外流至相邻线路上去。对 50Hz 的工频电流而言，阻波器仅呈现电感线圈的阻抗，数值很小，约为 0.04Ω，并不影响它的传输。

(2)结合电容器和连接滤波器。结合电容器对于工频电流呈现极大的阻抗，故由它所导致的工频泄漏电流极小；连接滤波器由一个可调节的空心变压器及连接至高频电缆一侧的电容器组成。结合电容器与连接滤波器共同组成一个“带通滤波器”，使所需频带的高频电流能够通过。另外，“带通滤波器”还实现了波阻抗的匹配，从线路一侧看入的阻抗与输电线路的波阻抗匹配，而从电缆一侧看入的阻抗与高频电缆的波阻抗相匹配。这样，就可以避免高频信号的电磁波在传送过程中发生反射，减小高频能量的附加衰耗。

(3)高频电缆。其作用是将位于室外的阻波器、结合电容器和连接滤波器等加工设备与主控室中的高频收发信机连接起来。为了减小高频信号的衰耗，多采用单芯式同轴电缆。这类电缆的中心是铜芯称为内导体；其外包有绝缘层，绝缘物外面是一层铜丝网的外导体；外导体的外面再包有绝缘层和保护层。因内外导体同轴，所以称为同轴电缆。

(4)高频机、发信机。发信机部分由继电保护控制。通常都是在电力系统发生故障时，保护部分启动之后它才发出信号，但有时也采用长期发信故障时停信或改变信号频率的方式。由发信机发出的信号，一方面通过高频通道送到对端的收信机中；另一方面也由自己的收信机所接收。高频收信机接收到本端和对端所发送的高频信号后，经过比较判断以决定保护跳闸或将其闭锁。

(5)并联在连接滤波器两侧的接地刀闸 6，是检修连接滤波器时作为结合电容器的下面一极接地之用，以保证检修人员的人身安全。

6.2.2　微波通道

电力系统微波通信使用的频率段为 3000～30000MHz(波长 1～10cm)，具有较宽的频带，可适应多路通信或传送较大容量信息的要求。

任何一种通信系统，都是将用户的信息，例如话音、图像和数据等调制到载送信息的载波上，然后经传输介质将载有信息的载波传送到收信方，收信方再用解调的手段，从载有信息的载波中将收信方所需的用户信息取出，达到通信的目的。构成微波通道的示意图如图 6-2 所示。它由收发信机1、连接电缆2、方向性天线3和两端之间的空间组成。保护两端的测量值被调制到微波信号上，由发信机发出经过定向天线发射，然后通过空间传播被对方的天线接收，再经过连接电缆送到收信机中，解调后又可还原为保护的测量值。由于微波的频率很高属于超短波的无线电波，电离层已不能起反射作用，只能在“视线”范围的自由空间中传播，因此，它的传播距离较短。当架设一定高度的天线时，传播的距离也不会超过40～60km。如果两个变电所之间的距离超过上述距离时，就需要装设微波中继站来增强微波信号。

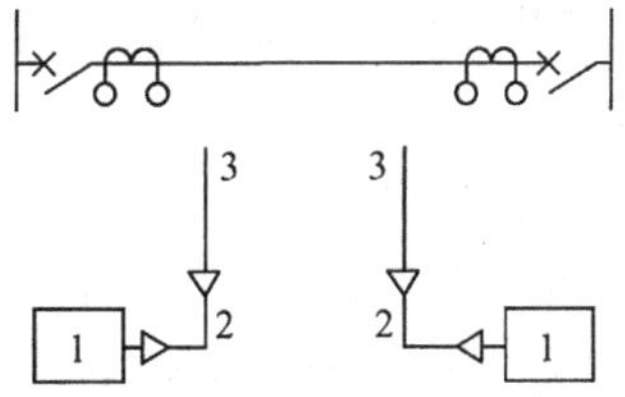

图6-2　微波通道构成示意图

1-收发信机；2-连接电缆；3-方向性天线

微波通道不需要在输电线路上加工设备，且具有较宽的频带，可传送多路信号，为实现超高压线路分相电流差动保护提供了条件。但长距离输电线的微波通道需设置中继站，投资很大是它的主要缺点。

6.2.3　光纤通道

光纤通信是以光为载波、以光纤作为传输介质的一种通信方式。从光的波动性观点看，光是一种电磁波，可见光是能够引起视觉的电磁波，其波长为0.39～0.77μm，亦即它的频率f为3.9×10^8～7.7×10^8MHz。而光纤通信的波长范围是1.7～0.8μm，是不可见光，是一种不能引起人的视觉的电磁波。

随着调制和解调的方式不同，光纤通信系统的组成方式也不同。图6-3给出的是直接检测接收方式的光纤通信系统构成原理图。该系统在发信端设有“发信电端机”和“发信光端机”，在收信端设有“收信电端机”和“收信光端机”。所谓电端机，就是通常电通信中使用的载波机、电视图像收发信设备和计算机等终端设备。发信光端机的主要部分是激光器和附属的驱动电路，其作用是将发信电端机送来的电信号（它通常是载有用户信息的已调电信号）调制到激光器所发出的光载波上，使之转换成载有信息的光信号，而后送入光纤，传输到收信端。收信光端机的主要部分是光电检测器和它的放大电路，其作用是将经光纤送来的已调光信号进行直接检测，将其还原成原来的电信号。在收信端，将所得到的电信号再送到收信电端机进行解调、放大、判决和再生等处理，就可以得到用户所需的信息，达到通信的目的。

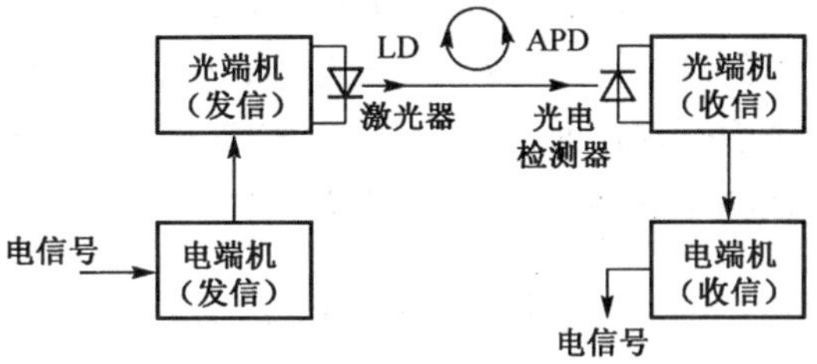

图6-3　光纤通信系统构成示意图

光纤通道具备以下优点：

(1)频带宽适合大信息量的传送。通信容量和载频的频带宽度成正比，电力线载波的频宽一般不超过300kHz，微波的频宽为3000～30000MHz，而光纤频宽在2.2×10^7MHz，是微波通信容量的7.4×10^4倍，是电力线载波通信容量的7.4×10^8倍。例如，音频带宽4kHz，11亿人同时讲话一根光纤就能全部传输。或者说一个特大图书馆的全部图书信息，一根光缆在20s内就能全部传送完毕。

(2)光纤的传输损耗小，中继间隔长，可达上百公里。

(3)光纤光缆尺寸小，重量轻，埋设管道比电缆占空间小，敷设方便。

(4)光波能量传输局限在纤芯内部，不易被窃听，不引起噪声，不产生纤间干扰，不受外面电磁场干扰的影响。

(5)光纤的原材料为 SiO_2，自然界到处都有。

光纤通道的不足之处是：长距离通信仍需要中继器；光纤断裂时不易查找和连接。

6.2.4 导引线通道

导引线通道由二根或三根金属线构成。可以采用铠装通信电缆中的芯线作为导引线通道，使用时将铠装外皮在两端接地以减小地电位差的影响和电力线路雷电感应引起的过电压。

当被保护元件发生故障时，短路电流可在导引线回路中产生过电压，此外，雷电也会在导引线中感应过电压，需要采取过电压保护措施。

导引线自身的阻抗增大了电流互感器的负载，当用在输电线路的纵联差动保护上作为通信通道时，随着被保护线路的加长，导引线也越长，电流互感器的负载会增大更多，使其传送特性变差，影响纵联保护的正确工作。导引线分布电容电流也会对纵联保护的工作产生影响。在有些情况下需要专门的补偿措施。

6.2.5 电力线载波纵联保护传送信号的分类

纵联保护根据通道传送的信号判断故障是发生在被保护元件内，还是在被保护元件外，因此，信号的性质和功能直接影响到保护的性能。按所起的作用给电力线载波纵联保护通道上所传送的信号进行分类，可分为闭锁信号、允许信号和跳闸信号三种。

闭锁信号是指：收到这种信号就将保护闭锁。无闭锁信号是保护动作于跳闸的必要条件，只有同时满足以下两个条件保护才动作于跳闸：①本侧保护动作；②无闭锁信号。

允许信号是指：收到这种信号是高频保护动作跳闸的必要条件，但不一定跳闸。收信机收到此信号后，还必须有本侧保护的动作输出信号，才能发出跳闸命令。

跳闸信号是指：收到这种信号是保护动作于跳闸的充分与必要条件。实现这种保护时，利用距离Ⅰ段或电流速断等在其保护范围内部故障而动作于跳闸的同时向对端保护发出跳闸信号。采用这种工作方式时，两端保护的构成比较简单，无需互相配合，但是必须要求每端发送跳闸信号保护的动作范围小于被保护元件的全长，而两端保护动作范围之和应大于被保护元件的全长。前者是为了保证动作的选择性，而后者则是为了保证任一点故障的快速切除。

6.3 纵联方向比较保护

6.3.1 高频闭锁负序方向保护

高频通道的工作方式分为故障时发信和长期发信两种。所谓“故障时发信方式”是指载波通道中经常无高频电流流过，但处于准备状态；当系统中发生故障时，由继电保护启动发信机发出高频电流，载波通道中流过的高频电流就是高频信号；一旦故障切除后，也就随之停信。所谓“长期发信方式”是指载波通道中经常有高频电流流过；当系统发生故障时，此电流可能移频(即由原来的 f_1 移至 f_2)后继续存在;也可以由继电保护控制而停止。在一种情况下,高频电流从有到无也是一种"信号"方式。应该注意将"高频信号"和"高频电流"区别开来。所谓高频信号是指线路一端的高频保护在故障时向线路另一端的高频保护所发出的信息或命令。

高频闭锁负序方向保护利用高频通道比较被保护线路两端的负序功率方向,收到的高频信号是禁止保护跳闸的。负序功率方向元件接于负序电压 $\dot{U}_2$ 和负序电流 $\dot{I}_2$ 上,反应于负序功率的方向而动作。

如图 6-4 所示,当线路内部 k_1 点发生不对称故障时,对 A、B 两侧保护均为正方向故障。按规定正方向看,两侧的负序电流均超前于负序电压,超前相角由负序阻抗角 φ_{k2} 决定,为 $180°-\varphi_{k2}$。此时,反应正方向故障的负序功率方向元件应该最灵敏。因此,取 $\varphi_{sen}=-(180°-\varphi_{k2})$,对应的动作方程为

$$-90° \leqslant \arg\frac{\dot{U}_2 e^{j(180°-\varphi_{k2})}}{\dot{I}_2} \leqslant 90° \tag{6-1}$$

此情况下,保护 A 和 B 的正方向负序功率方向元件都动作、反方向负序功率方向元件均不动作,两侧都不发闭锁信号,因此断路器 A 和 B 都跳闸。

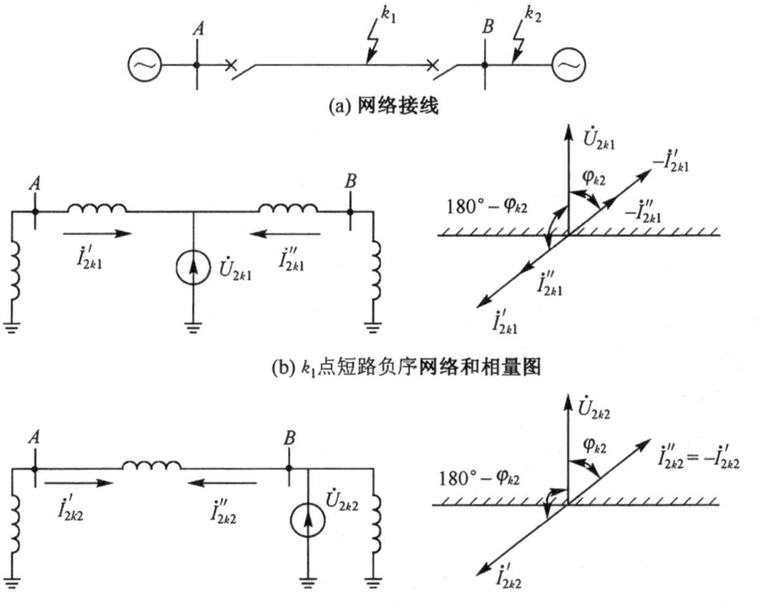

图 6-4 负序功率方向元件工作原理的分析

当线路外部 k_2 点发生不对称故障时,对 B 侧保护为反方向故障。按规定正方向看,B 侧的负序电流压超前于负序电流,超前相角为 φ_{k2}。此时,B 侧反应反方向故障的负序功率方向元件应该最灵敏,取 $\varphi_{sen}=\varphi_{k2}$,对应的动作方程为

$$-90° \leqslant \arg\frac{\dot{U}_2 e^{-j\varphi_{k2}}}{\dot{I}_2} \leqslant 90° \tag{6-2}$$

此情况下,由 B 侧已经动作的反方向负序功率方向元件启动高频发信机发出高频闭锁信号。此信号一方面被自己的收信机接收,同时经过高频通道被对端收信机收到,使得保护装置 A 和 B 都被闭锁,不会将线路 AB 错误地切除。

从以上分析可以看出，这种按照故障时发闭锁信号构成的保护只在非故障线路上传送高频信号，而在故障线路上并不传送高频信号。这就保证了内部故障使高频通道可能遭受破坏时，不会影响保护装置的正确动作，是“故障时发信方式”的主要优点。

以 $\dot{I}_2$ 为基准时，正向动作区为图 6-4(b)的阴影区域，反向动作区为图 6-4(c)的阴影区域。

这种原理的保护可以反应于各种不对称短路，又由于绝大部分的三相短路的开始瞬间总有一个不对称的过程，增加记忆回路后也是可以反应三相短路的。

图 6-5 所示为接于被保护线路一端的半套高频闭锁负序方向保护的原理框图，另一端的半套与此接线完全相同。主要组成元件包括：从三相电流中滤出负序电流的 $\dot{I}_2$ 过滤器、从三相电压中滤出负序电压的 $\dot{U}_2$ 过滤器、正方向动作的负序功率方向元件 KW_+、反方向动作的负序功率方向元件 KW_-、时间元件 t_1 和 t_2。

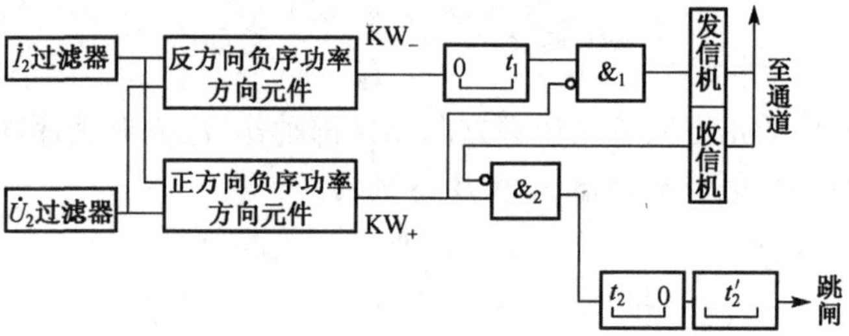

图 6-5　高频闭锁负序方向保护的原理框图

正常运行时，没有负序，正、反方向的负序元件均不启动，整套保护不动作。系统振荡时，三相对称，无负序分量，整套保护也不动作。

区外发生不对称故障时，近故障点侧的反方向负序元件动作，立即启动发信机发出高频闭锁信号。两侧收信机收到后，经 &2 将两侧保护闭锁起来。此时，远故障点侧的正方向负序元件动作，给 &2 输入一个高电平，但由于收信机收到对侧的闭锁信号，从而本侧的 &2 无输出，故两侧保护均不跳闸。

区内发生不对称故障时，两侧正方向负序元件均动作，一方面不允许发信，使收信机无输出；另一方面经 t_2（几毫秒）延时后使保护跳闸。

区内发生三相短路时，故障初瞬间一般短时出现负序分量，两侧正方向负序元件会有短时间输出。只要该输出时间大于 t_2 的延时，则记忆元件 t_2'（40～60ms）就可以将这一短时间的输出固定下来，以保证两侧保护的跳闸。

图中设置了延时返回的时间元件 t_1，其作用是：防止区外故障时近故障点侧的反方向负序元件返回快而造成远故障点侧保护的误跳闸。

6.3.2　高频闭锁距离保护

第 3 章讲述的距离保护只能在线路中间 60％～70％长度的范围内瞬时切除故障，而其余 30％～40％范围内的故障有一端保护要在第Ⅱ段的时限切除故障。可以考虑让距离保护与高频通道结合起来构成高频闭锁距离，使得被保护线路内部任一点发生故障时能够瞬时动作；而在外部故障时具有不同的时限特性，起到后备保护的作用。前已叙及，功率方向继电器是圆特性方向距离继电器直径取无穷大的特例，所以高频闭锁距离保护也属于纵联方向比较原理。

图 6-6 所示为高频闭锁距离保护的原理说明，假设线路两侧均采用三段式距离元件，Ⅰ段

能保护线路全长的85%，Ⅱ段能保护线路的全长并具有足够的灵敏度，Ⅲ段作为启动元件并兼作后备保护。Ⅲ段3KR动作后经&₁启动发信机发出高频闭锁信号；高频发信机的停止发信依靠Ⅱ段2KR动作后经闭锁&₁实现。此外，距离Ⅱ段动作后还启动时间元件t^{II}经一定延时后跳闸，同时还可经过收信闭锁&₂瞬时跳闸。

当保护范围内部故障时（如k_1点），两端的启动元件3KR先动作启动发信机发出闭锁信号，随后两端的距离Ⅱ段2KR也动作，又停止了发信机。当收信机收不到高频闭锁信号时，&₂有输出，使距离Ⅱ段2KR可瞬时动作于跳闸。而当保护范围外部故障时（如k_2点），靠近故障点的B端距离Ⅱ段2KR不动作，不停止发信；A端Ⅱ段动作停止发信。由于A端收信机可收到B端送来的高频信号闭锁了&₂，因而断开了Ⅱ段的瞬时跳闸回路，使它只能经过Ⅱ段延时的去跳闸，从而保证了动作的选择性。

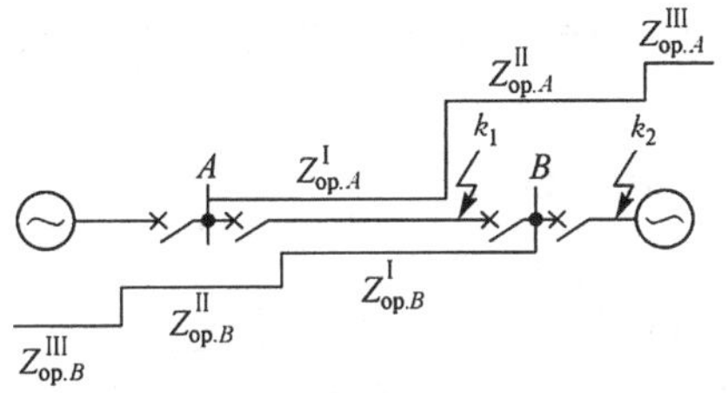

(a) 网络接线

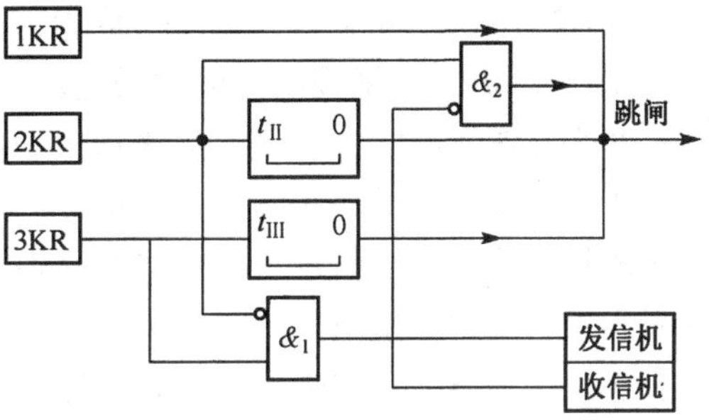

(b) 原理框图

图6-6　高频闭锁距离保护的原理说明

6.4　纵联差动保护

该原理的保护包括两种，一种称为纵联电流差动保护，它将被保护元件各端的电流相量进行纵向比较，实际上是对各端电流的幅值和相位的综合比较；另一种称为纵联相差保护，它只将被保护元件各端的电流相位进行比较决定出故障发生在元件内部还是外部。下面分别对两种保护进行分析。

6.4.1　纵联电流差动保护

1. 基本原理

下面以输电线路的导引线纵联电流差动保护为例，说明这种保护的基本原理。为构成纵联电流差动保护，在被保护线路的两侧分别装设三相电流互感器，每侧电流互感器一次回路的正极性均置于靠近母线的一侧；二次回路的同极性端子用导引线相连接；差动继电器KD则并联连接在每一相电流互感器二次回路的两个臂上，其原理接线如图6-7所示。

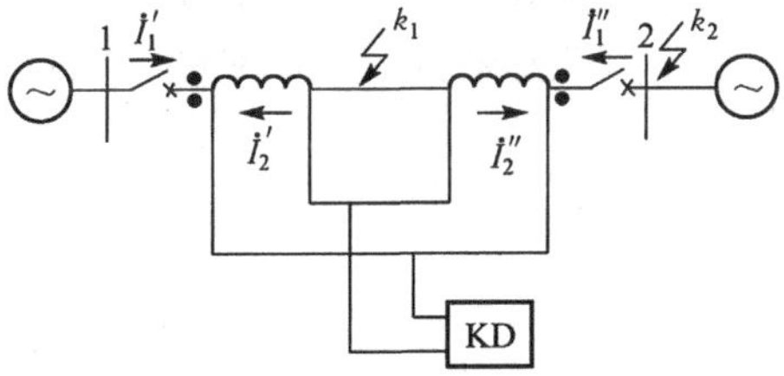

图6-7　输电线路纵联电流差动保护的原理接线

图中仍规定一次侧电流的正方向从母线流向被保护元件，则流入差动继电器的电流为各电流互感器二次电流的总和，即

$$\dot{I}_{\mathrm{diff}}=\dot{I}_2'+\dot{I}_2''=\frac{1}{n_{\mathrm{TA}}}(\dot{I}_1'+\dot{I}_1'')\qquad(6\text{-}3)$$

当系统正常运行以及外部故障时，电流从输电

线路的一侧流入而从另一侧流出，因此 $\dot{I}'_1 = -\dot{I}''_1$ 。如果不计电流互感器励磁电流的影响，则 $\dot{I}'_2 = -\dot{I}''_2$ ，差动电流 $\dot{I}_{\text{diff}} = 0$ ，保护不动作。

当线路内部发生短路时，如果两侧都有电源，则两侧均有电流从母线流向短路点。此时，短路点的总电流 $\dot{I}_k = \dot{I}'_1 + \dot{I}''_1$ ，因此，流入继电器的电流为 $\dot{I}_{\text{diff}} = \dot{I}'_2 + \dot{I}''_2 = \dfrac{1}{n_{\text{TA}}}\dot{I}_{\text{d}}$ ，其数值等于短路点电流归算到二次测得值。当 $I_{\text{diff}} \geqslant I_{\text{act}}$ 时，继电器动作而跳闸。

由上面的分析可见，纵联电流差动保护比较的是被保护元件各侧电流的幅值和相位，即是对各侧电流相量的比较。它实质上是一个反应电流相量和的保护，当被保护元件内部发生短路时，它能反应于故障点的全电流而动作。

上面讲述纵联电流差动保护的基本原理时，是利用导引线把被保护元件各端的电流连接在一起、求相量和的，因此导引线就是通信通道。实际中，输电线路很长，若利用导引线作通信通道，就要随着输电线路铺设两条同样长度的导引线，显然是不经济的。这种通道构成的纵联差动保护更适合作发电机、变压器、母线和大型电动机的主保护，而输电线路的纵联电流差动保护更适合采用微波通道或光纤通信通道。

2. 纵联电流差动保护的不平衡电流和提高保护灵敏性的措施

1)不平衡电流的产生原因

如果电流互感器具有理想的特性，纵联差动保护中的差动继电器在正常运行和外部故障时是没有电流的。但实际中，由于电流互感器励磁电流的存在，且两侧电流互感器的励磁特性不会完全相同，因此实际二次侧电流的数值应为

$$\dot{I}'_2 = \frac{1}{n_{\text{TA}}}(\dot{I}'_1 - \dot{I}'_\mu) \tag{6-4}$$

$$\dot{I}''_2 = \frac{1}{n_{\text{TA}}}(\dot{I}'_2 - \dot{I}''_\mu) \tag{6-5}$$

式中，$\dot{I}'_\mu$ 和 $\dot{I}''_\mu$ 分别为两侧电流互感器的励磁电流。这样在正常运行以及外部故障时，流入继电器的电流为

$$\dot{I}_{\text{diff}} = \dot{I}'_2 + \dot{I}''_2 = -\frac{1}{n_{\text{TA}}}(\dot{I}'_\mu + \dot{I}''_\mu) = \dot{I}_{\text{unb}} \tag{6-6}$$

此电流实际上是两个电流互感器励磁电流之差，称其为纵差动保护的不平衡电流 I_{unb} 。

由于 I_{unb} 就是两个电流互感器励磁电流之差，因此，凡导致励磁电流增加的各种因素，特别是两侧所用电流互感器在励磁特性上的差别，就是使 I_{unb} 增大的根本原因。为了保证动作的选择性，差动保护的启动电流显然应该按照躲开外部故障时的最大不平衡电流 $I_{\text{unb.max}}$ 来整定。与此同时，为了减小启动电流以提高保护在内部故障时的灵敏性，希望不平衡电流应越小越好，所以，需对电流互感器的特性及其误差做进一步的分析。

2)电流互感器二次电流的误差

由电流互感器的等效回路图 6-8，可求出二次电流与励磁电流的关系为

$$I_2 = I_1 \frac{Z_\mu}{Z_\mu + Z_2} \tag{6-7}$$

励磁电流为

$$I_\mu = I_1 \frac{Z_2}{Z_\mu + Z_2} \tag{6-8}$$

具有铁心的线圈是一个非线性元件，其励磁阻抗 Z_μ 是随励磁电流的改变而改变的。当铁

心不饱和时，Z_μ 的数值很大且基本不变，此时可认为 I_2 和 I_1 成正比且误差最小；当铁心开始呈现饱和以后，Z_μ 迅速下降，励磁电流增大，因而二次电流的误差也随之迅速增加；铁心越饱和则误差也越大。由于铁心的饱和与否主要取决于铁心中的磁通密度，因此对于已经做成的电流互感器而言，影响其误差的主要因素如下：

(1)当一次侧电流 I_1 一定时，如二次侧的负载 Z_L 越大，要求二次侧的感应电势越大，因而就要求铁心中的磁通密度增大，铁心就容易饱和，则二次电流的误差增大；

(2)当二次负载 Z_L 已确定之后，一次侧电流 I_1 的升高将引起铁心中磁通密度的增大，因此一次电流越大时，则二次电流的误差也增大。

为了保证继电保护的正确工作，要求电流互感器在流过故障电流时应保持一定的准确度，运行规程规定，供保护装置用的电流互感器的幅误差不应超过 10%，相应的角度误差不应大于 7°(均指相对理想情况而言)。为此，实际电流互感器二次侧的负载阻抗都是利用电流互感器的 10%误差曲线选择的。该曲线表达的是二次电流误差为 10%时，一次电流倍数与负载阻抗的关系，如图 6-9 所示。显然可见，负载电流越大时，此倍数就越低。实际工作中这条曲线由电流互感器的制造厂家提供，应用时根据通过电流互感器的短路电流求出电流倍数，然后利用该曲线找出对应的二次负载的数值，如果实际的二次负载电阻小于该数值，那么当通过电流互感器时，其二次电流误差就一定小于 10%。

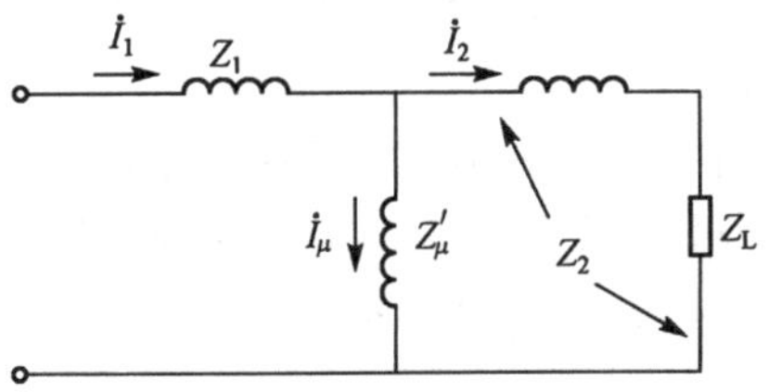

图 6-8 电流互感器等效回路

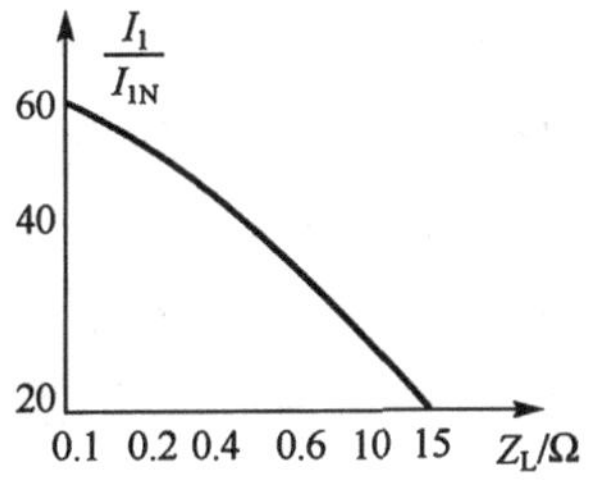

图 6-9 电流互感器的 10%误差曲线
(本图对应 I_2 误差为 10%的关系)

由于在外部故障时才会出现不平衡电流，因此在计算电流倍数时，应该采用外部故障时流过电流互感器的最大短路电流，也就是在这种情况下保证二次电流的误差不超过 10%。

3)稳态不平衡电流

系统正常运行以及外部故障情况下，流过纵联电流差动保护的都是穿越性电流，都有可能产生不平衡电流。但保护范围外部故障时的穿越电流更大，在此电流 $I_{k.\max}$ 的作用下，有可能会出现一侧的电流互感器工作于理想状态没有误差，而另一侧的电流互感器则误差达到 10%，因此，差动回路中会出现最大不平衡电流的极端情况。此时，两个电流互感器二次电流之差将达到 $0.1I_{k.\max}/n_{TA}$ 。

以上极限情况只当差动保护所用电流互感器的型号、特性均不相同时(如变压器的差动保护)才可能出现。如果差动保护的两侧电流互感器采用型号、特性相同的电流互感器，那么在同样的一次电流作用下，铁心的饱和程度不会有很大的差别，出现的不平衡电流将比上述极限情况为小，引入一个小于 1 的电流互感器的同型系数 K_{sam} ，则纵联电流差动保护的稳态不平衡电流可用下式计算：

$$I_{unb} = K_{sam}\frac{0.1I_{k.\max}}{n_{TA}} \tag{6-9}$$

当电流互感器型号相同且工作于同一条件下，可采用 $K_{sam}=0.5$；当电流互感器型号不同、或虽型号相同但实际工作条件不同时，一般采用 $K_{sam}=1$。

4）暂态不平衡电流

由于差动保护是瞬时动作的，因此还需要进一步考虑在外部发生故障的暂态过程中差动回路中所出现的不平衡电流。此时，在一次侧短路电流中包含有衰减非周期分量，由于它对时间的变化率远小于周期分量的变化率，因此很难变换到二次侧，而主要作为电流互感器的励磁电流。此电流将在铁心中产生非周期分量磁通，从而使铁心严重饱和，励磁阻抗剧烈下降，二次电流的误差更加增大，可能超过稳态不平衡电流的好几倍，而且本身也包含强烈的非周期分量，其特性曲线完全偏于时间轴的一侧。

当计及非周期分量的影响时，可以在式(6-9)中再引入一个非周期分量的影响系数 K_{np}，如不采取措施消除其影响时，一般采用 $K_{np}=1.5\sim2$，此时，最大不平衡电流将为

$$I_{unb.max}=K_{np}K_{sam}\frac{0.1I_{k.max}}{n_{TA}} \tag{6-10}$$

5）提高纵联电流差动保护灵敏性的措施

为了保证纵电流差动保护的选择性，差动继电器的启动电流必须躲开上述最大不平衡电流 $I_{unb.max}$，因此，不平衡电流越小，保护的灵敏性越好，故如何减小不平衡电流就成为纵电流差动保护的核心问题。

要减小稳态不平衡电流，差动保护应尽量采用型号、性能完全相同的电流互感器，并严格根据外部最大短路电流和10%误差曲线选择二次侧负载。

要减小暂态不平衡电流的影响，可采用在差动回路中接入具有快速饱和特性的中间变流器STA，如图6-10所示，图中的曲线1为它的磁化曲线。当其一次线圈中只流过周期分量电流时，如图6-10(b)所示，电流沿曲线2变化，铁心中的磁通密度 B 沿磁滞回线3变化，B 的变化 $\left(\frac{dB}{dt}\right)$ 很大，因此在二次线圈中感应的电势也很大，故周期分量容易通过速饱和变流器变换到二次侧，使继电器动作。当一次线圈中含有很大的非周期分量时，电流曲线完全偏于时间轴的一侧，如图6-10(c)中曲线2′所示，因而使 B 沿着局部磁滞回线3′变化。此时，B 的变化很小，因此，在二次侧感应的电势也很小，故非周期分量不易通过速饱和变流器而变换到二次侧，此时继电器不动作。对于加入速饱和变流器的差动保护，式(6-10)中的非周期分量影响系数 K_{np} 可取为1。

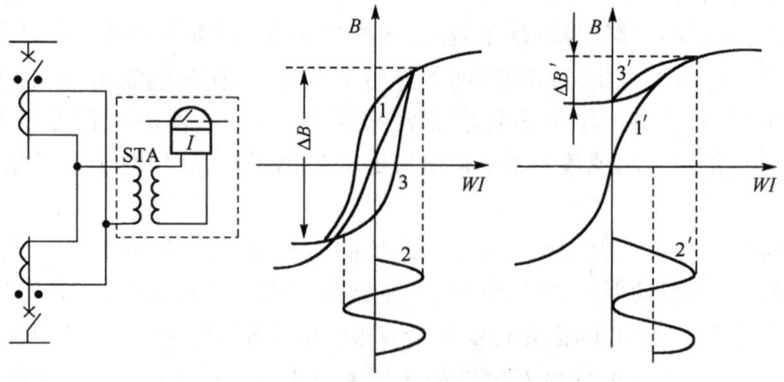

(a) 原理接线图　(b) 通过周期分量电流　(c) 通过非周期分量电流

图6-10　带有快速饱和中间变流器的差动继电器

应该注意到，在被保护元件内部故障的暂态过程中，短路电流也包含有衰减非周期分量，此时速饱和变流器也相应地暂时处于图 6-10(c)所示的状态之下，因此，继电器不能立即动作。需待非周期分量衰减以后，保护才能动作将故障切除。

当采用以上措施仍不能满足灵敏性要求，或根据被保护元件的具体情况需要进一步提高差动保护的灵敏性时，可采用如式(6-12)具有制动特性的差动继电器。

3. 输电线路的微波或光纤分相电流差动保护

利用微波或光纤作为通信通道，分别比较被保护线路两侧的三相电流相量及中线上的零序电流相量。其动作原理仍可用图 6-7 描述，当被保护线路外部 k_1 点发生短路时，在不考虑输电线路分布电容电流影响情况下，流过两侧保护装置的是同一个电流。但按规定正方向看，一侧电流为正、另一侧电流为负，两侧同名相电流的相量和为零，保护不应该跳闸。当被保护线路内部 k_2 点发生短路时，两侧电源都往短路点提供短路电流，两侧同名相电流相量和的数值在理想情况下等于两侧同名相短路电流的数值之和。流入每一相上差动继电器和接在中线上差动继电器的电流仍可用式(6-3)表示。若此值大于整定值，保护应动作跳闸。因此，分相电流差动纵联保护装置(一次侧)的动作方程可写为

$$|\dot{I}_1' + \dot{I}_1''| \geqslant I_{op} \tag{6-11}$$

式中，I_{op} 为保护装置启动电流的整定值，$I_{op} = K_{rel} I_{unb.max}$，$K_{rel}$ 取 1.1～1.3。

具体实现时，利用微波通道或光纤通道同时传送四个电流即三相电流及中线上零序电流的瞬时采样值到对端，各端根据本侧电流采样值及对侧送来的电流采样值估算出两端各相电流及零序电流的幅值和相位，从而求出两侧同名相电流的相量和，若该相量和的幅值超过整定值，说明发生了内部故障，则动作跳闸。

对于超高压和特高压的长距离输电线路的分相电流差动纵联保护来说，由于线路分布电容电流大、并联电抗器电流以及暂态过程中衰减非周期分量使电流互感器饱和等原因，在外部短路时不平衡电流很大，因此，必须采用带有制动量的动作方程，才能保证保护不误动。制动量选择得不同，对应的动作方程也不同。当采用两侧同名相电流相量差作为制动量时，动作方程可写成

$$|\dot{I}_1' + \dot{I}_1''| - K|\dot{I}_1' - \dot{I}_1''| \geqslant I_{op} \tag{6-12}$$

式中，$\dot{I}_{diff} = \dot{I}_2' + \dot{I}_2''$ 为差动电流；$\dot{I}_{res} = \dot{I}_2' - \dot{I}_2''$ 为制动电流；K 为制动系数，$0 < K < 1$。

在外部短路时，$\dot{I}_1' + \dot{I}_1'' \approx 0$，而 $\dot{I}_1' - \dot{I}_1''$ 的幅值很大，动作方程(6-12)不满足，即使存在较大的不平衡电流，动作方程也不易满足。可见，制动量 $K|\dot{I}_1' - \dot{I}_1''|$ 的设置，提高了外部故障不误作的可靠性。在内部短路时，$\dot{I}_1' + \dot{I}_1''$ 的幅值很大，而 $\dot{I}_1' - \dot{I}_1''$ 的幅值小，制动作用很小，保护能可靠动作跳闸。

有关相电流差动纵联保护制动量如何选取的问题，一直是继电保护工作者关注的焦点之一。近几年各种学术期刊上出现了许多这方面的文章，感兴趣的读者可自行查阅。

6.4.2 纵联相差保护

1. 相差高频保护

1)基本工作原理

相差高频保护利用高频通道比较被保护线路两端的电流相位。仍采用电流的规定正方向由母线流向线路，则装于线路两端的电流互感器的极性如图 6-11(a)所示。当保护范围内部 k_1 点故障时，在理想情况下两端电流相位相同，如图 6-11(b)所示，两端保护装置应动作跳开

各端的断路器。而当保护范围外部 k_2 点故障时，两端电流相位相差 180°，如图 6-11(c)所示，保护装置不应动作。

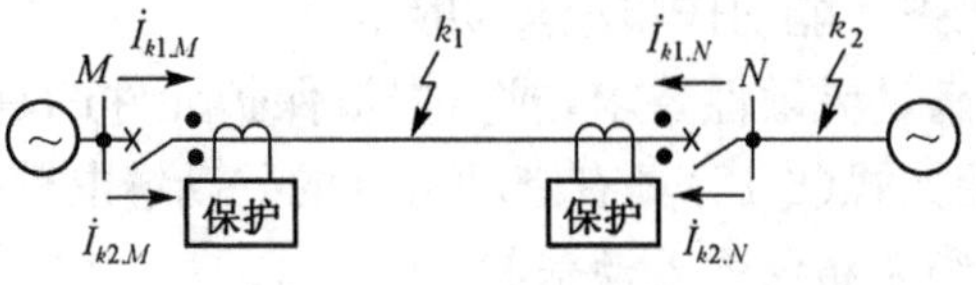

(a) 接线示意图

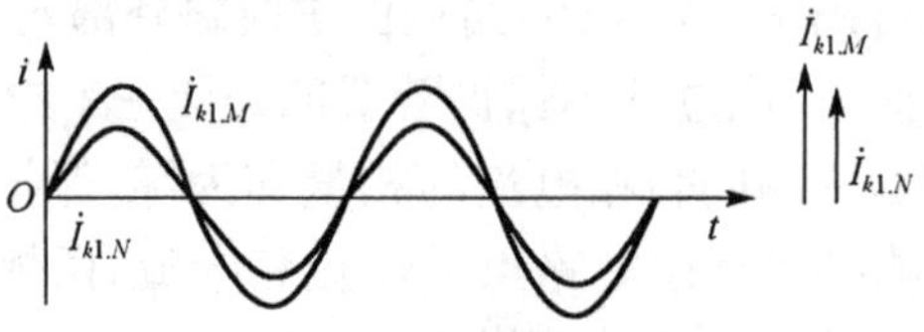

(b) k_1点内部故障时的电流相位

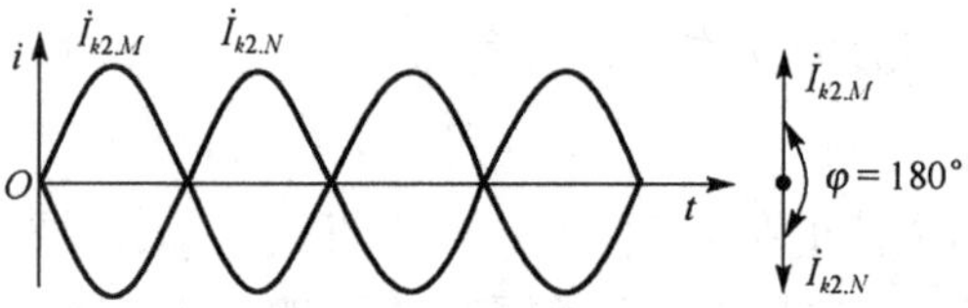

(c) k_2点外部故障时的电流相位

图 6-11　相差高频保护工作的基本原理

如何让电流相位与高频信号联系起来呢？当高频通道采用“故障时发信方式”构成时，可以在短路电流的正半周时，操作高频发信机发出高频电流；而在负半周则不发，如此不断地交替进行。这样当保护范围内部故障时，由于两端的电流如图 6-12 中的(a′)和(b′)那样同相位，它们将同时发出高频信号也同时停止高频信号，如图(c′)和图(d′)所示，因此两端收信机所收到的高频电流就是间断的(图(e′))。当保护范围外部故障时，由于两端的电流如图 6-12 中的(a)和(b)那样相位相反，两个电流仍然在它自己的正半周发出高频信号，因此两个高频电流发出的时间就相差 180°，如图(c)和图(d)所示，这样两端收信机中收到的总信号就是一个连续不断的高频电流(图(e))。由于信号在传输中有衰耗，所以送到对端的信号幅值要小一些。

由以上分析可以看出，在外部故障时，由对端送来的高频脉冲电流信号正好填满本端高频脉冲的空隙使本端的保护闭锁。因此，对于相差高频保护来说，填满本端高频脉冲空隙的对端高频脉冲就是一种闭锁信号。而在内部故障时，没有这种填满空隙的脉冲，就构成了保护动作跳闸的必要条件。所以说，相差动高频保护也是一种传送闭锁信号的保护。

用来鉴别高频电流是连续的还是有间断的以及间断角度大小的回路称为相位比较回路，图 6-13 为其框图。在发生故障时，高定值启动元件动作后给 & 门输入一个高电平。当收信机收到高频电流使得输出为正期间，& 门电路无输出。所以，当外部故障、收信机收到连续的高频电流时，比相回路无输出；而内部故障收信机收到间断的高频电流情况下，在高频电流间断期间，收信机输出为零，& 门电路有输出。若输出的间断时间大于一定的角度(防止外部故障时，由于各种误差使保护误动而设置的闭锁角)时，延时 t_1 的时间元件有输出，此输出脉冲经展宽元件 t_2 展宽后，作用于出口跳闸。

相差高频保护中继电部分的原理框图如图 6-14 所示，它包括启动元件、操作元件和电流相位比较元件。

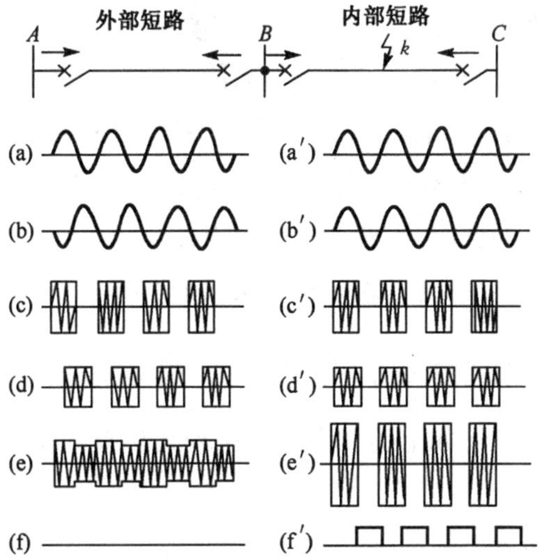

图 6-12　相差动高频保护动作原理的说明

(a)、(a′)左端电流；(b)、(b′)右端电流；(c)、(c′)左端操作发出的高频信号；
(d)、(d′)右端操作发出的高频信号；(e)、(e′)收信机所收到的信号；(f)、(f′)收信机的输出信号取反

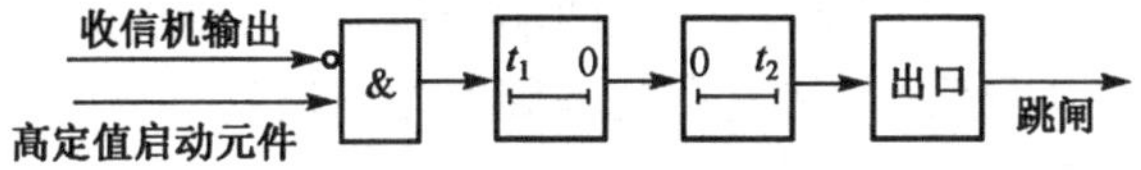

图 6-13　相位回路框图

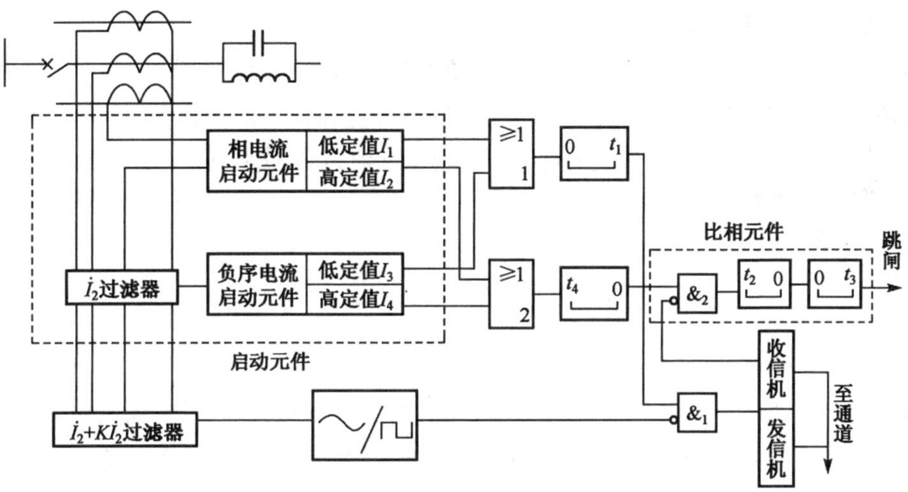

图 6-14　相差高频保护继电部分的原理框图

启动元件由 $I_1 \sim I_4$ 组成，其中 I_1 和 I_2 接于相电流，作为三相短路的启动元件；I_3 和 I_4 接于负序电流过滤器，作为不对称短路的启动元件。I_1 和 I_3 整定得比较灵敏，动作后经延时 t_1 返回的电路去启动发信机；I_2 和 I_4 整定得较不灵敏，动作后经延时 t_4 开放相位比较回路并准备好去跳闸。这就保证了区外故障时总是先启动发信，经 t_4（约 15ms）延时等待对侧信号到来后才开始比相，从而可防止区外短路误动。外部故障切除后，先停止比相，经延时 t_1 才停止发信，可防止外部故障切除由于两侧低定值启动元件返回时间不一致而出现高频信号不连续所造成保护的误动。

操作元件由复合过滤器 $\dot{I}_1 + K\dot{I}_2$ 、方波形成回路和 $\&_1$ 门电路构成。复合过滤器将三相电流复合成一个单相电流，它能够正确反应各种故障。操作元件的作用是：利用能反应各种故障的操作电流 $\dot{I}_1 + K\dot{I}_2$ 去操作发信机在工频的正半周发高频信号、负半周时不发信号。因此，实际在相差高频保护中进行相位比较的就是这个复合以后的操作电流 $\dot{I}_1 + K\dot{I}_2$ 。

在线路内部发生不对称短路时，线路两端负序电流相位基本相同，而 $\dot{I}_1$ 和 $\dot{I}_2$ 之间相位变化很大，其值与故障类型和相别有关。在不计及负荷的条件下，为了使内部故障时两端的 $\dot{I}_1 + K\dot{I}_2$ 的相位基本相同，可使 $\dot{I}_2$ 起决定作用。因此，K 值应满足 $K > 1.5\left|\frac{\dot{I}_1}{\dot{I}_2}\right|$。

相位比较元件的工作原理已如上述。当相位比较元件有输出，保护装置即可瞬时动作于跳闸。

2)相位特性和相继动作区

在实际应用时，由于电流互感器有角误差，保护装置包括 $\dot{I}_1 + K\dot{I}_2$ 过滤器和操作回路的相位误差，高频信号电流沿输电线路传送的延时等，在外部短路时，线路两端操作电流的相位差不是 180°；而内部短路时，除上述误差外，因被保护线路两端系统等值电源电动势之间的相位差和短路点两端等值线路的阻抗角不同，使两端操作电流不是同相位。为此，必须首先保证外部短路时相位比较元件不误动作，然后在此基础上力求做到线路内部故障时能可靠动作。

(1)保护范围外部故障。

为了保证在线路外部故障时相位比较元件不动作，提出了闭锁角的概念。如上所述，外部短路时两端操作电流相位差不是 180°，其中的误差有：

①电流互感器的角误差，当负载按 10%误差曲线选择时，一般按 7°考虑；

②保护装置的相位误差，包括 $\dot{I}_1 + K\dot{I}_2$ 过滤器和操作回路的角误差，一般按 15°考虑；

③高频信号电流沿输电线路传送的延时，以 50Hz 交流为准，线路每 100km 延时等于工频 6°；

④考虑最不利的情况，取裕度角 15°。

因此，闭锁角 φ_b 应为

$$\varphi_b = 7° + 15° + 15° + \frac{l}{100}6° = 37° + \frac{l}{100}6° \tag{6-13}$$

式中，l 为被保护线路长度，单位为 km。

如图 6-15 所示，以线路 M 端电流为基准，在线路外部短路时，假设两端电流 $\dot{I}_M$ 与 $\dot{I}_N$ 的相位差为 φ 。计及上述各种角误差后，电流 $\dot{I}_N$ 只要落在闭锁角规定的区域内(带阴影部分)，相位比较元件就不动作。

由此可得出相位比较元件的动作角为

$$\varphi_{op} \leqslant 180° - \varphi_b \tag{6-14}$$

若保护线路 380km，则 $\varphi_b = 59.8°$，表示两端操作电流间的相位差只要小于 120.2°，相位比较元件就能够动作。线路越长，闭锁角越大，动作角就越小。

(2)在最不利的情况下保护范围内故障。

内部三相短路时，复合滤过器输出的只有正序电流 $\dot{I}_1$ 。根据系统稳定运行的要求，短路前 $\dot{E}_M$ 超前 $\dot{E}_N$ 的相角差 δ 一般不超过 70°，在此取 $\delta = 70°$ 。设短路点 k 靠近 N 侧，电流 $\dot{I}_M$ 滞后 $\dot{E}_M$ 的角度决定于 M 侧的系统阻抗和线路阻抗，取阻抗角 $\varphi_M = 60°$ ，N 端电流 $\dot{I}_N$ 滞后 $\dot{E}_N$

的角度由 N 侧系统阻抗决定，取 $\varphi_N = 90^\circ$ 。在上述严重的情况下，$\dot{I}_M$ 和 $\dot{I}_N$ 相差的角度可达 100°，如图 6-16 所示。

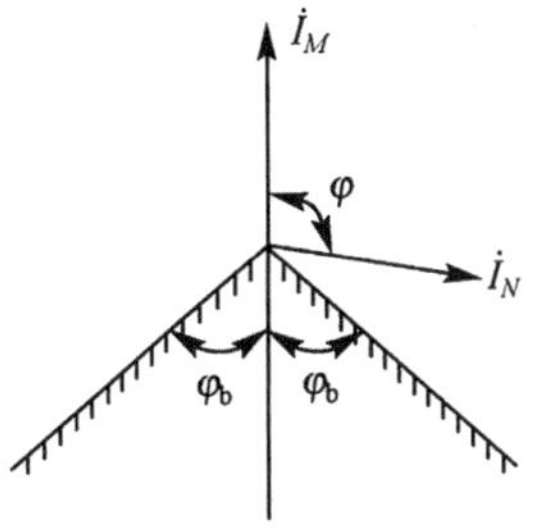

图 6-15　相位比较元件的闭锁角

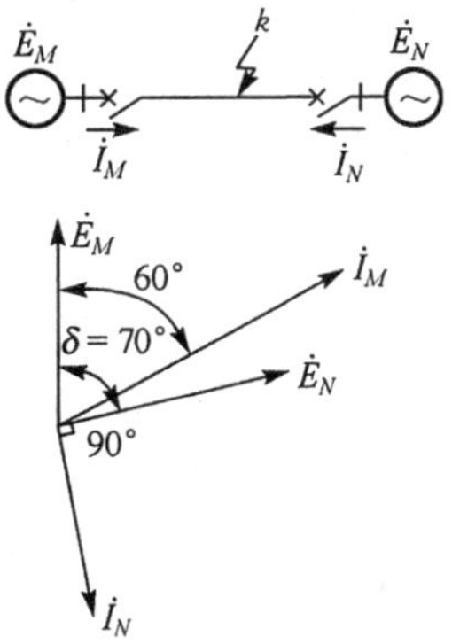

图 6-16　内部短路的电流相量图

当一次侧电流经过电流互感器转换到二次侧时，取电流互感器误差角 7°、保护装置的误差角度 15°。最不利情况下再计及这两个因素后，$\dot{I}_M$ 和 $\dot{I}_N$ 之间的最大相角差可达 $100^\circ+7^\circ+15^\circ=122^\circ$。

此外，在 M 端收信机收到的是本端高频信号和从 N 端传送来的高频信号，N 端传来的高频信号滞后 $\dot{I}_N$ 的角度为 $\delta_l = \frac{l}{100}6^\circ$ 。这样，M 端收信机收到两端信号的相位差为 $\varphi_M = 122^\circ + \delta_l$。

对于 N 端而言，收信机收到 M 端送来的高频信号虽然滞后 $\dot{I}_M$ 的角度为 δ_l ，但由于 N 端是滞后侧，δ_l 反而使收信机所收高频信号的相位差变小，即 $\varphi_N = 122^\circ - \delta_l$ 。

（3）相继动作。

由以上分析可见，当线路长度增加后，一方面闭锁角的整定值必然加大，而动作角 φ_{dz} 随之减小；另一方面，当保护范围内部故障时，M 端高频信号的相位差 φ_M 也要随线路长度而增大。因此，当输电线路的长度超过一定数值后，就可能出现 $\varphi_M > \varphi_{op}$ 的情况，此时 M 端的保护将不能动作。

但是，在上述情况下，由于 N 端所收到的高频信号的相位差 φ_N 是随着线路长度的增加而减小的，因此，必然出现 $\varphi_N < \varphi_{op}$ ，N 端的保护能够可靠动作。

如果在保护接线中采用如下措施：保护动作跳闸的同时停止自己的发信机发送高频信号。那么，N 端保护跳闸并停信以后，M 端的收信机就只收到自己所发的信号。由于这个信号是间断的，M 端保护可立即动作跳闸。

保护装置必须一端保护先动作跳闸以后，另一端的保护才能动作跳闸，把这种工作情况称为“相继动作”。

2. 分相相位差动保护

该保护的基本原理是利用微波通道或光纤通道比较被保护线路两侧的三相电流及中线上零序电流的相位。当内部故障时，理想情况下两侧保护各相电流的相位差为 0°，若是内部接地故障两侧零序电流相位差也为 0°。当外部故障时，两侧保护各相电流的相位差为 180°，若是外部接地故障，零序电流的相位差也为 180°。

具体实现时，只需要知道在工频半个周期内线路两侧电流极性相同的时间，该时间大于定值即可判为内部故障。若用“1”代表电流极性为正（与规定正方向相同），用“0”代表电流极性为负（与规定正方向相反），为判断两侧的同名相电流相位，每个采样点只需要传送一位数到对端，对于三相电流及中线上零序电流则只需传送一个四位数到对端即可。图 6-17 给出了分相相位差动保护的原理框图。低定值启动元件动作后，启动发送器将本侧调制成微波或光信号的电流极性传送至对端，对端解调后，将两端的正极性经 $\&_1$ 实现比较，负极性经 $\&_2$ 进行比较。两个比较结果各经过整定动作角的延时元件后“或门”输出。同时，高定值启动元件也动作，则总出口 $\&_3$ 发跳闸命令。

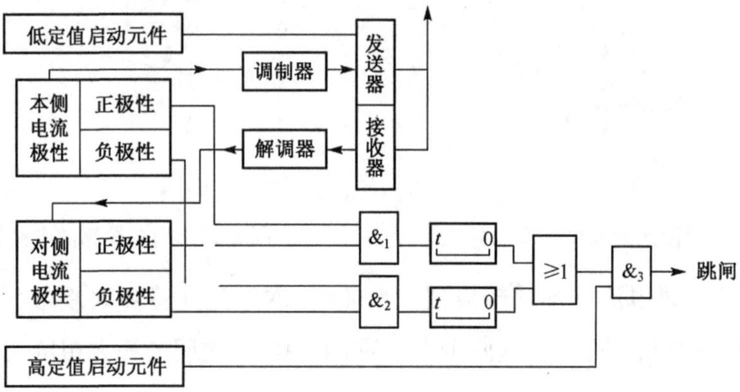

图 6-17　分相相位差动纵联保护原理框图

思考题和习题

6-1　纵联差动保护应用的通道形式有哪几种？线路分相电流差动保护采用哪种通道最佳？

6-2　简述高频闭锁负序方向保护的工作原理，并分析图 6-5 中采用时间元件 t_1 的原因。

6-3　分析图 6-6 的高频闭锁距离保护在区内、外短路时的动作情况。

6-4　产生纵联差动保护不平衡电流的原因是什么？采取哪些措施可以减小不平衡电流的影响？

6-5　什么是用电流互感器的 10%误差曲线？它有什么作用？

6-6　简述相差高频保护的工作原理。为什么该保护要选择 $\dot{I}_1 + K\dot{I}_2$ 作为操作元件？

6-7　图 6-1 系统中，在线路 MN 上装设相差高频保护。已知：$\dot{E}_M = \dot{E}_N e^{j60^\circ}$，$M$ 侧系统阻抗角 $\varphi_k = 60^\circ$，N 侧系统阻抗决定 $\varphi_k = 90^\circ$，线路长 400km，电流互感器的角误差 7°，保护装置的相位误差 15°，裕度角 15°。(1)求保护的闭锁角 φ_b；(2)分析 N 侧的线路出口处发生三相短路时，两侧保护是否会相继动作。

第 7 章　电力变压器保护及母线保护

7.1　电力变压器的保护方式

电力变压器是电力系统中重要的供电设备，它的故障对供电可靠性和系统的稳定运行会造成严重影响。因此，必须根据变压器的容量和重要程度考虑装设性能良好、工作可靠的继电保护装置。

变压器的内部故障可以分为油箱内和油箱外故障两种。油箱内的故障包括绕组的相间短路、接地短路、匝间短路以及铁心的烧损等。油箱外的故障，主要是套管和引出线上发生相间短路和接地短路。

变压器的不正常运行状态主要有：外部相间短路引起的过电流、外部接地短路引起的过电流和中性点过电压、过负荷以及漏油引起的油面降低；对大容量变压器，在过电压或低频率等异常运行方式下，还会发生变压器的过励磁故障。

根据上述故障类型和不正常运行状态，对变压器应装设下列保护。

(1)反应变压器油箱内部各种短路故障和油面降低的瓦斯保护。对油冷却的变压器，油箱内发生短路时，在短路电流和电弧的作用下，绝缘油和其他绝缘材料会因受热而分解产生气体。这些气体从油箱流向油枕上部。瓦斯保护就是反应于油箱内部产生的气体和油流而动作的。轻瓦斯动作于信号；重瓦斯动作于跳闸。

(2)反应变压器绕组和套管及引出线上的相间故障、大电流接地系统侧绕组和引出线的单相接地短路的纵联差动保护或电流速断保护。

(3)反应外部相间短路并作为瓦斯保护和纵联差动保护(或电流速断保护)后备的过电流保护、低电压启动过电流保护、复合电压启动的过电流保护或定时限负序过电流保护。

(4)反应大电流接地系统中变压器外部接地短路的零序电流保护。

(5)反应变压器对称过负荷的过负荷保护。

(6)反应变压器过励磁故障的过励磁保护。

7.2　变压器的纵联差动保护

7.2.1　变压器纵联差动保护的基本原理和构成原则

在 6.1 节中曾指出，采用导引线作为通信通道进行两端电气量比较可以构成纵联差动保护。但是，由于导引线通道受负载能力、经济成本及会产生过电压等因素的影响，纵联差动保护不适用于长距离输电线路，而更适用于变压器、发电机、母线及短距离输电线路上作为主保护。

为构成变压器的纵联差动保护，在变压器的各侧分别装设三相电流互感器，每侧电流互感器一次回路的正极性均置于靠近母线的一侧；二次回路的同极性端子用导引线相连接；差动继电器则并联连接在电流互感器二次回路的两个臂上。双绕组和三绕组变压器纵联差动保护原理接线分别如图 7-1(a)和(b)所示，图中仍规定一次侧电流的正方向从母线流向被保护的变压器。以双绕组变压器为例，流入差动继电器 KD 的电流为各电流互感器二次电流的总和，即 $\dot{I}_{\text{diff}} = \dot{I}'_2 + \dot{I}''_2$。

由于变压器高压侧和低压侧的额定电流不同，因此，为了保证纵联差动保护在正常运行和外部故障时流入差动继电器 KD 的电流 $\dot{I}_{\text{diff}} = 0$、保护不会误动作，就必须适当选择两侧电流互感器的变比。例如在图 7-1(a)中，应使

$$I'_2 = \frac{I'_1}{n_{\text{TA1}}} = I''_2 = \frac{I''_1}{n_{\text{TA2}}}$$

所以

$$\frac{n_{\text{TA2}}}{n_{\text{TA1}}} = \frac{I''_1}{I'_1} = n_T \tag{7-1}$$

式中，n_{TA1} 为高压侧电流互感器的变比；n_{TA2} 为低压侧电流互感器的变比；n_T 为变压器的变比（即高、低压侧额定电压之比）。

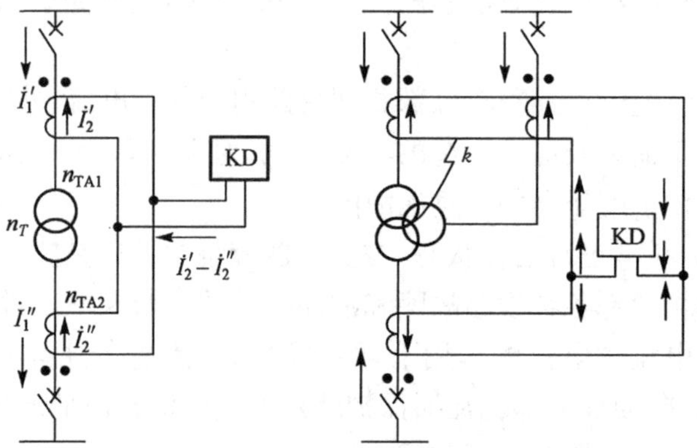

(a) 双绕组变压器正常运行时的电流分布　　(b) 三绕组变压器内部故障时的电流分布

图 7-1　变压器纵联差动保护的原理接线

由式(7-1)可知，构成变压器纵联差动保护的基本原则是：必须适当选择两侧电流互感器的变比，使其比值等于变压器的变比 n_T。

这样选择好电流互感器变比后，当在图 7-1(a)所示变压器内部发生故障时，如果变压器两侧均有电源，则两侧电源都要向短路点提供短路电流，且两侧电流按规定正方向看均为正。因此，流入差动继电器 KD 的电流 I_r 为两侧电源提供的短路电流变换到二次侧数值的和，即等于短路点总电流归算到二次侧的数值。当 $I_{\text{diff}} > I_{\text{act}}$ 时，继电器动作于跳闸。由此可见，纵联差动保护的基本原理实际上是比较被保护元件各侧电流的幅值和相位，即是对各侧电流相量的比较。

7.2.2　变压器纵联差动保护的特点

根据纵联差动保护的基本原理可知，变压器正常运行或外部故障时，如果不计电流互感器励磁电流的影响，则流入继电器的电流 $\dot{I}_{\text{diff}} = 0$。实际中，由于励磁电流的存在以及其他因素的影响，正常运行或外部故障时 $\dot{I}_{\text{diff}} \neq 0$，有一定数值大小的电流流入差动继电器，称其为不平衡电流 $\dot{I}_{\text{unb}}$。为了保证变压器纵差动保护动作的选择性，差动继电器的动作电流 I_{act} 应躲开外部短路时出现的最大不平衡电流 $\dot{I}_{\text{unb.max}}$。所以说，不平衡电流越大，继电器的启动电流越大，灵敏度越低。

由于产生变压器纵联差动保护不平衡电流的原因较多，不平衡电流大就成为变压器纵联差动保护的重要特点。如何减小不平衡电流对保护的影响成为实现变压器纵联差动保护的主要问题。下面就不平衡电流产生的原因和消除方法进行分析讨论。

1. 变压器励磁涌流 $I_{\mu.\mathrm{su}}$ 产生的不平衡电流

变压器的励磁电流 I_μ 仅流经变压器接通电源的一侧，因此，通过电流互感器反应到差动回路中就不能被平衡。正常运行情况下，此电流很小，一般不超过额定电流的 2%～6%；外部故障时，由于电压降低，励磁电流减小，它的影响就更小。

但是，在电压突然增加的特殊情况下，例如变压器空载投入和外部故障切除后电压恢复时可能出现数值很大的励磁电流，这种在暂态过程中出现的数值很大的变压器励磁电流通常称为励磁涌流 $I_{\mu.\mathrm{su}}$。励磁涌流的存在会导致纵联差动保护误动作。下面讨论励磁涌流产生的原因和特点，并从中找出克服励磁涌流影响的办法。

稳态工作情况下，铁心中的磁通滞后于外加电压 90°，如图 7-2(a)所示，所以，如果正好在电压瞬时值 $u=0$ 时投入空载变压器，则铁心中应该具有磁通 $-\Phi_\mathrm{m}$。但铁心中的磁通不能突变，因而铁心中将出现一个衰减非周期分量的磁通，其初值为 $+\Phi_\mathrm{m}$ 与 $-\Phi_\mathrm{m}$ 相平衡。经过半个周期以后，铁心中的磁通将达到 $2\Phi_\mathrm{m}$，如果铁心中还有剩余磁通 Φ_s，则总磁通将为 $2\Phi_\mathrm{m}+\Phi_\mathrm{s}$，如图 7-2(c)所示。此时变压器的铁心严重饱和，励磁电流 I_μ 将剧烈增大如图 7-2(b)所示，成为励磁涌流 $I_{\mu.\mathrm{su}}$，其数值最大可达额定电流的 6～8 倍，同时包含大量的衰减非周期分量和高次谐波分量，如图 7-2(d)所示。

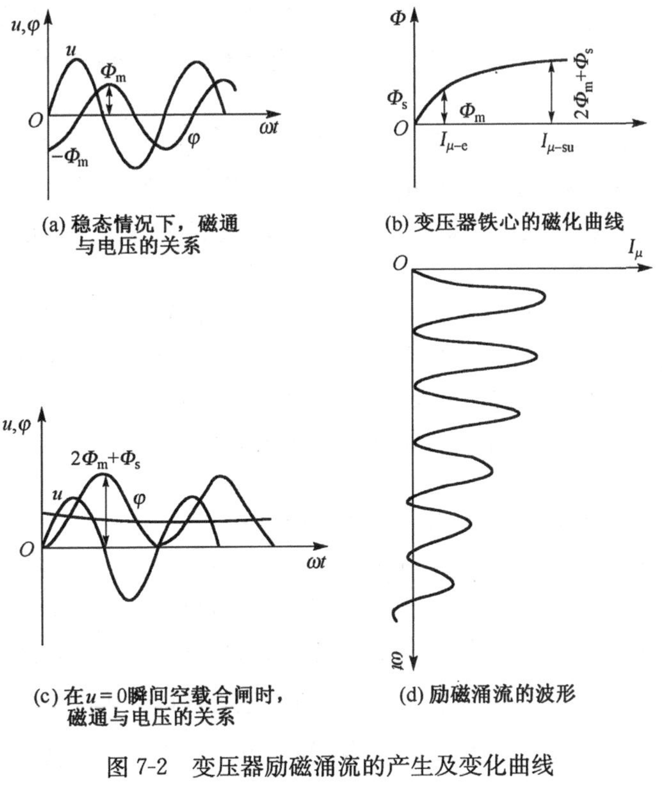

图 7-2　变压器励磁涌流的产生及变化曲线

励磁涌流的大小和衰减时间，与外加电压的相位、铁心中剩磁的大小和方向、电源容量的大小、回路的阻抗以及变压器容量的大小和铁心性质等都有关系。例如，正好在电压瞬时值为最大时合闸，就不会出现励磁涌流，只有正常时的励磁电流。但对三相变压器而言，无论在任何瞬间合闸，至少有两相要出现程度不同的励磁涌流。

表 7-1 是励磁涌流试验数据的谐波分析。由此可见，励磁涌流具有以下特点。

表 7-1 励磁涌流试验数据谐波分析

	例 1	例 2	例 3	例 4
基波/%	100	100	100	100
二次谐波/%	36	31	50	23
三次谐波/%	7	6.9	9.4	10
四次谐波/%	9	6.2	5.4	—
五次谐波/%	5	—	—	—
直流/%	66	80	62	73

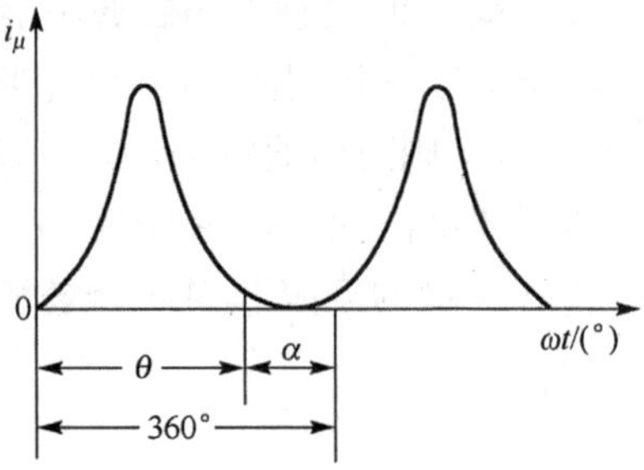

图 7-3 励磁涌流的波形

(1)包含很大成分的衰减非周期分量，使涌流偏于时间轴的一侧；

(2)包含大量的高次谐波，以二次谐波为主；

(3)波形之间出现间断，如图 7-3 所示，在一个周期中间断角为 α。

根据以上特点，在变压器纵联差动保护中防止励磁涌流影响的方法有：

(1)在差动回路中采用 6.4.1 节介绍的具有速饱和铁心的中间变流器，防止衰减非周期分量传变至差动继电器中。

(2)利用二次谐波制动。对图 7-2(d)的波形和表 7-1 所列试验数据的分析可见，在励磁涌流的作用下，差动回路中含有很大成分的二次谐波电流。因此，从差动电流回路中滤出二次谐波，将二次谐波作为制动量，当二次谐波与差动电流的基波分量比值超过整定值时闭锁差动保护，可有效地防止出现励磁涌流造成保护的误动作。

(3)利用间断角制动。励磁涌流的波形是不连续的，出现了间断角。分析表明，间断角的大小与合闸瞬间电压的初相角有关，大型单相变压器励磁涌流的最小间断角约为 120°，三相变压器励磁涌流的最小间断角比此值要小一些，约为几十度。因此，通过测量 $I_{\mu.\mathrm{su}}$ 持续为零的时间可知间断角的大小，当间断角大于预先给定的整定值时，可认为出现了励磁涌流，将纵联差动保护闭锁防止其误动作。

2. 变压器两侧电流相位不同产生的不平衡电流

变压器常采用 Y,$d11$ 的接线方式，其两侧电流的相位差 30°。如果两侧的电流互感器仍采用通常的接线方式，则二次电流由于相位不同会产生很大的不平衡电流流入继电器。为了消除这种不平衡电流的影响，将变压器星形侧的三个电流互感器接成三角形，而将变压器三角形侧的三个电流互感器接成星形，这样可以使二次电流的相位相同，如图 7-4 所示。图中 $\dot{I}_{A1}^{Y}$、$\dot{I}_{B1}^{Y}$ 和 $\dot{I}_{C1}^{Y}$ 为星形侧的一次电流，$\dot{I}_{A1}^{\triangle}$、$\dot{I}_{B1}^{\triangle}$ 和 $\dot{I}_{C1}^{\triangle}$ 为三角形侧的一次电流；$\dot{I}_{A2}^{Y}-\dot{I}_{B2}^{Y}$、$\dot{I}_{B2}^{Y}-\dot{I}_{C2}^{Y}$ 和 $\dot{I}_{C2}^{Y}-\dot{I}_{A2}^{Y}$ 为星形侧的电流互感器副边电流，它们刚好与三角形侧的电流互感器副边电流 $\dot{I}_{A2}^{\triangle}$、$\dot{I}_{B2}^{\triangle}$ 和 $\dot{I}_{C2}^{\triangle}$ 同相位。

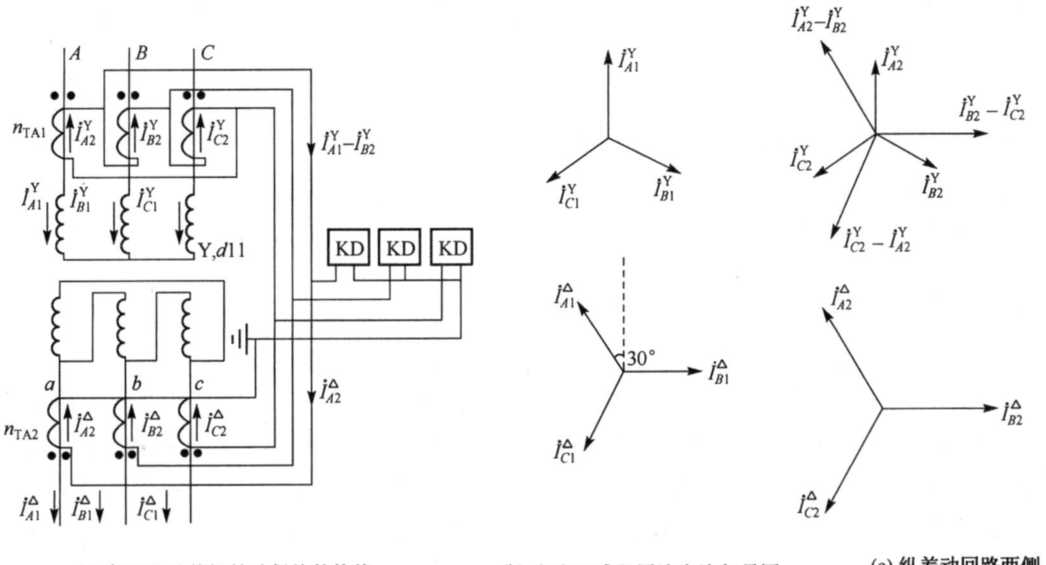

(a) 变压器及其纵差动保护的接线　(b) 电流互感器原边电流相量图　(c) 纵差动回路两侧的电流相量图

图 7-4　Y,d11 接线变压器的纵差动保护接线和相量图

图中电流方向对应于正常工作情况

但是，当电流互感器采用上述连接方式以后，在互感器接成三角形侧的差动臂中，电流增大了$\sqrt{3}$倍。为了保证在正常运行及外部故障情况下流入差动回路的电流为零，就必须将该侧电流互感器的变比加大$\sqrt{3}$倍以减小二次电流，使之与另一侧的电流相等。故此时选择变比的条件是

$$\frac{n_{TA2}}{n_{TA1}/\sqrt{3}} = n_T \tag{7-2}$$

式中，n_{TA1} 和 n_{TA2} 为适应 Y,d11 接线的需要而采用的新变比。

3. 计算变比与实际变比不同产生的不平衡电流

由于两侧的电流互感器都是根据产品目录选取其标准变比，而变压器的变比也是一定的。因此，三者的关系很难满足 $\frac{n_{TA2}}{n_{TA1}} = n_T$ $\left(\text{或}\ \frac{n_{TA2}}{n_{TA1}/\sqrt{3}} = n_T\right)$的要求，从而在差动回路中产生不平衡电流。

当采用具有速饱和铁心的差动继电器时，可以利用它的平衡线圈来消除此不平衡电流的影响。在数字式变压器保护中，可以预先在变压器一侧电流互感器的二次电流上乘以一个固定系数(三绕组变压器需在两侧各乘一个固定系数)以保证正常运行和外部故障且电流互感器未饱和时的差电流为零。这样就消除了计算变比与实际变比不同而产生的不平衡电流。

如果采取上述措施后，还有残余的不平衡电流存在，则应该在整定计算时予以考虑。

4. 两侧电流互感器型号不同产生的不平衡电流

变压器两侧电流水平不同使得变压器两侧电流互感器的型号必然不同，型号不同的电流互感器在饱和特性、励磁电流(归算至同一侧)的数值上也就不同，在差动回路中产生的不平衡电流就较大。这种不平衡电流是不可避免的，只能靠尽可能减少电流互感器铁心的饱和程度来削弱其影响。为此，应严格按照电流互感器的 10%误差曲线选择二次负载，负载减小了等

于降低了二次电压，也就降低了电流互感器的磁感应强度，减弱了铁心饱和程度，相应地也就减小了不平衡电流。

5. 变压器带负荷调整分接头产生的不平衡电流

带负荷调整变压器的分接头是保证电力系统运行电压稳定的重要手段。改变分接头就是改变变压器的变比 n_T，如果差动保护已按照某一变比调整好，则当分接头改变时会产生一个新的不平衡电流流入差动回路，由此产生的不平衡电流的数值也随着分接头的变化在改变。

数字式变压器保护中，可在软件中设计进行动态调平衡的算法，但其他类型的保护中则不具备这个条件。因此，在整定计算时，对这一不平衡电流也要予以考虑。

综上分析，上述 2、3 项不平衡电流可用适当地选择电流互感器二次线圈的接法和变比以及采用软件补偿或平衡线圈的方法，使其降到最小。但 1、4、5 各项不平衡电流，实际上是难以消除的。因此，稳态情况下，变压器纵联差动保护的最大不平衡电流 $I_{\text{unb. max}}$ 可由下式确定：

$$I_{\text{unb. max}} = (K_{\text{sam}} \times 10\% + \Delta U + \Delta f) I_{k.\,\text{max}} / n_{\text{TA}} \tag{7-3}$$

式中，10%为电流互感器允许的最大相对误差；K_{sam} 为电流互感器的同型系数，取为 1；ΔU 为由带负荷调压所引起的相对误差，如果电流互感器二次电流在变压器额定抽头的情况下处于平衡，则 ΔU 等于电压调整范围的一半；Δf 为由于所采用的电流互感器变比与计算值不同所引起的相对误差。在已选用软件补偿或平衡线圈进行补偿的情况下，取为 0.05；$I_{k.\,\text{max}}/n_{\text{TA}}$ 为保护范围外部最大短路电流归算到二次侧的数值。

7.2.3 变压器纵联差动保护的整定计算原则

1. 启动电流的整定原则

1)躲正常运行情况下电流互感器二次回路断线

假定一侧电流互感器的二次引出线断开，则该侧二次侧电流被迫变为零，差动回路中流过的电流将是另一侧电流互感器二次侧的电流。正常情况下，该电流值为负荷电流变换到二次侧的数值。因此，按躲正常运行电流互感器二次断线条件整定时，保护装置的启动电流应大于变压器的最大负荷电流 $I_{\text{L. max}}$。当负荷电流不能确定时，可采用变压器的额定电流 $I_{\text{N. T}}$ 并引入可靠系数 K_{rel}（一般采用 1.3），则保护装置的启动电流为

$$I_{\text{op}} = K_{\text{rel}} I_{\text{L. max}} \tag{7-4}$$

2)躲开保护范围外部短路时的最大不平衡电流

$$I_{\text{act}} = K_{\text{rel}} I_{\text{unb. max}} \tag{7-5}$$

式中，K_{rel} 为可靠系数，采用 1.3；I_{act} 为差动继电器的启动电流；$I_{\text{unb. max}}$ 为保护外部短路时的最大不平衡电流，可用式(7-3)计算。

3)躲变压器励磁涌流

当变压器纵联差动保护采用间断角制动或二次谐波制动的原理构成时，它本身就具有躲开励磁涌流的性能，一般无须再另作考虑。

当采用具有速饱和铁心的差动继电器时，虽然可以利用励磁涌流中的非周期分量使铁心饱和，来避越励磁涌流的影响，但根据运行经验，差动继电器的启动电流仍需按大于额定电流 $I_{\text{N. T}}$整定为

$$I_{\text{act}} = 1.3 \frac{I_{\text{N. T}}}{n_{\text{TA}}} \tag{7-6}$$

对于各种原理的差动保护，其躲开励磁涌流影响的性能，最后还应经过现场的空载合闸试验加以检验。

根据以上三个整定条件，选其中最大者作为变压器纵联差动保护的启动电流。

2. 灵敏系数的校验

变压器纵联差动保护的灵敏系数可按下式校验：

$$K_{sen}=\frac{I_{k.\min}/n_{TA}}{I_{act}} \tag{7-7}$$

式中，$I_{k.\min}/n_{TA}$ 应采用保护范围内部故障时，流过差动继电器的最小短路电流。$I_{k.\min}/n_{TA}$ 和 I_{act} 均应采用归算到同一侧的数值。按照要求，灵敏系数一般不应低于 2。当不能满足要求时，则需要采用具有制动特性的差动继电器。

7.2.4 具有比率制动特性的差动继电器

1. 继电器的比率制动特性

变压器纵联差动保护的不平衡电流随着外部短路时的一次侧穿越性短路电流的增大而增大。因此，可以利用穿越电流来产生制动作用，使穿越电流大时产生的制动作用大，继电器的启动电流也随着增大；穿越电流小时产生的制动作用小，继电器的启动电流也随着减小。穿越电流所起的这种制动作用称为比率制动，它是防止外部短路由于不平衡电流大引起保护误动作的好方法。

继电器启动电流随着制动作用的大小而变化的特性就是比率制动特性，可以表达为

$$|\dot{I}_{diff}|-K|\dot{I}_{res}|\geqslant I_{act.0} \tag{7-8}$$

式中，$\dot{I}_{diff}=\dot{I}'_2+\dot{I}''_2$ 为差动电流；$\dot{I}_{res}=(\dot{I}'_2-\dot{I}''_2)/2$ 为制动电流；$I_{act.0}$ 为比率制动继电器在对应制动电流为 0 时的启动电流；K 为比率制动系数，$0<K<1$。

将式(7-8)表达的继电器差动电流 I_{diff} 与制动电流 I_{res} 的关系在平面上画出来就是比率制动特性曲线，如图 7-5 中的曲线 2 所示。只要差动电流位于曲线 2 的上方，继电器就动作。从原点作制动特性曲线 2 的切线，此切线与水平轴的夹角为 α，其斜率 $\tan\alpha$ 称为比率制动系数 K。为保证继电器在内部故障时可靠动作，一般取此制动系数在 0.5 以下。

图 7-5 中直线 3 为变压器外部短路时的不平衡电流 I_{unb}。假设外部短路的最大短路电流为 $I_{k.\max}$，对应的最大不平衡电流为 $I_{unb.\max}$，则不带比率制动特性的继电器启动电流 I_{act}（无制动）需要按照式(7-5)整定为直线 1，直线 1 与曲线 2 的交点为 A。

若采用带比率制动特性的差动继电器，由于启动电流是随着制动电流的大小而变化的，因此，只要任意选一条通过 A 点且位于直线 3 上方的制动特性曲线就可以保证外部故障时可靠不动作，而内部故障时的灵敏性又大为提高，具体见下面动作情况的分析。

(1)正常运行及外部故障。变压器一次侧的电流是穿越性的，两侧电流一正一负。因此，I_{res} 很大，I_{diff} 很小，继电器不会误动作。

(2)变压器内部故障。①双侧均有电源时，变压器两侧电流按规定正方向看都是正的，因此，I_{diff} 正比于两侧提供到短路点电流的和，数值很大；而 I_{res} 正比于两侧电流之差，数值较小。在这种情况下，$I_{diff}>I_{res}$ 对应图 7-5 中的曲线 5，继电器的启动电流为 $I_{act.1}$。②单侧有电源情况下，$I_{diff}=I_{res}$ 对应曲线 4，为继电器最不利的工作情况。曲线 4 与制动特性曲线 2 交于 B 点，对应继电器的启动电流为 $I_{act.2}$。无论是 $I_{act.1}$ 还是 $I_{act.2}$，与不采用比率制动特性时的启动电流 I_{act}（无制动）相比大为降低，从而提高了内部故障的灵敏性。

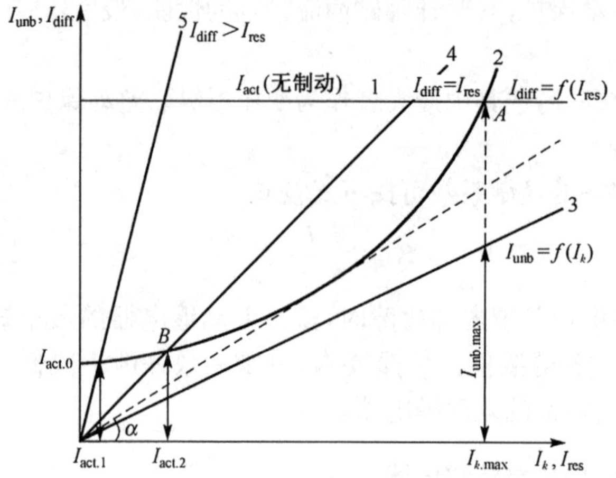

图 7-5　比率制动特性曲线

2. 数字式变压器保护中比率制动特性的实现方法

假定变压器星形侧电流互感器已经接成了三角形以补偿相位移；计算变比和实际变比不同产生的不平衡电流已由数字计算进行了补偿。对于双绕组变压器，比率制动特性可用如下方程规定的三段折线来实现，对应的比率制动特性曲线如图 7-6 所示。

$$\begin{cases} I_{diff} > I_{act.0}, & I_{res} \leqslant I_{res.1} \\ I_{diff} > K_1(I_{res} - I_{res.1}) + I_{act.0}, & I_{res.1} < I_{res} \leqslant I_{res.2} \\ I_{diff} > K_2(I_{res} - I_{res.2}) + K_1(I_{res.2} - I_{res.1}) + I_{act.0}, & I_{res} > I_{res.2} \end{cases} \tag{7-9}$$

式中，$\dot{I}_{diff} = \dot{I}_2' + \dot{I}_2''$ 为差动电流；$\dot{I}_{res} = \dot{I}_2' - \dot{I}_2''$ 为制动电流；$I_{act.0}$ 为比率制动继电器在对应制动电流为 0 时的启动电流；K_1 和 K_2 为分别为第一和第二段折线的斜率，$K_1 < K_2$；$I_{res.1}$ 和 $I_{res.2}$ 为分别为第一和第二拐点对应的制动电流，$I_{res.1} < I_{res.2}$。

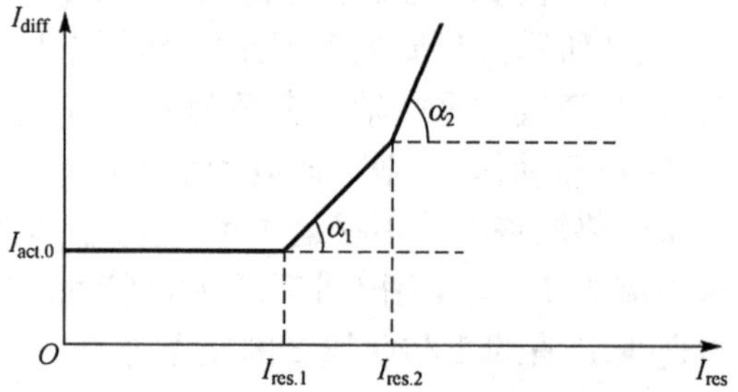

图 7-6　三段折线式比率制动特性

对于三绕组变压器，设三个绕组分别以 Ⅰ、Ⅱ 和 Ⅲ 表示，则差动电流可表示为 $I_{diff} = |\dot{I}_{\mathrm{I}} + \dot{I}_{\mathrm{II}} + \dot{I}_{\mathrm{III}}|$，制动电流的计算常用的方法有以下两种：

$$I_{res} = |\dot{I}_{\mathrm{I}}| + |\dot{I}_{\mathrm{II}}| + |\dot{I}_{\mathrm{III}}| \tag{7-10}$$

或

$$I_{res} = \max(|\dot{I}_{\mathrm{I}}|, |\dot{I}_{\mathrm{II}}|, |\dot{I}_{\mathrm{III}}|) \tag{7-11}$$

也可按照常规保护中的作法，采用下式计算制动电流：

$$I_{res} = |\dot{I}_{max} - \dot{I}_{ps}| \tag{7-12}$$

式中，$\dot{I}_{max} = \max(|\dot{I}_{\mathrm{I}}|, |\dot{I}_{\mathrm{II}}|, |\dot{I}_{\mathrm{III}}|)$；$\dot{I}_{ps} = \sum\limits_{\substack{i=\mathrm{I} \\ i \neq j}}^{\mathrm{III}} \dot{I}_i$，$\dot{I}_j = \dot{I}_{max}$。

7.3 变压器相间短路的后备保护

为反应变压器外部故障而引起的变压器绕组过电流，以及在变压器内部故障时作为差动保护和瓦斯保护的后备，变压器应装设相间短路的后备保护。根据变压器容量和系统短路电流水平的不同，实现变压器相间短路后备保护的方式有过电流保护、低电压启动的过电流保护、复合电压启动的过电流保护以及定时限负序过电流保护等。

7.3.1 过电流保护

保护装置的启动电流 I_{op} 按躲开变压器的最大负荷电流 $I_{L.max}$ 整定。

$$I_{op}=\frac{K_{rel}K_{Ms}}{K_{re}}I_{L.max} \tag{7-13}$$

式中，K_{rel} 为可靠系数，一般采用 1.2～1.3；K_{Ms} 为自启动系数，与负荷性质及用户与电源间的电气距离有关。对 110kV 降压变压站的 6～10kV 侧取 1.5～2.5，35kV 侧取 1.5～2.0；K_{re} 为电流继电器的返回系数，取 0.85～0.95。对机电型继电器采用 0.85，对静态型继电器采用 0.95。

保护的动作时限应比相邻元件保护的最大动作时限高出一个时间阶梯 Δt。

按以上条件选择的启动电流，其值一般较大，往往不能满足相邻元件后备保护的灵敏度要求，为此可以采取以下几种保护。

7.3.2 低电压启动的过电流保护

保护装置的原理接线如图 7-7 所示，当电流元件和电压元件同时动作后，才能启动时间继电器，经过预定的延时后启动出口中间继电器跳开变压器两侧的断路器。

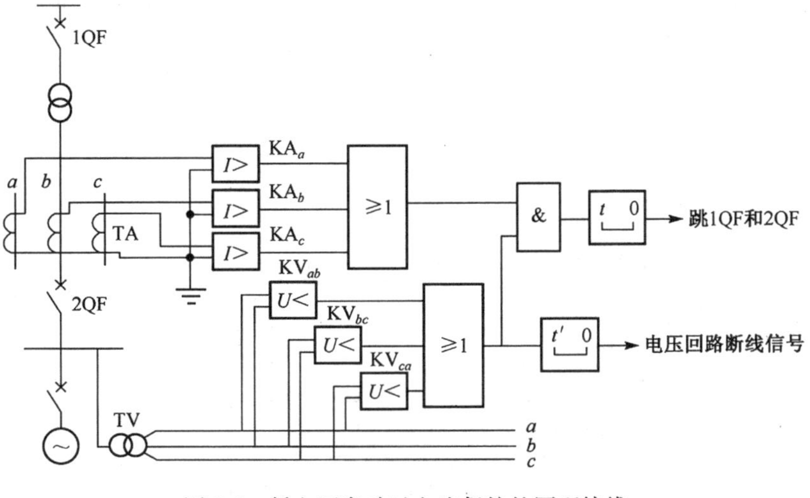

图 7-7　低电压启动过电流保护的原理接线

由于低电压元件的存在，电流元件的整定值可以不考虑可能出现的最大负荷电流，而是按大于变压器的额定电流 $I_{N.T}$ 整定，即

$$I_{op}=\frac{K_{rel}}{K_{re}}I_{N.T} \tag{7-14}$$

式中，K_{rel} 为可靠系数，取 1.2；K_{re} 为返回系数，取 0.85～0.95。对机电型继电器采用 0.85，对静态型继电器采用 0.95。

低电压元件的启动值按躲开正常运行情况下母线上可能出现的最低工作电压，且考虑外部故障切除后电动机自启动的过程中它必须返回来整定。根据运行经验，通常采用

$$U_{op} = 0.7U_{N.T} \tag{7-15}$$

式中，$U_{N.T}$ 为变压器的额定线电压。

电流元件的灵敏度

$$K_{sen} = \frac{I_{k.min}}{I_{op}} \tag{7-16}$$

用作变压器后备保护时，按变压器末端短路校验，要求 $K_{sen} \geqslant 1.3$；用作远后备时，按相邻元件末端短路校验，要求 $K_{sen} \geqslant 1.2$。

低电压元件灵敏度

$$K_{sen} = \frac{U_{op}}{U_{k.max}} \tag{7-17}$$

$U_{k.max}$ 为最大运行方式下，相邻元件末端三相金属性短路时，保护安装处的最大线电压，要求 $K_{sen} \geqslant 1.2$。

对升压变压器，如果低电压元件只接于某一侧的电压互感器上，则当另一侧故障时往往不能满足上述灵敏系数的要求。可考虑采用两套低电压元件分别接在变压器两侧的电压互感器上，其接点采用并联的连接方式；也可考虑采用复合电压启动的过电流保护。

当电压互感器回路发生断线时，低电压继电器将误动作。因此，在低电压保护中一般应设置电压回路断线的信号指示，延时发出断线信号，如图 7-7 中所示，便于运行人员加以处理。

7.3.3 复合电压启动的过电流保护

其原理接线如图 7-8 所示，实际上是用一个负序过电压继电器代替了低电压启动的过电流保护中的两个低电压继电器。

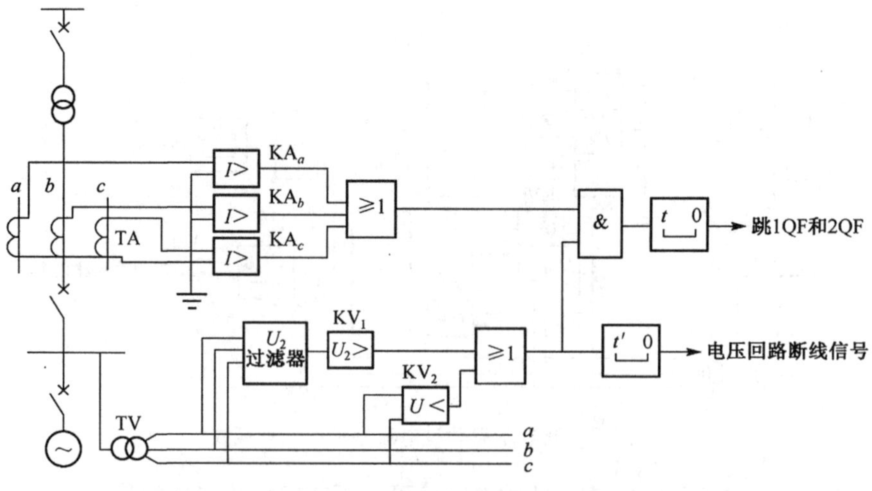

图 7-8 复合电压启动的过电流保护原理接线图

当发生各种不对称短路时，由于出现负序电压，负序过电压继电器动作。此时，三个电流继电器中至少应有两个动作，从而“与门”开放，经过预定的时限后动作于跳闸。

当发生三相短路时，在短路开始瞬间会短时出现一个负序电压，负序过电压继电器短时动作；待负序电压消失后，它将返回。由于三相短路时的三相电压均降低，接在 ac 相上的低电压继电器一直处于动作状态而不返回。从而保证了跳开变压器两端的断路器。

保护装置中电流元件和相间低电压元件的整定原则与低电压启动过电流保护相同。负序电压元件的启动电压按躲开正常运行方式下负序过滤器出现的最大不平衡电压来整定，可取为

$$U_{2.op} = (0.06 \sim 0.12)U_{N.T} \tag{7-18}$$

与低电压启动的过电流保护相比，复合电压启动的过电流保护具有以下优点：

(1)由于负序电压继电器的整定值小，因此，不对称短路时的电压元件灵敏度高；

(2)变压器外部发生不对称短路时，由于正序分量与负序分量从一侧变换至另一侧只发生相位变化，但标幺幅值不变，所以负序电压元件的工作情况与变压器采用的接线方式无关。

对于大容量的变压器和发电机组，由于其额定电流很大，而在相邻元件末端两相短路时的短路电流可能较小，因此，采用复合电压启动的过电流保护往往不能满足作为相邻元件后备保护时对灵敏系数的要求。在这种情况下，应采用负序过电流保护。

7.3.4 负序过电流保护

变压器负序过电流保护的原理如图 7-9 所示，由负序过电流元件和单相式低电压启动的过电流保护组成。不对称故障时利用负序电流元件获得较高的灵敏度，三相短路时依靠低电压启动的过电流保护动作切除故障。一般负序电流可整定为

$$I_{2.op} = (0.5 \sim 0.6)I_{N.T} \tag{7-19}$$

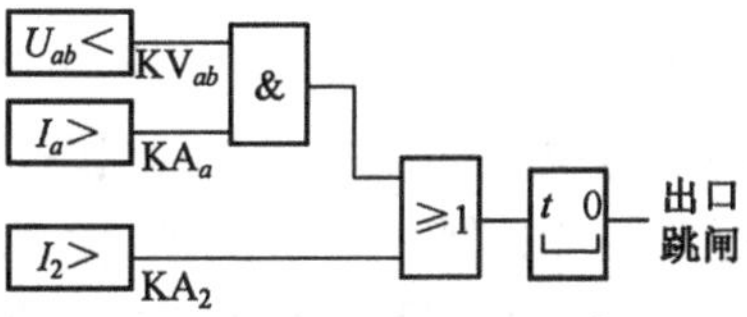

图 7-9 负序过电流保护原理框图

7.4 变压器的接地保护

在大电流接地系统中，接地故障的几率较高，如果运行中变压器中性点接地，当发生接地故障时零序电流经过变压器的高压绕组由中性点入地；若变压器中性点不接地运行，变压器中性点的对地电压为高压侧母线上的零序电压，其数值为相电压的值，可能损坏变压器高压绕组绝缘。因此，大电流接地电网中的变压器，应该设接地(零序)保护，作为变压器主保护的后备保护及相邻元件接地故障的后备保护。

系统接地短路时，零序电流的大小和分布与系统中变压器中性点接地的数目和位置有很大关系。考虑变压器中性点接地的位置和数目，一般应使零序电流的分布尽可能保持不变，保证零序保护有足够的灵敏度和不使变压器承受危险过电压。在此原则下，对特高压系统，变压器的安全放第一位，因此要求所有变压器中性点均接地运行。对于 220kV 及 110kV 电网的变压器中性点接地则应兼顾继电保护，即应是部分接地方式，具体原则如下。

(1)在多电源系统中，每个发电厂至少有一台变压器的中性点接地，以防止发生由于接地短路引起的危险过电压。如在图 7-10 所示系统中，若发电厂 B 的变压器中性点不接地，则在

线路 AB 上单相接地短路时，A 侧零序保护动作跳闸后，发电厂 B 就带接地点运行，从而会产生危险的过电压而损坏变压器。如果发电厂 B 也有接地点，则在线路 AB 接地短路时，B 侧的零序保护也会动作跳闸，切除故障点，就不致产生过电压。

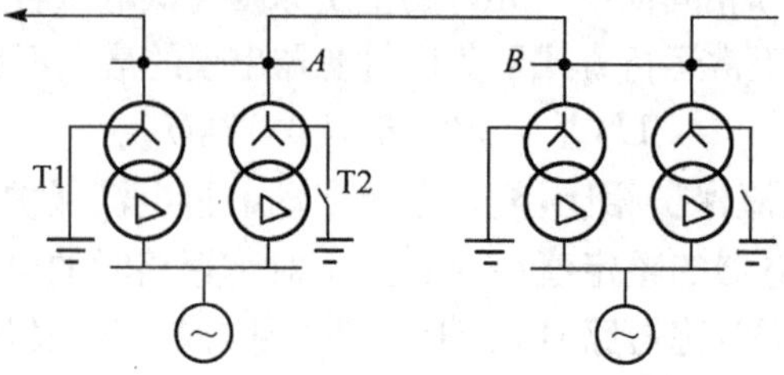

图 7-10　多电源系统中，变压器中性点的接地原则

(2)发电厂和低压侧有电源的变电所的变压器多于一台时，应该将部分变压器的中性点接地。如在图 7-10 系统中，发电厂(或变电所)A 和 B 都有两台变压器，但都只一台接地。当接地的变压器检修或由于其他原因停止运行时，可将另一台变压器接地以保持变压器中性点接地数目不变，从而保持零序电流的分布基本不变。采用部分变压器中性点接地方式后，当母线 A 单相接地短路时，接地变压器 T_1 跳闸后，低压侧有电源的不接地变压器 T_2 仍带接地故障运行，高压侧就成为不接地系统，从而产生危险的过电压。在此情况应有保护将变压器 T_2 也切除。

(3)低压侧无电源变压器的中性点多采用不接地运行，以提高保护的灵敏度和简化保护接线。

1. 变电所单台变压器的零序电流保护

如图 7-11 所示，这种变压器接地短路的后备保护采用零序电流保护，零序电流取变压器中性点电流互感器 TA_0。一般配置两段式零序电流保护，为了缩小接地故障的影响范围，每段还各带两级延时，其中较短的延时用于跳开母联断路器或分段断路器。

零序电流保护Ⅰ段与相邻元件接地保护Ⅰ段配合，通常以较短延时 $t_1 = 0.5 \sim 1.0\text{s}$ 动作于母线解列，即断开母联断路器或分段断路器，如图 7-11 中的 QF，以缩小故障影响范围；以较长延时 $t_2 = t_1 + \Delta t$ 断开变压器高压侧断路器 QF_1。

零序电流保护Ⅱ段与相邻元件接地后备段配合，通常 t_3 应比相邻元件零序保护后备段的最大延时高出一个 Δt，以断开母联断路器或分段断路器 QF，$t_4 = t_3 + \Delta t$ 动作于断开变压器高压侧断路器 QF_1。

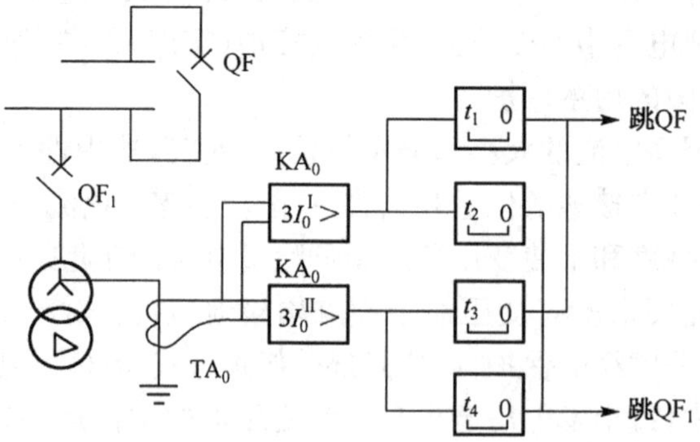

图 7-11　变电所单台变压器的零序电流保护原理接线图

2. 变电所多台变压器并列时的接地后备保护

主变中性点接地运行时可以采用前面介绍的两段式零序电流作为接地故障后备保护；对于中性点不接地运行的主变，应采用零序电压构成接地故障后备保护。考虑变压器中性点运行方式可能变化，中性点可能接地或不接地运行的变压器同时配有零序电流、零序电压保护。

除了注意主变的接地后备保护动作时首先跳开母联、分段断路器以缩小故障范围，还需要考虑多台主变在一条母线上运行时的选跳顺序问题。主变高压侧外部发生接地故障对主变的危害主要是：①零序电流流过中性点接地运行的主变高压侧绕组，对其造成损坏；②零序电压导致中性点不接地运行的主变中性点对地电压升高，尤其是当中性点接地的主变先跳开、局部失去接地点时，主变的中性点对地电压将逐渐升高。变压器接地后备保护的选跳顺序与变压器中性点的绝缘水平有关，根据中性点绝缘水平，变压器可分为全级绝缘、分级绝缘两大类。下面分别介绍变压器的这两类接地后备保护方案。

(1)全级绝缘变压器。变压器全级绝缘是指变压器绕组各处的绝缘水平相同，中性点不接地运行时能够耐受不接地故障造成的中性点过电压。因此，当发生外部接地故障时，首先跳开中性点接地运行的主变以减少零序电流对高压绕组的损坏，然后再跳开中性点不接地运行的主变。

全绝缘变压器零序保护原理如图 7-12 所示。图中零序电流保护部分与前面介绍的两段式零序电流保护相同，用于变压器中性点接地运行情况。零序电压保护作为变压器不接地运行时的保护，其启动电压应按躲开电网中发生接地短路时保护安装处可能出现的最大零序电压整定，其值较高。当中性点接地运行主变未跳开时，零序电压保护不动作；只有当中性点接地运行主变全部切除后，高压侧母线处零序电压升高，零序电压保护才动作，切除中性点不接地运行主变。该方案中，接地后备保护的选跳顺序由零序电压元件的启动电压保证，动作时限 t_5 只是为了避开电网单相接地短路的暂态过程影响，一般取 0.3～0.5s。

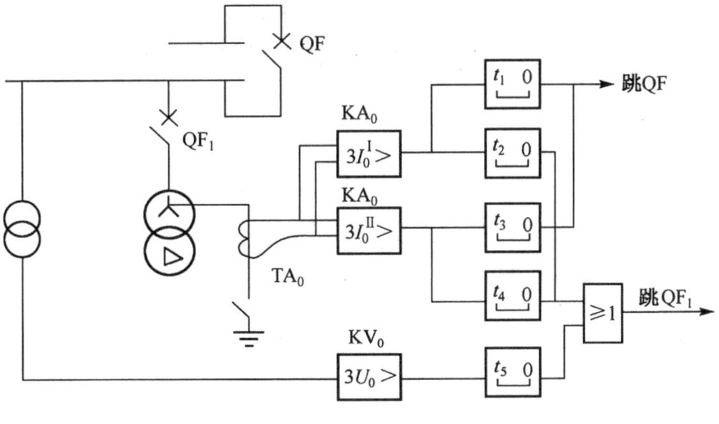

图 7-12 全绝缘变压器接地后备保护接线图

(2)分级绝缘变压器。变压器分级绝缘指变压器绕组各处的绝缘水平不同，中性点绝缘水平低于绕组其他部分。分级绝缘变压器又分为较高绝缘水平与较低绝缘水平，其中较低绝缘水平的变压器(如 500kV 主变)中性点必须接地运行，采用两段式零序电流作为接地后备保护。

较高绝缘水平的分级绝缘变压器，其中性点可直接接地运行，也可在系统不失去中性点接地的情况下不接地运行，接地后备保护的选跳顺序与变压器中性点是否配有放电间隙保护有关。如果变压器中性点仅配有避雷器，不接地运行主变的中性点不能承受接地运行主变跳开后产生的较高零序电压。因此，外部发生接地故障时应当保证先跳开中性点不接地运行的主变，再跳开中性点接地运行主变，这种情况下接地后备保护配置与图 7-12 相似，只是零序电压元件的启动电压较低、动作时限与零序电流保护配合且短于零序电流保护的动作时间，以保证先切除中性点不接地运行主变。

多数情况下，变压器中性点除配有避雷器外，还配有放电间隙保护。由于配有放电间隙，当零序电压不是太高、放电间隙未被击穿时，首先跳开中性点接地运行主变，再跳开中性点不接地运行主变；若零序电压较高、放电间隙被击穿，则立即由放电间隙电流保护切除不接地运行主变；中性点配有放电间隙的变压器接地后备保护原理如图 7-13 所示，对比图 7-12，除了增设一个放电电流保护，其他部分完全相同。

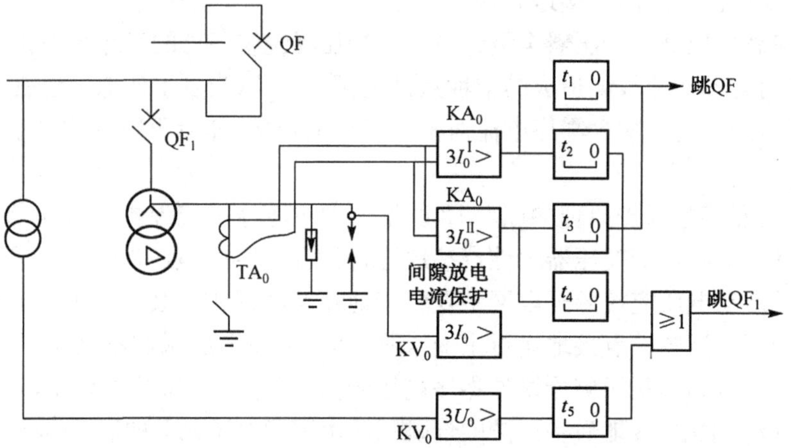

图 7-13　分级绝缘变压器接地后备保护接线图

7.5　变压器的过励磁保护

变压器的感应电压由下式表示：

$$U = 4.44 f WSB \times 10^{-4} \tag{7-20}$$

式中，f 是电网频率；W 和 S 分别是绕组的匝数和铁心截面积；B 为变压器工作磁密。对于给定的变压器而言，W 和 S 均为常数，令

$$K = \frac{10^4}{4.44WS} \tag{7-21}$$

则变压器工作磁密 B 可用下式表示：

$$B = K\frac{U}{f} \tag{7-22}$$

式(7-22)说明，电网电压或频率的变化均会引起工作磁密 B 的变化。大型电力变压器为节省材料并减小重量，其额定磁通密度 B_N 和饱和磁通密度 B_{sat} 相差无几。因此，当电压与频率比 (U/f) 增大时，工作磁通密度 B 增大，励磁电流也随之增大。铁心饱和后，励磁电流急剧增大，称为过励磁状态。

由于励磁电流不是纯基波，含有高次谐波分量，较大的励磁电流会使铁心和其他金属构件的涡流损耗大大增加，致使变压器发热情况严重。若过励磁倍数 $(n = B/B_N)$ 达到一定数值且持续运行时间过长，将使变压器绝缘劣化、寿命降低，甚至损坏。因此，对于造价高、检修困难和停电损失较大的大型变压器，应考虑装设专用的过励磁保护。

实际上，过励磁倍数 n 可用下式表示：

$$n=\frac{B}{B_{\mathrm{N}}}=\frac{U}{U_{\mathrm{N}}}\times\frac{f_{\mathrm{N}}}{f}=\frac{U_*}{f_*} \tag{7-23}$$

即过励磁倍数等于电压标幺值与频率标幺值之比。为了正确设计过励磁保护，还必须知道变压器过励磁倍数曲线 $n=f(t)$。各种变压器采用的绝缘材料和制造工艺等条件不相同，因此，相应的过励磁倍数曲线也有差异，图 7-14 示出了某种变压器的过励磁倍数曲线。在同一过励磁倍数下，允许持续时间与 B_{N} 和 B_{sat} 的大小以及磁化曲线的形状都有密切关系。B_{N} 越接近 B_{sat}，或磁化曲线饱和段的倾斜率越小，则允许的持续时间越短。

为了构成变压器的过励磁保护，可采用图 7-15 的二次侧接有 RC 串联回路的中间变压器 ATV。设电压互感器变比为 n_{TV}，中间变压器变比为 n_{ATV}，则正常情况下电容 C 上的电压幅值为

$$U_{\mathrm{C}}=\frac{U}{n_{\mathrm{TV}}n_{\mathrm{ATV}}\sqrt{(2\pi fRC)^2+1}} \tag{7-24}$$

式中，U 和 f 为系统电压和频率。设计该保护装置时若使 $(2\pi fRC)^2\gg 1$，并令常数 K' 为

$$K'=\frac{1}{n_{\mathrm{TV}}n_{\mathrm{ATV}}(2\pi RC)} \tag{7-25}$$

则

$$U_{\mathrm{C}}=K'\frac{U}{f}=\frac{K'}{K}B \tag{7-26}$$

由此可知，U_{C} 与工作磁通密度 B 成正比。变压器发生过励磁时，U_{C} 增大，当 U_{C} 大于整定值时根据实际需要动作于信号、减励磁或跳闸。

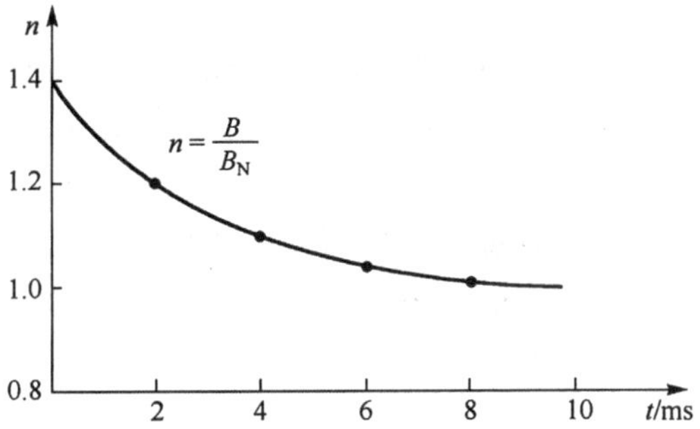

图 7-14　变压器的过励磁倍数曲线

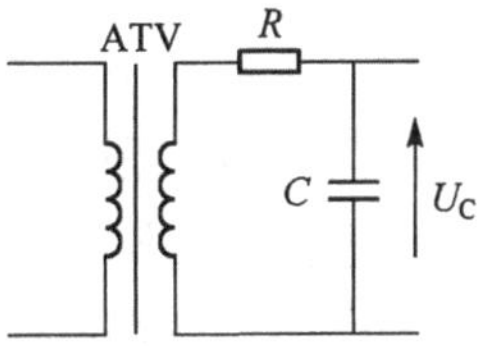

图 7-15　中间变压器构成过励磁保护原理图

7.6　母线保护和断路器失灵保护简介

7.6.1　母线保护简介

当母线上的绝缘子或断路器套管发生闪络时，会造成发电厂或变电所母线上发生单相接地或多相短路。另外，运行人员的误操作，例如带地线合刀闸也会造成母线发生故障。母线上的故障将使连接在其上的所有元件在修复故障母线期间或转换至另一组无故障母线运行之前被迫停电。此外，在电力系统中枢变电所的母线上故障时还有可能引起系统稳定的破坏，造成严重的后果。

一般的低压母线不装设专门的母线保护，母线上的故障利用母线上其他供电元件的保护装置来切除。例如图7-16所示的双侧电源网络(或环形网络)在变电所 B 母线上短路时，可以由保护1和保护4的第Ⅱ段动作予以切除。但是，这种方法的最大缺点是延时太长。因此，对于重要的低压母线以及高压母线上应该装设专门的母线保护。

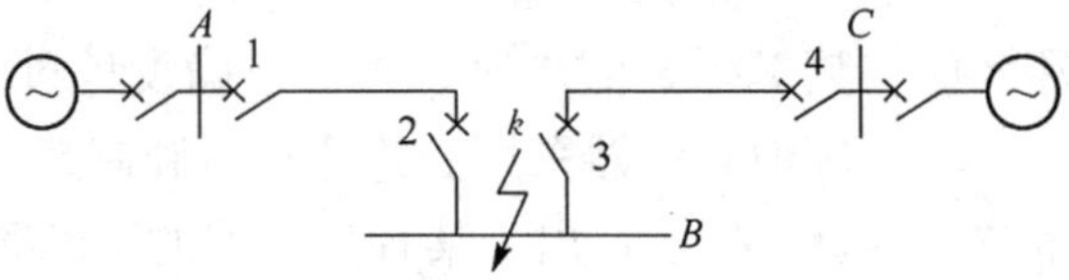

图7-16 在双侧电源网络上，利用电源侧的保护切除母线故障

母线保护都是按差动原理构成的，包括比较母线上连接元件电流幅值和相位的电流差动保护和比较母线上连接元件电流相位的比相式差动保护等。实现母线差动保护所必须考虑的特点是：由于母线上连接着较多的电气元件如线路、变压器、发电机等，所以构成母线差动保护时要将母线上所有的引出元件都予以考虑。

为满足选择性，在构成母线的电流差动保护时应该保证：正常运行以及母线范围以外故障时，流入差动保护的电流为零；母线上故障时，流入差动保护的电流为所有电源提供给短路点电流(即短路点总电流)变换到二次侧的数值。在构成比相式差动保护时应该保证：电流比相在正常运行时电流流入的元件和电流流出的元件之间进行，因为只有这样才能做到正常运行及母线外部故障时保护不动作，而母线故障时保护动作。

关于母线差动保护的具体构成可参阅参考文献(贺家李，2004；张保会等，2005；华中工学院，1985)。

7.6.2 断路器失灵保护简介

继电保护动作发出跳闸命令后，在断路器失灵而拒绝动作情况下，能以较短时限切除其他有关断路器，使停电范围缩得最小的后备保护就称为断路器失灵保护。它是防止事故范围扩大，保证电力系统稳定运行的一种有效措施。

在图7-17(a)所示系统 k 点短路时，按照选择性的要求应该有 QF_4 所在线路上的保护动作跳开 QF_4。若 QF_4 拒动，则装于母线Ⅰ段上的断路器失灵保护将动作，跳开 QF_3、QF_4 和 QF_5。这样一来，k 点短路就切除了，母线Ⅱ段可以继续正常运行。

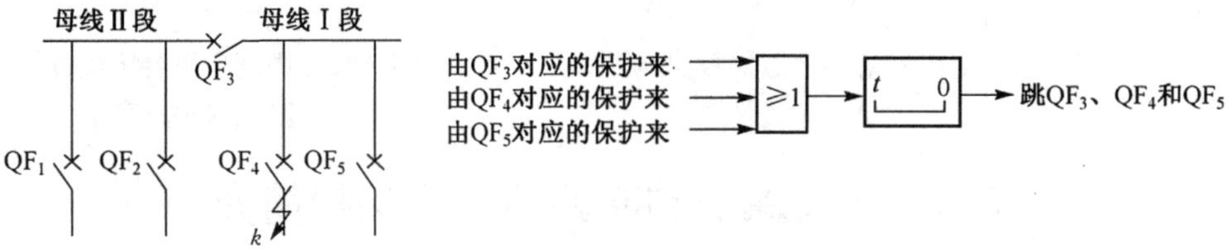

(a) 分段单母线　　(b) 构成框图

图7-17 断路器失灵保护原理和构成框图

构成断路器失灵保护的框图如图7-17(b)所示。所有连接在一条母线或一组母线上元件的保护装置在动作发出跳闸信号给断路器跳闸线圈的同时，也启动断路器的失灵保护，经过延时元件(其延时大于断路器跳闸时间和保护装置延时返回时间之和)鉴别确实断路器失灵后，跳开这条母线或这组母线上所有的断路器。

思考题和习题

7-1 试分析给出图 7-1(b)三绕组变压器纵联差动保护中各侧电流互感器变比的选择原则。

7-2 产生变压器纵联差动保护不平衡电流的原因有哪些？如何消除？

7-3 什么是变压器的励磁涌流？变压器励磁涌流与合闸初相角有关吗？如果有关，请指出相互间的关系。

7-4 励磁涌流有什么特点？如何消除其对变压器纵联差动保护的影响？

7-5 什么是变压器的比率制动特性？为什么要设置比率制动特性？

7-6 分析变压器的比率制动特性为什么能够在外部故障时可靠躲开不平衡电流的影响、内部故障时能有效提高保护的灵敏度。

7-7 作为变压器相间短路的后备保护，复合电压启动的过电流保护中的复合电压指的是什么？为什么说该保护比低电压启动的过电流保护的灵敏度提高了 K_{re} 倍？

7-8 全级绝缘变压器和分级绝缘变压器有何区别？两者在接地保护的配置上有什么不同？

7-9 某电气技术人员由于粗心大意，在图 7-4(a)变压器纵联差动保护的接线中，将上端的 110kV 侧电流互感器的 B 相与下端的 6.6kV 侧的 a 相对接；将 110kV 侧电流互感器的 A 相与 6.6kV 的 b 相对接。若已知变压器参数为 31.5MV · A，110/6.6kV，变压器两侧电流互感器的变比为 $n_{TA.110}=60$，$n_{TA.6.6}=600$；差动保护的整定值 $I_{op}=1.4I_{N.T}$。问：在正常运行情况下，差动保护会不会误动作？为什么？

第 8 章　发电机励磁自动控制及保护

8.1　同步发电机自动励磁控制系统

同步发电机的运行特性与它的空载电动势 E_q 值的大小有关，而 E_q 值是发电机励磁电流 I_{EF} 的函数，改变励磁电流就可影响同步发电机在电力系统中的运行特性。无论在系统正常运行还是故障情况下，同步发电机的励磁电流都需要调节，因此对同步发电机的励磁进行控制，是对发电机的运行实行控制的重要内容之一。

同步发电机励磁控制系统主要由励磁功率单元和励磁调节器两部分组成，它和同步发电机构成一个闭环反馈控制系统，如图 8-1 所示。励磁功率单元向同步发电机磁场绕组提供直流励磁电流，励磁调节器根据输入信号和调节准则控制励磁功率单元输出的励磁电流，以满足同步发电机运行的要求。

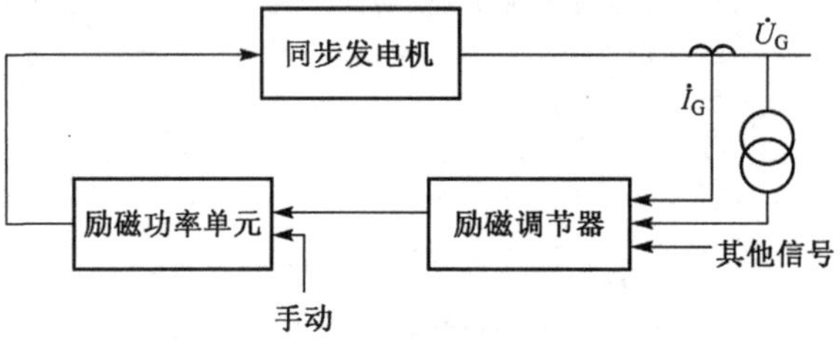

图 8-1　励磁控制系统的结构图

8.1.1　励磁控制系统的任务

优良的励磁控制系统不仅可以保证发电机可靠运行，提供合格的电能，而且还可有效地提高系统的技术指标。根据运行方面的要求，励磁控制系统应该承担如下的任务。

1. 控制电压

电力系统在正常运行时，负荷总是经常波动的，同步发电机的功率也就相应变化。随着负荷的波动，需要对励磁电流进行调节以维持机端或系统中某一点的电压在给定的水平。励磁自动控制系统担负了维持电压水平的任务。为了阐明它的基本概念，可用最简单的单机运行系统来进行分析。

图 8-2(a)是同步发电机运行原理图，图中 GEW 是励磁绕组，机端电压为 $\dot{U}_G$，电流为 $\dot{I}_G$。在正常情况下，流经 GEW 的励磁电流为 $\dot{I}_{EF}$，由它所建立的磁场使定子产生的空载感应电动势为 E_q，改变 $\dot{I}_{EF}$ 的大小，E_q 值就相应的改变。$\dot{E}_q$ 与 $\dot{U}_G$ 之间的关系可用等值电路图 8-2(b)来表示。其间的关系式为

$$\dot{U}_G + j\dot{I}_G X_d = \dot{E}_q \tag{8-1}$$

式中，X_d 为发电机直轴电抗。

隐极发电机的相量图如图 8-2(c)所示。发电机感应电动势 $\dot{E}_q$ 与端电压 $\dot{U}_G$ 的幅值关系为

$$E_q \cos \delta_G = U_G + I_Q X_d$$

式中，δ_G 为 $\dot{E}_q$ 与 $\dot{U}_G$ 间的相角；I_Q 为发电机的无功电流。

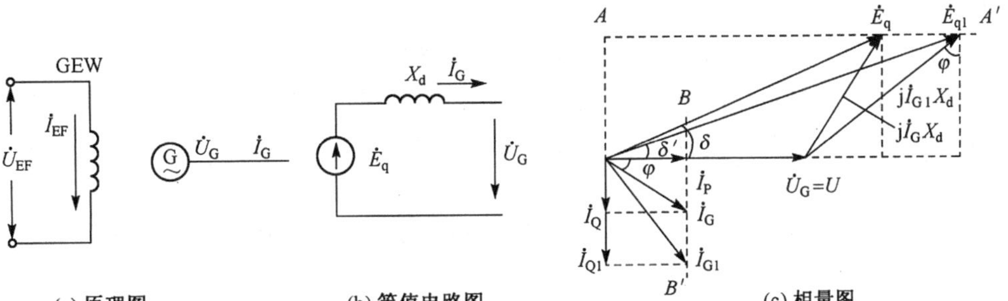

(a) 原理图　　(b) 等值电路图　　(c) 相量图

图 8-2　同步发电机正常运行图

一般 δ_G 的值很小，可近似认为 $\cos\delta_G \approx 1$，于是，可得简化的运算公式为

$$E_q \approx U_G + I_Q X_d \tag{8-2}$$

式(8-2)说明，负荷中的无功电流是造成 E_q 和 U_G 幅值差的主要原因，发电机的无功电流越大，两者间的差值也越大。

式(8-2)是式(8-1)的简化，目的是为了突出其间最基本的关系。由式(8-2)可以看出同步发电机的外特性必然是下降的。当励磁电流 I_{EF} 一定时，发电机端电压 U_G 随无功负荷增大而下降。图 8-3 说明，当无功电流为 I_{Q1} 时，发电机端电压为额定值 U_{GN}，励磁电流为 I_{EF1}。当无功电流增大到 I_{Q2} 时，如果励磁电流不增加，则端电压降至 U_{G2}，可能满足不了运行要求，必须将励磁电流增大至 I_{EF2} 才能维持端电压为额定值 U_{GN}。同理，无功电流减小时，U_G 会上升，必须减小励磁电流。同步发电机的励磁自动控制系统就是通过不断地调节励磁电流来维持机端电压为给定水平的。

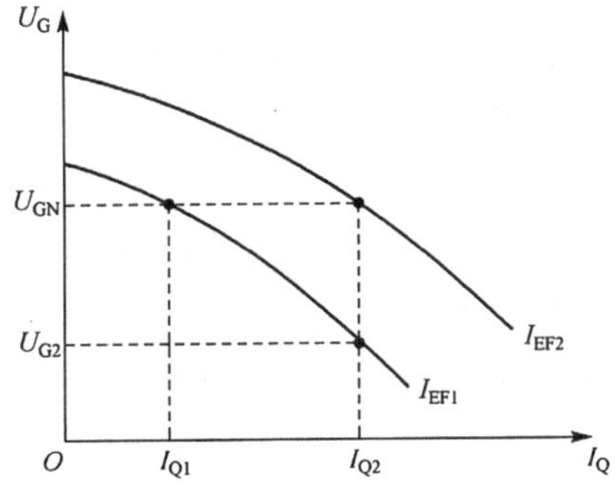

图 8-3　同步发电机的外特性

2. 控制无功功率的分配

为了使分析简单起见，设同步发电机与无限大母线并联运行，即发电机端电压不随负荷大小而变，是一个恒定值。图 8-2(c)是它的相量图。

由于发电机发出的有功功率只受调速器控制，与励磁电流的大小无关。故无论励磁电流如何变化，发电机的有功功率 P_G 均为常数，即

$$P_G = U_G I_G \cos\varphi = 常数 \tag{8-3}$$

式中，φ 为功率因数角。

当不考虑定子电阻和凸极效应时，发电机功率又可用下式表示：

$$P_G = \frac{E_q U_G}{X_d}\sin\delta = 常数 \tag{8-4}$$

式中，δ 为发电机的功率角或功角。

式(8-3)和式(8-4)分别说明当励磁电流改变时，$I_G\cos\varphi$ 和 $E_q\sin\delta$ 的值均保持恒定，即

$$I_G\cos\varphi = K_1$$
$$E_q\sin\delta = K_2$$

由图 8-2(c)中的相量关系可以看到，这时感应电动势 $\dot{E}_q$ 的端点只能沿着 AA' 虚线变化，而发

电机电流 $\dot{I}_G$ 的端点则沿着 BB' 虚线变化。因为发电机端电压 $\dot{U}_G$ 为定值，所以发电机励磁电流的变化只是改变了机组的无功功率和功率角 δ 值的大小。由此可见，与无限大母线并联运行的机组，调节它的励磁电流可以改变发电机无功功率的数值。

在实际运行中，与发电机并联运行的母线并不是无限大母线，即系统等值阻抗并不等于零，母线的电压将随着负荷波动而改变。电厂输出无功电流与它的母线电压水平有关，改变其中一台发电机的励磁电流不但影响发电机电压和无功功率，而且也将影响与之并联运行机组的无功功率，其影响程度与系统情况有关。因此，同步发电机的励磁自动控制系统还担负着并联运行机组间无功功率合理分配的任务。

3. 提高电力系统稳定性

保持同步发电机稳定运行是保证电力系统可靠供电的首要条件。电力系统在运行中随时都可能遭受各种干扰，在各种扰动后，发电机组能够恢复到原来的运行状态或者过渡到另一个新的运行状态，则称系统是稳定的。电力系统的稳定分为静态稳定和暂态稳定两类。

静态稳定是指在一个特定的稳态运行条件下的电力系统，如果遭受到任何一个小干扰后，经过一定时间，能够自动地恢复到或者靠近于小干扰前的稳定运行条件。电力系统具有静态稳定，是系统能够正常运行的基本条件。

暂态稳定是指在一个特定的稳态运行条件下的电力系统，如果遭受到一个大干扰后，能够从原来的运行状态不失去同步地过渡到新的另一个允许的稳定运行条件的能力。

显然，一个实际运行的电力系统应具有必要的静态稳定和暂态稳定的能力，良好的励磁调节系统能提高这些能力。

1)提高静态稳定性

图 8-4(a)为一个单机-无穷大系统接线图。发电机经升压变压器、输电线路与系统连接，设系统母线电压 U 恒定不变，等值网络如图 8-4(b)所示。发电机向系统送出的有功功率可用下式表示：

$$P=\frac{E_q U}{X_\Sigma}\sin\delta \tag{8-5}$$

式中，X_Σ 为系统总电抗，一般为发电机、变压器、输电线电抗之和。

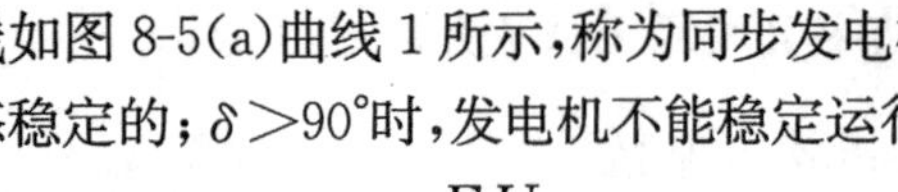

(a) 接线图

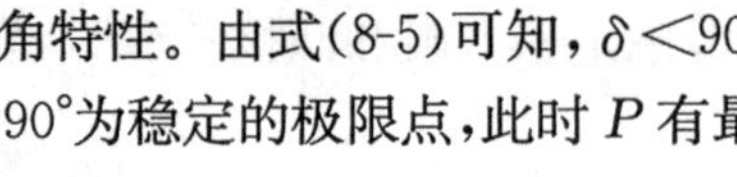

(b) 等值网络

图 8-4 单机与系统连接网络

当励磁固定，即对应的空载电动势 E_q 为定值时，发电机传输功率 P 是 δ 的正弦函数，$P(\delta)$ 关系曲线如图 8-5(a)曲线 1 所示，称为同步发电机的功角特性。由式(8-5)可知，$\delta<90°$时，发电机是静态稳定的；$\delta>90°$时，发电机不能稳定运行；$\delta=90°$为稳定的极限点，此时 P 有最大值，即最大传输的功率极限 $P_m=\dfrac{E_q U}{X_\Sigma}$。实际运行时，为了保证静态稳定，运行点的角度 δ_0 比$90°$小。

图 8-5(b)为无自动励磁调节器时发电机端电压变化的相量图；图 8-5(c)则为有自动励磁调节器时对应的电压变化的相量图。由图 8-5(b)可见，励磁电流不变，E_q 不变；当 δ 增加 $\Delta\delta$，有功功率随之增大，发电机端电压由 $\dot{U}_G$ 变成 $\dot{U}_{G1}$，U_{G1} 小于 U_G。若发电机有反应灵敏的自动励磁调节器，则当 δ 增加时，自动励磁调节器能立即增大励磁电流 I_{EF}，维持 $U_{G1}\approx U_G$ 基本不变(见

图 8-5(c))，E_q 则增大到 E_{q1}。对应于 E_{q1}，功角特性曲线也随之成比例增大(见图 8-5(a))，同步发电机的工作点将移到 E_{q1} 对应的曲线上。若 δ 角继续增加，自动励磁调节器能灵活调节，仍维持 U_G 不变，而 E_q 又应做相应增大，同步发电机的工作点又移到新的曲线上。依靠自动励磁调节器的作用，发电机的端电压可视为保持恒定，即 U_G 为常数，由一簇不同 E_q 值的功角特性求得的一条新的功角特性曲线，见图 8-5(a)所示的曲线 2。曲线 2 的功角极限出现在 U_G 与 U 之间功率角 $\delta_e = 90°$，此时 $P_m = \dfrac{U_G U}{X'_\Sigma}$（$X'_\Sigma$ 为变压器、输电线电抗之和），显然对应的功角 $\delta > 90°$。所以在有自动励磁调节器的情况下，可使发电机能在大于 90° 范围的人工稳定区运行，提高发电机的输送功率极限，也就是提高了电力系统的静态稳定能力。

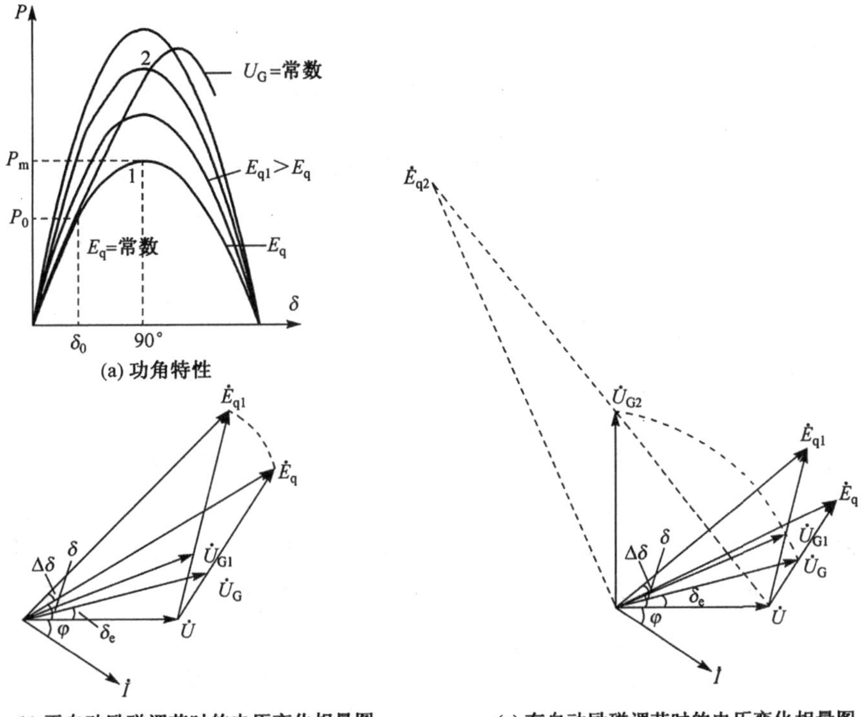

(b) 无自动励磁调节时的电压变化相量图　　(c) 有自动励磁调节时的电压变化相量图

图 8-5　自动励磁调节对发电机静态稳定影响说明图

2)提高暂态稳定性

当电力系统遭受大的扰动后，发电机组间或电厂之间联系立即减弱。只有当系统具有较强的暂态稳定能力，才能使系统中各机组保持同步运行。由于现代继电保护装置的快速切除故障，励磁自动控制系统对暂态稳定的影响一般不如对静态稳定的那样显著，但在一定条件下，仍然具有明显的作用，这可以单机对无限大系统的例子来说明。图 8-6 为机组在事故前后的功角特性。设在正常运行时，发电机输送功率为 P_0，在功角特性曲线 Ⅰ 的 a 点上运行，当突然受到大扰动后，电压突降，系统运行点由 a 点突降到功角特性曲线 Ⅱ 的 b 点。如果事故消除前，励磁装置保持原状态，则由于动力输入部分存在惯性，输入功率仍为 P_0，于是发电机轴上将出现过剩

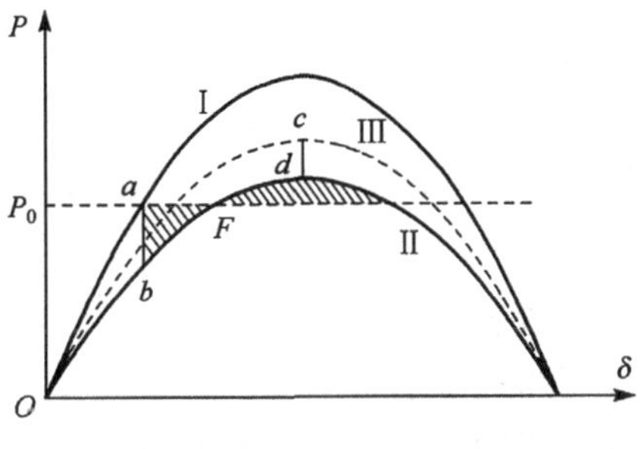

图 8-6　发电机暂态稳定的面积定则

转矩使转子加速，运行点由 b 点沿曲线Ⅱ向 F 点移动。abF 包围的面积均表现为这种加速的区域，称为加速面积。过了 F 点，发电机输出功率大于 P_0，转子轴上将出现制动转矩，使转子减速。曲线Ⅱ与 P_0 直线间所形成的上块阴影部分面积表示使转子制动的能量，称为减速面积。发电机能否稳定运行决定于这两块面积是否相等，即所谓等面积法则，只要减速面积小于加速面积，发电机将失去稳定。

若在刚受到扰动后，励磁装置进行强励增大励磁，则发电机组的运行点将移到功角曲线Ⅲ上运行，这样不但减小了加速面积，而且还增大了减速面积，因而使发电机第一次摇摆时功角 δ 的幅值减小，改善了发电机的暂态稳定性。当往回摆动时，过大的减速面积并不有利，这时如能让它回到特性曲线Ⅱ上的 d 点运行，就可以减小回程振幅，对稳定性更为有利。

4. 改善电力系统的运行条件

当电力系统处于各种非正常工作状况，出现短时低电压时，励磁系统应进行强行励磁，使系统电压迅速恢复，从而改善系统的运行条件。

(1)提高继电保护动作的灵敏度和正确性。当系统处于低负荷运行状态时，发电机的励磁电流不大，系统发生短路故障时，短路电流较小，且随时间衰减，以致带时限的继电保护不能正确动作。若在系统发生短路后，励磁自动调节系统实行强行励磁，使短路电流水平增大，可提高带时限动作的继电保护装置的灵敏度，从而也增加了保护动作的正确性。

(2)改善电动机自启动条件。系统短路时，电网电压降低，未切除的电动机常因此处于制动状态。短路切除后，电动机自启动时要吸收大量的无功功率，必然延缓电压恢复过程，甚至可能甩负荷。若励磁装置进行强行励磁，则可以加速电网电压的恢复，有效地改善电动机的自启动条件。

(3)为发电机失磁异步运行创造条件。当发电机由于各种原因失磁时，可不退出运行，而要在吸收大量无功功率的条件下转入异步运行，这必然导致系统电压下降，严重时甚至危及系统的安全运行。此时，如果系统内正常运行机组的励磁系统及时增加励磁以提供足够的无功功率，保持系统电压水平，则失磁的发电机可以在允许时间内以异步运行方式维持运行，这不但可以确保系统安全运行而且有利于机组热力设备的运行。

(4)水轮发电机组实行强行减磁。由于水轮发电机的调速装置惯性大，当发电机因故甩负荷时将超速而可能产生危险的过电压，严重时有可能升高到危及定子绝缘的程度。在这种情况下，励磁装置应进行强行减磁，以免产生危险过电压。

8.1.2 励磁控制系统的方式

由于励磁系统的功率单元(也称主励磁系统)与励磁调节器结构及实现的原理、方法的不同，励磁系统可分成多种不同类型。根据励磁电源的不同，同步发电机的励磁控制可分为直流励磁机方式、交流励磁机方式、静止励磁方式。

1. 直流励磁机方式

直流机励磁系统大多是用与同步发电机同轴的直流发电机作励磁机(DE)，向同步发电机转子回路提供励磁电流。励磁电源独立于交流电网，不受电力系统中非正常运行状态的影响。按励磁机励磁绕组供电方式的不同，又可分为自励式和他励式两种，其原理接线如图 8-7(a)和(b)所示。他励式比自励式多用一台副励磁机(PE)，取消了励磁机的自并励，所以时间常数较小。调节励磁机(或副励磁机)的磁场电阻 R_C 可以实现对发电机励磁的手动调节。

直流励磁机方式的主要性能和特点：

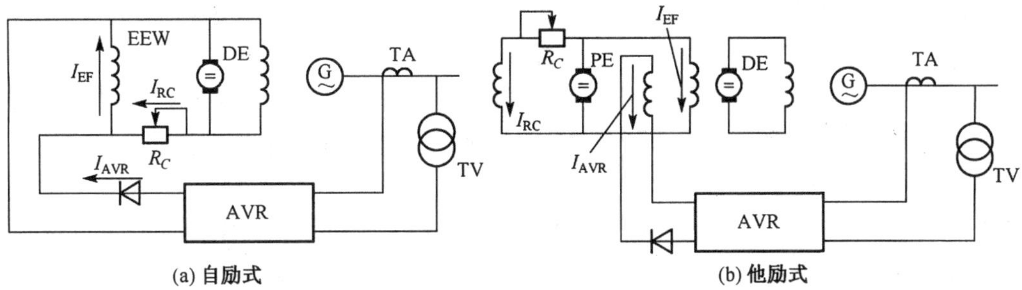

图 8-7　直流机励磁系统原理接线图

优点：(1)结构简单、运行可靠。

(2)当励磁机故障时，发电机转子仍可与励磁机形成闭合回路，不会产生感应过电压。

(3)因为励磁机与主机同轴，当发生故障时，由于主机的惯性大，励磁机转速不受影响能够照常励磁。

缺点：(1)因为励磁机为机械整流子换流，对整流子、电刷的维护工作量大。

(2)当需要的励磁电流过大时，换向困难，故励磁机的容量受到限制。

(3)直流励磁机有较大的时间常数，因而电压响应速度较慢。

所以，直流机励磁系统只能适用于中小容量机组。

2. *交流励磁机方式*

交流励磁机方式是用交流励磁机作为电源，经整流后供给发电机励磁。因励磁电源独立，发电机的励磁不受电力系统运行情况变化的影响。根据励磁机电源整流方式及整流器状态的不同又可分为以下几种。

1)他励交流励磁机方式

他励交流励磁机方式是交流励磁机带静止整流器励磁系统，其原理接线如图 8-8 所示。发电机的励磁电流是由频率为 100Hz 的交流励磁机 AE 经整流器 VT 供给，交流励磁机的励磁电流由晶闸管可控整流器供给，其电源由交流副励磁机 APE 提供。副励磁机可采用自励恒压调节器保持端电压恒定。在此励磁系统中，励磁调节器控制晶闸管元件的控制角，来改变交流励磁机的励磁电流，达到控制发电机励磁的目的。

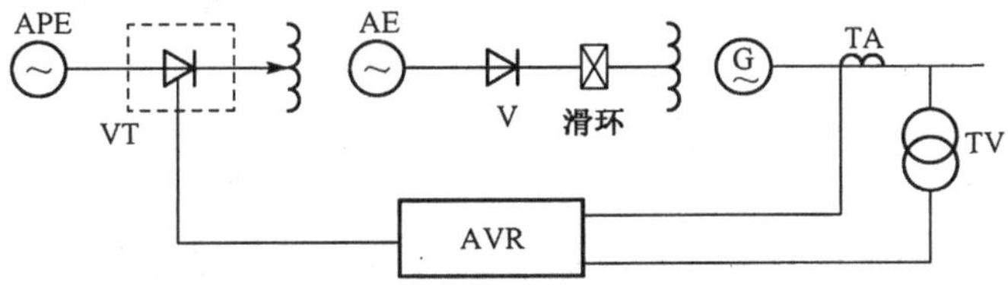

图 8-8　他励交流励磁机方式原理接线

他励交流励磁机方式的主要性能和特点：

(1)交流励磁机和副励磁机与发电机同轴是独立的励磁电源，不受电网干扰，可靠性高。

(2)交流励磁机时间常数较大，为了提高励磁系统快速响应，励磁机转子采用叠片结构，以减小其时间常数和因整流器换相引起的涡流损耗，频率采用 100Hz 或 150Hz。因为 100Hz 叠片式转子与相同尺寸的 50Hz 实心转子相比，励磁机时间常数可减小约一半。交流副励磁机频率为 400～500Hz。

(3)同轴交流励磁机、副励磁机，加长了发电机主轴的长度，使厂房长度增加，因此造价较高。

(4)仍有转动部件需要一定的维护工作量。

(5)一旦副励磁机或自励恒压调节器发生故障，均可导致发电机组失磁。如果采用永磁发电机作为副励磁机，不但可以简化调节设备，而且励磁系统的可靠性也可大为提高。

2)自励交流励磁机方式

自励交流励磁机方式中，交流励磁机带静止可控整流器励磁系统的原理接线如图 8-9 所示。发电机的励磁电流由交流励磁机 AE 经晶闸管整流装置 VT 供给，交流励磁机的励磁电源直接由本机出口获得，采用晶闸管自励恒压方式维持其端电压恒定。在此励磁系统中，励磁调节器 AVR 直接控制晶闸管整流装置，来改变发电机的励磁电流，达到控制发电机励磁的目的。

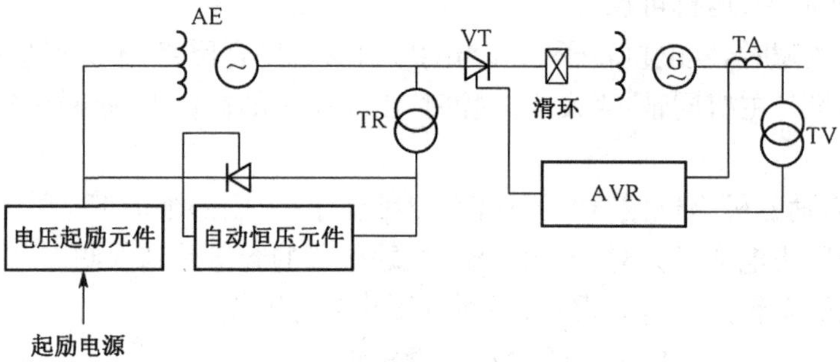

图 8-9　自励交流励磁机方式原理接线

自励交流励磁机方式的主要性能和特点：

(1)励磁调节器直接作用于同步发电机主磁场回路，励磁调节不经交流励磁机，有较快的励磁响应速度。

(2)利用主磁场回路的可控硅，可实现对发电机的逆变灭磁。

(3)发电机主轴上有供励磁电源用的电机，仍有转动部件，需要一定的维护工作量。

(4)因为励磁机的额定工作电压必须满足强励顶值电压的要求，所以励磁机的容量要求大些。

(5)可控整流器是交流励磁机的负载，使得交流励磁机出现高次谐波分量。

3)无刷励磁方式

随着发电机容量的增大，转子电流也相应增大，当发电机容量大于 300MW 时，交流励磁机励磁系统中的滑环与炭刷的正常运行和维护比较困难。为了提高励磁系统的可靠性，产生了无滑环的无刷励磁系统，其原理接线如图 8-10 所示。副励磁机一般采用频率为 350Hz 的永磁机，主励磁机是频率为 150Hz 的交流励磁机 AE，它的励磁绕组是静止的而电枢是旋转的，电枢输出的交流电经同轴旋转的整流器整流后，直接和发电机励磁绕组相连。由于交流励磁机电枢、硅整流元件、发电机的励磁绕组都在同一根轴上旋转，所以它们之间不需要任何滑环与炭刷等滑动接触部件，实现了无刷励磁。这种励磁方式的转子电流不再受接触部件技术条件的限制，因此特别适合于大容量发电机组。

无刷励磁方式的主要性能和特点：

(1)无滑环和炭刷，维护工作量可大为减少。

(2)发电机励磁由励磁机独立供电，供电可靠性高。并且由于无刷，整个励磁系统可靠性更高。

(3)无刷励磁系统使发电机轴的长度增加，制造工艺复杂。

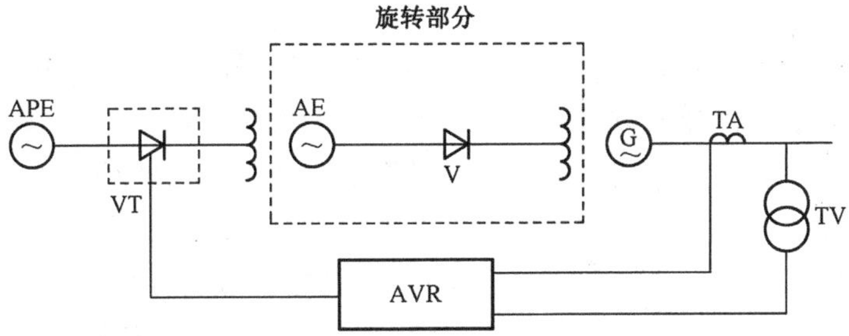

图 8-10　无刷励磁系统原理接线

(4)发电机励磁控制是通过调节交流励磁机的励磁实现的，因而励磁系统的响应速度较慢。

(5)发电机转子及其励磁电路都随轴旋转，因此在转子回路中不能接入灭磁设备，发电机转子回路无法实现直接灭磁，也无法实现对励磁系统的常规检测(如转子电流、电压、转子绝缘、熔断器熔断信号等)，必须采用特殊的测试方法。

3. *静止励磁方式*

静止励磁系统中发电机的励磁电源不用励磁机，而是通过励磁变压器、励磁变流器取自发电机端供给整流装置。这种励磁装置采用大功率晶闸管元件，没有转动部分，故称静止励磁系统。

1)自并励静止励磁方式

自并励静止励磁方式的励磁电源只有一个，由同步发电机通过励磁变压器供给，其原理接线如图 8-11 所示。励磁调节器 AVR 经可控整流装置直接控制发电机的励磁。

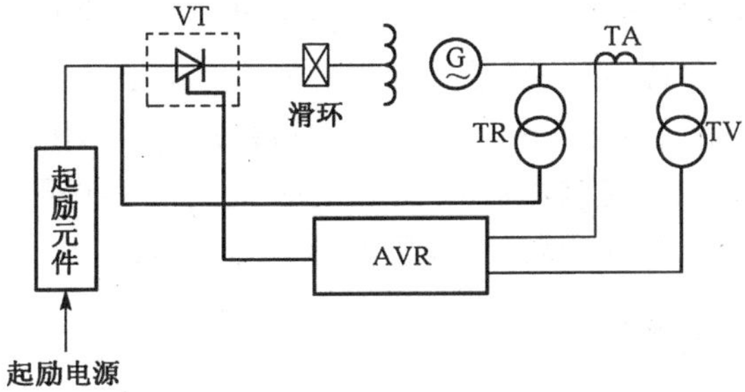

图 8-11　自并励静止励磁方式原理接线

自并励静止励磁方式的主要性能和特点：

(1)制造简单，所需设备造价低。

(2)无转动部件，可靠性高，运行维护方便。

(3)无需同轴励磁机，可缩短发电机主轴的长度，减少投资。

(4)励磁调节器直接控制发电机转子电压，不经过励磁机的时滞，因而励磁系统的响应速度快。

(5)系统发生短路时，机端电压下降，强励能力会受到影响。特别在发电机近端三相短路而切除时间又较长的情况下，不能及时提供足够的励磁，以致影响电力系统的暂态稳定。

(6)由于短路电流的迅速衰减，带时限的继电保护装置可能会拒绝动作。

自并励励磁系统特别适合于发电机一变压器组。由于大多数大型发电机组的出线采用封闭母线，在机端发生三相短路的可能性不大，设计时只需考虑在变压器高压侧三相短路时励磁系统有足够的电压即可。

2)自复励静止励磁方式

自复励静止励磁方式的励磁电源有两个，分别由同步发电机通过励磁变压器和励磁变流器供给。励磁变压器和励磁变流器可以有不同的连接形式，即可以在交流侧串联或并联、也可以在直流侧串联或并联。较为常用的是直流侧并联和交流侧串联两种方式，图 8-12 示出的是交流侧串联的自复励式励磁系统的原理接线。在励磁变流器二次侧得到正比于发电机定子电流的电压，变流器的铁心带有气隙，磁路不易饱和，其互感抗可视为常数，实际上它是一个电抗变压器，励磁变流器二次电压与励磁变压器二次电压串联后加到可控硅整流桥上，整流后供给发电机所需的励磁功率。

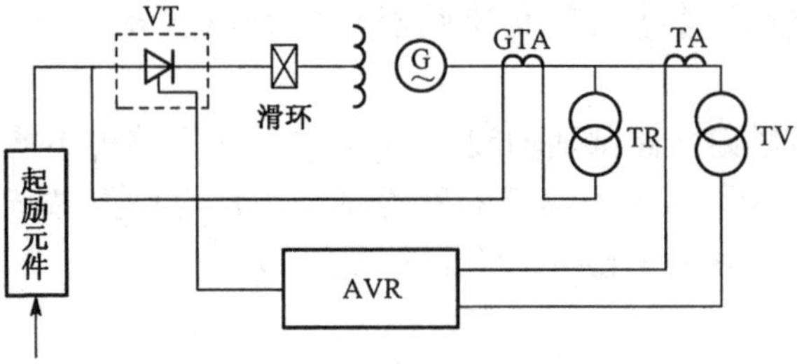

图 8-12　交流侧串联的自复励式励磁系统原理接线

自复励静止励磁方式的主要性能和特点：

(1)整流输出能反应定子电流、端电压和相角的变化，所以复励系统有较好地补偿电枢反应变化的作用，可加快调节速度。

(2)由于有两个励磁电源，提高了运行方式的灵活性。当发电机近端短路时，短路电流较大，可以由励磁变流器承担励磁，解决了自并励强励能力差的缺点。

(3)励磁调节器直接控制发电机转子电压，不经过励磁机的时滞，因而励磁系统的响应速度快。

(4)由于励磁变流器接入可控整流器的阳极回路，整流桥交流侧电源阻抗相对较大，使换相电抗增加，因而增加了换相压降，且输出电压波形畸变较大。

8.1.3　对励磁控制系统的基本要求

励磁系统包括励磁功率单元和励磁调节器，它们和同步发电机一起构成一个闭环控制系统。为了充分发挥励磁系统的作用，要求发电机励磁控制系统有高度的可靠性，在各种运行状态下有优良的性能。在讨论对发电机励磁控制系统的基本要求之前，先简要解释几个术语。

1. 术语

1)强励倍数

在发电机额定转速下带额定负载时，对励磁控制系统做强行励磁实验，可获得励磁电压的上升曲线，如图 8-13 所示。强励倍数是励磁顶值电压 U_{EFq} 与额定工况下励磁电压 U_{EFN} 之比，即

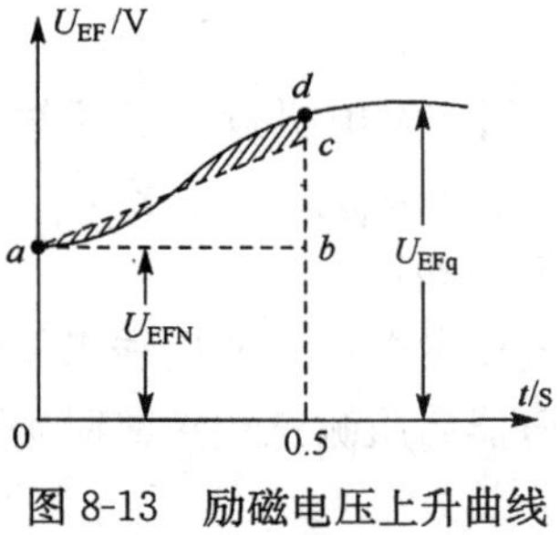

图 8-13　励磁电压上升曲线

$$强励倍数 = \frac{强励顶值电压\ U_{EFq}}{额定励磁电压\ U_{EFN}} \tag{8-6}$$

2)电压响应比(电压平均上升速度)

电压响应比又称为励磁电压平均上升速度，通常是将励磁电压在强励动作后最初 0.5s 内上升的平均速率定义为励磁电压响应比。

在电力系统遭受大扰动之后的暂态过程中，励磁功率单元对发电机运行产生实际影响的最主要的物理量是转子磁通增量 $\Delta\varphi_G$，它正比于励磁电压上升曲线下的面积增量。所以在图 8-13 中，用直线 ac 代替实际上升曲线，使阴影部分上下面积相等，则表示的 $\Delta\varphi_G$ 值相同。于是励磁电压响应比可按下式计算：

$$\text{电压响应比} = \left(\frac{U_c - U_{EFN}}{U_{EFN}}\right)\Big/0.5 \tag{8-7}$$

3)高初始响应励磁系统

大容量机组往往采用快速励磁系统。励磁电压达到顶值与额定值之差的 95%时的响应时间小于 0.1s 的励磁系统称为高初始响应励磁系统。对于电压下降的情况，例如快速减磁，则以励磁电压由额定值减小到零的时间小于 0.15s 来定义。

2. 对励磁控制系统的基本要求

(1)励磁控制系统应保证在各种运行状态下的可靠性，其中包括起励、空载、负载、强励、强减和灭磁等工作状态。

(2)根据运行要求，能平滑地调节发电机电压和合理分配机组间的无功功率。

(3)要求励磁控制系统没有失灵区，以保持同步发电机组能在人工稳定区域运行。

(4)励磁功率单元应具有足够的调节容量，使同步发电机能适应各种运行工况的需要。

(5)应具有足够大的励磁顶值电压及电压上升速度。一般规定强励倍数取 1.8～2，电压上升速度(电压响应比)不小于 2 倍/s。

(6)装置的结构简单可靠，操作维护方便，动作迅速，调节过程稳定。

8.2 励磁系统中的整流电路

同步发电机的励磁电源实质上是一个可控的直流电源，由励磁功率单元向同步发电机转子提供直流电流。在各种形式的励磁系统中，除了直流励磁机励磁系统外，其他形式的励磁系统均要使用三相可控或不可控整流电路或逆变电路。大型发电机的转子励磁回路通常采用三相桥式不可控整流电路，自并励励磁系统采用三相桥式全控整流电路，为此整流电路是励磁系统中的必备部件。选用大功率可控硅整流元件的整流电路在励磁控制系统中使用越来越广泛，它具有调节质量高、动作迅速、调整方便等优点。

8.2.1 三相桥式不可控整流电路

1. 原理图

图 8-14(a)为三相桥式不可控整流电路原理接线图。e_a、e_b、e_c 为三相对称电源电压，由三相变压器二次侧(或交流励磁机电枢绕组)供给，整流元件为二极管 V_1～V_6，其直流侧负载可以是发电机转子线圈或励磁机励磁绕组。

2. 工作分析

(1)任何时刻，电路中只能是阳极电位最高和阴极电位最低的两个二极管处于正向电压而导通，其他二极管受到反向电压不能导通。图 8-14(b)中，在 $[\omega t_0, \omega t_1]$ 期间，e_a 电位最高，e_b 电位最低，所以接于 e_a 相的 V_1 和接于 e_b 相的 V_6 两个二极管导通。如果忽略二极管的导通压降，则 H 点电位 $U_H = e_a$，V_3 和 V_5 受反向电压而截止。同理，L 点电位 $U_L = e_b$，V_2 和 V_4 也受反向电压而截止。在此期间的输出按 e_{ab} 变化。每一时间段内二极管的导通情况如图 8-14(b)列表所示，输出波形是三相交流线电压波形的包络线。

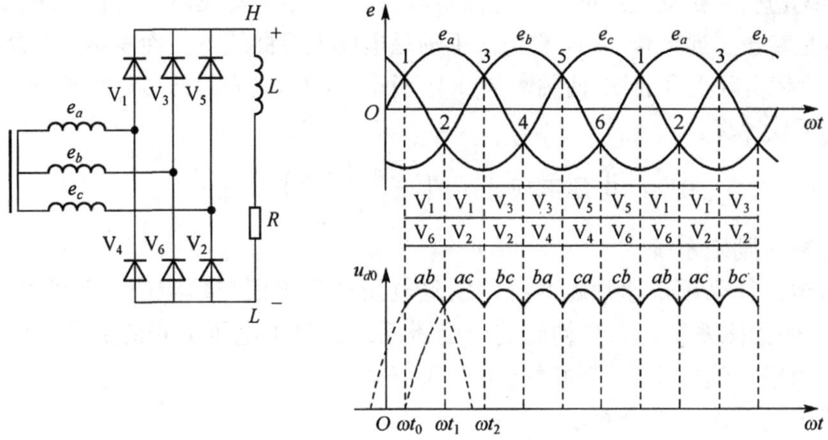

(a) 整流电路原理接线图　　　　(b) 输出电压波形

图 8-14　三相桥式不可控整流电路和波形

(2)在每一周期 2π 中，每个二极管整流元件连续导通 $120°$，且以三相电压波形的交点(也称为自然换相点)为起点轮换，轮换周期为 $60°$。

(3)二极管整流元件承受的最大正、反向电压为线电压。如在 $[\omega t_0, \omega t_1]$ 期间，不导通的二极管 V_3 承受的反向电压为 e_{ab}；若在 V_1、V_6 两管导通瞬间，V_1 稍先导通，则 V_6 承受正向电压 e_{ab}。

3. 输出电压

输出电压 u_{d0} 的波形在一个周期 2π 内分为均匀的 6 段，其平均值 U_{d0} 可用下式计算：

$$\begin{aligned} U_{d0} &= \frac{6}{2\pi}\int_{\frac{\pi}{6}}^{\frac{\pi}{2}}(e_a - e_b)\mathrm{d}(\omega t) \\ &= \frac{6}{2\pi}\int_{\frac{\pi}{6}}^{\frac{\pi}{2}}\left[\sqrt{2}E_\varphi\sin(\omega t) - \sqrt{2}E_\varphi\sin\left(\omega t - \frac{2\pi}{3}\right)\right]\mathrm{d}(\omega t) \\ &= 2.34E_\varphi = 1.35E_{\mathrm{L}} \end{aligned} \tag{8-8}$$

式中，E_φ 为变压器二次侧相电压有效值；E_{L} 为变压器二次侧线电压有效值。

8.2.2　三相桥式全控整流电路

1. 控制触发脉冲的要求

三相桥式全控整流电路的原理接线图如图 8-15 所示。电路中的六个整流元件全部采用晶闸管，VT_1、VT_3、VT_5 为共阴极连接，VT_2、VT_4、VT_6 为共阳极连接，六个晶闸管都必须依靠触发脉冲控制换流，为保证电路正常工作，对触发脉冲提出了较高的要求。

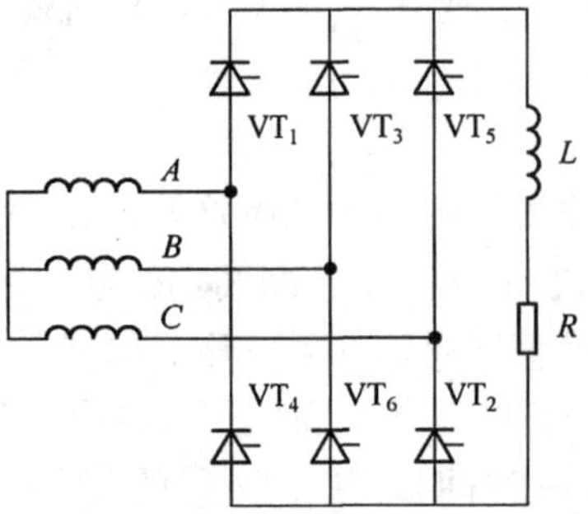

图 8-15　三相桥式全控整流电路原理接线图

(1)由于共阴极和共阳极的两组晶闸管必须各有一个同时导通，电路才能正常工作。为了使输出电压波形均匀，六个晶闸管的导通顺序与电源电压及其反向的相序顺序($u_a \to u_{-c} \to u_b \to u_{-a} \to u_c \to u_{-b}$)相同，应为 VT_1，VT_2，VT_3，VT_4，VT_5，VT_6，它们的触发脉冲相位依次相差60°。为保证后一个晶闸管触发导通时前一个晶闸管处于导通状态，需用宽度大于60°的触发脉冲。在触发脉冲的宽度小于60°电角度时，在给后一个晶闸管以触发脉冲的同时，也给前一个晶闸管以触发脉冲，形成双脉冲触发，如表 8-1 所示。

表 8-1　三相全控桥触发脉冲顺序

可控硅号	一周期内触发脉冲次序						
	0°	6°	120°	180°	240°	300°	360°
VT_1	⊓	⊓					
VT_2		⊓	⊓				
VT_3			⊓	⊓			
VT_4				⊓	⊓		
VT_5					⊓	⊓	
VT_6	⊓					⊓	⊓

(2)触发脉冲的控制角 α 的起点规定为各相的自然换相点，见图 8-16 中三相电压波形交点的 1,2,3,4,5,6 处。触发脉冲应在以自然换相点为起点的180°区间内发出，即触发脉冲应与相应交流电压保持同步。

2. 整流工作状态

整流工作状态就是将输入的交流电压转换为直流电压。图 8-16 给出了控制角 α 为几个特殊值时的整流过程波形。

(1) $\alpha = 0°$ 时，6 个触发脉冲各在所对应的自然换相点时刻发出，这时全控整流电路各元件导通的顺序和时间与不可控整流电流的完全相同，电路的工作情况和输出电压波形与不可控的也并无区别。

(2) $\alpha = 60°$ 时，各相正、负侧晶闸管的触发脉冲滞后于自然换相点 60°出现。假设在 t_1 点之前 VT_5、VT_6 导通，在 t_1 点时刻给 VT_1 加触发脉冲，此时 VT_1 上的正向电压为 e_{ac} 为正，使 VT_1 导通，VT_5 则由于承受反向电压而关断，VT_5 换流至 VT_1，且与 VT_6 形成电流通路，输出电压按 e_{ab} 变化。再经 60°在 t_2 时刻给 VT_2 加触发脉冲，此时 VT_2 上的正向电压为 e_{bc} 为正，使 VT_2 导通，VT_6 则由于承受反向电压而关断，VT_6 换流至 VT_2，且与 VT_1 形成电流通路，输出电压按 e_{ac} 变化。之后按 60°间隔，顺序触发 VT_3、VT_4、VT_5、VT_6，在电压交点 4、5、6、1 点处换流，得到 $\alpha = 60°$ 的整流过程。各区间段内晶闸管的导通情况和输出波形如图 8-16(b)所示，交流相电压中画阴影部分表示导通面积。

由图可见，在 $\alpha = 60°$ 时，输出电压 u_d 波形开始有零点出现，所以当 $\alpha < 60°$，输出电压 u_d 为瞬时值均大于零的连续波形。

(3)当 $\alpha = 90°$ 时，各相正、负侧晶闸管的触发脉冲滞后于自然换相点 90°出现。假设在 t_1 点之前 VT_5、VT_6 导通，在 t_1 点时刻 VT_1 加触发脉冲，导通元件为 VT_1 和 VT_6，输出电压为 e_{ab}。到电压交点 3 时，有 $e_a = e_b$，$u_d = e_{ab}$ 为零。在输出电压由零变负时，由于负载回路大电感的存在，将产生感应电动势来阻止负载电流的减小，而且负载电感上的感应电势数值大于 e_{ab}，使 VT_1 和 VT_6 仍处于正向电压下，保持导通状态，输出电压仍是 e_{ab}，但此时为负。直到 t_2 时刻 VT_2 加触发脉冲，VT_2 导通，VT_6 承受反向电压关断，VT_1、VT_2 与负载形成电流通路，输出电压转为 e_{ac}。依次类推以后工况，得到 $\alpha = 90°$ 时输出电压波形如图 8-16(c)所示。可以看出，输出波形呈现正负两部分，且恰好对称相等，电压的平均值显然为零。

在 $60° < \alpha < 90°$ 时，输出电压 u_d 是交替的正负两部分，且正的部分较大，故输出电压平均值 $U_{d\,av}$ 大于零。

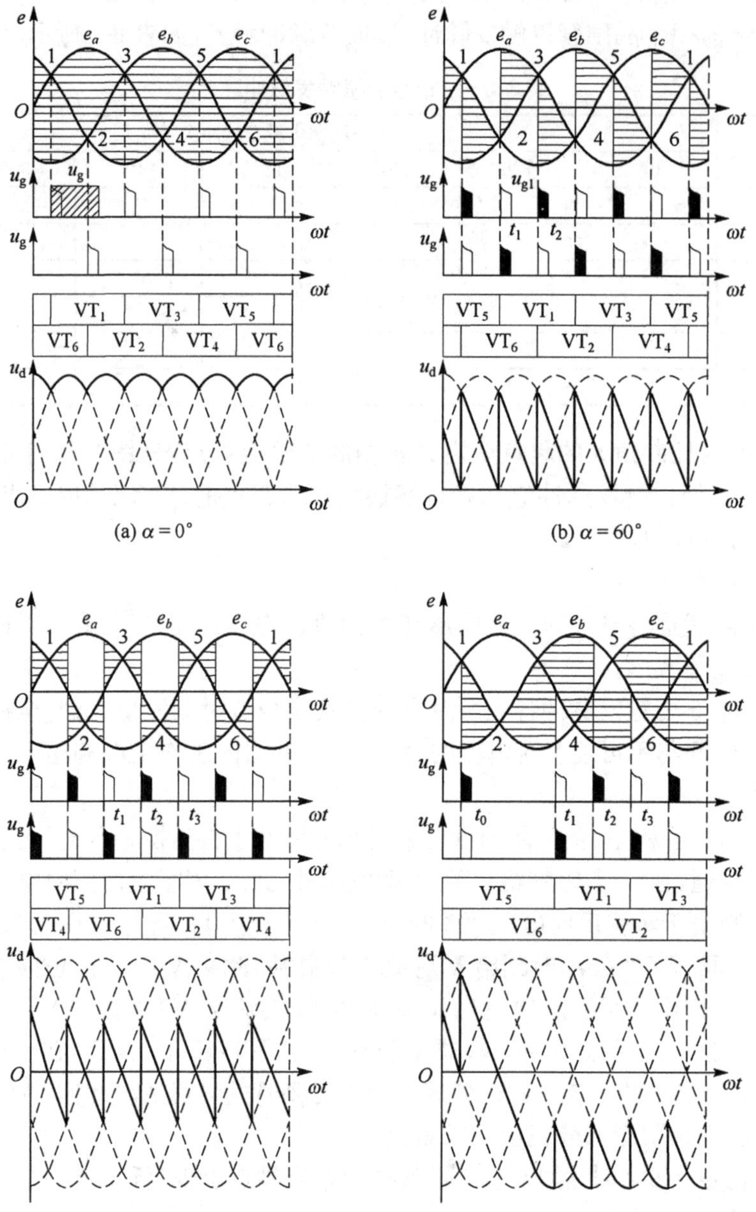

图 8-16　三相桥式全控整流电路输出电压波形

因此，在 $0°\leqslant\alpha\leqslant 90°$ 范围内，全控整流电路工作在整流状态，将交流电压转为直流电压。

3. 逆变工作状态

逆变工作状态就是将输出的直流电压转换为交流电压，实际上就是将负载电感中的能量向电源倒送，使电感中的磁能很快消失。在励磁系统中，利用逆变状态来实现快速灭磁。当全控桥电路处于 $90°<\alpha<180°$ 工况时，为逆变工作状态。图 8-16(d)给出了控制角 α 由60°转至150°时的波形图，以此来说明逆变过程。

设整流桥原工作在整流状态，负载电流流经电感已储存了一定的磁场能量。当 $\alpha=150°$ 时，触发脉冲由电压交点 2 时刻突然后退到 t_1 点发出，VT_1 接受触发脉冲而导通，与 VT_6 形成电流通路，此时 e_{ab} 为负值。但由于负载电感电流减小，所产生的感应电势较大，使 VT_1 和 VT_6 仍在正向阳极电压下工作并输出电压 e_{ab}。这时电感线圈上的感应电势与负载电流的方向一致，直流侧发出功率，交流侧吸收功率，也就是将原来在整流状态下储存的磁场能量释放并倒送到交流电网。该过程延续到 t_2 时刻，对 VT_2 加触发脉冲，VT_2 导通，同样此时 e_{ac} 为负值，但在电感电动势的作用下，仍维持 VT_1 和 VT_2 导通，继续向交流侧馈回能量。以后每隔60°送出一个触发脉冲，使相关晶闸管导通，维持逆变过程，直到电感线圈内储存的磁场能量释放完，逆变过程才结束。

4. 最小逆变角

由上述分析可知，$\alpha > 90°$ 是逆变区。从理论上讲，$\alpha = 180°$ 时负电压值最大，能量释放给电网最快，逆变效果最理想。但实际上 $\alpha = 180°$ 将会导致逆变失败或逆变颠覆，这是不希望的。因此，要保证逆变工作正常，又能得到尽可能大的逆变电压，控制角 α 离180°必须留出一定的裕度角，称为逆变角 β，且要求实际的 β 大于给定的最小逆变角 $\beta_{\min}$。最小逆变角应大于换流角 γ 和晶闸管关断角 δ_{off} 之和，即 $\beta_{\min} \geqslant \gamma + \delta_{\text{off}}$。

现分析 $\alpha = 180°$ 情况，如图 8-17 所示。假设在进入 $\alpha = 180°$ 前 VT_5、VT_6 导通，输出电压为 e_{cb}。在 $[t_0, t_1]$ 期间，电路处于整流状态，在 $[t_1, t_2]$ 期间，电路则处于逆变状态。当 $\alpha = 180°$ 时，触发脉冲由 t_1 点后退到 t_2 点向 VT_1 发出，此时 VT_1 上的正向电压为 $e_{ac} = 0$，考虑到换流不能瞬时完成，过了 t_2 时刻后，$e_{ac} < 0$，使 VT_1 承受反向电压而无法导通，即换流不成功，仍由 VT_5 和 VT_6 导通，电路仍处于逆变状态。一直到 t_3 时刻，给 VT_2 加触发脉冲，导通的晶闸管 VT_6 应换流到 VT_2，但因 VT_2 承受的正向电压 e_{bc} 小于零而无法导通，故仍由 VT_5 和 VT_6 导通，换流不成功，然而此时电路又返回到整流状态，逆变失败，形成了逆变颠覆。

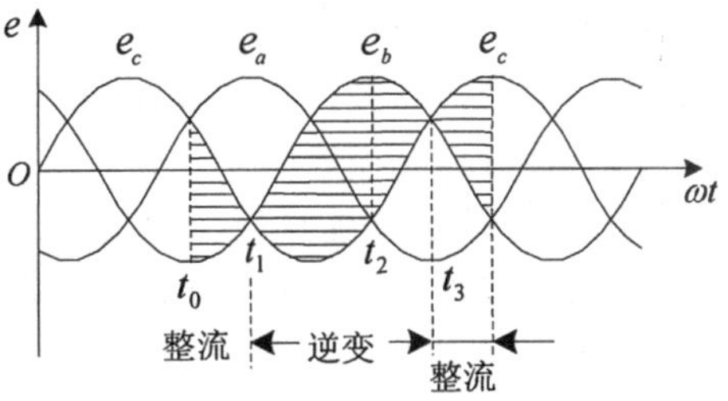

图 8-17　α=180°时逆变失控分析

可见，在全控整流电路中，当 $\alpha = 180°$ 时，因换流不能完成而造成逆变失败，而且晶闸管因连续导通过热而损坏或使快速熔断器熔丝熔断。因此，当需要发电机转子快速灭磁时，要把控制角限定在 $\alpha \leqslant 180° - \beta_{\min}$ 范围，一般取为 $\alpha \leqslant 150° \sim 155°$，以确保逆变成功。

根据对三相桥式全控整流电路工作原理的分析，当 $0° \leqslant \alpha \leqslant 90°$ 时，全控桥工作在整流状态，改变控制角 α，可以实现对发电机励磁电流的自动调节；当 $90° < \alpha < 180° - \beta_{\min}$，全控桥工作在逆变状态，可以实现对发电机的自动灭磁。就是说，当发电机发生内部故障时，控制励磁调节器使控制角 α 由小于90°的整流工作状态突然加大到 α 大于90°的某一适当的角度，进入逆变工作状态，将发电机转子绕组储存的能量迅速反馈到交流侧去，从而使发电机电势迅速降低，实现逆变灭磁。当然，自动励磁调节装置在调节过程中，如使 $\alpha > 90°$，则能对发电机迅速进行减磁。

5. 输出电压及输出特性

输出电压 u_{d} 的波形在一个周期 2π 内分为均匀的六段，其平均电压 $U_{\text{d av}}$ 可用下式计算：

$$U_{\text{d av}} = \frac{6}{2\pi}\int_{-\frac{\pi}{6}+\alpha}^{\frac{\pi}{6}+\alpha}\sqrt{2}E_{\text{L}}\cos(\omega t)\,\text{d}(\omega t) = \frac{3}{\pi}\sqrt{2}E_{\text{L}} \times 2\sin\frac{\pi}{6}\cos\alpha = 1.35E_{\text{L}}\cos\alpha \quad (8\text{-}9)$$

三相桥式全控整流电路输出特性 $U_{\text{d, av}} = f(\alpha)$ 如图 8-18 所示。

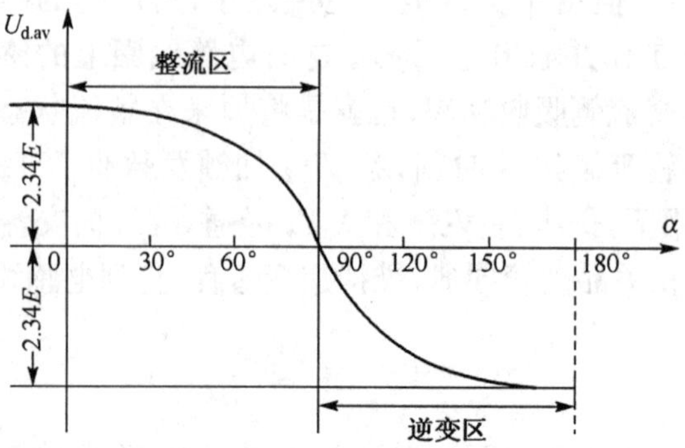

图 8-18　三相桥式全控整流电路输出特性 $U_{d.av} = f(\alpha)$

8.3　自动励磁调节装置原理及工作特性

8.3.1　励磁调节器的工作原理与特性

1. *励磁调节器的构成框图*

自动励磁调节器是实现励磁控制的核心环节。早期的励磁调节器只反应发电机的电压偏差,进行电压校正,称为电压调节器。现代的励磁调节器可综合反映发电机电压、电流和其他多种信号,进行励磁电流调节,称为励磁调节器。励磁调节器的形式很多,但构成自动励磁控制的核心部分却很相似,图 8-19 是他励励磁系统所采用的励磁调节器框图,它主要由调差,测量比较,综合放大和移相触发单元构成,实现基本的调节功能。为满足发电机不同工况,改善电力系统稳定性,改善励磁控制系统动态特性,还设置了各种限制信号,实现对发电机的辅助控制。

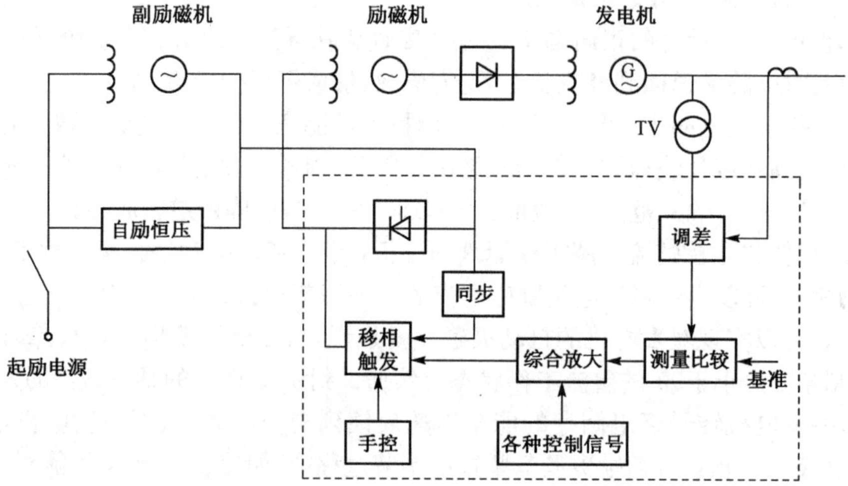

图 8-19　他励励磁调节器的构成框图

励磁调节器最基本的功能是调节发电机的电压,常用比例式调节器,其工作特性如图 8-20 所示。横坐标 U_G 为发电机端电压,纵坐标 I_{EF} 为发电机励磁电流。当发电机电压升高时,调节器输出电流减小,使发电机电压回落;反之,当发电机电压下降时,调节器输出电流增大,使发电机电压回升。图中 $U_{Gb} \sim U_{Ga}$ 为发电机正常运行时的电压变比范围,相应的发电机励磁电流的变化范围为 $I_{EFb} \sim I_{EFa}$。

2. 主要环节及工作特性

1)测量比较单元

测量比较单元的作用是测量发电机电压,并将其变换为直流电压信号,与给定的直流基准电压进行比较,得到反映发电机电压偏差的信号。测量比较单元的构成如图 8-21 所示。它通常由正序电压过滤器、测量变压器、多相整流电路、滤波电路和电压比较整定等环节组成。

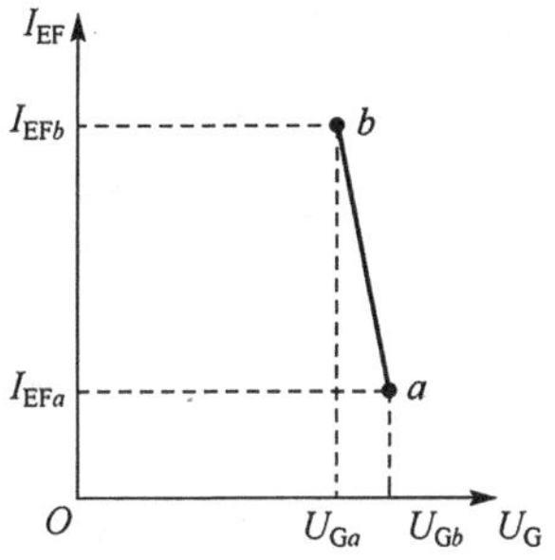

图 8-20　比例式励磁调节器的工作特性

(1)正序电压过滤器。

在系统存在三相电压不平衡时,过滤器只输出反电压水平的正序电压,使其后的测量变压器始终处于对称三相电压下工作,以提高调节器的调节精度,并在发生不对称短路时提高强励的能力,但正序电压过滤器并不是必需的。

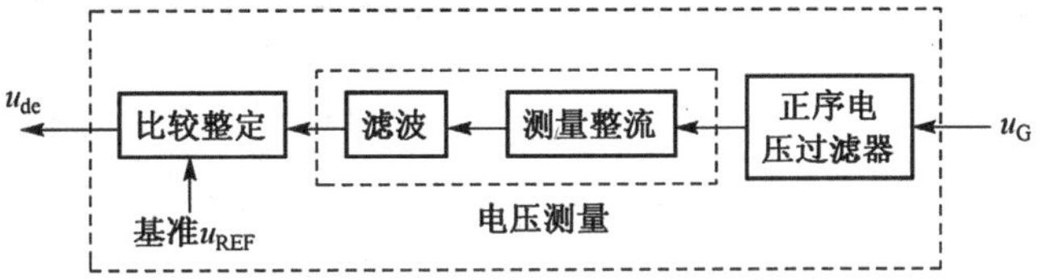

图 8-21　测量比较单元的构成环节

(2)测量变压器与整流电路。

测量变压器与多相整流电路组成多相整流单元。其作用是将发电机电压变换成与发电机电压成比例,并与基准电压作比较的平滑的直流电压。为了使变换后的直流电压平稳,通常采用多相整流电路(如三相、六相、十二相)。因为整流相数越多,整流电压中所含纹波的最低频率越高,且其幅值越小,因而直流电压越平滑、幅值越大。同时其后的滤波电路的时间常数也相应减小,从而减小测量单元的时间常数。

(3)滤波电路。

由于整流电路输出的直流电压中含有谐波分量,为了得到平稳的直流电压,必须进行滤波。多相整流中最低次谐波的幅值最大,称为主谐波,可用快速选频滤波电路即可。例如,对于六相桥式整流,滤波应选频为 600Hz。

(4)比较整定电路。

比较整定电路是测量比较环节的核心部分,其作用是将整流滤波输出的电压与比较电路中的基准电压进行比较,得到一个反应发电机电压偏差的直流电压信号 U_{de},输出到综合放大单元。另外,通过对发电机电压给定值整定,能使输出特性在一定范围内移动,从而使电压(或无功功率)满足运行工况的要求。

采用集成运算放大器按比例加法原理可构成的比较整定电路,图 8-22(a)是一个例子。从测量整流电路来的电压 U_{sc} 正比于发电机电压 U_G,作为加法器的一个输入量,加法器的另两个输入量是比较整定电路的整定电压,其中 U_{VZ1} 是取自稳压管 VZ 的恒定负电压,U_{VZ2} 是可变的整定电压。先考虑前两个输入量(即设 $U_{VZ2}=0$),若该二路运放的闭环放大倍数分别为 K_{c1}、$K_{c2}\left(K_{c1}=-\dfrac{R_{fk}}{R_3},K_{c2}=-\dfrac{R_{fk}}{R_4}\right)$,则比较整定电路输出电压为

$$U_{de}=K_{c1}U_{sc}-K_{c2}U_{VZ1}$$

上式中的第一项为随发电机端电压而变化的量，第二相是一恒定量。二者叠加可得图 8-22(b)中①+②所示特性。计及第三个输入量 U_{VZ2} 后，测量单元特性可向右平移，如图 8-22 中虚线所示。因此调节电位器 R_P 可起改变发电机整定电压的作用。此时

$$U_{de} = K_{c1}U_{sc} - K_{c2}U_{VZ1} - K_{c3}U_{VZ2}$$

式中，$K_{c3} = -\frac{R_{fk}}{R_5}$，将各通道增益进行归算

$$U_{de} = K_{c1}\left(U_{sc} - \frac{K_{c2}}{K_{c1}}U_{VZ1} - \frac{K_{c3}}{K_{c1}}U_{VZ2}\right) = K_{c1}(U_{sc} - U_{REF})$$

式中，$U_{REF} = \frac{K_{c2}}{K_{c1}}U_{VZ1} + \frac{K_{c3}}{K_{c1}}U_{VZ2}$。

由此可见，整定电压 U_{REF} 随 U_{VZ2} 而变化，而固定整定电压 U_{VZ1} 与调节器最小整定电压值有关。

测量比较单元输出与输入的关系为 $U_{de} = f(U_G)$，其工作特性如图 8-22(c)所示。

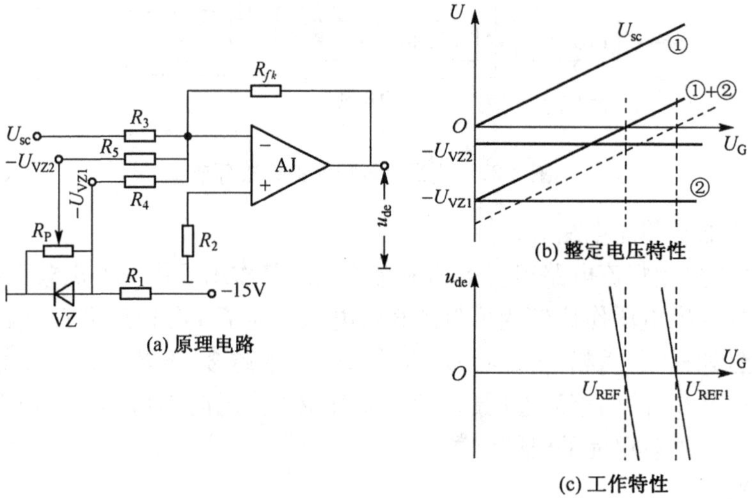

图 8-22　比较整定电路

2)综合放大单元

综合放大单元的作用是对测量比较单元的输出信号和其他有关信号进行综合和放大。综合放大单元的组成如图 8-23 所示，输入综合放大单元的辅助控制信号包括过励、欠励限制信号，为改善励磁系统动态性能的微分反馈信号(励磁系统稳定器)及提高电力系统稳定的(电力系统稳定器)信号等。

采用运算放大器构成的综合放大单元原理如图 8-24 所示。根据运算放大器的工作特点，可写出输出电压为

$$U_{sm} = -R_{fk}\left(\frac{U_{de}}{R_0} + \frac{U_1}{R_1} + \frac{U_2}{R_2} + \frac{U_3}{R_3} + \frac{U_4}{R_4}\right)$$

若 $R_0 = R_1 = R_2 = R_3 = R_4 = R$，则有

$$U_{sm} = -\frac{R_{fk}}{R}(U_{de} + U_1 + U_2 + U_3 + U_4) \tag{8-10}$$

由式(8-10)可见，上述电路实现了综合放大作用。

过励磁限制和低励磁限制可通过 VZ_1 和 VZ_2 对运放输出的双向限幅实现。当输出电压 $U_{sm} \geqslant U_{VZ1}$ 时，VZ_1 击穿，输出正向被限幅。同理，当 $U_{sm} \leqslant -U_{VZ2}$ 时，VZ_2 击穿，使输出负向被限幅。

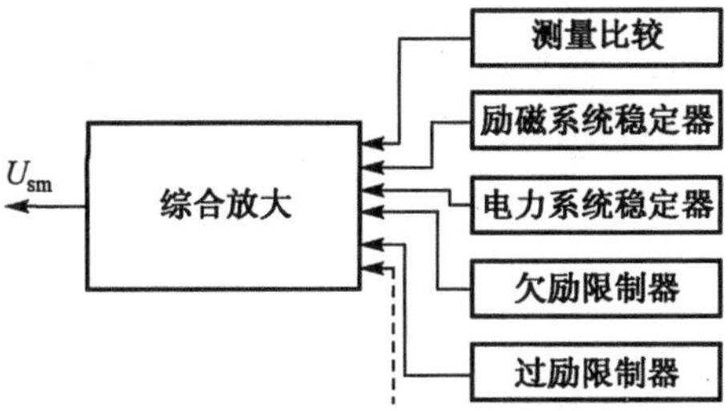

图 8-23　综合放大单元的组成框图

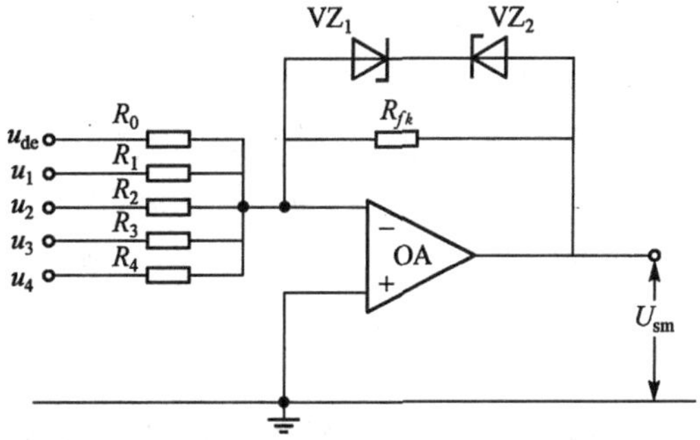

图 8-24　综合放大单元原理图

综合放大单元输出与输入的关系为 $U_{sm}=f(U_{de})$，其工作特性如图 8-25 所示。

3)移相触发单元

移相触发单元的作用是将综合放大单元输出的控制电压 U_{sm} 转换为相位可移动的触发脉冲，用来改变控制角 α 的大小，从而控制可控整流电路的输出，达到调节励磁的目的。移相触发单元包括同步、移相、脉冲形成和脉冲放大等环节，如图 8-26 所示。脉冲放大环节是为了使触发脉冲能可靠地工作而设置的。

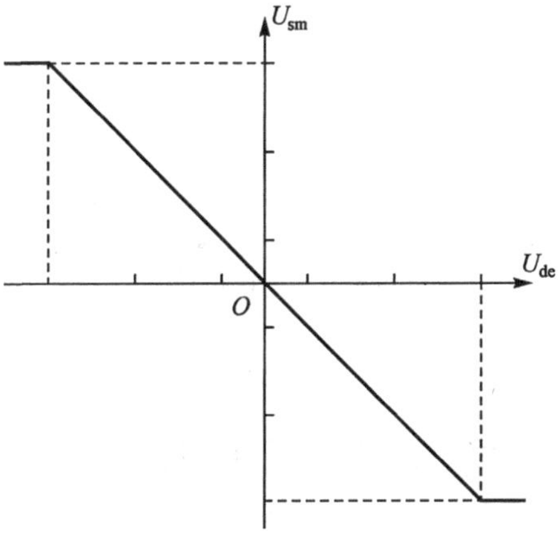

图 8-25　综合放大单元的工作特性

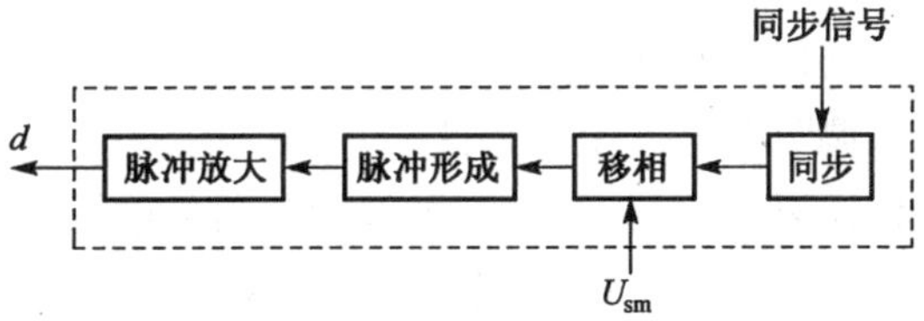

图 8-26　移相触发单元的构成框图

在各种励磁调节装置中，触发器的形式是不同的，这里介绍在励磁调节器中常用的余弦波移相触发原理。

可控整流电路要求在晶闸管承受正向电压的某一时刻，向它的控制极送出触发脉冲，才能使晶闸管导通。晶闸管触发脉冲与主电路之间的这种相位配合关系称为同步。进一步，供电给移相触发单元的同步电压信号与主电路电源间也应具有一定的相位关系，才能保证触发脉冲按要求的相位发出。

由前面分析过的三相桥式全控电路原理知道，全控电路中输出电压 $U_{d.av}$ 与控制角 α 的余弦成正比，因此整流输出电压与控制电压 U_{sm} 成非线性特性。为了使它呈线性关系，采用余弦波作为同步信号，使控制角 α 等于作用于触发器的控制电压与同步电压幅值 U_{sym} 之比的反余弦函数，即 $\alpha=\arccos\left(-\frac{U'_{sm}}{U_{sym}}\right)=\arccos\left(-\frac{U_{sm}+U_{sm0}}{U_{sym}}\right)$，其中 U_{sm0} 是对应发电机端基准电压的控制电压，这样 $U_{d.av}$ 就与 U_{sm} 呈线性关系。这种特性的移相触发电路称为余弦波移相触发电路。在这电路中使控制电压 U'_{sm} 与同步电压 u_{sy} 叠加，以叠加后的信号 u_Z 过零点所对应的

相角为控制角 α，即 $u_Z=U'_{sm}+u_{sy}$，当 $u_Z=0$ 时发触发脉冲。当控制电压变化时，u_Z 的过零点位移，α 随之变化，因而实现了移相控制。现以 $+A$ 相触发器为例来说明。

图 8-27 中，U_{sym} 为 u_{sy} 波的幅值，当控制电压 $U'_{sm}=0$ 时，叠加后的信号 $u_Z=U'_{sm}+u_{sy}$ 过零点发生在 $\alpha=90°$。当 $U'_{sm}<0$ 时，u_Z 过零点前移，$\alpha<90°$；当 $U'_{sm}>0$ 时，u_Z 过零点后移，$\alpha>90°$。

余弦波触发电路输出与输入的关系为

$$\alpha=\arccos\left(-\frac{U'_{sm}}{U_{sym}}\right)$$

在不考虑换流压降的情况下，三相桥式全控整流电路的输出 u_d 与控制电压 U_{sm} 的线性关系为 $u_{d.av}=U_{AVR}=1.35E_L\cos\alpha=-1.35E_L\dfrac{U_{sm}}{U_{sym}}-1.35E_L\dfrac{U_{sm0}}{U_{sym}}=-1.35E_L\dfrac{U_{sm}}{U_{sym}}+U_{AVR0}$，其工作特性如图 8-28 所示。

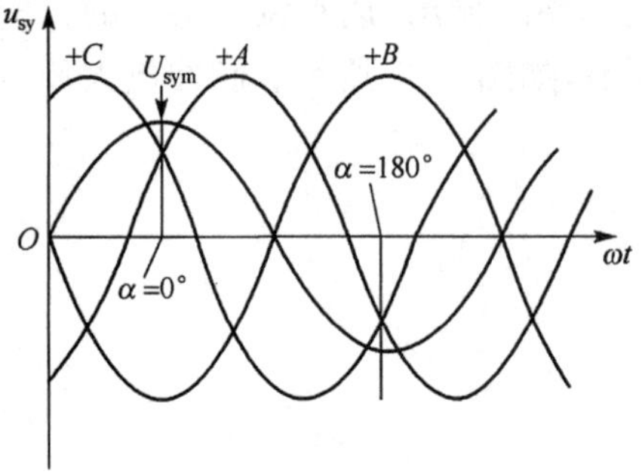

图 8-27　余弦波的移相原理

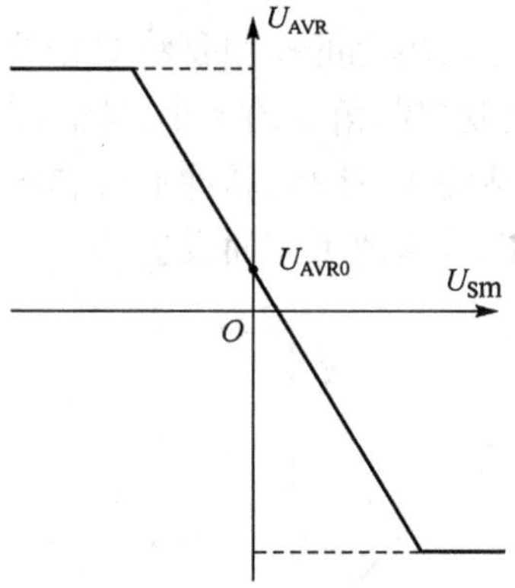

图 8-28　工作特性

3. *励磁调节器静态工作特性*

1)调节器静态工作特性

根据以上分析，在已知励磁调节器各单元的工作特性后，将它们进行合成，可得到励磁调节器的静态工作特性，如图 8-29 所示。

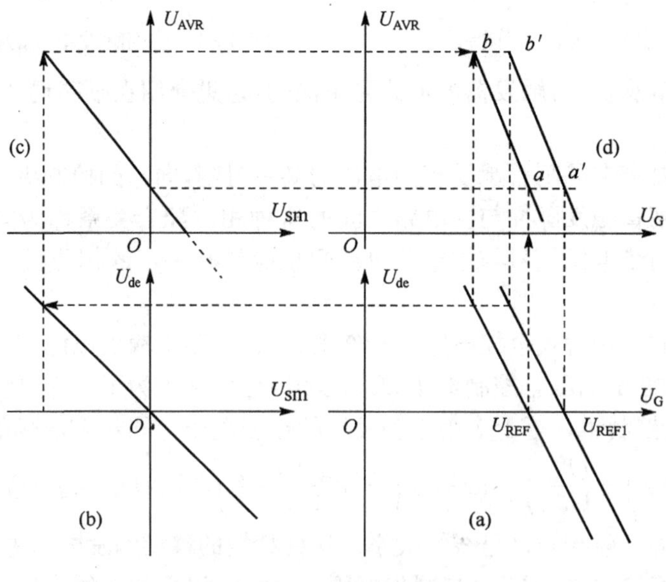

图 8-29　调节器静态工作特性

2)发电机励磁控制系统静态特性

发电机励磁控制系统是由励磁系统和发电机组成的闭环控制系统，所以由发电机的调节特性和励磁系统的静态工作特性可得到发电机的电压调节特性曲线，也称发电机的外特性曲线，如图 8-30 所示。

发电机外特性对发电机运行有很大的影响，调节特性稍有下倾，下倾程度用调差系数来表示，其定义为

$$\delta = \frac{U_{G0} - U_{G(N)}}{U_{GN}} = U_{G1*} - U_{G2*} = \Delta U_{G*} \tag{8-11}$$

式中，U_{GN} 为发电机额定电压；U_{G0}、$U_{G(N)}$ 分别为空载运行和带额定无功电流时的发电机电压（见图 8-31），一般取 $U_{G(N)} = U_{GN}$。

调差系数 δ 也可用百分数表示，即

$$\delta\% = \frac{U_{G0} - U_{G(N)}}{U_{GN}} \times 100\%$$

由式(8-11)可见，调差系数 δ 表示无功电流从零增加到额定值时，发电机电压的相对变化。调差系数越小，无功电流变化时发电机电压变化越小。所以调差系数 δ 表征了励磁控制系统维持发电机电压的能力。$\delta > 0$ 为正调差系数，其调节特性下倾，即发电机端电压随无功电流增大而降低。图 8-31 还画出了另外两种发电机电压调节特性，$\delta < 0$ 为负调差系数，调差特性上翘，发电机端电压随无功电流增大而上升。$\delta = 0$ 称为无差特性，这时发电机电压恒为定值。

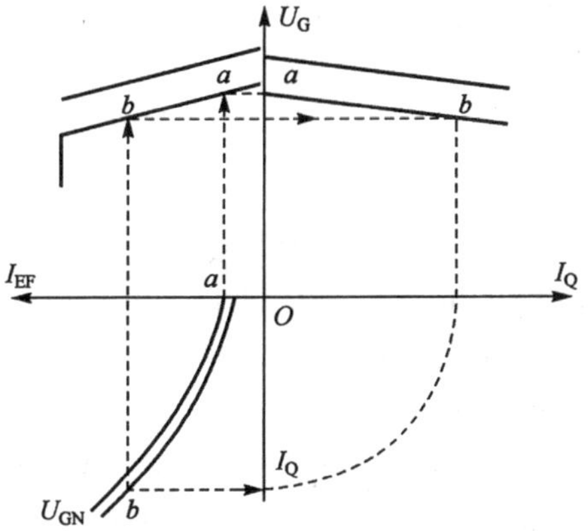

图 8-30　发电机电压调节特性的形成

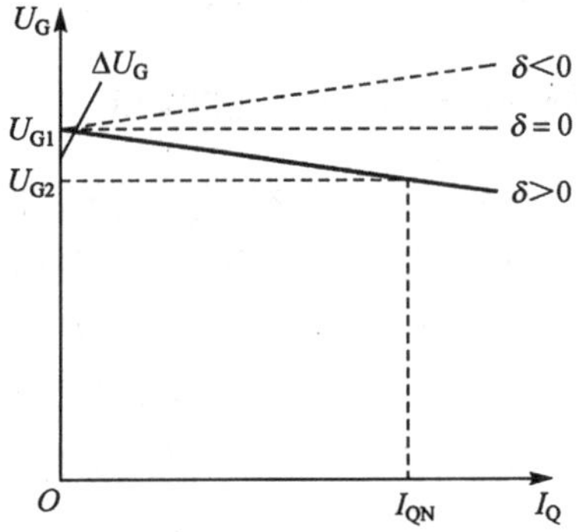

图 8-31　无功调节特性

4. *励磁调节器静态特性的调整*

与系统并联运行的发电机，为满足运行上的要求，要对励磁调节器的静态工作特性进行必要的调整：①保证并联运行的发电机组间实现无功功率的合理分配。②保证发电机在投入和退出运行时，平稳地转移无功负荷，而不发生无功功率冲击。通过调整发电机外特性的调差系数和对特性的平移，可以满足上述两点要求。

1)调差系数的调整

为设定不同的调差系数，在励磁调节器中设置了调差单元。无调差单元时，励磁调节系统中测量比较单元的输入信号是从变压器二次侧获得的发电机端电压。当有调差单元时，测量比较单元接受的输入电压，即调差单元的输出电压为

$$U'_G = U_G + KI_Q$$

测量比较单元的输出成为

$$U_{de}=K_1(U'_G-U_{REF})=K_1(U_G+KI_Q-U_{REF})$$

调节稳态时，有

$$U_G+KI_Q-U_{REF}=0$$

即

$$U_G=U_{REF}-KI_Q$$

可见，端电压随无功电流增大而下降，调差系数往 $\delta>0$ 方向变化。若调差单元给出的是 $U'_G=U_G-KI_Q$，则可得到负调差系数。改变 K 值，可改变 δ 的大小，从而实现了对调差特性的调整。当调差单元退出工作时，其固有的无功调节特性也是下倾的，称为自然调差系数，用 δ_0 表示。

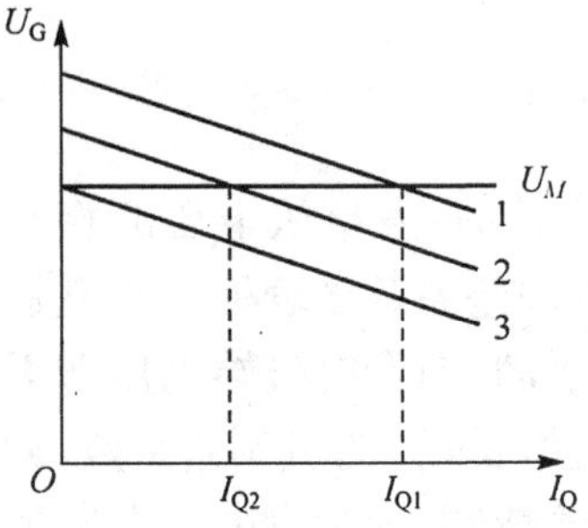

图 8-32 调节特性的平移与机组无功功率的关系

2)调差特性的平移

发电机投入或退出系统运行时，要求能平稳地转移无功负荷，不引起对电网的冲击，这是通过平移发电机外特性来实现的。

图 8-32 表示一台并联于无穷大母线的发电机的外特性平移来转移无功负荷的关系。若发电机无功电流由 I_{Q1} 减小到 I_{Q2}，只需将调节特性由 1 位置平移到 2 位置，若平移到 3 位置，则无功电流降为零，这样发电机能平稳退出运行。同样，若发电机要平稳投运，应先处于 3 位置，待机组并入系统后使特性向上平移，就可带上要求的负荷值。

发电机外特性的平移是通过改变励磁调节器的整定值 U_{REF} 来实现的。

8.3.2 并联运行机组间的无功功率分配

几台发电机在同一母线上并联运行时，改变任何一台机组的励磁电流不仅影响该机组的无功电流，而且还影响同一母线上并联运行机组的无功电流。与此同时也引起母线电压的变化。这些变化与机组的外特性有关，对外特性有一定的要求。

1. 一台无差特性与一台正调差特性机组的并联运行

假设两台发电机组在公共母线上并联运行，其中第一台发电机为无差调节特性，其特性如图 8-33(a)中曲线Ⅰ；第二台发电机为正有差调节特性，调差系数 $\delta>0$，其特性如图中曲线Ⅱ。这时母线电压必定等于 U_I 并保持不变，第二台发电机无功电流为 I_{Q2}。如果无功负荷改变，则第一台发电机的无功电流将随之改变，而第二台发电机的无功电流维持不变，仍为 I_{Q2}。移动第二台发电机特性曲线Ⅱ可改变发电机之间无功负荷的分配。如果需要改变母线电压，可移动第一台机组调节特性曲线Ⅰ。

以上分析可知：一台无差调节特性的发电机可以和多台正调差特性的发电机组并联运行。但在实际运行中，由于具有无差调节特性的发电机将承担无功功率的全部增量，机组间的无功功率的分配很不合理，这种运行方式很少采用。

2. 一台负调差特性与一台正调差特性机组的并联运行

若第一台发电机组的调差系数 $\delta<0$，其特性如图 8-33(b)中的曲线Ⅰ，且并联点的母线电压为 U_I 时，两机组相应的无功电流为 I_{Q1}、I_{Q2}，但这是不能稳定运行的。因为由于某些原因使第一台机组 I_{Q1} 变化时，如 I_{Q1} 增加，则有如下过程：

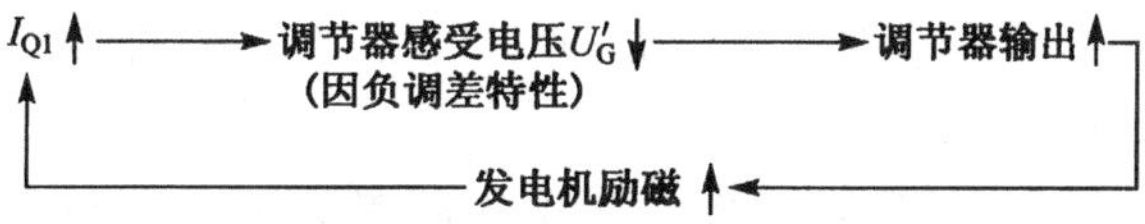

可见，I_{Q1} 增加时，将导致发电机无功功率进一步增大，使调节器处于上限工作。或者在两机组间无功功率发生摆动，机组无法稳定运行。因而具有负调差特性的发电机是不能在公共母线上并联运行的。

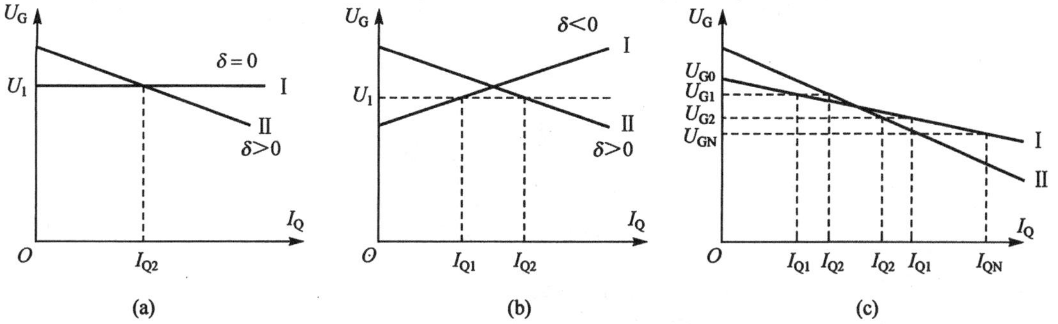

图 8-33 机组并联运行与外特性的关系

3. 两台正调差特性机组的并联运行

如图 8-33(c)所示，两台机组均具有正调差特性。若并联点母线电压为 U_{G1}，两台机组所负担的无功电流是确定的，分别为 I_{Q1} 和 I_{Q2}。由于某种原因使无功电流变化，如无功电流增大，则有如下的过程：

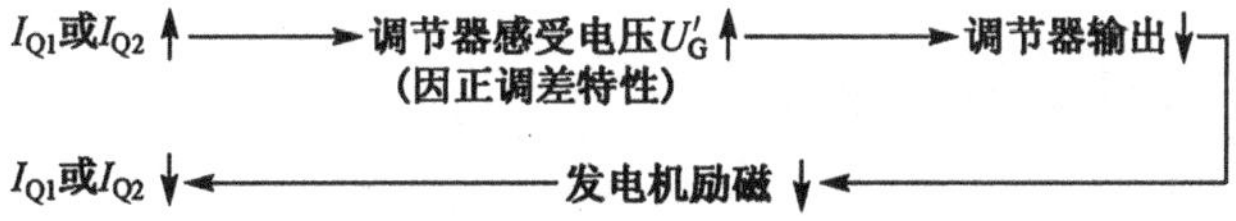

可见，两台正调差特性发电机并联运行可维持无功电流的稳定分配，能稳定运行。

当无功负荷增加时，引起母线电压下降，经励磁调节系统调节后，稳定在新的运行点上，如图 8-33(c)。此时对应的母线电压为 U_{G2}，每台发电机承担的无功电流分别为 I'_{Q1} 和 I'_{Q2}。机组无功负荷的分配取决于各自的调差系数。以第一台发电机为例，图 8-33(c)的曲线Ⅰ，发电机空载时机端电压为 U_{G0}，无功电流为额定值 I_{QN} 时的机端电压为 $U_{G(N)}$，则母线电压为 U_G 时的无功电流为

$$I_Q=\frac{U_{G0}-U_G}{U_{G0}-U_{G(N)}}\cdot I_{QN}$$

其标幺值表示为

$$I_{Q*}=\frac{U_{G0*}-U_{G*}}{\dfrac{U_{G0}-U_{G(N)}}{U_{GN}}}=\frac{1}{\delta}(U_{G0*}-U_{G*}) \tag{8-12}$$

对应于母线电压由 U_{G1*} 变到 U_{G2*}，则由式(8-12)可得机组的无功电流变化量的标幺值为

$$\Delta I_{Q*}=-\frac{\Delta U_{G*}}{\delta} \quad 或 \quad \Delta Q_*=-\frac{\Delta U_{G*}}{\delta} \tag{8-13}$$

讨论：(1)发电机无功电流的增量与电压偏差成正比，与调差系数成反比。

(2)式(8-13)中负号“—”表示在正调差情况下($\delta > 0$),当母线电压降低时,机组无功电流将增加。

(3)当系统无功负荷波动时,要使并联运行机组的无功电流增量按机组容量合理分配,即ΔI_{Q*}值相同,则要求各机组具有相同的调差系数。

4. 多台机组并联运行的无功分配

设在同一母线上有 n 台发电机并联运行,调差系数分别为 δ_i, $i=1,2,\cdots,n$, 当总无功增量为 ΔQ_Σ 时,可将 n 台发电机看作一台等值发电机,则额定无功功率应是各台机组额定功率之和,所以有

$$\Delta Q_{\Sigma *} = \frac{\Delta Q_\Sigma}{Q_{\Sigma N}} = \frac{\Delta Q_\Sigma}{\sum\limits_{i=1}^{n} Q_{iN}} \tag{8-14}$$

$$\Delta Q_{\Sigma *} = -\frac{\Delta U_{G*}}{\delta_{eq}} \tag{8-15}$$

式中,δ_{eq} 为等值机组的调差系数(称为等值调差系数)。

总无功增量由 n 台机组所承担,即

$$\Delta Q_\Sigma = \sum_{i=1}^{n} \Delta Q_i = \sum_{i=1}^{n} \Delta Q_{i*} \cdot Q_{iN} = \sum_{i=1}^{n} \left(-\frac{\Delta U_{G*}}{\delta_i}\right) \cdot Q_{iN} = -\Delta U_{G*} \cdot \sum_{i=1}^{n} \frac{Q_{iN}}{\delta_i} \tag{8-16}$$

代入式(8-14)得

$$\Delta Q_{\Sigma *} = -\Delta U_{G*} \cdot \frac{\sum\limits_{i=1}^{n} \frac{Q_{iN}}{\delta_i}}{\sum\limits_{i=1}^{n} Q_{iN}} = -\frac{\Delta U_{G*}}{\sum\limits_{i=1}^{n} Q_{iN} \Big/ \sum\limits_{i=1}^{n} \frac{Q_{iN}}{\delta_i}} \tag{8-17}$$

比较式(8-17)和式(8-15)得等值调差系数为

$$\delta_{eq} = \frac{\sum\limits_{i=1}^{n} Q_{iN}}{\sum\limits_{i=1}^{n} \frac{Q_{iN}}{\delta_i}} \tag{8-18}$$

所以,在系统发生无功负荷变化时,母线电压的变化由式(8-15)得到

$$\Delta U_{G*} = -\delta_{eq} \cdot \Delta Q_{\Sigma *} \tag{8-19}$$

并联运行各机组的无功增量为

$$\Delta Q_{i*} = -\frac{\Delta U_{G*}}{\delta_i} \tag{8-20}$$

进而

$$\Delta Q_i = \Delta Q_{i*} \cdot Q_{iN} \tag{8-21}$$

8.4 数字式自动励磁调节器的工作原理

8.4.1 数字式自动励磁调节器的软件流程

随着计算机控制技术的发展及其可靠性的提高,数字式自动励磁调节器是发展趋势。数字式励磁调节器借助其软件优势,在调节规律和辅助功能等方面可以有很大的灵活性,但它仍然是由测量、调节计算、控制输出、脉冲放大、励磁功率单元组成。

数字式自动励磁调节器的软件实现励磁调节、励磁限制、晶闸管移相触发等全部功能。直接反映励磁调节的性能和功能的主程序和控制程序分别如图 8-34、图 8-35 所示。

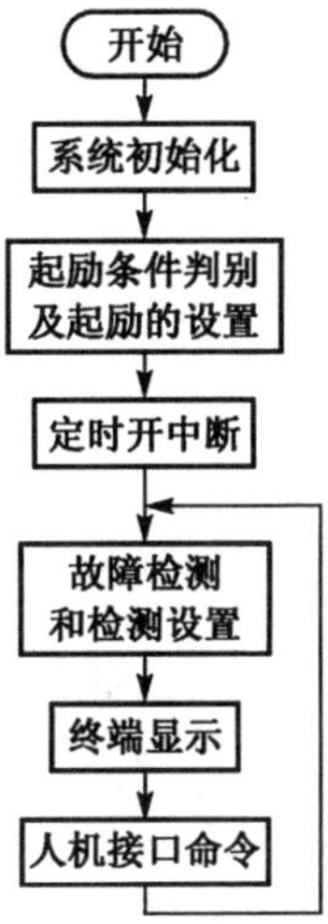

图 8-34　主程序流程

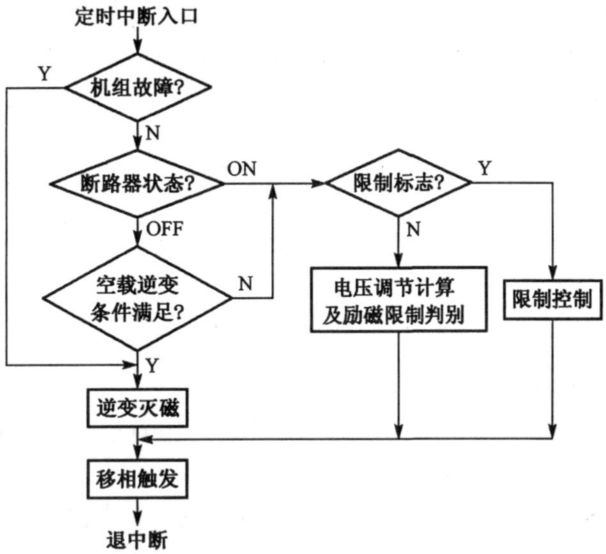

图 8-35　控制调节程序流程

励磁调节器通电开始运行时，主程序对系统初始化，然后程序进入起励条件判别和起励前的设置，发电机开机转速未达到 95%额定转速时，将电压给定值设置在空载额定电压值上；当转速达到 95%额定转速，则主程序立即中断，使控制调节程序运行，发电机起励升压，同时主程序对调节器的各种状况进行检测和监视。

控制调节程序由电压调节计算和限制控制程序组成，实现发电机励磁的闭环调节，满足励磁要求的调节和限制控制，保证发电机运行安全。程序首先判断发电机是否有故障信号，若有故障，则立即进行逆变灭磁，退出中断；若无故障，对断路器进行状态判别，当处断开状态时，进行空载逆变条件判别，如判别 U/f 值、是否停机逆变灭磁等。当判别各种状态均正常，则进入调节计算程序，形成与晶闸管的触发角相应的触发脉冲，控制发电机励磁。同时，对发电机进行励磁越限判别，一旦越限则进入限制程序，控制可控整流桥的输出，保护发电机的安全。

8.4.2　电气量测量和调节算法

1. 电气量测量

励磁调节器工作过程中，需将发电机的各种电气量转换成微机能识别的数字量，提供给电压调节计算和限制控制程序。被采集的电气量有机端电压 U_G 、有功功率 P 、无功功率 Q 、定子电流 I_G 、励磁电流 I_{EF} 和励磁变低压侧电流等。

1)机端电压测量

采用发电机的正序电压反应机端电压可提高系统发生不对称故障时励磁调节器的检测灵敏度。机端正序电压 $\dot{U}_{A1}$ 可表示为

$$\begin{aligned}\dot{U}_{A1} &= \frac{1}{3}(\dot{U}_A+\dot{U}_B e^{j120^\circ}+\dot{U}_C e^{-j120^\circ}) \\ &= \frac{1}{3}(\dot{U}_A+\dot{U}_B e^{-j\frac{2\omega_1 T}{3}}+\dot{U}_C e^{-j\frac{\omega_1 T}{3}}) \qquad (8\text{-}22)\end{aligned}$$

式中，$\dot{U}_A$、$\dot{U}_B$、$\dot{U}_C$ 为机端三相电压；ω_1 为工频角频率；T 为工频周期，有 $\omega_1 T=360^\circ$。

写成瞬时值表达式，有

$$u_{A1}(t)=\frac{1}{3}\left[u_A(t)+u_B\left(t-\frac{2T}{3}\right)+u_C\left(t-\frac{T}{3}\right)\right] \tag{8-23}$$

如果一个工频周期内采样 N 次，则得到机端正序电压采样值算式为

$$u_{A1}(n)=\frac{1}{3}\left[u_A(n)+u_B\left(n-\frac{2N}{3}\right)+u_C\left(n-\frac{N}{3}\right)\right] \tag{8-24}$$

采用全波傅里叶算法可得到 $u_{A1}(n)$ 基波分量的实部 $\mathrm{Re}(U_{A1})$ 和虚部 $\mathrm{Im}(U_{A1})$ 为

$$\mathrm{Re}(U_{A1})=\frac{2}{N}\sum_{k=1}^{N}u_{A1}(k)\sin\left(k\frac{2\pi}{N}\right) \tag{8-25}$$

$$\mathrm{Im}(U_{A1})=\frac{2}{N}\sum_{k=1}^{N}u_{A1}(k)\cos\left(k\frac{2\pi}{N}\right) \tag{8-26}$$

机端相电压的表达式为

$$\dot{U}_\varphi=\mathrm{Re}(U_\varphi)+\mathrm{jIm}(U_\varphi) \tag{8-27}$$

2)定子电流测量

同理，定子电流也可采用傅里叶算法直接求得

$$\mathrm{Re}(I_\varphi)=\frac{2}{N}\sum_{k=1}^{N}I_\varphi(k)\sin\left(k\frac{2\pi}{N}\right) \tag{8-28}$$

$$\mathrm{Im}(I_\varphi)=\frac{2}{N}\sum_{k=1}^{N}I_\varphi(k)\cos\left(k\frac{2\pi}{N}\right) \tag{8-29}$$

定子电流的表达式为

$$\dot{I}_\varphi=\mathrm{Re}(I_\varphi)+\mathrm{jIm}(I_\varphi) \tag{8-30}$$

3)有功功率和无功功率的测量

发电机一相的视在功率 S_φ 表示为

$$S_\varphi=\dot{U}_\varphi\overset{*}{I}_\varphi=P_\varphi+\mathrm{j}Q_\varphi \tag{8-31}$$

将 $\dot{U}_\varphi$、$\dot{I}_\varphi$ 代入，可得发电机的 P、Q 值

$$P=\sum^{3}P_\varphi=\sum^{3}[\mathrm{Re}(U_\varphi)\mathrm{Re}(I_\varphi)+\mathrm{Im}(U_\varphi)\mathrm{Im}(I_\varphi)] \tag{8-32}$$

$$Q=\sum^{3}Q_\varphi=\sum^{3}[\mathrm{Im}(U_\varphi)\mathrm{Re}(I_\varphi)-\mathrm{Re}(U_\varphi)\mathrm{Im}(I_\varphi)] \tag{8-33}$$

4)励磁电流测量

励磁电流可通过接在励磁回路中的分流器、直流/直流变换器、滤波后，经 A/D 变换可测得励磁电流。在自并励励磁系统中，也可测量励磁变压器低压侧电流来反映励磁电流。取三相励磁变压器低压侧电流的平均值可得到励磁变压器低压侧一相交流电流值 $I_{\varphi.\mathrm{av}}$，励磁电流 I_{EF} 的数字量可表示为

$$I_{\mathrm{EF}}=\frac{1}{\beta}I_{\varphi.\mathrm{av}} \tag{8-34}$$

式中，β 为变换系数，与控制角 α 有关。

2. 调节规律计算

数字式励磁调节器可以采用不同的算法实现不同的调节规律。按被控量偏差的比例、积分和微分进行调节的，称为 PID 调节器。励磁调节器 PID 环节输入的是测量比较输出的偏差电压，输出的是控制信号电压，其原理框图如图 8-36 所示。由于软件的灵活性，PID 算法可根据经验在线整定、修正控制参数，以期得到满意的控制效果。

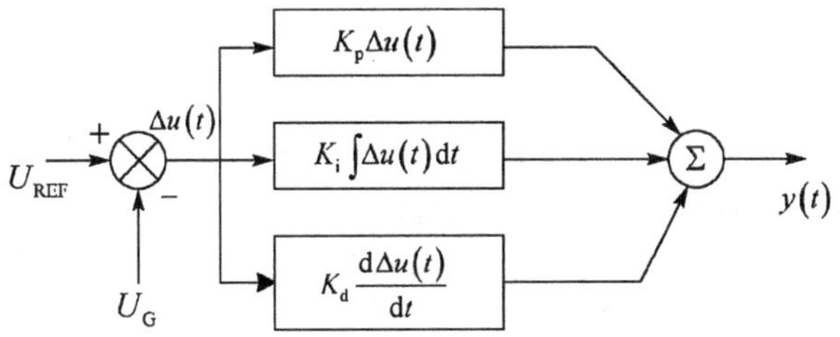

图 8-36　PID 调节算法原理框图

励磁调节器 PID 调节算法可表示为

$$y(t) = K_p\left[\Delta u(t) + \frac{1}{T_i}\int_0^t \Delta u(t)\mathrm{d}t + T_d\frac{\mathrm{d}\Delta u(t)}{\mathrm{d}t}\right] \tag{8-35}$$

式中，$y(t)$ 为控制输出；$\Delta u(t)$ 为电压偏差信号，$\Delta u(t) = U_{REF} - U_G$；$K_p$、$T_i$、$T_d$ 分别为比例系数，积分、微分时间常数；U_{REF} 为发电机电压设定值（基准值）；U_G 为发电机电压测量值。

数字式励磁调节器是一种采样控制，用差分方程代替微分方程，因此式(8-35)中的积分和微分项用数值计算的方法逼近。在采样时刻 $t=kT$（T 为采样周期），可得

$$y(k) = K_p\left\{\Delta u(k) + \frac{T}{T_i}\sum_{j=1}^{k}\Delta u(j) + \frac{T_d}{T}[\Delta u(k) - \Delta u(k-1)]\right\} \tag{8-36}$$

式中，$\Delta u(k)$ 为第 k 次采样时电压偏差值，$\Delta u(k) = U_{REF} - U_G(k)$，式(8-36)表示的算法提供了执行机构的位置 $y(k)$（如阀门开度），所以称为位置式 PID 算法。如采样周期 T 足够小，这种逼近相当准确。当需要的不是控制输出的实际值而是其增量时，式(8-36)中的 k 用 $k-1$ 置换，并将两式相减，可以推导得出

$$\begin{aligned}\Delta y(k) &= y(k) - y(k-1)\\ &= K_p\Big\{[\Delta u(k) - \Delta u(k-1)]\\ &\quad + \frac{T}{T_i}\Delta u(k) + \frac{T_d}{T}[\Delta u(k) - 2\Delta u(k-1) + \Delta u(k-2)]\Big\}\end{aligned}$$

$$\begin{aligned}y(k) &= y(k-1) + K_p[\Delta u(k) - \Delta u(k-1)] + K_i\Delta u(k)\\ &\quad + K_d[\Delta u(k) - 2\Delta u(k-1) + \Delta u(k-2)]\end{aligned} \tag{8-37}$$

式中，K_i 为积分系数，$K_i = K_p\dfrac{T}{T_i}$；K_d 为微分系数，$K_d = K_p\dfrac{T_d}{T}$。

增量式计算误差或精度对控制量的影响较小，且增量算式只与最近几次的采样值有关，所需内存也少，因此在实际应用中增量式算法更为广泛。

8.4.3　数字移相脉冲

主机计算输出的控制量是一个数字量，要把它转换为晶闸管的导通角 α 的触发脉冲，这就需要数字/脉冲电路。利用 8253 可编程定时/计数器实现的数字移相脉冲形成原理如图 8-37 所示。作为同步电压的 u_a、u_b、u_c 经电压变换后形成 6 个宽 180°、间隔 60°的方波信号，他们的上升沿正好与 6 个自然换相点相对应，控制两个 8253 芯片的 6 个 Gate 端，指明控制角 α 的计时起始点。计数结束时在输出端得到脉冲输出信号。计数脉冲个数 D 与控制角 α 有明确的对应关系，主机将调节计算出的控制角 α 折算成对应的延时时间 t_α，再折算成对应的计数脉冲个数 D。折算公式为

$$t_\alpha = \frac{\alpha}{360°}T$$

$$D = t_\alpha f_c = \frac{\alpha}{360°}Tf_c \tag{8-38}$$

式中，T 为晶闸管交流电源的周期；f_c 为计数器计数频率。

如果已知控制角 α，用式(8-38)可求得计算机的写入数 D。

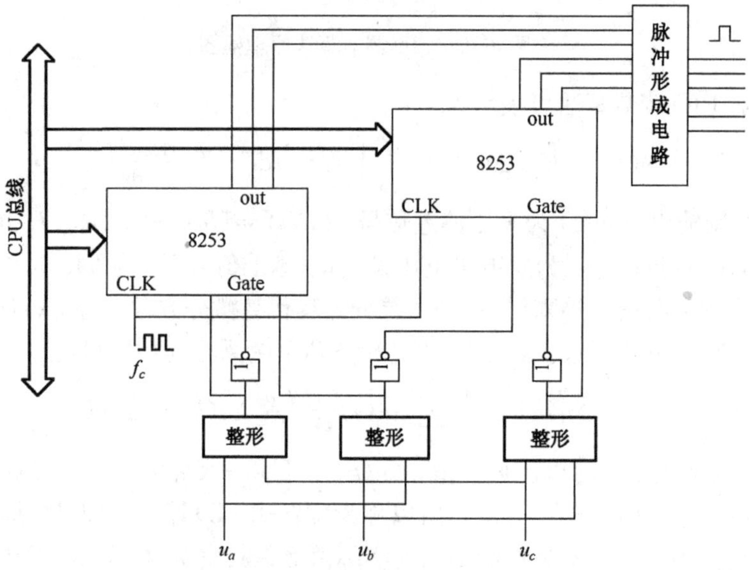

图 8-37　三相数字移相脉冲原理

8.4.4　自动励磁限制控制

在自动励磁控制功能中，励磁限制功能有强励反时限限制、过励延时限制、欠励瞬时限制、U/f 限制、最大励磁电流瞬时限制等。

1. 强励反时限限制

发电机励磁绕组允许的励磁电流与持续时间呈反时限特性，即励磁电流越大，允许作用的时间越短；励磁电流越小，允许作用的时间增加。根据发电机励磁绕组的特性，整定励磁电流允许的反时限曲线如图 8-38(a)所示。

取得整定用反时限特性曲线后，应将反时限特性输入自动励磁调节装置。可以采用表格的形式逐点输入，如第 n 点输入值为(K_n, t_n)，其中 $K_n = \frac{I_{EF}(n)}{I_{EFN}}$，$I_{EFN}$ 为额定励磁电流，$I_{EF}(n)$ 为第 n 点的励磁电流；第 $n+1$ 输入值为(K_{n+1}, t_{n+1})，应满足 $K_n > K_{n+1}$，$t_n < t_{n+1}$。

励磁调节系统在执行电压控制调节程序时，不断进行励磁限制判别，当检测到 $I_{EF} > I_{EFN}$ 时，就进入强励磁反时限程序，如图 8-38(b)所示。取 I_{EF} 值并计算 K_{EF}，在设定的反时限特性曲线上查得对应的强励允许时间 t_x；若 $I_{EF} > I_{EFN}$ 的强励持续时间 $t > t_x$，则设置强励限制标志，进入强励限制控制程序，将励磁电流限制在 I_{EFN} 水平；当 $t < t_x$ 时，清强励限制标志。可见，自动励磁调节的强励反时限限制可使发电机励磁绕组过热不超过允许值，保证了发电机的安全。

2. 过励延时限制

发电机在运行中，转子电流和定子电流都不能长期超过规定值运行。图 8-39 是发电机过励允许的 P-Q 曲线。N 为额定工作点，P_N 为发电机额定有功功率，Q_N 为发出的额定感性无功功率。$\overset{\frown}{Q_0N}$ 圆弧为励磁调节器设定的发电机 P-Q 限制曲线，其中 Q_0 可取 90% Q_{max}。以表格的形式可将 P-Q 限制曲线输入到励磁调节器中。发电机在运行中，励磁调节器执行电压控制调节程序时，不断测量发电机的 P、Q 值，根据 P 值在设定的 P-Q 限制曲线上查得相应 Q_x，判别是否越出设定的 P-Q 范围，从而确定是否置过励延时限制标志，流程如图 8-40 所示。当 $Q < Q_x$ 时，清过励限制标志；当 $Q > Q_x$ 且持续时间达到设定时间(如设定 2min)时，就置过励限制标志，进入过励限制控制程序，减小发电机励磁，将 Q 限制在设定曲线的无功功率值 Q_x 水平值上，保证了发电机的安全。

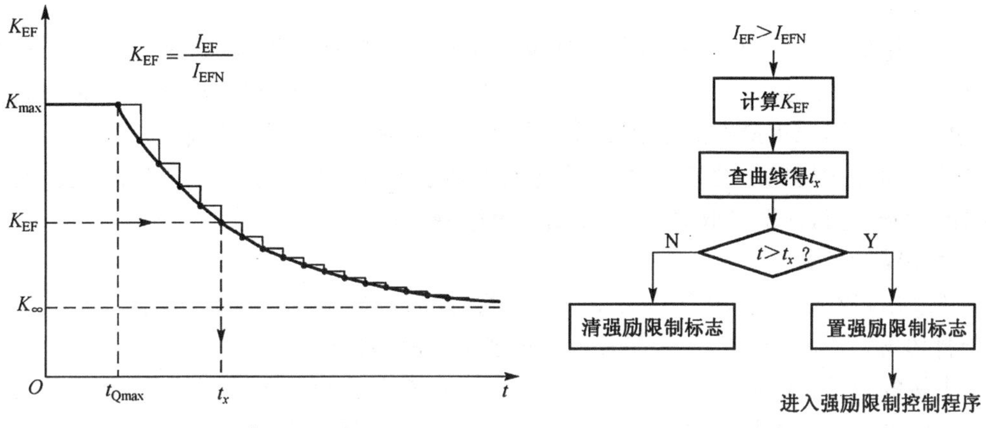

(a) 反时限特性　　(b) 限制流程

图 8-38　强励反时限限制

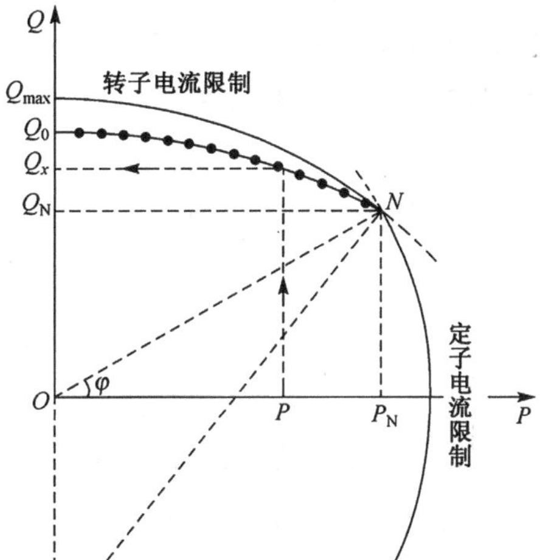

图 8-39　过励延时限制 P-Q 曲线

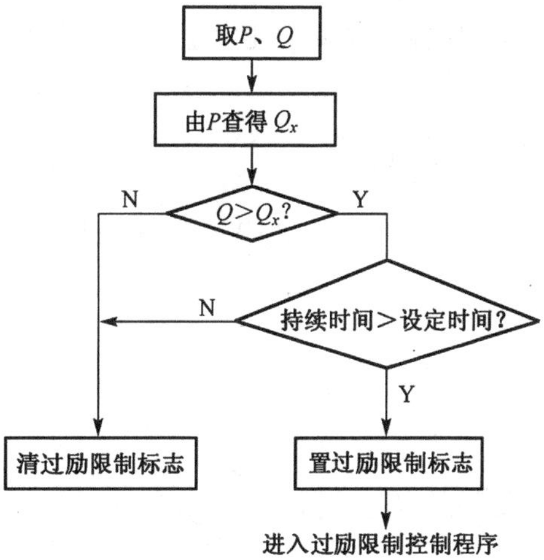

图 8-40　过励延时限制流程

3. $\frac{U}{f}$ 限制

发电机的 $\frac{U}{f}$ 限制也称为励磁调节器的过励磁限制。

当不计定子绕组电阻、漏抗时，机端电压为

$$U = 4.44 fNBS \tag{8-39}$$

式中，B 为磁感应强度；N 为每相绕组匝数；S 为每极面积。

令额定运行时的磁感应强度为 B_N，则有

$$n=\frac{B}{B_N}=\frac{U_*}{f_*} \tag{8-40}$$

测量 n 值的大小可以判定发电机过励磁的程度。若取整定值 $n_{set}=1.06$，在发电机运行中，自动励磁控制调节程序不断测量 n 值，当 $n>n_{set}$ 时，就进入 $\frac{U}{f}$ 限制控制程序，减小励磁，使 n 值限制在 n_{set} 内。

4. 最大励磁电流瞬时限制

在自并励励磁系统中，当晶闸管整流桥直流侧发生短路故障时，励磁变压器二次电流剧增，超过发电机强励电流。虽然励磁变压器有过电流保护，但动作时限较长，为保护晶闸管元件、快速熔断器等，采用最大励磁电流瞬时限制。最大励磁电流瞬时限制一经动作，瞬时限制晶闸管控制角在预先规定的范围内，故障电流得到了限制。最大励磁电流瞬时限制值应高于强励时的励磁电流，一般可取 2.5～2.8 倍额定励磁电流。

5. 欠励瞬时限制

同步发电机在运行中，可能会发生进相运行，此时励磁电流相应减小，而励磁电流的减小又意味着功角 δ 增大，当 $\delta>90°$ 时发电机可能失去静态稳定。

发电机的自动励磁调节系统可根据发电机的 P、Q 信息设置欠励限制，用发电机功率极限圆图表示的最小励磁限制特性如图 8-41 所示。发电机在运行中，励磁调节器执行电压控制调节程序时，不断测量发电机的 P、Q 值，根据 P 值在设定的欠励限制特性曲线上查得相应 Q_x，判别是否越出欠励限制，从而确定是否置欠励限制标志，流程如图 8-42 所示。当 $Q<Q_x$ 时，清欠励限制标志；当 $Q>Q_x$ 时，置欠励限制标志，进入欠励限制控制程序，瞬时欠励限制动作，增大发电机励磁，脱离可能发生失去静态稳定的区域，保证发电机的稳定运行。

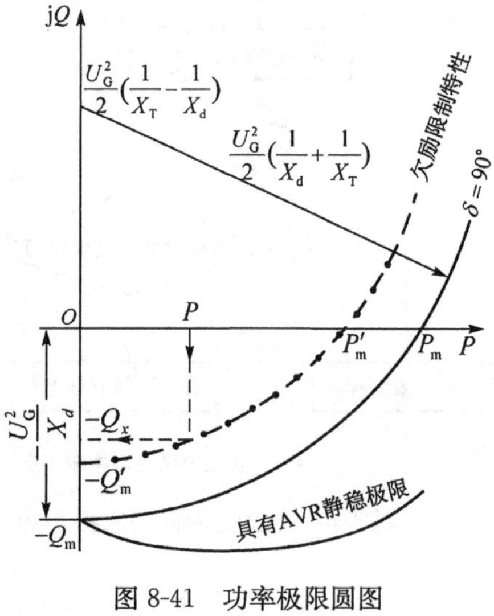

图 8-41　功率极限圆图

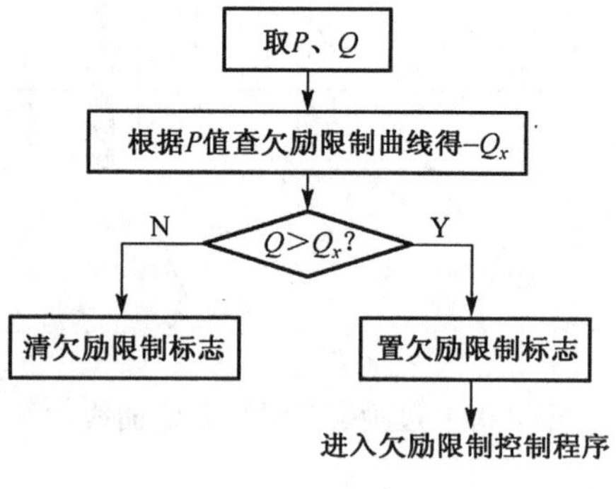

图 8-42　欠励瞬时限制流程

8.5　发电机的保护方式

发电机是电力系统中重要的电气元件，它的安全运行对保证电力系统的正常工作和电能质量起着决定性作用。因此，应该针对各种不同的故障和不正常运行状态装设性能完善的继电保护装置。

发电机的故障类型主要有：定子绕组相间短路；定子绕组一相中的匝间短路；定子绕组单相接地；转子绕组一点接地或两点接地；转子励磁回路励磁电流消失。

发电机的不正常运行状态主要有：由外部短路引起的定子绕组过电流；由于负荷超过发电机额定容量而引起的三相对称过负荷；由外部不对称短路或不对称负荷（如单相负荷，非全相运行等）而引起的发电机负序过电流和负序过负荷；由于突然甩负荷而引起的定子绕组过电压；由于励磁回路故障或强励时间过长而引起的转子绕组过负荷；由于汽轮机主汽门突然关闭而引起的发电机逆功率等。

按照《继电保护和安全自动装置技术规程》的规定，电压在 3kV 以上，容量在 600MW 及以下的发电机应装设以下继电保护装置：

(1)反应定子绕组及其引出线上相间短路的纵联差动保护。

(2)定子绕组单相接地保护。对直接联于母线的发电机，当定子绕组单相接地故障使其所在电压网络的接地电容电流大于或等于 5A 时（不考虑消弧线圈的补偿作用），应装设动作于跳闸的零序电流保护；当接地电容电流小于 5A 时，则装设作用于信号的接地保护。

对于发电机变压器组，一般在发电机电压侧装设作用于信号的接地保护；当发电机电压侧接地电容电流大于 5A 时，应装设消弧线圈。容量在 100MW 及以上的发电机，应装设保护区为 100％的定子接地保护。

(3)定子绕组匝间短路保护。对绕组接成星形、每相有并联分支且中性点有分支引出端的发电机，应装设单继电器式的横联差动保护或不完全纵差保护，也可采用反应转子二次谐波电流或反应零序电压原理的保护。

(4)发电机外部短路引起过电流的保护。根据发电机容量的大小可选用过电流保护、复合电压（负序电压及线电压）启动的过电流保护，或负序过电流及单相式低电压启动的过电流保护。

(5)负序过电流保护。反应不对称负荷或外部不对称短路而引起的负序过电流。

(6)过负荷保护。反应对称负荷引起发电机定子绕组的过电流，接于一相电流上即可。

(7)定子绕组的过电压保护。反应定子绕组的异常过电压，其整定值根据定子绕组绝缘状况决定。

(8)励磁回路一点接地及两点接地保护。对小容量机组励磁回路的一点接地，一般采用定期检测装置；对大容量机组则可以装设一点接地保护。对两点接地故障，应装设两点接地保护，在励磁回路发生一点接地后投入。

(9)失磁保护。发电机失磁后，机端电压降低、有功输出减小并向系统吸收无功功率，给发电机本身和电力系统都将造成不良的影响。对于不允许失磁运行的发电机及失磁对电力系统有重大影响的发电机，应装设专用的失磁保护。

(10)过励磁绕组的过负荷保护。反应励磁系统故障或强励时间过长。300MW 及以下采用半导体励磁的发电机，装设定时限励磁绕组过负荷保护；300MW 及以上的励磁绕组过负荷保护由定时限和反时限两部分组成。

(11)逆功率保护。由灵敏的功率方向继电器构成，带延时动作与信号和解列，以防止发电机变电动机的异常运行方式出现。

(12)低频率和高频率保护。反应发电机的频率异常，动作于信号或跳闸。

(13)失步保护。为防止电力系统振荡影响机组安全运行，在 300MW 机组上宜装设失步保护，当振荡中心位于发电机变压器内部是动作跳闸。

(14)其他保护。对调相运行的发电机、抽水蓄能发电机组等需要根据其特点，增设相应的保护。

应当指出：为了快速消除发电机内部的故障，在保护动作于发电机断路器跳闸的同时，还必须跳开灭磁开关、断开发电机的励磁回路，使转子回路电流不会在定子绕组中再感应电势、继续供给短路电流。

8.6 发电机的纵联差动保护

8.6.1 发电机纵联差动保护的原理接线和整定原则

发电机纵联差动保护的作用原理与变压器纵联差动保护相同，它是发电机内部相间短路的主保护。既能快速而灵敏地切除内部所发生的故障，又能在正常运行及外部故障时保证动作的选择性和工作的可靠性。

发电机纵联差动保护的原理接线如图 8-43 所示，在中性点侧和机端引出线靠近断路器处分别装设一组电流互感器，因此它的保护范围就是定子绕组及其引出线。由于两侧可选同一电压等级、同型号、同变比及特性尽可能一致的电流互感器，因此，其不平衡电流比变压器纵联差动保护的小，只需考虑由于两侧电流互感性励磁特性不一致产生的不平衡电流，即

$$I_{unb.max} = K_{np}K_{sam}0.1I_{k.max}/n_{TA} \tag{8-41}$$

式中，电流互感器同型系数 $K_{sam}=0.5$；当采用具有速饱和铁心的差动继电器时，非周期分量系数 $K_{np}=1$；$I_{k.max}$ 为外部短路最大短路电流周期分量；n_{TA} 是电流互感器变比。为了防止电流互感器二次回路断线引起保护误动，在差动回路的中线上接有断线监视继电器 4。

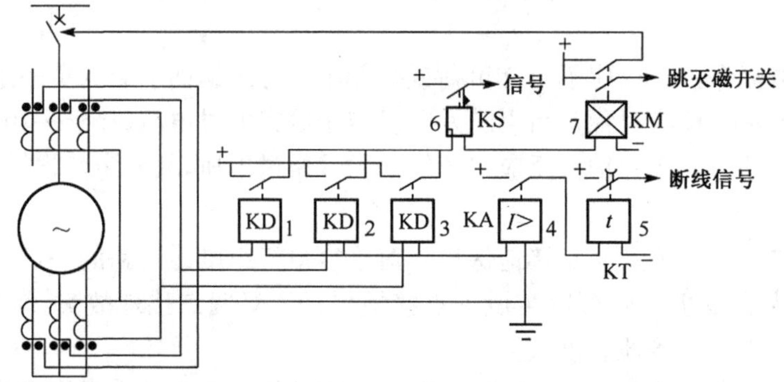

图 8-43 具有电流互感器二次回路断线监视的发电机纵联差动保护原理接线

发电机纵联差动保护的启动电流应按下面原则整定计算。

1)躲开正常运行时电流互感器二次回路断线

为防止差动保护在此情况下误动作，应整定保护装置的启动电流大于发电机的额定电流。引入可靠系数 K_{rel}（一般取 $K_{rel}=1.3$），则保护装置和继电器的启动电流分别为

$$\begin{cases} I_{op} = K_{rel}I_{N.G} \\ I_{act} = K_{rel}I_{N.G}/n_{TA} \end{cases} \tag{8-42}$$

2)躲开外部故障时的最大不平衡电流

继电器的启动电流应取为

$$I_{act} = K_{rel}I_{unb.max} \tag{8-43}$$

取上述两公式中最大者为保护的启动电流。

断线监视继电器的启动电流按躲开正常运行时的不平衡电流整定，原则上越灵敏越好。根据经验，其值通常选择为

$$I_{act} = 0.2I_{N.G}/n_{TA} \tag{8-44}$$

其动作时限应大于发电机后备保护的时限，以防止外部故障时由于不平衡电流的影响而误发信号。正常运行时，若断线监视继电器发出断线信号，则运行人员应将差动保护退出工作以防止外部短路时保护误动作。

发电机纵联差动保护的灵敏性仍以灵敏系数衡量，即

$$K_{sen} = \frac{I_{k.min}}{I_{op}} \tag{8-45}$$

式中，$I_{k.min}$ 为发电机内部故障时流过保护装置的最小短路电流，计算时应考虑下面两种情况：

(1)发电机与系统并列运行以前，在其出线端发生两相短路。此时，差动回路中只有由发电机供给的短路电流；

(2)发电机采用自同期并列时(此时发电机先不加励磁，因此，发电机的电势 $E\approx 0$)，在系统最小运行方式下发电机出线端发生两相短路。此时，差动回路中只有由系统供给的短路电流。

对灵敏系数的要求一般不应低于 2。

对 100MW 及以上大容量发电机，当灵敏系数不满足要求时，可以采用具有比率制动特性的差动继电器，使继电器的启动电流随着制动电流的大小而变化。这样既可保证外部故障时可靠躲开最大不平衡电流的影响，又能保证内部故障的灵敏性。

8.6.2 发电机的不完全纵联差动保护

大型发电机由于定子电流很大，往往定子绕组有两个或更多的分支，如图 8-44 所示为定子绕组分支数等于 2 的情况。如果发电机纵联差动保护在中性点侧仅取一个分支的电流，称为不完全纵差保护；前面介绍的中性点侧电流全部接入差动继电器的，又称为发电机的完全纵差保护。

采用不完全纵差保护时，差动电流为

$$\dot{I}_{diff} = \dot{I}'_{2.S} + K_b \dot{I}''_{2.N} \tag{8-46}$$

式中，$\dot{I}'_{2.S}$ 为发电机端电流；$\dot{I}''_{2.N}$ 为发电机中性点侧电流；K_b 为分支系数，对应图 8-45 情况取 $K_b = 2$。

当发电机发生定子绕组相间短路、匝间短路及分支开焊故障时，由于故障相两个分支的电流不相等，不完全纵差保护均会动作。不完全纵联差动保护适用于每相定子绕组为多分支的大型发电机，除了能反应于发电机相间短路故障，还能反应于定子线棒开焊及分支匝间短路。

8.6.3 具有标积制动特性的发电机纵联差动保护

标积制动是一种先进的比率制动方式。外部故障时制动电流较大、内部故障时制动电流较小，可以进一步提高差动保护灵敏度。比率制动的差动继电器动作方程仍采用公式(7-8)，即

$$|\dot{I}_{diff}| - K|\dot{I}_{res}| \geqslant I_{act.0}$$

但是，标积制动方式下的制动量不是两侧电流的相量差，而按如下方式取值：

当 $\cos(180° - \theta) \geqslant 0$ 时

$$I_{res} = \sqrt{|I'_{2.S}I'_{2.N}\cos(180° - \theta)|} \tag{8-47}$$

当 $\cos(180°-\theta)<0$ 时

$$I_{\mathrm{res}}=0 \tag{8-48}$$

式中，$\dot{I}'_{2.\mathrm{S}}$ 为发电机端电流；$\dot{I}''_{2.\mathrm{N}}$ 为发电机中性点侧电流；θ 为$\dot{I}'_{2.\mathrm{S}}$ 和 $\dot{I}''_{2.\mathrm{N}}$ 之间的相角差。

当发电机内部故障时，由于 $\theta\approx 0°$，$\cos(180°-\theta)\approx -1$，此时无制动动量，提高了差动保护的灵敏度；区外故障时，由于 $\theta\approx 180°$，$\cos(180°-\theta)\approx 1$，此时有很大的制动量，提高了躲避区外故障不平衡电流的能力。

8.7 发电机定子绕组的匝间短路保护

发电机定子绕组的一相中发生匝间短路时，如果得不到及时处理可能发展成相间短路。但发电机纵联差动保护不反应定子绕组的匝间短路，因此，有必要装设专门的匝间短路保护。

8.7.1 横联差动电流保护

大容量发电机的每一相都由两个并联的绕组组成，如图 8-44 所示。正常情况下，两个绕组中的电势相等，各供出一半的负荷电流。当任一个绕组中发生匝间短路时，两个绕组中的电势不再相等，由于出现电势差在两个绕组中会产生环流。

横联差动电流保护就是利用反应同一相两个绕组之间电流之差的原理而构成的。如图 8-45(a)所示，在某一个绕组内部发生匝间短路时，由于故障支路和非故障支路的电势不相等，会产生一个环流 $\dot{I}_k$。这时在横差动回路中有电流 $I_{\mathrm{diff}}=2I_k/n_{\mathrm{TA}}$ 流过。短路匝数 α 越多，环流越大，I_{diff} 越大；当 I_{diff} 大于继电器的启动电流时，保护可动作于跳闸；而当 α 较小时，保护就不能动作，因此，对于同一绕组内部匝间短路，保护是有死区的。

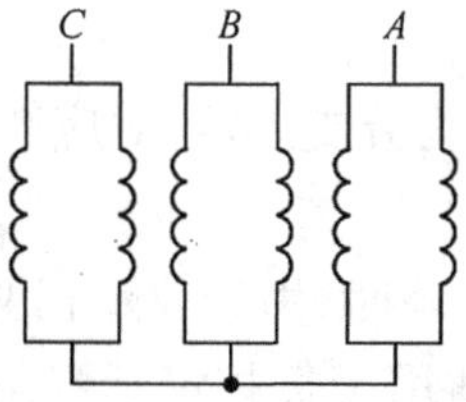

图 8-44　大容量发电机内部接线示意图

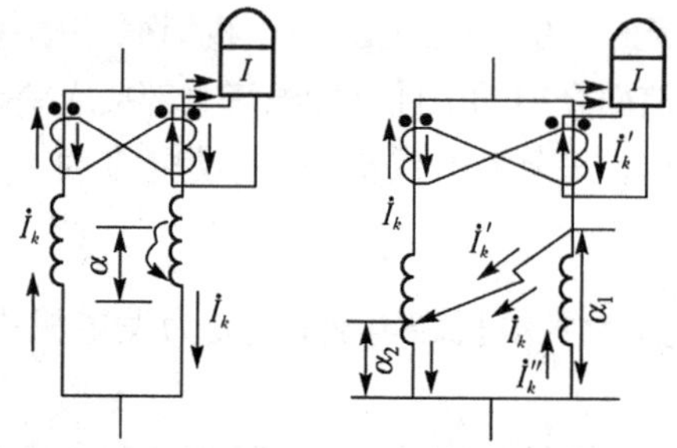

(a) 在某一个绕组内部匝间短路　(b) 在同相不同绕组匝间短路

图 8-45　发电机绕组匝间短路的电流分布

在同一相的两个绕组间发生匝间短路时，如图 8-45(b)所示，如果 $\alpha_1\neq\alpha_2$，由两个支路的电势差将分别产生两个环流 $\dot{I}'_k$ 和 $\dot{I}''_k$。此时，横差动回路中的电流为 $I_{\mathrm{diff}}=2I'_k/n_{\mathrm{TA}}$。$\alpha_1-\alpha_2$ 数值越大，两个环流数值越大，I_{diff} 亦越大；当 I_{diff} 大于继电器启动电流时，保护动作跳闸。而当 $\alpha_1-\alpha_2$ 数差很小时，也将出现保护的死区。

横联差动保护有两种接线方式。一种由每相装设两个电流互感器和一个差动继电器构成，其原理接线如图 8-46 所示，其特点是：把两个电流互感器的异极性相连构成了横差动的两个臂，差动继电器就接在这两臂上。三相总共需要六个互感器和三个继电器。由于其接线复杂，保护中的不平衡电流也大，实际很少采用。

另一种接线如图 8-46 所示，只用一个电流互感器装于发电机两组星形中性点的连线上。它实质上是把一半绕组的三相电流之和与另一半绕组的三相电流之和进行比较。当发生前述各种匝间短路时，此中性点连线上照样有环流流过。因此，差动继电器 KD 动作。这种接线只用了一个电流互感器，不存在由于互感器误差所产生的不平衡电流，启动电流可以取得较小，灵敏度较高，是电力系统中广泛应用的横联差动保护方式。

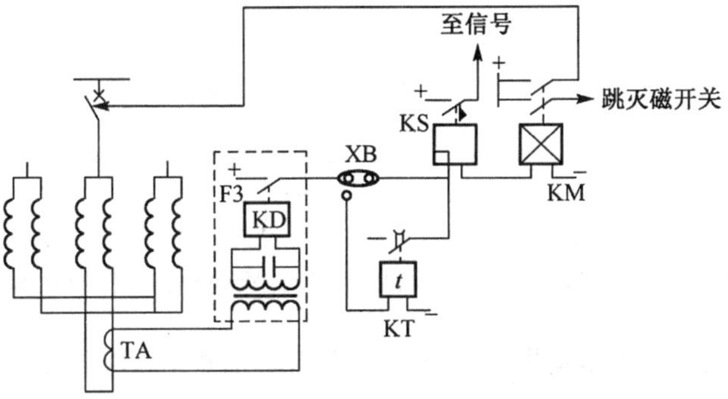

图 8-46　单继电器式的横联差动保护原理接线

采用这种单元件式接线的情况下，当发电机出现三次谐波电势(用 E_3 表示)时，由于三相同相位，如果任一支路的 E_3 与其他支路的不相等，都会在两组星形的中性点连线上出现三次谐波的环流，并通过电流互感器反应到差动继电器中去。这是所不希望的，为此采用了三次谐波过滤器 F3 以滤掉三次谐波。

保护装置的启动电流按躲开外部短路时的最大不平衡电流整定。根据运行经验可采用发电机定子绕组额定电流的 20%～30%，即

$$I_{op} = (0.2 \sim 0.3) I_{N.G} \tag{8-49}$$

当转子回路两点接地时，横联差动保护可能误动作。这是因为两点接地后，转子磁极的磁通平衡遭到破坏，在定子绕组的并联分支中将感应出不同的电势，从而在每相的两个绕组间产生环流，使横联差动保护误动作。但是，这种误动作于跳闸在电力系统中是允许的，因为励磁回路发生永久性的两点接地时，励磁磁势的畸变会引起空气隙磁通发生较大的畸变，发电机机身各部分受到的电磁作用力将不平衡，会产生异常振动，保护应该立即动作于跳闸切机。基于上述考虑，不采取励磁回路两点接地保护动作时闭锁横联差动保护的措施，但为了防止转子回路发生瞬间两点接地时引起横联差动保护的误动作，采用励磁回路一点接地后，在投入两点接地保护的同时，将横差动保护切换至带 0.5～1s 的延时动作于跳闸。在图 8-46 中，当转子回路未发生接地故障时，切换片 XB 接通直接启动中间继电器 KM 的回路；而当转子回路发生一点接地后，则切换到启动时间继电器 KT 的回路，需经延时后才动作于跳闸。

按以上原理构成的横联差动保护，也能反应定子绕组上可能出现的分支开焊故障。

8.7.2　反应转子回路二次谐波电流的匝间短路保护

发电机定子绕组发生匝间短路或分支开焊故障时，三相定子电流中便出现负序分量。该负序分量电流产生的负序旋转磁场在励磁线圈中感应出二次(100Hz)谐波电流。因此，可以利用转子出现二次谐波电流为判据构成发电机的匝间短路保护。但发电机内部或外部发生不对称相间短路时，三相定子电流中也有负序分量，励磁线圈中也出现二次谐波电流。为防止这种情况下匝间短路保护误动，可以采用负序功率方向元件闭锁保护出口回路的方法。

反应转子回路二次谐波电流的匝间短路保护的原理框图如图 8-47 所示，下面分析保护的动作情况。

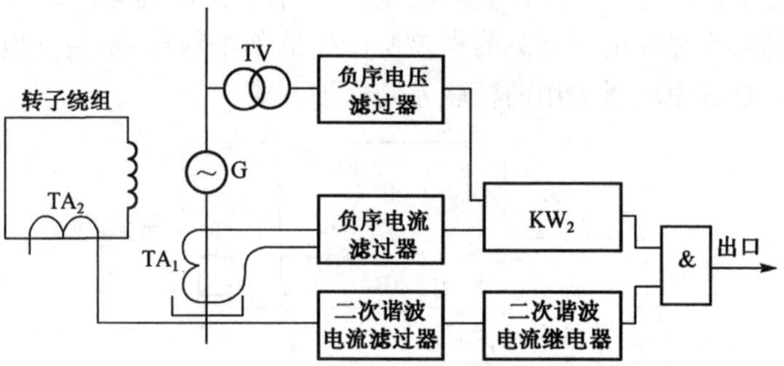

图 8-47　反应转子回路二次谐波电流的匝间短路保护原理框图

(1)当发电机定子绕组外部发生不对称短路时，其负序等效网络及其相量图如图 8-48(a)所示。由图 8-48(a)可知，$\dot{U}_2=-\dot{I}_2 Z_{G2}$，$\arg\dfrac{\dot{U}_2}{\dot{I}_2}=180°+\varphi_{G2}>180°$，负序功率方向元件 KW_2 不应动作，保护也不应该动作。

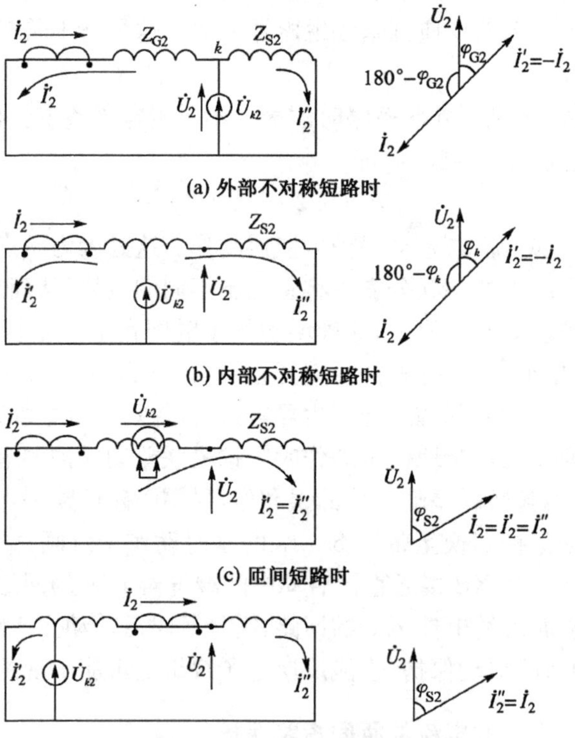

(a) 外部不对称短路时

(b) 内部不对称短路时

(c) 匝间短路时

(d) CT 置于发电机出线端且内部不对称短路时

图 8-48　负序等效网络及其相量图

$\dot{U}_2$ -送入保护装置的负序电压；Z_{G2}-发电机负序阻抗；Z_{S2}-系统负序阻抗；

φ_{G2}- Z_{G2}的阻抗角；φ_{S2}- Z_{S2}的阻抗角；$\dot{I}_2$ -送入保护装置的负序电流

(2)当发电机定子绕组内部发生不对称短路时，由图 8-48(b)所示的负序网络及相量图可知，$\dot{U}_2 = -\dot{I}_2 \dfrac{Z'_{G2}Z_{S2}}{Z_{S2}+Z_{G2}} = -\dot{I}_2 Z_K$（$Z_K$ 为此时的负序等效阻抗），$\arg\dfrac{\dot{U}_2}{\dot{I}_2} = 180° + Z_K > 180°$，$KW_2$ 不应动作，保护也不应该动作。

(3)当定子绕组内发生匝间短路或分支开焊时，如图 8-48(c)所示，$\dot{U}_2 = \dot{I}_2 Z_{S2}$，$\arg\dfrac{\dot{U}_2}{\dot{I}_2} = \varphi_{S2} < 90°$，$KW_2$ 应动作，允许保护动作。

因此，图 8-47 中负序功率方向元件的动作方程为

$$-90° \leqslant \arg\frac{\dot{U}_2 e^{-j\varphi_{S2}}}{\dot{I}_2} \leqslant 90° \tag{8-50}$$

8.7.3　反应纵向零序电压的匝间短路保护

定子绕组内发生匝间短路或分支开焊故障时，因三相对称条件被破坏，绕组中会出现零序电压。为了在机端测量出由于发生上述故障而引起的零序分量电压，可在机端装设零序电压过滤器 TV_0，且其全绝缘的原边线圈中性点要与发电机的中性点直接连接，如图 8-49 所示，$3\dot{U}_0$ 取自 TV_0 的开口三角形绕组，反应的是发电机中性点与 TV_0 原边中性点的零序电压之差，故称为纵向零序电压。

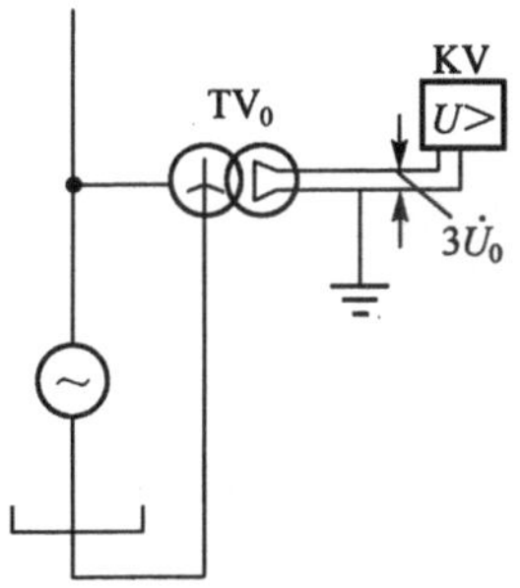

图 8-49　发电机反应纵向零序电压的匝间短路保护

正常运行和发电机外部相间短路时，TV_0 的开口三角侧无输出，$3\dot{U}_0 = 0$。

定子绕组内部或外部发生单相接地故障时，TV_0 开口三角侧也无零序电压输出。这是因为：虽然此时一次系统出现了零序电压，致使发电机中性点电位升高为相电压的数值，但 TV_0 原边的中性点并未直接接地而与发电机中性点接在一起，原边三相对该中性点的电压仍然对称。所以，TV_0 开口三角侧的输出电压 $3\dot{U}_0$ 仍为零。

发电机定子绕组发生匝间短路或是发生对中性点不对称的相间短路时。TV_0 原边三相对中性点的电压将不平衡，开口三角形侧输出零序电压 $3\dot{U}_0$。当 $3\dot{U}_0$ 大于继电器整定值时，保护动作于发电机断路器跳闸并跳开灭磁开关。

由于发电机正常运行时三次谐波电压较大，会反应到 TV_0 的开口三角侧；当发电机出口发生三相短路时，短路电流很大，三次谐波电压更大。为了降低零序电压继电器的启动电压、提高灵敏度，可采取以下措施：①在开口三角侧的输出端设置三次谐波过滤器，过滤后的电压再接入过电压继电器；②加装具有式(8-50)动作方程的负序功率方向元件进行闭锁。

还应指出，为防止电压互感器 TV_0 回路断线导致保护误动，保护装置中应设置电压回路断线闭锁回路。

上述三种匝间短路保护中，单元件式横联差动电流保护灵敏度稍低，但接线简单，当发电机中性点侧有六个引出端时，应优先采用此方案。若无法使用单元件式横联差动，则可以采用反应转子二次谐波电流或反应纵向零序电压的保护作为匝间短路保护。

8.8 发电机的单相接地保护

8.8.1 发电机定子绕组单相接地的特点

发电机是电力系统中最重要的设备之一，其外壳必须安全接地。因此，定子绕组因绝缘破坏而引起的单相接地故障就成为一种最常见的发电机故障。发电机的中性点都是不接地或经消弧线圈接地的。因此，当发电机内部单相接地时，如同在 2.5 节中所分析的那样，流经接地点的电流为发电机所在电压网络(即与发电机有直接电联系的各元件)对地电容电流之总和，而不同之处在于故障点的零序电压将随发电机内部接地点的位置而改变。

如图 8-50(a)所示，假设 A 相接地发生在定子绕组距中心点 α 处，α 表示由中性点到故障点的绕组占全部绕组匝数的百分数。则故障点各相电势为 $\alpha\dot{E}_A$ 、$\alpha\dot{E}_B$ 和 $\alpha\dot{E}_C$，而各相对地电压分别为

$$\begin{cases}\dot{U}_{A\text{-}E}=0\\ \dot{U}_{B\text{-}E}=\alpha\dot{E}_B-\alpha\dot{E}_A\\ \dot{U}_{C\text{-}E}=\alpha\dot{E}_C-\alpha\dot{E}_A\end{cases}\tag{8-51}$$

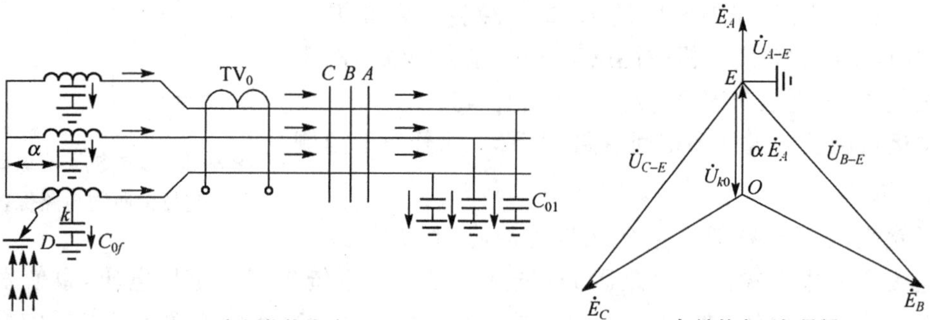

(a) 三相网络接线　(b) 机端的电压相量图

图 8-50　发电机内部单相接地时的电流分布

因此，故障点的零序电压为

$$\dot{U}_{k0(\alpha)}=\frac{1}{3}(\dot{U}_{A\text{-}E}+\dot{U}_{B\text{-}E}+\dot{U}_{C\text{-}E})=-\alpha\dot{E}_A\tag{8-52}$$

式(8-52)表明，故障点的零序电压将随着故障点位置的不同而改变。

实际上，当发电机内部单相接地时，无法直接获得故障点的零序电压 $\dot{U}_{k0(\alpha)}$，而只能借助于机端的电压互感器来进行测量。忽略各相电流在发电机内阻抗上的压降后，机端各相的对地电压分别为

$$\begin{cases}\dot{U}_{A\text{-}E}=(1-\alpha)\dot{E}_A\\ \dot{U}_{B\text{-}E}=\dot{E}_B-\alpha\dot{E}_A\\ \dot{U}_{C\text{-}E}=\dot{E}_C-\alpha\dot{E}_A\end{cases}\tag{8-53}$$

其相量关系如图 8-50(b)所示。由此可求得机端的零序电压为

$$\dot{U}_{k0}=\frac{1}{3}(\dot{U}_{A\text{-}E}+\dot{U}_{B\text{-}E}+\dot{U}_{C\text{-}E})=-\alpha\dot{E}_A=\dot{U}_{k0(\alpha)}\tag{8-54}$$

其值和故障点的零序电压相等。

发电机的零序电容电流和网络的零序电容电流分别为

$$\begin{cases}3\dot{I}_{0G}=\mathrm{j}3\omega C_{0G}\dot{U}_{k0(\alpha)}=-\mathrm{j}3\omega C_{0G}\alpha\dot{E}_A\\3\dot{I}_{0l}=\mathrm{j}3\omega C_{0l}\dot{U}_{k0(\alpha)}=-\mathrm{j}3\omega C_{0l}\alpha\dot{E}_A\end{cases}\tag{8-55}$$

式中，C_{0G} 和 C_{0l} 分别是发电机和网络每相的对地电容，则故障点总的接地电流为

$$\dot{I}_{k(\alpha)}=-\mathrm{j}3\omega(C_{0G}+C_{0l})\alpha\dot{E}_A\tag{8-56}$$

其有效值为 $3\omega(C_{0G}+C_{0l})\alpha E_\varphi$。式中 E_φ 为发电机的相电势，计算时常用发电机网络的平均额定相电压 U_φ 来代替，即表示为 $3\omega(C_{0G}+C_{0l})\alpha U_\varphi$。当故障点位于发电机出线端子附近时，$\alpha\approx1$，接地电流为最大，其值为 $3\omega(C_{0G}+C_{0l})U_\varphi$。

由图 8-50(a)可知，流经故障元件即发电机上零序电流互感器 TA_0 一次侧的零序电流为除发电机以外、本电压等级网络的对地电容电流 $3\omega C_{0l}\alpha U_\varphi$，这和 2.5 节中分析所得的结论相似。

8.8.2 利用零序电流构成的定子接地保护

对直接连接在母线上的发电机，由于与发电机有电联系的元件较多，当发电机内部单相接地时，流经发电机出线端零序电流互感器的电流就比较大。此时，无论网络中是否装有消弧线圈，只要发电机电压网络中的接地电容电流大于或等于规程规定的允许值，就应装设动作于跳闸的接地保护，可利用零序电流构成。

反应零序电流的发电机定子接地保护，其启动电流按照躲外部单相接地时发电机本身的电容电流以及正常运行时零序电流互感器二次侧的不平衡电流来整定，动作时限取 1～2s，以躲开外部单相接地瞬间发电机暂态电容电流（其数值远较稳态时的 $3\omega C_{0G}U_\varphi$ 为大）的影响。因为，如果不带时限则保护装置的启动电流就必须按照大于发电机的暂态电容电流来整定。

为了保证动作的选择性，对定子接地保护所用的零序电流互感器有很高的要求。一方面，系统正常运行、在三相对称负荷电流（常达数千安培）的作用下，其二次侧的不平衡输出应该很小；另一方面，接地故障、在很小的零序电流作用下，其二次侧应有足够大的功率输出，以便保护装置能够动作。采用一般的零序电流互感器难以满足上述要求。这是因为当一次侧电流很小时，电流互感器的铁心工作在磁化曲线的起始部分，由于该处磁导率低，感应的二次电势很小，输出功率小，所以保护装置在定子单相接地时不能动作。为了提高工作点的磁导率，目前我国采用优质高磁导率硅钢片做成的零序电流互感器，其磁化曲线起始部分的磁导率很高，因而在很小的一次电流作用下，就具有较高的励磁阻抗和二次输出功率，能满足保护灵敏性的要求，而结构并不复杂。

除了采用高磁导率硅钢片制造零序电流互感器外，还可以采取如下措施提高保护的灵敏度：

(1)TA_0 尽量靠近发电机，这样可把发电机至断路器之间的引出线排除在保护范围之外。当发电机内部单相接地时，流过 TA_0 的零序电流因包括这段引出线上的对地电容电流而增大。

(2)为防止外部相间短路产生的不平衡电流引起接地保护误动作，应在相间保护动作时将接地保护闭锁。

当发电机定子绕组的中性点附近接地时，$\alpha\approx0$，流过零序电流互感器的电流 $3\omega C_{0l}\alpha U_\varphi$ 很小，保护将不能动作。因此，零序电流保护不可避免地存在一定的死区。

8.8.3 利用零序电压构成的定子接地保护

对于发电机变压器组接线的发电机来说，装设反应零序电流的定子接地保护是无效的。因为这种情况下，发电机电压网络中只有发电机本身、连接发电机与变压器的电缆以及变压器，当发电机单相接地后，接地电容电流一般小于允许值。对于大容量的发电机变压器组，若接地后的电容电流大于允许值，可在发电机电压网络中装设消弧线圈，把接地电流补偿到很小的数值。因此，可装设反应于零序电压而动作于信号的接地保护，其原理接线如图 8-51 所示，过电压继电器接于发电机端电压互感器二次侧的开口三角上。

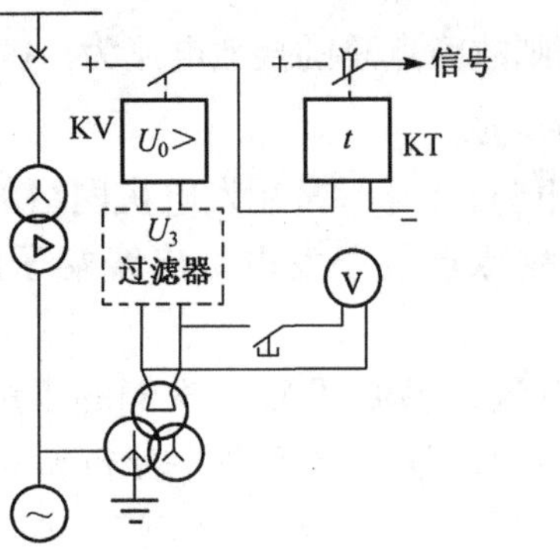

图 8-51 发电机变压器组的单相接地保护

为了保证动作的选择性，保护装置的整定值应躲开正常运行时的不平衡电压(包括三次谐波电压)，以及变压器高压侧接地时由高压侧经高、低压绕组间电容耦合至发电机端的零序电压。根据运行经验，继电器的启动电压一般整定为 15～30V。

按以上条件整定的保护，由于整定值较高，在中性点附近发生接地时不能动作，从而出现死区。为了减小死区，可采取如下措施来降低启动电压：①加装三次谐波过滤器，如图 8-51 所示。这样一来，整定值可以不考虑三次谐波电压的影响；②利用高压侧发生接地故障出现的零序电压将发电机接地保护闭锁或利用它实现制动。

采取以上措施以后，零序电压保护范围虽然有所提高，但在中性点附近接地时仍然有一定范围的死区。

8.8.4 100%定子接地保护简介

反应零序电流和零序电压动作的接地保护，对定子绕组都不能达到 100%的保护范围，主要是不能反应中性点附近的单相接地故障。对于大容量的机组而言，由于振动较大而产生的机械损伤或发生漏水(指水内冷的发电机)的原因，使靠近中性点附近的绕组发生接地故障的可能性增大。如果这种故障不能及时发现，则可能进一步发展成匝间或相间短路。另外，如果定子绕组又在其他地点发生接地，则形成两点接地短路。这两种情况都会造成发电机的严重损坏。因此，对大型发电机组，特别是定子绕组用水内冷的机组，应装设能反应 100%定子绕组的接地保护。

100%定子接地保护装置一般由两部分组成。第一部分是零序电压保护，如上所述它能保护定子绕组的 85%以上；第二部分则用来消除零序电压保护的死区。构成第二部分保护的方案主要有：

(1)附加低频(20Hz 或 12.5Hz)电源的保护方式。通过发电机端电压互感器的开口三角绕组将低频电流注入定子绕组。当定子绕组发生接地时，保护装置将反应于此注入电流的增大而动作。

(2)反应三次谐波电压比值的保护方式。利用发电机存在固有三次谐波电势的特点，以定子绕组接地时机端三次谐波电压 U_{S3} 与中性点三次谐波电压 U_{N3} 比值的变化作为保护动作的判据，当 $\frac{U_{S3}}{U_{N3}}$ 大于整定值时，说明单相接地故障发生在中性点附近、保护动作，正好用来消除零序电压保护的死区(贺家李等，2004)。

8.9 发电机的负序过电流保护

8.9.1 负序过电流保护的作用

对于大容量发电机，由于额定电流很大，电流元件的启动电流也大；当相邻元件末端发生两相短路时，短路电流又可能较小，复合电压启动的过电流保护往往不能满足作为相邻元件相间短路后备保护的灵敏系数要求。在这种情况下，可以采用负序过电流作为相间短路的后备保护。

此外，在电力系统发生不对称短路或正常运行三相负荷不平衡情况下，发电机定子绕组中将出现负序电流。此电流在空气隙中建立的负序旋转磁场相对于转子为两倍的同步转速，因此将在转子绕组、阻尼绕组以及转子铁心等部件上感应出 100Hz 的倍频电流，引起转子过热。针对这一情况装设的负序过电流保护实际上是反应转子过热的一种发电机主保护。

负序电流在转子中所引起的发热量正比于负序电流平方及所持续时间的乘积。为使转子不至于过热，所允许的负序电流和时间的关系为

$$\int_0^t i_2^2 \mathrm{d}t = I_{2*}^2 t = A \tag{8-57}$$

式中，i_2 为流经发电机的负序电流标幺值（以发电机额定电流为基准）；I_{2*}^2 为在时间 t 内 i_2^2 的平均值（以发电机额定电流为基准）；A 为与发电机型式和冷却方式有关的允许过热时间常数。其参考值如下：对凸极式发电机或调相机可取 $A=40$；对于空气或氢气表面冷却的隐极式发电机可取 $A=30$；对于导线直接冷却的 100～300MW 汽轮发电机可取 $A=6\sim15$。

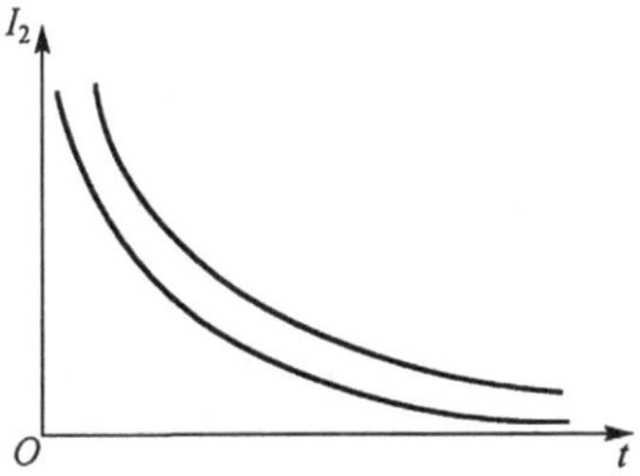

图 8-52 允许负序电流和时间的关系曲线

式(8-57)表明的关系曲线如图 8-52 所示。由图可知，发电机允许负序过电流的时间 t 是随着负序电流 I_{2*} 的大小而变化的。I_{2*} 大时，允许发电机运行的时间短；I_{2*} 小时，允许发电机运行的时间长，这种变化特性称为反时限特性。

8.9.2 反时限负序过电流保护

发电机允许的负序电流曲线具有反时限特性，如果设计发电机负序过电流保护时让它的动作时限固定不变即采用定时限，则保护的动作时限将不能很好地与负序电流允许特性相配合。此外，定时限负序过电流保护不能反应负序电流变化时发电机转子的热积累过程，例如当出现负序电流连续升降，或在较大负序电流下持续运行一段时间后又降低到比较小的数值等情况时，都可能使转子遭受损坏，而保护中的时间继电器却来不及动作。因此，大型发电机应装设与发电机允许负序电流曲线相适应的反时限负序过电流保护。

在构成反时限负序过电流保护时，其特性可按式(8-54)确定。但是，该式是由绝热过程得出的，考虑散热过程的影响，可用系数 a 对动作特性进行修正。因此，反时限负序过电流保护的动作特性取为

$$t = \frac{A}{I_2^2 - a} \tag{8-58}$$

或

$$I_2^2 t = A + at \tag{8-59}$$

式中，a 是与转子的温升特性、温升裕度等因素有关的常数。

式(8-58)或式(8-59)所代表的含义是：考虑转子的散热条件后，对于同一时间内所允许的负序电流值要比 $I_2^2 t = A$ 的计算值略高一些。

按式(8-58)或式(8-59)构成的反时限负序过电流保护原理框图示于图 8-53，由负序反时限过流及负序过负荷两部分构成。其中，负序反时限过流作为防止转子过热的主保护和相间短路的后备保护；负序过负荷采用定时限，用于反应发电机的不对称过负荷。I_2 过滤器的输出电压与负序电流成正比，同时加于过负荷启动回路和 I_2^2 运算回路。启动回路动作后，经固定延时 t_1 发出过负荷信号，同时还输出信号至 $\&_1$ 和 $\&_2$ 的输入端。$\&_1$ 用以开放反时限部分的计时回路，使 I_2^2 运算回路按反时限输出；$\&_2$ 用以开放反时限部分的跳闸回路，以防止由于保护装置内部元件损坏造成的误动作。

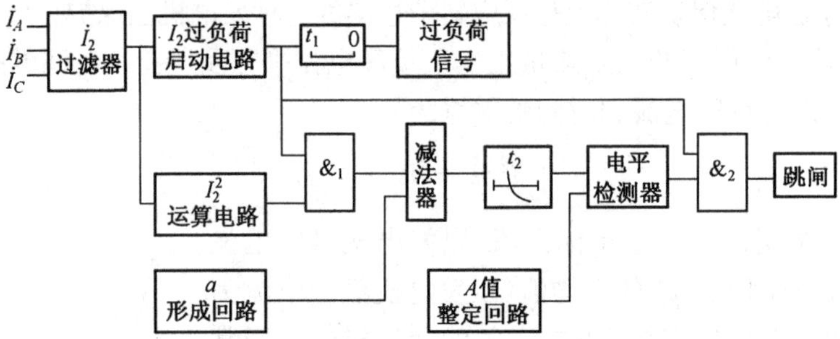

图 8-53　负序反时限过电流保护原理框图

在反时限部分中，$\&_1$ 的输出和 a 形成回路的输出经减法器后形成 $I_2^2 - a$，然后加于反时限元件 t_2 上。电平检测器反应于 $(I_2^2 - a)t \geqslant A$ 而动作，动作后即可通过 $\&_2$ 跳闸。当用于 A 值不同的发电机时，可利用 A 值整定回路选取适当的数值，以满足被保护发电机的要求。

反时限元件 t_2 可由 RC 积分回路构成。当积分回路的充电电源不变时，每次给 C 充电到固定电压的时间不变；而当充电电源变化时，C 充电到固定电压的时间是变化的。依据此特点，为获得反时限特性可以让积分回路的充电电源随着电流的增大而增大，例如把中间变流器的输出经过整流滤波后的电压作为积分回路的充电电源。这样一来，电流越大，C 充电到固定电压所用的时间越短；反之越长，从而获得了反时限特性。

在数字式保护中，反时限特性是靠查表方式实现的。预先将反时限负序过电流保护的动作特性制作成表格形式，并将该表格存放在存储器中。当发生不对称短路时，先根据各相电流采样值计算出负序电流的幅值，然后查表找到该负序电流下能保证发电机转子不会过热的保护动作时限，则启动时间元件经此时限的延时后去跳闸。

8.10　发电机的励磁回路接地保护

当发电机转子绝缘损坏时，可能引起励磁回路一点接地故障。由于正常运行时的励磁回路对地之间有一定的绝缘电阻，故一点接地不会构成故障电流的通路，不会对发电机产生直接危害。但此时的励磁回路对地电压有所增大，有可能再发生第二点接地。励磁回路两点接地故障对发电机危害很大，因为一部分绕组被短接后，另一部分绕组的电流将增大，可能使得励磁绕组或转子烧损，且绕组中各部分电流的不相等破坏了气隙磁场的对称性，使得发电机机身各部分受力不均而剧烈振动；绕组中局部电流的增大还会引起局部发热，致使转子缓慢变形。

为了保证发电机的安全运行，应该对励磁回路定期进行一点接地的检测或装设一点接地保护，在检测出一点接地后，及时投入两点接地保护。

8.10.1 外加电压方式的一点接地保护

设发电机励磁绕组的励磁电压为 U_{μ}，绕组对地的等效绝缘电阻为 R_Y，且集中在绕组的中点位置。在绕组的负极性端串入一个直流型继电器，并在继电器前面加入一直流电压源 U_0，如图 8-54 所示。

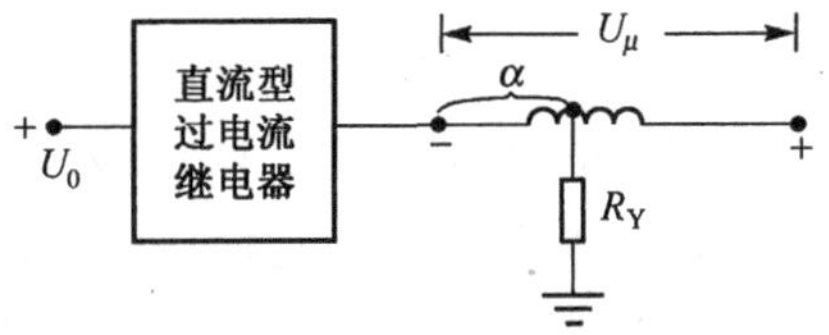

图 8-54 叠加直流电压方式的一点接地保护

正常运行时，继电器中流过的稳态直流电流为

$$I=\frac{U_0+\frac{1}{2}U_{\mu}}{R_r+R_Y} \tag{8-60}$$

式中，R_r 为继电器的等效电阻。

当励磁绕组的正极性端接地时，流过继电器的直流电流为

$$I_1=\frac{U_0+U_{\mu}}{R_r} \tag{8-61}$$

当励磁绕组中某点发生接地故障时，流过继电器的直流电流为

$$I_2=\frac{U_0+\alpha U_{\mu}}{R_r} \tag{8-62}$$

式中，α 代表接地点距负极性端部分占全绕组的百分比。

当励磁绕组的负极性端接地时，流过继电器的直流电流为

$$I_3=\frac{U_0}{R_r} \tag{8-63}$$

显然存在如下关系：$I_1>I_2>I_3>I$。因此，可选择继电器的启动电流为 $I_{act}=K_{rel}I=K_{rel}\frac{U_0+\frac{1}{2}U_{\mu}}{R_r+R_Y}$。这样构成的一点接地保护在励磁回路发生一点接地时，不论接地点靠近正极性端还是负极性端都能动作。

为保证接地点在负极性端附近时保护具有足够的灵敏度，要求 $K_{sen}=\frac{I_3}{I_{act}}\geqslant 1.5$。

叠加直流电压方式的一点接地保护没有死区。但保护的灵敏度随接地点位置不同而变化，接地点位于正极性端附近时，灵敏度高，位于负极性端附近时，灵敏度低。此外，当励磁回路的对地绝缘电阻较小时，继电器启动电流相应增大，有可能使保护的灵敏度不能满足要求。

8.10.2 直流电桥式的一点接地保护

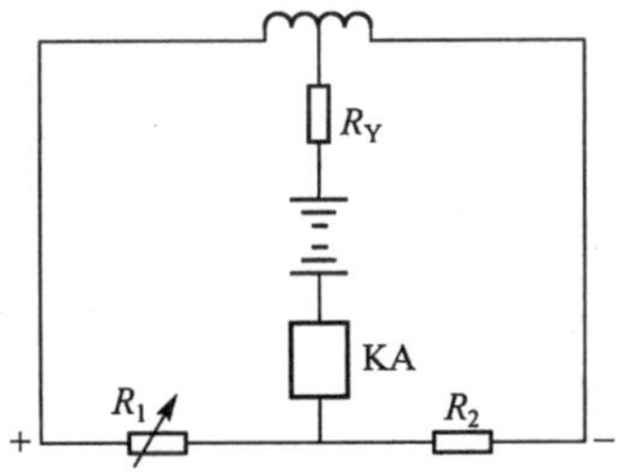

图 8-55 直流电桥式的一点接地保护

这种保护的原理接线如图 8-55 所示，采用直流电桥原理构成，R_Y 为励磁绕组对地的等效绝缘电阻。正常情况下，调节电阻 R_1 使电桥平衡，电流继电器 KA 的启动电流按躲开此时的不平衡电流整定。一点接地后，电桥平衡被打破，流入 KA 的电流增大，保护动作。

显然，当接地点靠近中点时，保护可能不动作，存在死区。

8.10.3 励磁回路两点接地保护

图 8-55 所示的直流电桥式一点接地保护也可以用来实现两点接地保护。在励磁绕组一点接地、电桥平衡被打破、KA 发出一点接地信号之后，重新调节 R_1 使电桥再次平衡。这样一来，当发生第二点接地时，电桥平衡关系又被破坏，KA 中又有电流流过，其大小与两个接地点之间的距离有关。两者距离越大，电桥越不平衡，KA 中的电流越大。只要该电流大于整定值，继电器就动作，跳开发电机。

这种原理的两点接地保护接线简单，易于实现。但存在以下缺点：①两接地点距离较近时，保护不会动作，因此有死区；②如果第二点接地发生的很快，保护将来不及投入；③若第一个接地点在励磁绕组的任一个极性端附近时，由于 $R_1=0$ 或 $R_2=0$，无法投入该保护；④对于具有直流励磁机的发电机，如果第一个接地点发生在励磁机的励磁回路时，该保护也不能使用。因为调节磁场变阻器就破坏了电桥的平衡，保护会误动作。

8.11 同步发电机的失磁保护

8.11.1 发电机失磁运行及其产生的影响

发电机的失磁故障是指励磁突然全部消失或部分消失。引起失磁的原因主要有励磁供电电源故障、励磁绕组开路和短路、自动灭磁开关误跳、自动调节励磁调节装置故障以及运行人员误操作等。

发电机失去励磁后，励磁电流将逐渐衰减至零，感应电动势随着减小。由于电磁转矩小于原动机转矩，转子将加速，功角增大。当功角超过静态稳定极限后，发电机失去同步而转入异步运行。

发电机失磁会对电力系统产生以下不利影响。

(1)发电机从系统吸收无功，如果系统无功储备不足，可能导致电压崩溃、系统瓦解；

(2)电压的下降，导致发电机定子绕组的电流增大，发电机的过负荷甚至过电流保护动作，进一步使得系统中其他发电机过载，使事故扩大；

(3)失磁会导致系统失步，系统失步解列装置动作后，部分用户将停电。

发电机失磁对发电机造成的主要危害有：

(1)转速高于同步转速，转子上感应的差频电流使得转子过热；

(2)定子过电流使得定子发热；

(3)交变的异步转矩造成发电机振动。

失磁后的发电机是否能继续运行，取决于电力系统的无功储备、母线电压水平以及发电机特性等因素。对于大型汽轮发电机，失磁后若未危及系统的安全运行，则不应立即停机，而是要断开灭磁开关、投入异步电阻，按规定的速度将发电机负荷减少到允许值，维持一段时间的异步运行。若在异步运行期间母线电压低于允许值，应带时限动作于解列或程序跳闸。如果值班人员在规定的时间内无法排除故障、恢复励磁，再自动停机或人工操作停机。

8.11.2 发电机失磁保护的阻抗判据

发电机的失磁保护通常采用机端测量阻抗作为主判据，即机端测量阻抗进入等无功圆(临界失步阻抗圆)或异步圆判为发电机失磁。下面以图 8-56 所示的发电机与无穷大系统并列运行的情况介绍机端测量阻抗的变化轨迹，推导过程略去，重点介绍结论知识。

发电机从开始失磁到稳定异步运行，一般可分为以下三个阶段。

1)等有功阶段

失磁初始阶段，P 基本不变，称等有功过程，机端测量阻抗 Z_{G} 为

$$Z_{\mathrm{G}}=\left(\frac{U_{\mathrm{S}}^2}{2P}+\mathrm{j}X_{\mathrm{S}}\right)+\frac{U_{\mathrm{S}}^2}{2P}\mathrm{e}^{\mathrm{j}2\varphi} \tag{8-64}$$

式中，$\varphi=\arctan\dfrac{Q}{P}$。机端测量阻抗轨迹为一个圆，称为等有功阻抗圆，等有功阻抗圆及阻抗变化情况示于图 8-57，圆心坐标为 $\left(\dfrac{U_{\mathrm{S}}^2}{2P},X_{\mathrm{S}}\right)$，半径为 $\dfrac{U_{\mathrm{S}}^2}{2P}$。

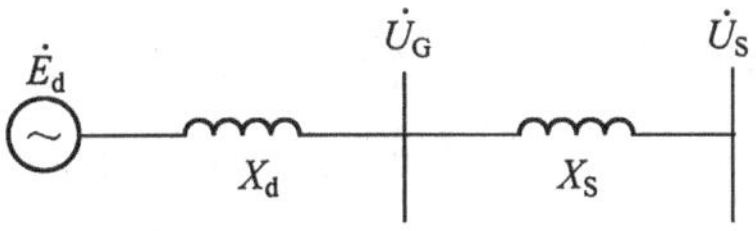

图 8-56 发电机与无穷大系统并列运行图

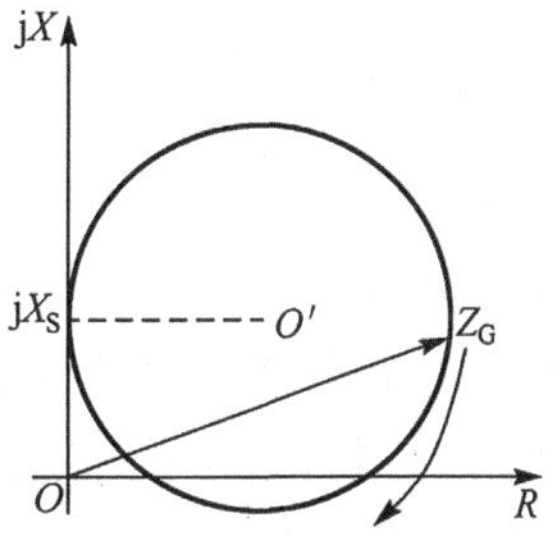

图 8-57 等有功圆图

等有功圆的大小与 P 密切有关，对应不同的 P 值有不同的阻抗圆，且 P 越大时圆的直径越小。

失磁前，发电机向系统送无功，Q 为正，φ 为正，机端测量阻抗 Z_{G} 位于第Ⅰ象限；失磁后 Q 减小、然后由正变负，机端测量阻抗 Z_{G} 从第Ⅰ象限进入第Ⅳ象限；圆越小，变化速度越快。

2)等无功阶段

当 $\dot{E}_{\mathrm{d}}$ 和 $\dot{U}_{\mathrm{S}}$ 之间的夹角，即功角 $\delta=90°$ 时，达到静稳定边界。此时，$Q=-\dfrac{U_{\mathrm{S}}^2}{X_{\mathrm{d}}+X_{\mathrm{S}}}$ 为常数，机端测量阻抗为

$$Z_{\mathrm{G}}=-\mathrm{j}\frac{X_{\mathrm{d}}-X_{\mathrm{S}}}{2}+\frac{X_{\mathrm{d}}+X_{\mathrm{S}}}{2}\mathrm{e}^{\mathrm{j}2\varphi} \tag{8-65}$$

测量阻抗轨迹也是一个圆，称为等无功圆(临界失步圆)，如图 8-58 所示，图中等无功圆以虚线画出。

当机端测量阻抗 Z_{G} 沿着等有功圆变化到 A 点时，表示发电机达到了静稳定极限，越过静稳定极限 A 点后，发电机转入异步运行。因此，可以将机端测量阻抗进入等无功圆(临界失稳圆)作为发电机失磁的判据。

3)失步运行阶段

静稳定破坏后，发电机进入异步运行阶段，机端测量阻抗 Z_{G} 随转差 S 改变。当发电机稳定异步运行后，S 基本稳定，机端测量阻抗 Z_{G} 也将稳定在 $(-\mathrm{j}X_{\mathrm{d}}',-\mathrm{j}X_{\mathrm{d}})$ 之间。以 $(-\mathrm{j}X_{\mathrm{d}}',-\mathrm{j}X_{\mathrm{d}})$ 连线为直径的圆称为异步圆，如图 8-59 所示，图中等有功圆、等无功圆均以虚线画出，

异步圆为实线。机端测量阻抗 Z_G 越过静稳定极限 A 点后，一定会进入异步圆，最后稳定于 $(-jX'_d, -jX_d)$ 之间的某一点。所以，异步圆也可以作为发电机失磁的判据。

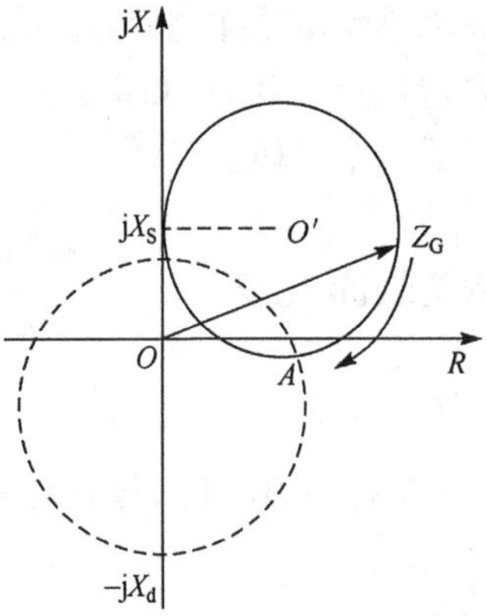

图 8-58 等有功圆与等无功圆图

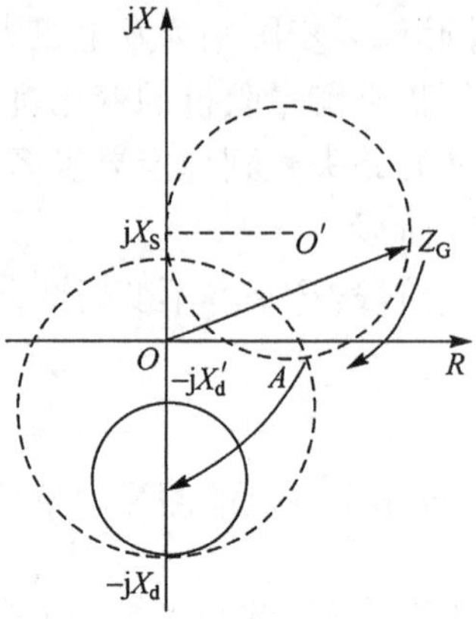

图 8-59 失步运行阶段图

8.11.3 失磁保护的辅助判据

在失磁保护中除了采用等无功圆(静稳定边界)或异步圆(异步边界)作为主判据以外，还采用以下辅助判据和闭锁措施。

(1)当发电机失磁时，励磁电压下降。而在外部短路、系统振荡过程中，励磁直流电压不会下降，反而因为强行励磁的作用而上升。由此可见，可将励磁电压降低作为失磁保护的辅助判据。

(2)失磁时，三相定子回路的电压、电流是对称的、没有负序分量，而短路或由短路引起振荡的过程中，总会短时或整个过程中出现负序分量。因此，可以利用负序分量作为辅助判据以防止失磁保护在短路或短路伴随振荡的过程中误动。

(3)系统振荡过程中，机端测量阻抗的轨迹只可能短时穿过失磁继电器的动作区，而不会长时间停留在动作区内。因此，失磁保护带有延时可以躲开振荡的影响。

(4)变压器高压侧的母线电压是监视电力系统安全运行的重要指标，当发电机失磁时，母线电压下降。为了保证系统的电压质量，可将母线低电压元件作为失磁保护的辅助判据。

(5)在失磁进入异步运行期间，若定子过电流大于 1.05 倍额定电流，表明平均异步功率超过 0.5 倍的额定功率。如果异步出力在允许的时间内压不下来，而定子过电流判据又一直满足，就应该切除发电机。因此，可将定子绕组过电流作为辅助判据。

(6)为防止电压互感器二次回路断线造成失磁保护误动作，应设置电压断线的闭锁措施。

思考题和习题

8-1 励磁控制系统的任务什么?

8-2 励磁控制系统是如何提高电力系统静态稳定和暂态稳定的?

8-3 画出无刷励磁系统的原理接线，并说明该励磁系统的特点。

8-4 整流电路中的整流工作状态和逆变工作状态各指什么? 逆变条件是什么? 最小逆变角应该如何取值?

8-5 调差系数所表达的物理意义是什么? 调差单元的工作原理是什么? 改变调差系数的目的是什么?

8-6 大型发电机上的自动励磁调节器，有哪些励磁限制功能？各限制起何作用？

8-7 说明并列运行发电机组间怎样实现无功负荷的转移。

8-8 试说明余弦波移相触发原理，以及数字式自动励磁调节器中触发脉冲的实现。

8-9 自动励磁调节器的组成单元有哪些？各起什么作用？

8-10 有两台发电机在公共母线上并联运行，1 号机组的 $P_{G1N}=20MW$，2 号机组的 $P_{G2N}=30MW$，功率因数都是 0.85，$U_{GN}=15.75kV$。

(1)当 $\delta_1=0.04$，$\delta_2=0.05$ 时，若无功负荷波动使无功增量为 5Mvar 时，问两台机组承担的负荷增量 ΔQ_i 各是多少？母线上的电压波动 ΔU_G^* 是多少？

(2)当 $\delta_1=\delta_2=0.05$ 时，若无功负荷波动使无功增量为 5Mvar 时，问两台机组承担的负荷增量 ΔQ_i 各是多少？母线上的电压波动 ΔU_G^* 是多少？

(3)讨论无功增量分配与调差系数的关系。

8-11 发电机可能发生哪些故障和不正常的运行状态？应配置哪些保护？

8-12 对于定子绕组有两个分支的大型发电机而言，其完全纵差保护和不完全纵差保护有何异同？

8-13 单元件式的横联差动保护除了能反应发电机的匝间短路之外，还能反应发电机的哪些故障？为什么？

8-14 发电机定子绕组发生匝间短路或分支开焊故障时，流过发电机中性点侧的负序功率方向是由系统流入发电机，还是由发电机流入系统？

8-15 为什么大型发电机应装设能反应 100%定子绕组的接地保护？简述该保护的构成原理。

8-16 发电机负序过电流保护的作用是什么？为什么说采用负序反时限比采用负序定时限要好？

8-17 发电机定子绕组出现负序电流对发电机的主要危害是什么？

8-18 发电机励磁绕组出现两点接地对发电机的主要危害是什么？

8-19 按照直流电桥式构成的励磁绕组两点接地保护的主要缺点是什么？

8-20 发电机失磁对电力系统有什么影响？失磁对发电机本身有什么影响？发电机的失磁保护主要依据什么进行失磁判断？

第9章　电力系统频率及有功功率的自动调节

9.1　概　　述

9.1.1　频率及有功功率调节的意义

电力系统频率是电力系统中同步发电机产生的交流正弦电压的频率，它是电力系统运行参数中最重要的参数之一。在稳态运行条件下，所有发电机同步运行，整个电力系统的频率是相等的。并列运行的每一台发电机的转速与系统频率的关系为

$$f = \frac{pn}{60} \tag{9-1}$$

式中，p 为发电机组转子极对数；n 为发电机组的转速(r/min)；f 为电力系统频率(Hz)。

显然，电力系统的频率控制实际上就是调节发电机组的转速。

频率同发电机的转速有着严格的关系。发电机的转速是由作用在发电机转轴上的转矩(或功率)平衡所确定的。原动机输出的功率再加上各种机械损耗后，如果能与发电机输出的电磁功率保持平衡，即 $\sum_{i=1}^{m} P_{\mathrm{T}i} = \sum_{i=1}^{m} P_{\mathrm{G}i}$，发电机的转速就可以保持恒定。但是发电机输出的电磁功率是由电力系统的负荷运行状态决定的，而电力系统的负荷是时刻在变化的，任何一个负荷的变化，都要引起全系统功率的不平衡，导致系统频率的变化。当系统负荷增加 ΔP_{D} 时，由于机械惯性，原动机输入的功率还来不及做出反应，则机组的输入功率小于负荷要求的电功率，为了保持功率平衡，机组只有把转子的一部分动能转换成电功率，致使机组转速降低，系统频率下降。其间的关系如下式：

$$\sum_{i=1}^{m} P_{\mathrm{T}i} = \sum_{i=1}^{m} P_{\mathrm{G}i} + \Delta P_{\mathrm{D}} + \frac{\mathrm{d}}{\mathrm{d}t}\left(\sum_{i=1}^{m} W_{\mathrm{K}i}\right) \tag{9-2}$$

式中，$W_{\mathrm{K}i}$ 为机组的动能。

电力系统频率变化会对发电机和系统的安全运行带来严重影响。主要表现在：频率下降时，发电厂的重要厂用电设备(如风机、水泵、磨煤机等)的出力会降低，导致发电机出力下降，使电力系统的频率进一步下降。特别是当系统的频率下降到48Hz以下时，将在非常短的时间内使发电厂的正常运行受到破坏，这样使系统频率下降更快，从而发生频率崩溃现象。系统频率的变化对用户也会造成不利影响，频率变化将引起异步电动机转速的变化，由这些电动机驱动的机械产品质量将受到影响；国防和工业使用的测量、控制等电子设备也会因频率的波动而影响准确性和工作性能。

因此，电力系统中发电机组最重要的任务是，根据负荷变化及时控制和调节原动机的输入功率，以保持系统频率的偏移保持在允许的范围之内。《电力工业技术管理法规》中规定的频率偏差范围为±0.2～±0.5Hz。

9.1.2　电力系统频率及有功功率的分层控制

在实际电力系统中，有功负荷随时都在变化，是随机的、不可控的。按照其变化的幅度和周期特点，可以分为

(1)变化周期短、变化幅度很小的随机负荷。这类负荷的变化周期一般在10s以下，如图9-1所示的曲线P_1。

(2)变化周期较长、变化幅度较大的脉动负荷。这类负荷的变化周期一般为10s～3min，如图9-1所示的曲线P_2。

(3)变化率缓慢、变化幅度大的持续负荷，如图9-1所示的曲线P_3。

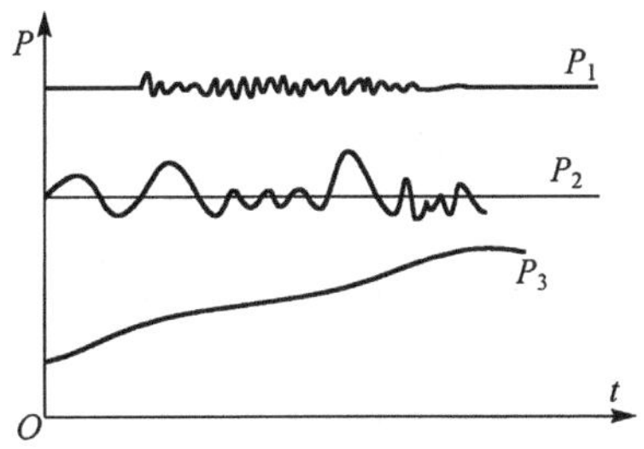

图9-1　电力系统负荷的变化

这些负荷的变化使系统有功功率失去平衡后，系统频率改变。发电机组的调速器通过改变动力因素，直接进行转速调节，调节发电机送出的有功功率以维持系统的频率水平，这称为频率一次调整(或称一次转速调节)。这种调频方式主要针对第一种负荷变化的。同时系统控制中心接收到系统功率与频率变化信号后，向各发电厂送出发电控制信号，各发电厂接收信号后合理送出功率分配信号至各机组，通过调频器实现自动调频控制和经济负荷分配控制，这称为频率的二次调整(或称二次频率调节)和三次经济负荷分配。特别声明的是，自动调频器也是通过改变调速器特性来达到调节目的的，如图9-2所示。

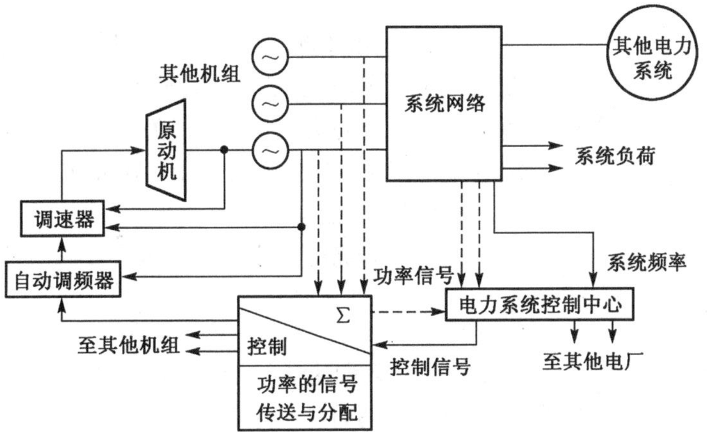

图9-2　电力系统调频示意图

9.2　电力系统的自动调频方法

9.2.1　概述

电力系统的频率特性反映了在稳态运行情况下有功功率和频率变化的关系，它是由发电机组和负荷的功率频率特性决定的。

电力系统频率变化时，系统负荷取用的有功功率将随之改变，即$P_D = F(f)$，这种有功负荷随频率而变化的特性称为负荷的静态频率特性，用图9-3的曲线来表示，并用负荷的频率调节效应系数来衡量负荷调节效应。

$$K_D = \frac{\Delta P_D}{\Delta f} \quad (\text{MW/Hz}) \tag{9-3}$$

发电机组在频率变化时的有功功率随之变化的特性称为发电机组的频率调节特性。发电机的频率调整由原动机的调速系统来控制，配有调速系统的发电机组的频率调节特性如图9-4所示,它是有差调节的,并用调差系数 δ 来描述发电机组的有差调节特性,如式(9-4)所示。调差系数的大小对维持系统的稳定运行关系较大,为了减小系统的频率波动,通常希望机组的调差系数小一些。

$$\delta = -\frac{\Delta f}{\Delta P_G} \tag{9-4}$$

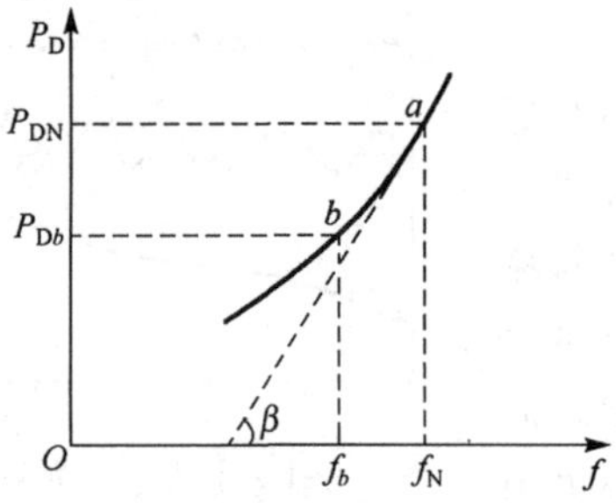

图 9-3 系统负荷的静态频率特性

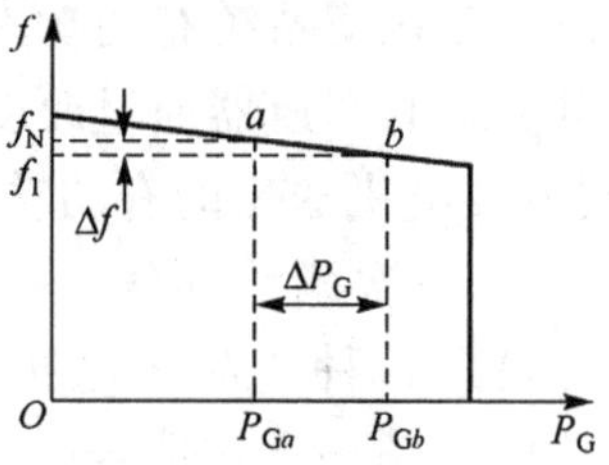

图 9-4 发电机组的频率特性

调差系数的倒数为发电机组的单位调节功率,即

$$K_G = \frac{1}{\delta} = -\frac{\Delta P_G}{\Delta f}$$

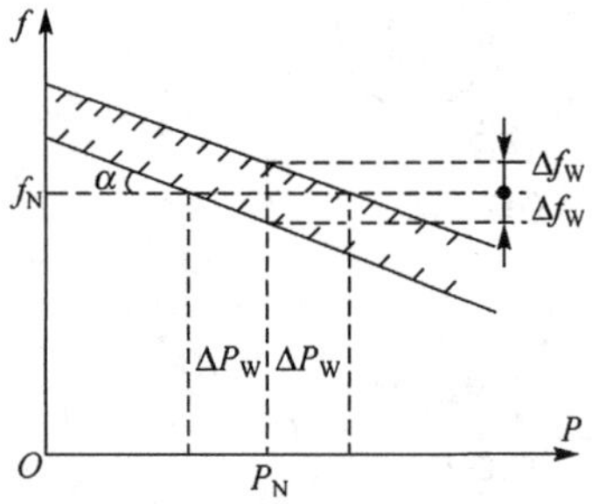

图 9-5 调速器的失灵区

实际上,由于测量元件的不灵敏性,调速器对微小的转速变化不能反应,特别是机械式调速器尤为明显。也就是说,调速器具有一定的失灵区,因而调节特性实际上是一条具有一定宽度的带子,如图 9-5 所示。只有在频率偏差超过 $\pm\Delta f_W$ 后,调速器才开始动作。

失灵区的宽度可以用失灵度 ε 来描述,即

$$\varepsilon = \frac{\Delta f_W}{f_N} \tag{9-5}$$

式中,Δf_W 为调速器的最大频率呆滞。

失灵区的存在导致并联运行的发电机组间有功功率分配将产生误差,最大功率误差 ΔP_W 与调差系数存在如下关系:

$$\frac{\Delta f_W}{\Delta P_W} = \delta \tag{9-6}$$

以标幺值表示为

$$\frac{\Delta f_{W*}}{\Delta P_{W*}} = \delta_* \tag{9-7}$$

或

$$\frac{\varepsilon}{\Delta P_{W*}} = \delta_* \tag{9-8}$$

由式(9-8)可知,ΔP_{W*} 与失灵度 ε 成正比,而与调差系数 δ_* 成反比。过小的调差系数将产生较大的功率分配误差,所以 δ_* 不能太小。但若加大 δ_*,则会使调频过程结束时,频率偏差过大,因而 δ_* 又不宜过大。

失灵区的存在虽然会引起一定的功率分配误差和频率误差,但若失灵区太小或完全没有,则又会使得频率出现微小波动时,调速器也要调节机组出力,使原动机阀门调节过分频繁。因此对有些非常灵敏的电液调速器,由于固有失灵区过小,还要采用附加措施,形成适当大小的失灵区。

9.2.2 单区域系统的自动调频方法

调频问题实质上是电力系统正常运行时，发电机送入系统的功率与负荷需要的功率之间的平衡问题，是通过调整机组的输入功率来实现的。调频是全系统范围内的运行问题，所以都由电力调度员按照计划的日负荷曲线来安排调频任务。一般将运行电厂分为调频厂、调峰厂和带基本负荷的发电厂三类，经济性能好的火电机组、热电厂、核电厂和丰水期的水电机组都带全天不变的基本负荷；调峰电厂带计划的日负荷曲线中的负荷变动部分，即峰值负荷部分，一般由经济性能较差的火电机组或枯水期的水电机组担任；由于实际负荷总是与计划负荷有差别，其差值称为计划外负荷，由调频电厂担任。为了保证调频任务的完成，要求调频机组不仅有足够的容量，还应有适应负荷变动的调整速度。

电力系统总是要求频率维持为额定，即从负荷变动开始到频率重新稳定时，频率 Δf 为零。这一要求是通过对调频机组的二次调整，即用自动改变功率给定值，移动调速器的调节特性来实现的。电力系统中，控制调频器的基本方法(也称为调频准则)有如下几种。

1. 主导发电机法

主导发电机法是将规定的调频电厂中，设定一台主导机组的调频器的二次调节准则为

$$\Delta f = 0 \tag{9-9}$$

即为无差调节。与计划外负荷相比，一台主导发电机的容量显然是不足的，调频电厂中其他机组将协助调频，这些机组上装设有功功率调整器，它们的功率随主导机组的功率按比例地变化，调节准则为

$$\Delta P_i = \alpha_i \Delta P_1 \quad (i = 2,3,\cdots,n) \tag{9-10}$$

式中，ΔP_1 为主导发电机的调节功率；α_i 为第 i 台协助调频机组的比例系数；ΔP_i 为第 i 台协助调频机组的调节功率。

调频系统的结构图如图 9-6 所示。

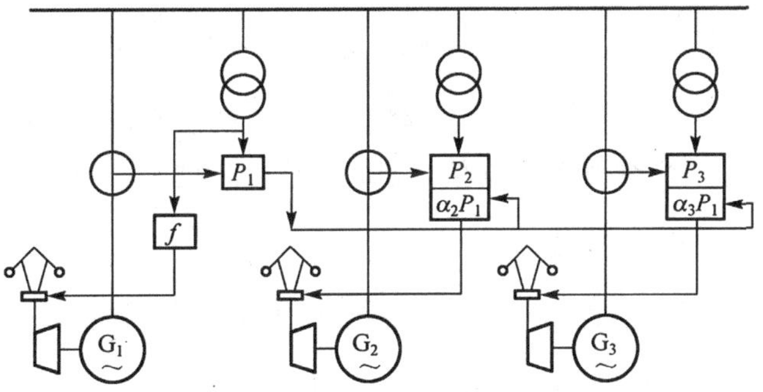

图 9-6　主导发电机法调频系统示意图

调频过程：

(1)主导机组 G_1 的调节系统首先按频率偏差工作，改变 ΔP_1；

(2)其他协助调频机组按式(9-10)规定作功率调整；

(3)当满足 $\Delta f = 0$ 和 $\Delta P_1 + \sum_{i=2}^{n} \alpha_i \Delta P_1 = \Delta P_D$ 时，调节过程结束。否则，重复(1)、(2)过程。

主导发电机法调频的特点：

(1)调节过程缓慢。尽管有多台机组参与调频,但开始时只有一台主导机组先行调节,所以调节过程缓慢。

(2)适用于只有一个调频电厂的情况。因为协助调频机组与主导机组若在同一电厂较容易实施,因此只在中小型电力系统中应用。

2. 积差调节法(同步时间法)

积差调节法是指调频系统按频率偏差的时间积分值进行调节。由于频率偏差的积分反映了在一段时间内同步时间对标准时间的偏差,而保持电钟的准确性也是调频任务之一,因而积分调节法又称同步时间法。

1)单机积差调节

假设系统中由一台发电机组进行频率偏差调节,调节准则为

$$K\Delta P_{\mathrm{c}} + \int \Delta f \mathrm{d}t = 0$$

或

$$\Delta P_{\mathrm{c}} = -K_{\mathrm{I}} \int \Delta f \mathrm{d}t \tag{9-11}$$

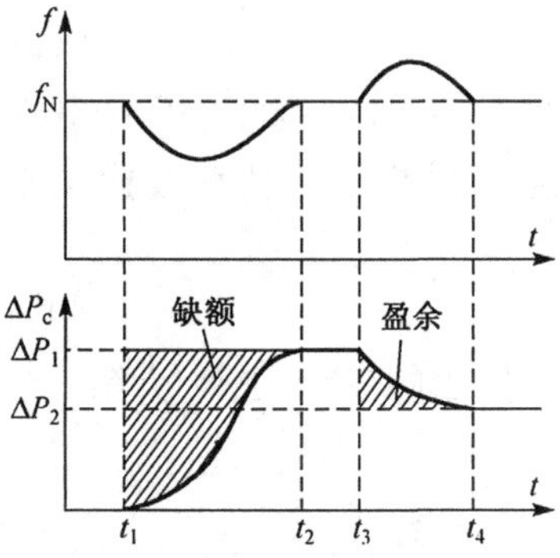

图 9-7 积差调频过程

式中,$\Delta f = f - f_{\mathrm{N}}$;$\Delta P_{\mathrm{c}}$ 为发电机组的出力增量;K_{I} 为积分控制增益。

积差调频过程可用图 9-7 说明。

在 0～t_1 时段内,$f = f_{\mathrm{N}}$,$\Delta f = 0$,$\int_0^{t_1} \Delta f \mathrm{d}t = 0$,则有 $\Delta P_{\mathrm{c}} = -K_{\mathrm{I}} \int_0^{t_1} \Delta f \mathrm{d}t = 0$,发电机组按原有出力运行。

在 t_1 时刻,出现计划外负荷增量,在 t_1 ～ t_2 时段内,$f < f_{\mathrm{N}}$,$\Delta f < 0$,$\int_{t_1}^{t} \Delta f \mathrm{d}t < 0$,且不断往负方向增大,$\Delta P_{\mathrm{c}} = -K_{\mathrm{I}} \int_0^{t} \Delta f \mathrm{d}t = -K_{\mathrm{I}} \int_{t_1}^{t} \Delta f \mathrm{d}t > 0$,即调频机组增大出力,向满足式(9-11)方向调整,频率由开始下降达到一最低值后,逐渐回升。只要 Δf 不等于零,而不论其多小,积分项将继续累加新值,调节直至 t_2 时刻时,$\Delta f = 0$,调节才结束,此时 $\Delta P_{\mathrm{c}} = -K_{\mathrm{I}} \int_{t_1}^{t_2} \Delta f \mathrm{d}t = \Delta P_1$ 为常数。

在 t_2 ～ t_3 时段内,调频机组的出力已与计划外负荷增量相等,系统以额定频率 f_{N} 稳定运行,$\Delta f = 0$,所以 $\int_{t_2}^{t_3} \Delta f \mathrm{d}t = 0$,此时 ΔP_{c} 维持 ΔP_1 值,即调频机组保持 t_2 时刻的出力不再增大。

在 t_3 时刻出现了计划外负荷减少,在 t_3 ～ t_4 时段内,$f > f_{\mathrm{N}}$,$\Delta f > 0$,$\int_{t_3}^{t} \Delta f \mathrm{d}t > 0$,且不断向正方向累积

$$\Delta P_{\mathrm{c}} = -K_{\mathrm{I}} \int_0^{t} \Delta f \mathrm{d}t = -K_{\mathrm{I}} \left(\int_{t_1}^{t_2} \Delta f \mathrm{d}t + \int_{t_3}^{t} \Delta f \mathrm{d}t \right) = \Delta P_1 - K_{\mathrm{I}} \int_{t_3}^{t} \Delta f \mathrm{d}t$$

即调频机组出力开始减小,频率由额定值上升到一最高值后逐渐回落,直至 t_4 时刻时,$\Delta f = 0$,调节过程又一次结束。此时 $\Delta P_{\mathrm{c}} = \Delta P_1 - K_{\mathrm{I}} \int_{t_3}^{t_4} \Delta f \mathrm{d}t = \Delta P_2$ 为常数。图 9-7 中阴影部分表示系统有功功率余缺的情况。

2)多台机组的积差调频

在电力系统中，用多台机组进行积差调频时，调节准则为

$$\begin{cases} K_1\Delta P_{c1}+\int\Delta f\mathrm{d}t=0 \\ K_2\Delta P_{c2}+\int\Delta f\mathrm{d}t=0 \\ \quad\vdots \\ K_n\Delta P_{cn}+\int\Delta f\mathrm{d}t=0 \end{cases} \tag{9-12}$$

当出现计划外负荷 ΔP_D 时，各机组同时进行调频，将式(9-12)各分式相加后得

$$\sum_{i=1}^{n}\Delta P_{ci}+\int\Delta f\mathrm{d}t\cdot\sum_{i=1}^{n}\frac{1}{K_i}=0$$

$$\int\Delta f\mathrm{d}t=-\frac{\sum_{i=1}^{n}\Delta P_{ci}}{\sum_{i=1}^{n}\frac{1}{K_i}}$$

每台调频机组承担的计划外负荷为

$$\Delta P_{ci}=\frac{\sum_{i=1}^{n}\Delta P_{ci}}{K_i\sum_{i=1}^{n}\frac{1}{K_i}}=\frac{\Delta P_D}{K_i\sum_{i=1}^{n}\frac{1}{K_i}}=\alpha_i\Delta P_D,\quad i=1,2,\cdots,n \tag{9-13}$$

式中，α_i 为第 i 台调频机的功率分配系数，$\sum_{i=1}^{n}\alpha_i=1$。

积差调节法的特点：

(1)积差调节法最终可维持系统频率为额定，实现了无差调节。

(2)调节结束后，调频机组的功率变化量 ΔP_c 等于计划外负荷的数值，且各调频机组按一定比例分担。

(3)因积分项 $\int\Delta f\mathrm{d}t$ 滞后于频率瞬时值的变化，所以调节速度较慢。

为此，为加快调节速度，在频率积差调节的基础上增加频率瞬时偏差调节信号，得到了改进的积差调节法。

3)改进的积差调节法

在积差调节法的调节准则中引入频率偏差项，得到改进的积差调节准则为

$$\Delta f+K_i\left(\Delta P_{ci}+\alpha_i\int K'\Delta f\mathrm{d}t\right)=0 \tag{9-14}$$

式中，K_i 为第 i 台调频机的比例系数；K' 为功率频率换算系数。

当出现负荷变动时，由于有 Δf 项，调节速度加快。当调节过程结束时，必有 $\Delta f=0$，否则积差项 $\int K'\Delta f\mathrm{d}t$ 就会不断变化，调节过程不会结束。因此，调节过程终止时有

$$\Delta P_{ci}=-\alpha_i\int K'\Delta f\mathrm{d}t \tag{9-15}$$

负号“－”表示功率变化量方向与频率差方向相反。

若整个系统的计划外负荷为 ΔP_D，显然有

$$\Delta P_{\mathrm{D}}=\Delta P_{\mathrm{c}}=\sum_{i=1}^{n}\Delta P_{\mathrm{c}i}=-\sum_{i=1}^{n}\alpha_i\int K'\Delta f\mathrm{d}t=-\int K'\Delta f\mathrm{d}t \tag{9-16}$$

将式(9-16)代入式(9-15)，则得到

$$\Delta P_{\mathrm{c}i}=\alpha_i\Delta P_{\mathrm{D}} \tag{9-17}$$

可见，调节结束后，计划外负荷按一定比例在调频机组间分配。

4)集中制与分散制调频

积差调节法对维持系统频率的精度取决于各调频机组的频差积分信号数值的一致性。按照$\int K'\Delta f\mathrm{d}t$信号取得方式的不同，可分为集中制与分散制积差调频。

集中制积差调频是在系统调度中心设置一套高精度标准频率发生器，再取系统频率，以构成频差积分信号$\int K'\Delta f\mathrm{d}t$，然后通过远动通道将信号送至各调频厂，各调频机组再按式(9-14)调节它们的功率给定值。这种调频方式的优点是各调频电厂的频差积分信号是一致的。集中调频方式的示意图如图 9-8 所示。

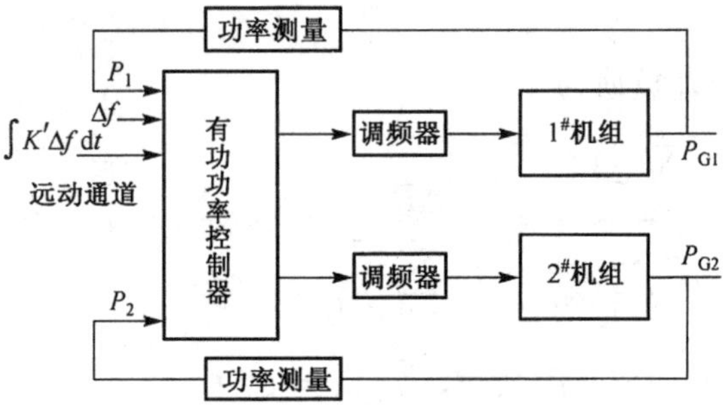

图 9-8　积差集中调频

分散制积差调频是在调频厂各设置一套频差积分信号发生器，就地产生频差积分信号$\int K'\Delta f\mathrm{d}t$进行调频。为了使各调频机组所在地测得的$\Delta f$尽可能一致，避免频率偏差积分值的差异而造成功率分配上的误差，需设置高稳定性晶体振荡标准频率发生器。

3. 联合自动调频

电力系统自动调频除了维持系统频率为额定值外，还必须使系统的潮流分布符合经济、安全等原则。在稳定运行方式下，机组的调节特性一般是按经济调度的要求来确定；在安全控制情况下，也可能是由安全分析和事故控制的要求来确定的。自动调频是通过改变各机组调速器的调节特性，按一定的准则将出力自动分配于各调节机组，使出力满足负荷有功功率需求，实现调频目的的。

在集中制联合调频的电力系统中，调度中心根据遥测得到的发电机组实际功率值和频率偏差信号，通过负荷分配程序，计算得到发电机负荷设定值P_{c}，并通过信息传输系统，将这信息传递到相应机组的控制器，如图 9-9 所示。控制器根据控制信号的极性，使调速器的控制电动机按指定方向旋转，改变调速器的调节特性。

负荷分配是根据测得的发电机功率P_{G}和频率偏差信号，按一定的关系将负荷分配给各发电机组，求得各机组的设定功率。决定各机组设定调节功率$\Delta P_{\mathrm{c}i}$最简单的关系式为

$$\Delta P_{\mathrm{c}i}=\alpha_i\left(\sum_j\Delta P_{\mathrm{G}j}-B_f\Delta f\right) \tag{9-18}$$

式中，B_f 为频率偏差系数。所以系统调频机组总的设定调节功率为

$$\sum_i \Delta P_{ci} = \sum_i \alpha_i \left(\sum_j \Delta P_{Gj} - B_f \Delta f\right) = \sum_j \Delta P_{Gj} - B_f \Delta f \tag{9-19}$$

由图 9-9 知，当调节过程结束时，系统调频机组总的设定调节功率与它们实发调节功率相等，即 $\sum_i \Delta P_{ci} = \sum_j \Delta P_{Gj}$ 于是 $\Delta f = 0$，即频率偏差趋近于零。因此，联合自动调频的调节准则可由式(9-18)得到

$$\Delta f + K_i\left(\Delta P_{ci} - \alpha_i \sum_j \Delta P_{Gj}\right) = 0 \tag{9-20}$$

式中，K_i 为第 i 台调频机的比例系数。

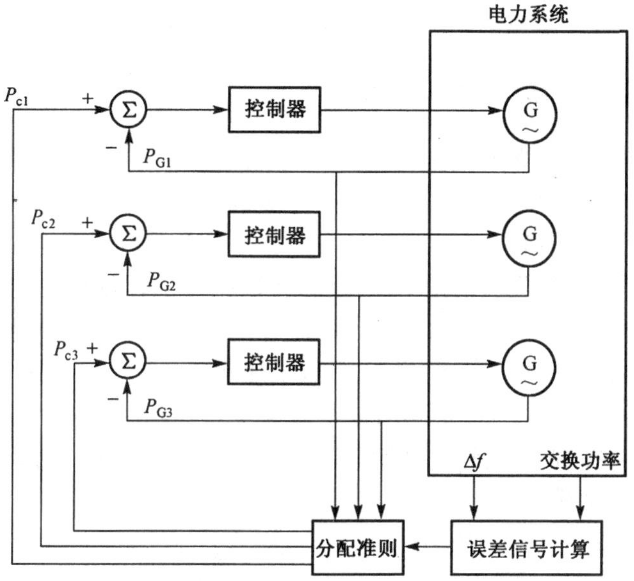

图 9-9　自动调频系统示意图

9.2.3　联合电力系统的自动调频方法

1. 联合电力系统的频率控制

大型复杂电力系统一般都是互联的联合电力系统。一个联合电力系统经常包含若干个电力控制区域，各控制区域间通过联络线连接起来，用以功率交换。当各控制区域进行频率控制调整时，就会出现联络线交换功率或输送功率的控制问题。为简便起见，以两个地区系统 A，B 通过一条联络线组成的联合电力系统为例进行分析，如图 9-10 所示。

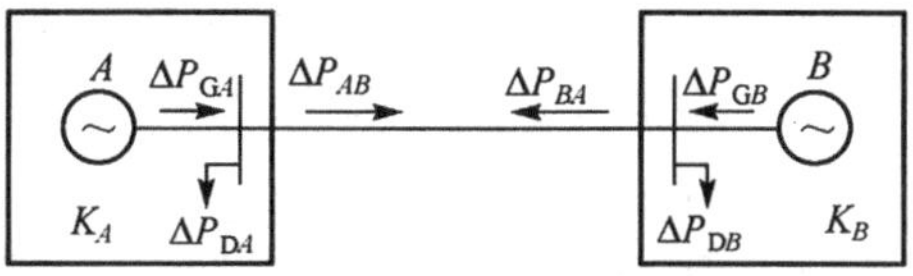

图 9-10　联合电力系统的频率控制

假设 ΔP_{DA}、ΔP_{DB} 分别表示 A、B 两个控制区域的负荷变化，ΔP_{GA}、ΔP_{GB} 分别表示 A、B 控制区域发电机组所发功率的增量，ΔP_{AB} 表示联络线交换功率的增量。具有二次调频的控制区域所发功率增量 ΔP_G 由两部分组成，是系统一次调节功率 $-K_G\Delta f$ 和二次调节功率 $\Delta P''_G$ 之和。由于联合电力系统频率是唯一的，所以 A、B 两系统有下列关系：

$$\Delta P_{GA} = \Delta P''_{GA} - K_{GA}\Delta f \tag{9-21}$$

$$\Delta P_{GB} = \Delta P''_{GB} - K_{GB}\Delta f \tag{9-22}$$

$$\Delta P_{DA} + \Delta P_{AB} = \Delta P_{GA} - K_{DA}\Delta f \tag{9-23}$$

$$\Delta P_{DB} - \Delta P_{AB} = \Delta P_{GB} - K_{DB}\Delta f \tag{9-24}$$

整理，得

$$\Delta f = -\frac{(\Delta P_{DA} + \Delta P_{DB}) - (\Delta P''_{GA} + \Delta P''_{GB})}{\beta_A + \beta_B} \tag{9-25}$$

$$\Delta P_{AB} = \frac{\beta_A(\Delta P_{DB} - \Delta P''_{GB}) - \beta_B(\Delta P_{DA} - \Delta P''_{GA})}{\beta_A + \beta_B} \tag{9-26}$$

式中

$$\beta_A = K_{DA} + K_{GA} = K_{DA} + \frac{1}{\delta_A} \quad \text{（称为功率-频率特征系数）}$$

$$\beta_B = K_{DB} + K_{GB} = K_{DB} + \frac{1}{\delta_B}$$

2. 联合电力系统的自动调频方法

1）恒定频率控制（flat frequency control，FFC）

根据前面的分析可知，当 $\Delta P_{DA} + \Delta P_{DB} = \Delta P''_{GA} + \Delta P''_{GB}$ 时，联合电力系统发电机组二次调频控制增发的功率同全系统负荷增量平衡，则可实现电力系统频率的无差调节。这种按频率偏差 Δf 进行调节的联合电力系统调频方式，只有在 $\Delta f = 0$ 时，调节才结束。然而这种控制方式对互联系统联络线上的功率偏差并不控制，不能保证 $\Delta P_{AB} = 0$。

2）恒交换功率控制（flat tie-line control，FTC）

当 A、B 两个控制区域都进行二次频率控制，而且两控制区域的功率缺额又恰好同其功率频率特征系数成比例，即满足

$$\frac{\Delta P_{DB} - \Delta P''_{GB}}{\beta_B} = \frac{\Delta P_{DA} - \Delta P''_{GA}}{\beta_A}$$

时，联络线上的交换功率增量 $\Delta P_{AB} = 0$，实现互联系统联络线上交换功率增量的无差调节。然而，这种按保持交换功率恒定进行调节的联合电力系统调频方式，对系统的频率并不控制，不能保证系统频率偏差 $\Delta f = 0$。

3）频率联络线功率偏差控制（tie line load frequency bias control，TBC）

上述两种联合电力系统调频方式，不能兼顾系统频率和联络线的功率交换协议。若既要消除频差，还要消除联络线中的交换功率偏差，可采取联合电力系统的分区调频方式。每个控制区负责本区域的功率调整，就地实现功率平衡控制，这将即可保证联合电力系统的频率质量，又可减轻联络线路的功率负担。因此，综合考虑系统频差和与其他区域联络线上的交换功率偏差，引入区域控制误差（area control error，ACE）作为本区域的调节作用信号

$$\begin{cases} \mathrm{ACE}_A = \Delta P_{AB} + B_A\Delta f_A \\ \mathrm{ACE}_B = \Delta P_{BA} + B_B\Delta f_B \end{cases} \tag{9-27}$$

式中，B_A、B_B 为 A、B 系统的频率修正系数。

联合电力系统所采用的分区调频方式，其目标是在调节过程中联合电力系统的所有发电机组都响应，但调节过程结束后，频率恢复到额定值，负荷的变化由本区域内的调频机组来承担，本区域和其他区域的联络线交换功率应保持为计划值。这种调频方式必须能够判断出系统负荷变化量是否发生在本区域范围之内，所以各区域的调频装置把区域控制误差信号 ACE 作为调节信号，并采用 ACE 积差调节法。因此，联合电力系统分区调频的调频方程式为

$$\int(\Delta P_L + B\Delta f)\mathrm{d}t + K\Delta P_c = 0$$

或

$$\Delta P_c = -K_I\int(\Delta P_L + B\Delta f)\mathrm{d}t \tag{9-28}$$

式中，K_I 为积分增益；ΔP_L 为本区域与其他区域联络线上的交换功率偏差；ΔP_c 为本区域所有调频机组的设定调节功率。

这种调频过程就是调节本区域内调频机组的出力，使本区域的 ACE 不断减小直至为零的过程。由于式(9-28)中包含了积分项，在调频过程结束时，必有 ACE 信号为零，即

$$\mathrm{ACE} = B\Delta f + \Delta P_L = 0$$

仍以两个区域的联合系统为例来说明，两区域的调频方程式为

$$\begin{cases}\Delta P_{cA} = -K_{IA}\int \mathrm{ACE}_A \mathrm{d}t = -K_{IA}\int(\Delta P_{AB} + B_A\Delta f_A)\mathrm{d}t \\ \Delta P_{cB} = -K_{IB}\int \mathrm{ACE}_B \mathrm{d}t = -K_{IB}\int(\Delta P_{BA} + B_B\Delta f_B)\mathrm{d}t\end{cases} \tag{9-29}$$

式中，K_{IA}为 A 区域积分增益；K_{IB}为 B 区域积分增益。

任一控制区域内的负荷变动使系统频率偏离额定值，调频机组的调速器动作，改变机组出力，联络线交换功率发生变化，ACE 就不等于零，各区域的调频系统向满足式(9-29)的方向进行调整，调整结果在稳态情况下，应当满足

$$\begin{cases}\mathrm{ACE}_A = \Delta P_{AB} + B_A\Delta f = 0 \\ \mathrm{ACE}_B = \Delta P_{BA} + B_B\Delta f = 0\end{cases} \tag{9-30}$$

则调频结束时，$\Delta f = 0$，$\Delta P_{AB} = \Delta P_{BA} = 0$。在维持系统频率的同时，联络线功率也维持在计划值。

9.3 电力系统频率调节系统的动态特性

9.3.1 调节系统的传递函数

传递函数是分析调节系统性能的重要工具，电力系统频率调节系统是由调速器、发电机组包括原动机和电网等环节组成。电力系统频率和有功功率调节是靠调速系统完成的，如图 9-11 所示，当频率变化时，调速器首先反应，改变汽门(或导水叶)的开度，控制原动机的动力因素，进而改变发电机输出功率。

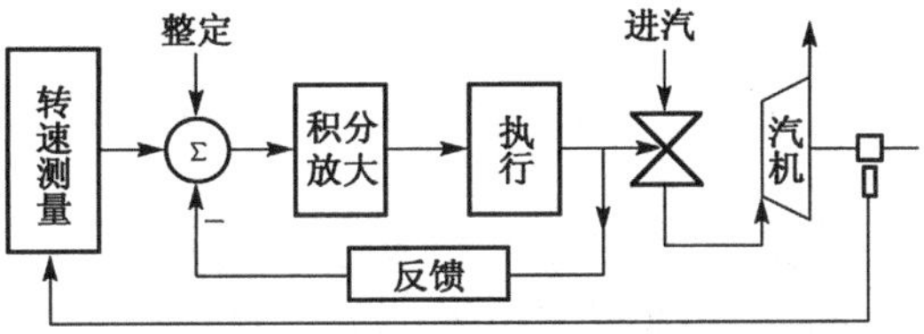

图 9-11 调速系统示意图

1. 调速器的传递函数

调速器一般由测量、积分放大、执行等环节组成，不论是汽轮机还是水轮机，调速器的执行环节都是利用液压放大原理控制汽门(或导水叶)的开度。各种调速器的构成器件各异，但是它们主要部分微分方程式的形式是相同的。以图 9-12 所示的机械液压调速器为例来说明调速器传递函数的建立，所有联结点 A、B、C、D、E 的位移正方向如图所示。

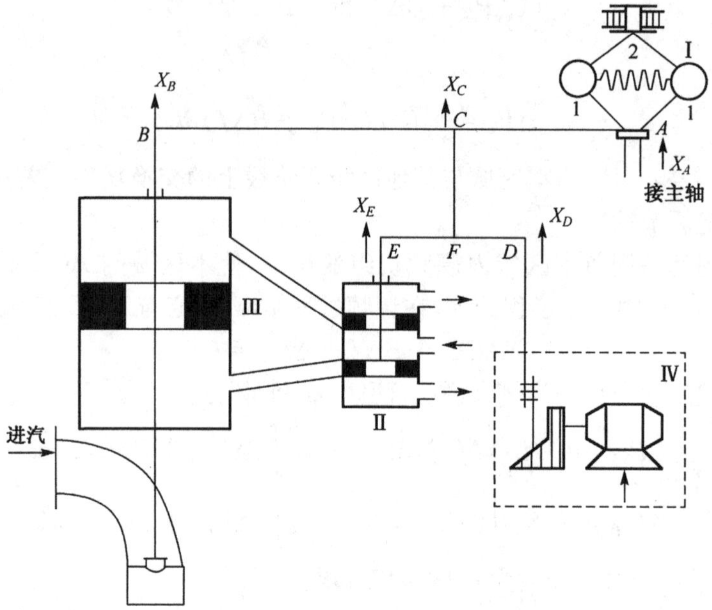

图 9-12　机械液压调速器原理

1-重锤；2-弹簧；Ⅰ-离心飞摆；Ⅱ-错油门；Ⅲ-油动机；Ⅳ-调频器（同步器）

1)一次转速调节

当系统负荷增加，有功功率失去平衡时，发电机转速降低，系统频率发生微小变化 Δf，使 A 点向下移动 ΔX_A（ΔX_A 正比于 Δf），引起 E 点下降 ΔX_E，通过错油门作用，使 B 点升高 ΔX_B，开大汽门，从而原动机的输入功率增加 ΔP_T。通过机械反馈环节，使 C 点上升，又使 E 点上升恢复到原来位置，堵住油动机的上、下腔油路，调节终止。

2)二次频率调节

电力系统的自动调频是按照一定的调节准则将调频厂应承担的出力自动分配给各调频机组，发出增加功率指令信号 ΔP_c，通过控制调频器来实现二次调节。调速器 D 点移动距离 ΔX_D 正比于 ΔP_c，即 $\Delta X_D \propto \Delta P_c$；当 D 点升高时，引起 E 点降低 ΔX_E，进而使 B 点升高 ΔX_B，通过机械反馈，又使 E 点恢复到原来位置。

可见，联结点位移量间具有下列关系：

$$\Delta X_E = K_1' \Delta X_A - K_2' \Delta X_D + K_4 \Delta X_B \tag{9-31}$$

式中

$$\Delta X_A = k_1 \Delta f, \quad \Delta X_D = k_2 \Delta P_c$$

所以

$$\Delta X_E = K_1 \Delta f - K_2 \Delta P_c + K_4 \Delta X_B \tag{9-32}$$

又由于流入油动机的油量与导油阀的位置 ΔX_E 成正比，那么油动机活塞移动的速度 $\frac{\mathrm{d}\Delta X_B}{\mathrm{d}t}$ 正比于 ΔX_E，即

$$\frac{\mathrm{d}\Delta X_B}{\mathrm{d}t} = K_3(-\Delta X_E)$$

或

$$\Delta X_B = K_3 \int (-\Delta X_E)\mathrm{d}t \tag{9-33}$$

对式(9-32)和式(9-33)进行拉普拉斯变换，得

$$\Delta X_E(s) = K_1\Delta F(s) - K_2\Delta P_c(s) + K_4\Delta X_B(s)$$

$$\Delta X_B(s) = -\frac{K_3}{s}\Delta X_E(s)$$

消去 $\Delta X_E(s)$，把 ΔX_B 表达为给定值 ΔP_c 和 Δf 两输入量间的关系

$$\Delta X_B(s) = \frac{K_2\Delta P_c(s) - K_1\Delta F(s)}{K_4 + \dfrac{s}{K_3}}$$

整理得

$$\Delta X_B(s) = \frac{K_n}{1+T_n s}\left[\Delta P_c(s) - \frac{1}{\delta}\Delta F(s)\right] = G_n(s)\left[\Delta P_c(s) - \frac{1}{\delta}\Delta F(s)\right] \quad (9\text{-}34)$$

式中，K_n 为调速器静态增益，$K_n=\dfrac{K_2}{K_4}$；T_n 为调速器时间常数，$T_n=\dfrac{1}{K_4K_3}$，通常 T_n 值小于 0.1s；δ 为调速器的调差系数，$\delta=\dfrac{K_2}{K_1}$；G_n 为调速器传递函数，$G_n=\dfrac{K_n}{1+sT_n}$。

式(9-34)表示了原动机调节量与控制指令信号及系统频率间的动态特性。

2. 原动机的传递函数

对于汽轮机，由于汽阀位置 X_B 的改变导致进汽量的改变，使汽轮机输入功率变动 ΔP_T，因而引起发电机功率 ΔP_G 变化。但汽轮机由于调节汽门和第一级喷嘴之间有一定的空间存在，当汽门开启或关闭时，进入汽门的蒸汽量虽有改变，但这个空间的压力却不能立即改变，这就形成了机械功率滞后于汽门开度变化的现象，称为汽容现象。在数学上可以用一个一阶惯性环节来模拟，这样汽轮机的传递函数可表示为

$$G_T(s) = \frac{\Delta P_T(s)}{\Delta X_B(s)} = \frac{K_T}{1+T_T s} \quad (9\text{-}35)$$

式中，T_T 为汽容时间常数，一般为 0.2～0.3s；K_T 为增益。

对于水轮机，则要考虑到水锤效应的影响。水锤效应是由流动着的水的惯性所引起的。压力导管中的水在稳态情况下，水的流速是一定的，但当迅速关小导向叶片的开度时，导管中的压力将急剧上升，而当迅速开大导向叶片的开度时，导管中的压力将急剧下降。这种现象称为水锤现象。它使水轮机功率不能追随开度的变化而有一个滞延。水轮机的传递函数为

$$G_n(s) = \frac{1 - T_W s}{0.5T_W s + 1} \quad (9\text{-}36)$$

式中，T_W 为水锤时间常数。

3. 汽轮发电机组的传递函数

当系统突然有一负荷变化 ΔP_D，有功功率平衡被破坏，发电机的转子动能释放，引起系统频率变化 Δf，由于调速器的作用，发电机组的输入功率相应变化 ΔP_T。在此调节过程中，ΔP_T 与 ΔP_D 是不相等的，两者之差由以下两方面的功率来平衡：

(1)发电机组动能提供的功率增量 $\dfrac{dW_K}{dt}$；

(2)因负荷的频率调节效应引起的负荷功率变化 ΔP_D°。

根据功率平衡关系可得

$$\Delta P_{\mathrm{T}} - \Delta P_{\mathrm{D}} = \frac{\mathrm{d}W_{\mathrm{K}}}{\mathrm{d}t} + \Delta P_{\mathrm{D}}^{\circ} \tag{9-37}$$

动能 W_{K} 是随控制区等效发电机转速的平方变化，即

$$W_{\mathrm{K}} = \left(\frac{f}{f_{\mathrm{N}}}\right)^2 W_{\mathrm{KN}} \tag{9-38}$$

式中，W_{KN} 为在额定频率 f_{N} 时的动能。

又由于

$$f = f_{\mathrm{N}} + \Delta f$$

所以式(9-38)可写成

$$W_{\mathrm{K}} = \left(\frac{f_{\mathrm{N}} + \Delta f}{f_{\mathrm{N}}}\right)^2 W_{\mathrm{KN}} \approx \left(1 + 2\frac{\Delta f}{f_{\mathrm{N}}}\right) W_{\mathrm{KN}}$$

故

$$\frac{\mathrm{d}W_{\mathrm{K}}}{\mathrm{d}t} = \frac{2W_{\mathrm{KN}}}{f_{\mathrm{N}}}\frac{\mathrm{d}\Delta f}{\mathrm{d}t} \tag{9-39}$$

将式(9-39)和负荷频率调节效应表达式 $\Delta P_{\mathrm{D}}^{\circ} = K_{\mathrm{D}}\Delta f$ 代入式(9-37)，得

$$\Delta P_{\mathrm{T}} - \Delta P_{\mathrm{D}} = \frac{2W_{\mathrm{KN}}}{f_{\mathrm{N}}}\frac{\mathrm{d}\Delta f}{\mathrm{d}t} + K_{\mathrm{D}}\Delta f \tag{9-40}$$

用以额定功率 P_{N} 为基准值的标幺值表示，得

$$\Delta P_{\mathrm{T}*} - \Delta P_{\mathrm{D}*} = \frac{2W_{\mathrm{KN}}}{f_{\mathrm{N}}P_{\mathrm{N}}}\frac{\mathrm{d}\Delta f}{\mathrm{d}t} + K_{\mathrm{D}}\Delta f = \frac{2H}{f_{\mathrm{N}}}\frac{\mathrm{d}\Delta f}{\mathrm{d}t} + K_{\mathrm{D}}\Delta f \tag{9-41}$$

式中，K_{D} 为以 P_{N} 为基准值的标幺值；$H = \frac{W_{\mathrm{KN}}}{P_{\mathrm{N}}}$ 为标幺惯性时间常数。

对式(9-41)做拉普拉斯变换

$$\Delta P_{\mathrm{T}}(s) - \Delta P_{\mathrm{D}}(s) = \left(\frac{2H}{f_{\mathrm{N}}}s + K_{\mathrm{D}}\right)\Delta F(s) \tag{9-42}$$

令

$$K_{\mathrm{P}} = \frac{1}{K_{\mathrm{D}}}$$

$$T_{\mathrm{P}} = \frac{2H}{f_{\mathrm{N}}K_{\mathrm{D}}}$$

$$G_{\mathrm{P}}(s) = \frac{K_{\mathrm{P}}}{1 + T_{\mathrm{P}}s}$$

整理得

$$\Delta F(s) = G_{\mathrm{P}}(s)[\Delta P_{\mathrm{T}}(s) - \Delta P_{\mathrm{D}}(s)] \tag{9-43}$$

根据调速器、原动机和汽轮发电机的传递函数，可得到单区域一次调节系统的闭环框图如图 9-13 所示。

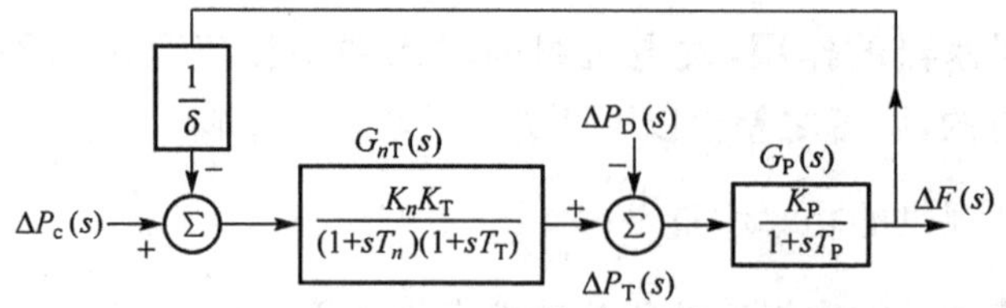

图 9-13 单区域一次调节系统的闭环框图

4. 单区域具有积差二次调频的传递函数

由于电力系统频率及有功功率的一次调整是有差调节特性，在调节结束后仍存在频率偏差 Δf，须经二次频率调节，通过控制调频器，改变功率给定值 ΔP_c。采用频率偏差积分控制的二次调频的调节方程

$$\Delta P_c = -K_I\int \Delta f \mathrm{d}t \tag{9-44}$$

式中，K_I 为积分控制增益。

对式(9-44)进行拉普拉斯变换，得

$$\Delta P_c(s) = -\frac{K_I}{s}\Delta F(s) \tag{9-45}$$

结合图 9-13，可得到单区域具有积分控制调节框图，如图 9-14 所示。

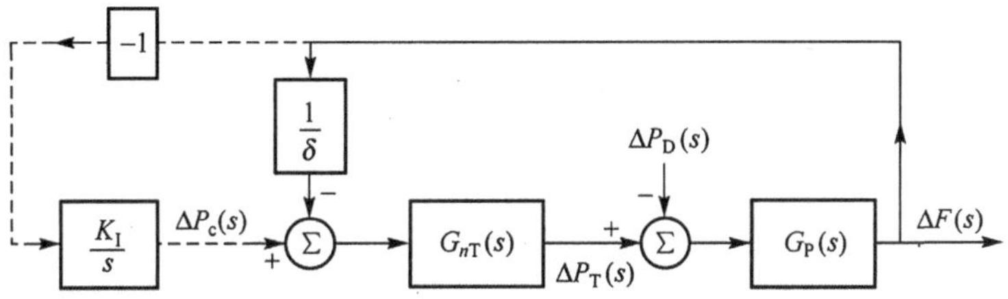

图 9-14　单区域积分控制调节框图

5. 互联区域频率调节系统的传递函数

现代电力系统的规模越来越大而且互联，即一个地区的电力系统与另一个地区的电力系统相互连接起来构成更大的系统。因此，系统的频率和功率调节以地区系统为基础作为控制区，把每个控制区作为一个等效的同步发电机群来进行调节。以单区域频率调节系统为基础，来研究一个通过联络线与其他控制区相互连接的控制区 i 的一次调节系统的传递函数。

在频率调节过程中，发电机输入功率变化 ΔP_{Ti} 与负荷增量 ΔP_{Di} 的差值由三方面的功率来平衡：

(1)发电机组动能提供的功率增量 $\frac{\mathrm{d}W_{Ki}}{\mathrm{d}t}$。

(2)因负荷的频率调节效应而引起的负荷功率变化 $\Delta P_{Di}^0 = K_{Di}\Delta f_i$。

(3)联络线上功率的变化 ΔP_{Li}。

因此，在式(9-37)的基础上，增加联络线功率变化 ΔP_{Li}，即

$$\Delta P_{Ti} - \Delta P_{Di} = \frac{\mathrm{d}W_{Ki}}{\mathrm{d}t} + K_{Di}\Delta f_i + \Delta P_{Li} \tag{9-46}$$

联络线的功率增量 ΔP_{Li} 为控制区 i 输出的总有功功率增量，它等于与区域 i 相连的各连络线中功率增量之和，即

$$\Delta P_{Li} = \sum_{j=1}^{n}\Delta P_{Lij} \tag{9-47}$$

由电网理论知，传输线中的功率为

$$P_{Lij} = -P_{Lji} = \frac{U_iU_j}{X_L}\sin\delta_{ij} \tag{9-48}$$

式中，U_i,U_j 为传输线两端母线的电压；$\delta_{ij} = \delta_i - \delta_j$ 为两母线电压相角之差；X_L 为输电线的电抗。

当联络线中功率发生微小变化时，其值可表示为

$$\Delta P_{Lij} = \frac{dP_{Lij}}{d\delta} \cdot \Delta\delta_{ij} \tag{9-49}$$

故由式(9-48)得

$$\Delta P_{Lij} = \frac{U_i U_j}{X_L}\cos\delta_{ij}\Delta\delta_{ij} = \frac{U_i U_j}{X_L}[\cos(\delta_i - \delta_j)](\Delta\delta_i - \Delta\delta_j) \tag{9-50}$$

令 $P_{Lij.\max} = \frac{U_i U_j}{X_L}$，称为输电线的极限传输容量，$T_{ij} = P_{Lij.\max}\cos\delta_{ij}$，称为传输线的同步系数。则

$$\Delta P_{Lij} = T_{ij}\Delta\delta_{ij} = T_{ij}(\Delta\delta_i - \Delta\delta_j) \tag{9-51}$$

式中，$\Delta\delta_i$、$\Delta\delta_j$ 为输电线两端母线电压相角的变化量。

因

$$\Delta\delta = 2\pi\int\Delta f\mathrm{d}t$$

故

$$\Delta P_{Lij} = 2\pi T_{ij}\left(\int\Delta f_i\mathrm{d}t - \int\Delta f_j\mathrm{d}t\right) \tag{9-52}$$

控制区 i 的总联络线功率增量为

$$\Delta P_{Li} = \sum_{j=1}^{n} 2\pi T_{ij}\left(\int\Delta f_i\mathrm{d}t - \int\Delta f_j\mathrm{d}t\right) \tag{9-53}$$

把式(9-53)化为以 P_{iN} 为基准值的标幺值表示式，然后进行拉普拉斯变换，得

$$\Delta P_{Li}(s) = \frac{2\pi}{s}\sum_{j}^{n} T_{ij}[\Delta F_i(s) - \Delta F_j(s)] \tag{9-54}$$

参照式(9-42)和式(9-43)得

$$[\Delta P_{Ti}(s) - \Delta P_{Di}(s) - \Delta P_{Li}(s)]G_{Pi}(s) = \Delta F_i(s) \tag{9-55}$$

又考虑到式(9-55)中的参数是以控制区 i 的额定功率 P_{iN} 为基准的，对于两个区域系统来说，联络线中的功率有名值应是相等的，即

$$\Delta P_{L12*}P_{1N} = -\Delta P_{L21*}P_{2N} \tag{9-56}$$

$$\Delta P_{L21*} = \alpha_{12}\Delta P_{L12*} \tag{9-57}$$

式中

$$\alpha_{12} = -P_{1N}/P_{2N} \tag{9-58}$$

结合式(9-29)ACE 积差调节方程，可以得到互联两区域系统的频率控制调节框图，如图 9-15 所示。

9.3.2 频率调节系统的动态特性

1. 单区域一次调频时电网的频率动态特性

单区域是一个孤立系统，没有联络线与外界联系，其调节系统框图即为图 9-13。因不考虑二次调节，控制功率 ΔP_c 为零。由框图可写出下列方程：

$$[\Delta P_T(s) - \Delta P_D(s)]\times G_P(s) = \Delta F(s) \tag{9-59}$$

$$-\frac{1}{\delta}\Delta F(s)\times G_n(s)\times G_T(s) = \Delta P_T(s) \tag{9-60}$$

将式(9-60)代入式(9-59)，整理得

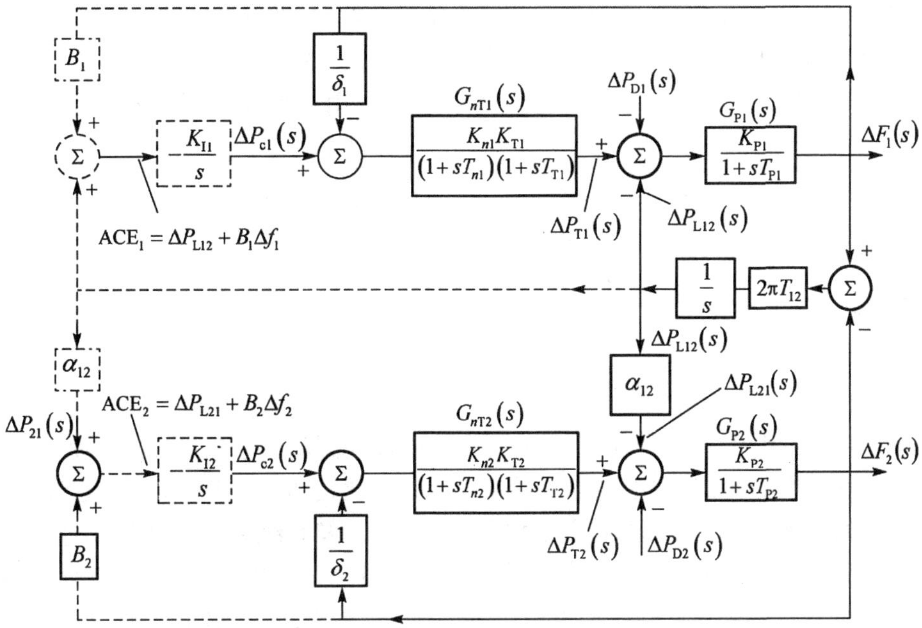

图 9-15　两区域系统的控制调节框图

$$\Delta F(s)=-\frac{G_P(s)}{1+\frac{1}{\delta}G_P(s)\cdot G_n(s)\cdot G_T(s)}\Delta P_D(s) \tag{9-61}$$

当 ΔP_D 为单位阶跃负荷时，$\Delta P_D(s)=\Delta P_D/s$，则式(9-61)变为

$$\Delta F(s)=-\frac{G_P(s)}{1+\frac{1}{\delta}G_P(s)\cdot G_{nT}(s)}\Delta P_D\cdot\frac{1}{s} \tag{9-62}$$

式(9-62)的分母中有三个时间常数，是三阶的，取它的反变换可求得 Δf 与时间 t 的关系。一般 T_n 、T_T 的数值相比 T_P 之下很小，为简便起见，将其忽略，认为 $G_{nT}(s)=1$，则式(9-62)简化为

$$\Delta F(s)=-\frac{\frac{K_P}{1+T_Ps}}{1+\frac{1}{\delta}\cdot\frac{K_P}{1+T_Ps}}\cdot\frac{\Delta P_D}{s}$$

令

$$\beta=\frac{K_P+\delta}{K_P\cdot\delta}$$

$$T_\varepsilon=\frac{\delta}{\delta+K_P}\cdot T_P$$

上式可写成

$$\Delta F(s)=-\frac{1}{\beta}\cdot\frac{1}{T_\varepsilon s+1}\cdot\frac{\Delta P_D}{s}$$

$$\Delta F(s)=-\frac{\Delta P_D}{\beta}\left(\frac{1}{s}-\frac{1}{s+\frac{1}{T_\varepsilon}}\right) \tag{9-63}$$

式(9-63)表明负荷阶跃信号加于一个典型的一阶惯性环节。进行拉普拉斯反变换得

$$\Delta f(t)=-\frac{\Delta P_D}{\beta}(1-e^{-\frac{t}{T_\varepsilon}}) \tag{9-64}$$

根据式(9-64)可给出 Δf 随时间变化的动态特性曲线，如图 9-16 所示。为便于比较，图中还给出了计及时间常数 T_n 、T_T 时的响应曲线。

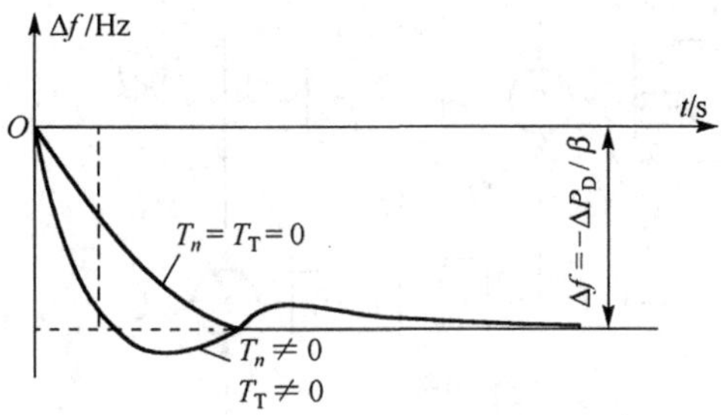

图 9-16　Δf 随时间变化曲线

也可应用拉普拉斯反变换的终值定理求稳态频降，由式(9-62)得

$$\Delta f = \lim_{s\to 0}[s\Delta F(s)] = -\frac{K_P}{1+\dfrac{K_P}{\delta}}\Delta P_D$$

$$= -\frac{\Delta P_D}{K_D+\dfrac{1}{\delta}} = -\frac{\Delta P_D}{\beta}$$

系统频率变化过程解释：

(1)当负荷突然增加时，系统功率平衡遭到破坏，起初瞬间由于频率尚未下降，汽轮发电机的调速系统还未动作，所以发电机的输入功率不变。因此，这时负荷所增加的功率是由系统的动能供给的。随着系统动能的减小，发电机的转速下降(即系统频率下降)，调速系统随之动作，增加发电机的输入功率。与此同时，由于频率的下降，负荷的频率调节效应使它吸取的功率有所减小。最后在一个较低的频率下稳定运行，此时动能已不再供给功率，负荷增量仅由发电机和负荷来平衡。

(2)当计及 T_n 、T_T 时，Δf 随时间变化曲线不是纯指数型的，在初期出现了振荡，形成了一个较大的瞬时频降。

(3)频率一次调节是有差调节，若频降长期存在，会引起较大的累计频差，这也是不允许的，因此须对控制功率信号 ΔP_c 进行调节，实现二次调频。

2. 单区域具有积差二次调频时电网的频率动态特性

在单区域一次调频的基础上，进一步考虑二次调整时，将由调度对调频机组给出设定调节功率 ΔP_c。当采用积差调节方式时，由调节系统框图 9-14 可列出如下方程：

$$[\Delta P_T(s) - \Delta P_D(s)]G_P(s) = \Delta F(s) \tag{9-65}$$

$$\left[-\frac{1}{\delta}\Delta F(s) + \left(-\frac{K_I}{s}\right)\Delta F(s)\right]G_{nT}(s) = \Delta P_T(s) \tag{9-66}$$

将两式合并，并考虑到 $\Delta P_D(s) = \dfrac{\Delta P_D}{s}$，$G_{nT}(s) = 1$，整理后可得

$$\Delta F(s) = -\frac{K_P}{T_P}\cdot\frac{\Delta P_D}{s^2 + s\left(1+\dfrac{K_P}{\delta}\right)\Big/T_P + K_P K_I/T_P} \tag{9-67}$$

对式(9-67)进行拉普拉斯反变换，可得到 $\Delta f(t)$ 的响应曲线，如图 9-17。$\Delta f(t)$ 的响应取决于式(9-67)的极点，即下式的根：

$$s^2 + s\frac{1+K_P/\delta}{T_P} + \frac{K_I K_P}{T_P} = \left(s+\frac{1+K_P/\delta}{2T_P}\right)^2 + \frac{K_I K_P}{T_P} - \left(\frac{1+K_P/\delta}{2T_P}\right)^2 = 0 \tag{9-68}$$

(1)若 $\dfrac{K_I K_P}{T_P} > \left(\dfrac{1+K_P/\delta}{2T_P}\right)^2$ 即 $K_I > \dfrac{1}{4T_P K_P}\left(1+\dfrac{K_P}{\delta}\right)^2$，$s$ 具有两个不同的根，$s_1 = -a+j\omega$ 和 $s_2 = -a-j\omega$，其中 $a = \dfrac{1+K_P/\delta}{2T_P}$，$\omega^2 = \dfrac{K_I K_P}{T_P} - \left(\dfrac{1+K_P/\delta}{2T_P}\right)^2$。表示在 s 平面上，有一对共轭复根，$\Delta f(t)$ 的响应具有阻尼振荡的形式，即 $e^{-at}\sin\omega t$ 和 $e^{-at}\cos\omega t$。

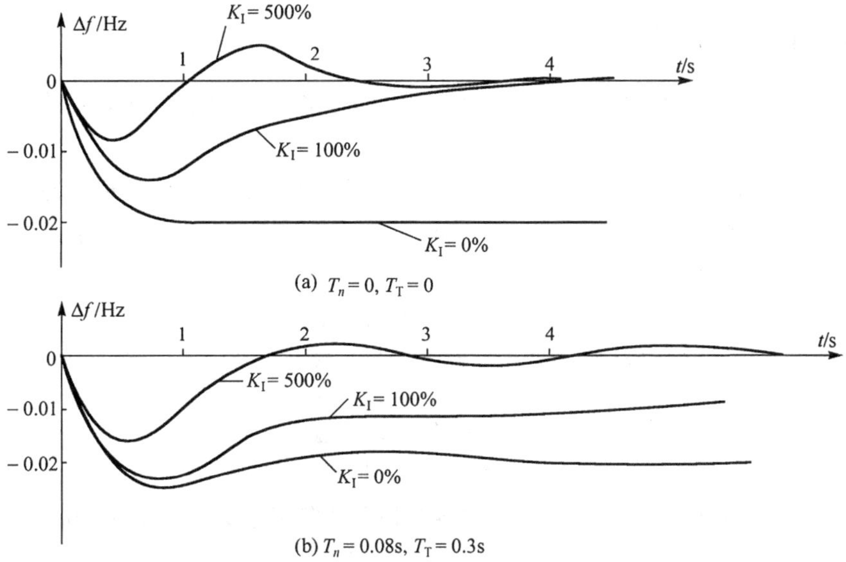

图 9-17　加控制时的 $\Delta f(t)$ 响应曲线

(2)若 $K_I=\frac{1}{4T_P K_P}\left(1+\frac{K_P}{\delta}\right)^2$，$s$ 具有一对相同的实根，$s_1=s_2=-a$，$\Delta f(t)$ 的响应处于阻尼振荡的临界情况。

(3)若 $K_I<\frac{1}{4T_P K_P}\left(1+\frac{K_P}{\delta}\right)^2$，在 s 平面上有两个负实根，$\Delta f(t)$ 的响应是非振荡衰减的形式，即 $e^{-\beta_1 t}$ 和 $e^{-\beta_2 t}$。

一般情况下，使调节过程处于非振荡情况，即在第三种情况下工作。

系统频率变化过程解释：

由 $\Delta f(t)$ 的曲线可以看出，在开始时，频率的变化与未加控制的情况一样，按指数规律下降。因为这时积分控制还来不及起作用，系统仍按未加控制方式变化。经过一段时间后，积分控制起作用，使频率上升。最后可使频差 Δf 完全消失。也就是说采用积分控制，可以完全消除系统的频率偏差。这一点也可应用拉普拉斯反变换的终值定理求稳态频降来证实。由式(9-67)得

$$\Delta f=\lim_{s\to 0}[s\Delta F(s)]=0$$

可见，具有频差积分控制的二次调频，可以获得无差特性的调节结果。

多区域系统频率调节的动态特性，这里不再赘述。

9.4　电力系统有功功率经济分配控制

电力系统的有功功率平衡表明，系统中各发电机组发出的总有功功率应该在任意时刻都与系统中随机变化的有功负荷相等。电力系统有功负荷的经济分配是指：在一定的约束条件下，将系统的有功负荷在各发电厂及各机组间进行合理分配，使系统燃料消耗最小。负荷经济分配要考虑的约束条件包括有功功率的平衡关系(等式约束条件)、发电机组输出功率的上下限制、水电厂耗水量限制和网络中各节点电压变化范围限制(不等式约束条件)等。

9.4.1 发电设备的经济特性

负荷的经济分配与发电设备的经济特性密切相关。与负荷经济分配有关的经济特性指的是耗量特性和耗量微增率特性。

发电设备单位时间内消耗的燃料能源与发出的有功功率之间的关系称为耗量特性。典型的耗量特性如图 9-18 所示。纵坐标表示单位时间内消耗的燃料 F(t/h) 或水量 W(m^3/h)，横坐标为发电机输出的功率 P_G (MW)。

耗量特性曲线上对应于某一输出功率点上切线的斜率称为这一输出功率时的耗量微增率（简称微增率）b，它也可近似表示为输入耗量微增量与输出功率微增量的比值。

$$b=\tan\theta=\frac{dF}{dP}=\frac{\Delta F}{\Delta P} \tag{9-69}$$

相应图 9-18 的耗量微增率特性曲线如图 9-19 所示。

从上述特性可以看出，随着输出增加，其耗量增量大于输出功率的增量，因此，微增率随输出功率的增加而增大。

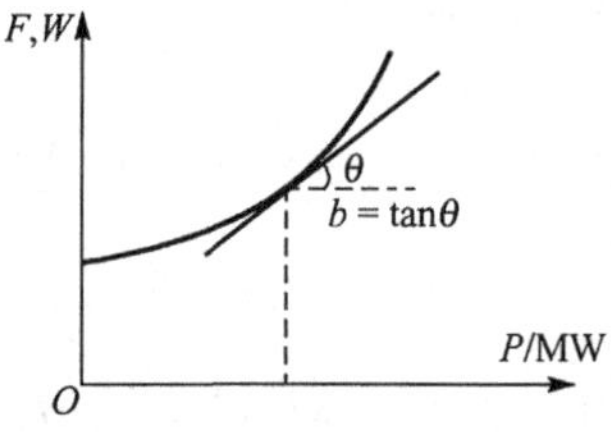

图 9-18　耗量特性曲线图

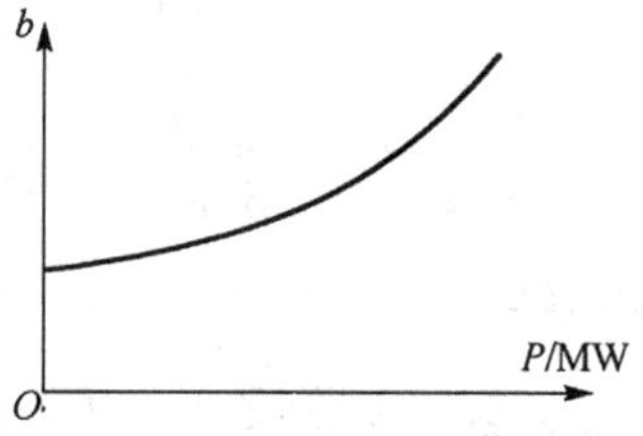

图 9-19　耗量微增率特性曲线

9.4.2 等微增率准则

等微增率准则就是运行的发电机组按微增率相等的原则来分配负荷，这样就可使系统总的燃料消耗为最小，从而是最经济的。

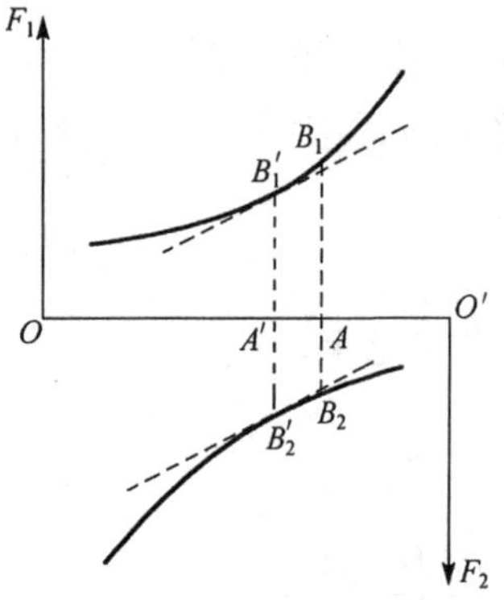

图 9-20　等微增率负荷分配控制图

现以并联运行的两台发电机组间的负荷分配控制为例，说明等微增率准则的基本概念。已知两台机组的耗量特性 $F_1(P_1)$ 、$F_2(P_2)$ 和总的负荷功率 P_D，所要研究的问题是：在满足负荷所需功率的前提下，如何分配控制两台发电机组的输出功率 P_1 和 P_2，使总的燃料消耗最小。对此可用图解法求解，如图 9-20 所示。

线段 OO' 的长度代表总的负荷功率 P_D，在它的上、下方分别以 O 和 O' 为原点作出机组 1 和机组 2 的耗量特性曲线 $F_1(P_1)$ 和 $F_2(P_2)$，前者的横坐标 P_1 自左向右，后者的横坐标 P_2 自右向左。显然，在横坐标上任取一点 A，都有 $OA+AO'=OO'$，即 $P_1+P_2=P_D$，均可表示一种可能的功率分配方案。如过 A 点做垂线分别交于两台机组耗量特性曲线于 B_1 和 B_2 点，则 $B_1B_2=B_1A+AB_2=F_1(P_1)+F_2(P_2)=F$ 代表了总的燃料消耗量。因此，需要在 OO' 上确定一点，通过它所作的垂线与两条耗量特性曲线的交点距离最短。由于过 B_1' 和 B_2' 点所做的两条切线是平行的，这两条平行切线所夹的垂直线最短。所以得出结论：负荷在两台发电机组间分配，当它们的耗量微增率相等时，即

$$b_1 = \frac{\mathrm{d}F_1}{\mathrm{d}P_1} = \frac{\mathrm{d}F_2}{\mathrm{d}P_2} = b_2 \tag{9-70}$$

则总的燃料消耗量最少。这就是著名的等微增率准则。

等微增率准则的物理意义解释：如果将两台发电机组在微增率不相等的状态下运行，且 $b_1 > b_2$，在总的输出功率不变的条件下控制负荷分配，让微增率大的机组 1 功率减小 ΔP，其功率变为 P_1'，相应的微增率减小至 b_1'，而让微增率小的机组 2 增加相同功率 ΔP，其功率变为 P_2'，微增率增至 b_2'。由图 9-21 可知，机组 1 将减小燃料消耗（图中 P_1、b_1、b_1'、P_1' 所围的面积），机组 2 将增加燃料消耗（图中 P_2、b_2、b_2'、P_2' 所围的面积），面积之差即为总燃料耗量的节约量。这样的出力调整一直继续，总的燃料耗量将继续减小，直至两台机组的微增率相等时，总的燃料消耗为最小，达到经济运行的目的。

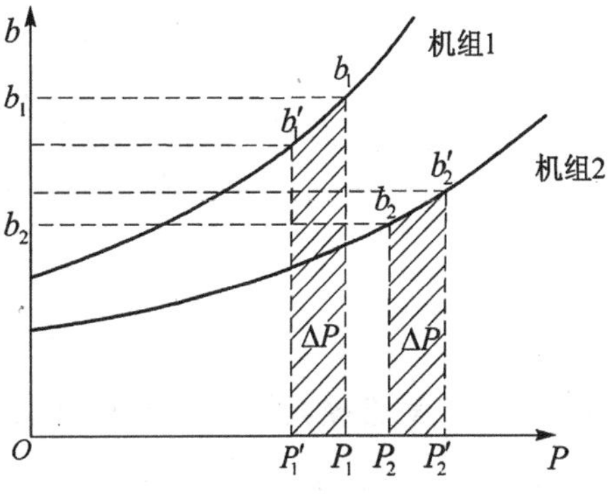

图 9-21　机组负荷改变时耗量的变化示意图

下面给出等微增率准则严格的数学证明。

设有 n 台机组，它们的耗量特性分别为 $F_1(P_1), F_2(P_2), \cdots, F_n(P_n)$，全厂承担的总负荷为 P_D，假定各机组出力分配不受限制，则负荷在各机组之间的经济分配问题是：在满足等式约束

$$\sum_{i=1}^{n} P_i - P_D = 0 \tag{9-71}$$

的条件下，使目标函数（总燃料耗量）

$$F = \sum_{i=1}^{n} F_i(P_i) \tag{9-72}$$

为最小。

这是多元函数求条件极值的问题，可以应用拉格朗日乘子法求解。先构造拉格朗日函数

$$L = F - \lambda\left(\sum_{i=1}^{n} P_i - P_D\right) \tag{9-73}$$

式中，λ 称为拉格朗日乘子，为一常数。于是，使燃料耗量最小的条件是式(9-73)对功率 P_i ($i = 1,2,\cdots,n$)的偏导数为零，即

$$\frac{\partial L}{\partial P_i} = \frac{\partial F}{\partial P_i} - \lambda \frac{\partial}{\partial P_i}\left(\sum_{i=1}^{n} P_i - P_D\right) = 0 \tag{9-74}$$

或

$$\frac{\partial F}{\partial P_i} = \lambda \tag{9-75}$$

由于每台机组的燃料耗量只与它本身的输出功率有关，因此式(9-75)可写成

$$\frac{\mathrm{d}F_i}{\mathrm{d}P_i} = \lambda \tag{9-76}$$

由此可得

$$\frac{\mathrm{d}F_1}{\mathrm{d}P_1} = \frac{\mathrm{d}F_2}{\mathrm{d}P_2} = \cdots = \frac{\mathrm{d}F_n}{\mathrm{d}P_n} = \lambda \tag{9-77}$$

或

$$b_1 = b_2 = \cdots = b_n = \lambda \tag{9-78}$$

因此,发电厂内并联运行机组间负荷经济分配的准则为:每台机组的微增率相等,并等于全厂的微增率λ。图 9-22 为发电厂内 n 台机组按等微增率分配负荷时的示意图。

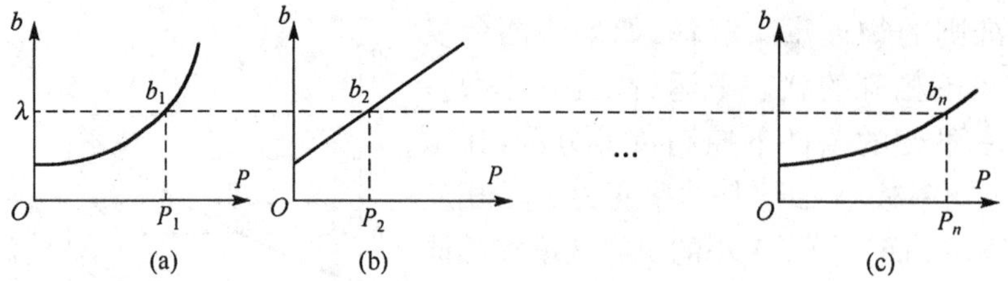

图 9-22 多台机组间按等微增率分配负荷示意图

9.4.3 考虑网络损耗的负荷经济分配

各发电厂在电力系统中的地理位置相距较远,它们之间是通过输电线路相连。在进行负荷的经济分配控制时,必须考虑输电线功率损耗因素。设系统中有 n 个电厂,耗量特性分别为 $F_1(P_1),F_2(P_2),\cdots,F_n(P_n)$,网络损耗为 P_{loss},则有功功率负荷在各电厂间的经济分配问题是:在满足等式约束

$$\sum_{i=1}^{n}P_i - P_{\text{D}} - P_{\text{loss}} = 0 \tag{9-79}$$

的条件下,使目标函数

$$F = \sum_{i=1}^{n}F_i(P_i) \tag{9-80}$$

为最小。

同理应用拉格朗日乘子法,构造拉格朗日函数为

$$L = F - \lambda\left(\sum_{i=1}^{n}P_i - P_{\text{D}} - P_{\text{loss}}\right) \tag{9-81}$$

求函数 L 对变量 P_i 的极值

$$\frac{\partial L}{\partial P_i} = \frac{\mathrm{d}F_i}{\mathrm{d}P_i} - \lambda\left(1 - \frac{\partial P_{\text{loss}}}{\partial P_i}\right) = 0 \quad (i = 1,2,\cdots,n) \tag{9-82}$$

或

$$\lambda = \frac{\mathrm{d}F_i}{\mathrm{d}P_i}\Bigg/\left(1 - \frac{\partial P_{\text{loss}}}{\partial P_i}\right) = \frac{\mathrm{d}F_i}{\mathrm{d}P_i}L_i \quad (i = 1,2,\cdots,n) \tag{9-83}$$

式中,L_i 为网损修正系数,$L_i = \dfrac{1}{1 - \dfrac{\partial P_{\text{loss}}}{\partial P_i}} = \dfrac{1}{1-\sigma_i}$;$\lambda$ 为系统微增率;$\sigma_i = \dfrac{\partial P_{\text{loss}}}{\partial P_i}$ 为第 i 个电厂的网损微增率。

式(9-83)还可写成

$$\frac{b_1}{1-\sigma_1} = \frac{b_2}{1-\sigma_2} = \cdots = \frac{b_n}{1-\sigma_n} = \lambda \tag{9-84}$$

式(9-83)或式(9-84)是考虑网损后的等微增率准则,也称为负荷经济分配的协调方程式。所以在考虑网损情况下,负荷经济分配的准则是每个电厂的微增率与相应的网络修正系数的乘积相等。

网损微增率 σ_i 表示网络有功损耗对第 i 发电厂出力的微增率,各发电厂的网损微增率是不同的。σ_i 值越大,说明增加第 i 发电厂出力时引起网损的增量越大,则该厂的耗量微增率宜

取较小的数值，即适当减小该厂的出力；反之，如 σ_i 值越小，则该厂的耗量微增率宜取较大的数值，即适当增加该厂的出力。按照等微增率准则控制各电厂，可以求得整个电力系统总的燃料耗量为最少。

9.5 电力系统自动发电控制

9.5.1 自动发电控制的控制过程

自动发电控制（automatic generation control，AGC）是能力管理系统 EMS 的重要组成部分，是电力调度自动化系统中最重要的闭环控制功能，其主要功能是维持系统频率和系统区域间交换功率的稳定，并使整个系统处于经济的运行状态。它是通过电力系统调度中心的 SCADA 系统获取各发电机发出功率、各联络线传输功率以及系统频率的实时信息，计算确定出系统所需的功率变化，按照经济分配的原则分配各个机组应承担的功率调节量，由 SCADA 系统向各个发电厂（或发电机组）发出相应的控制信号，最后由电厂控制器调节机组功率，使之跟踪 AGC 的控制命令。其总体结构如图 9-23 所示。

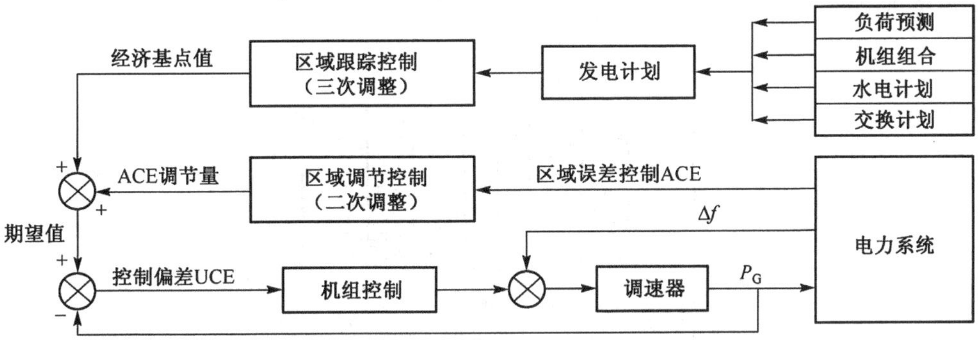

图 9-23 自动发电控制（AGC）结构示意图

（1）区域跟踪控制：提供发电机组的经济基点功率（指机组通常运行点的基本出力），其目的是落实发电计划，平衡因作息制度而造成的大幅度负荷变化。它与负荷预测、机组结合、水电计划及交换功率计划有关，属于第三次调整的经济调度的范畴。

（2）区域调节控制：是 AGC 的核心功能。无论是单一或联合电力系统，AGC 是以区域系统为单位进行的，其目的是计算出消除区域控制误差 ACE 各机组所需的功率调节值，并叠加到机组发电基点功率上。它们共同作用形成机组的期望发电出力，此值与反馈回来的机组实际出力之差，作用于机组控制系统，输出对调速器的控制信号，完成对调频机组出力的闭环控制，属于二次调整。

（3）机组控制：是机组基本控制回路。在许多情况下（特别是水电厂），一台电厂控制器能同时控制多台机组。AGC 的信号送到电厂控制器后，再分送到各台机组。当系统负荷突增使频率下降时，系统中所有机组调速器均能快速响应，使系统频率迅速回升，完成一次调频。

9.5.2 AGC 的控制模式和软件流程

机组 AGC 控制方式应根据系统结构以及与相邻系统间的约定来确定，当系统运行状态变化时，可以改变机组 AGC 控制方式。

1. AGC 机组控制模式

机组的控制模式是用来反应机组可控特征的，AGC 机组控制模式表示机组在线受 AGC 控制，其不同的子模式说明这些机组在 AGC 控制下的动作情况。

MBPR——机组由 AGC 控制到手动整定的基点值。该模式只参加 ACE 调节，不参加经济调节。

AUTE——机组由 AGC 控制到经济基点值。该模式只参加经济调节，不参加 ACE 调节。

AUTR——机组由 AGC 控制下参加 ACE 调节，但不参加经济调节。

AUTO——机组由 AGC 控制到经济基点值。该模式既参加经济调节，又参加 ACE 调节。

TEST——机组进行响应试验，由 AGC 程序控制。但它既不参加 ACE 调节，也不负担经济调节。

2. AGC 的控制区段

AGC 分四个控制区段来表示 ACE 的严重程度，即死区段、命令区段、允许区段和紧急区段，其示意图如图 9-24 所示。每个控制区段都有正、负两个方向，但不一定要对称。在不同的控制区段内，AGC 将根据子模式来确定哪些机组参加 ACE 调节，哪些机组参加经济调节，哪些机组两者都参加。

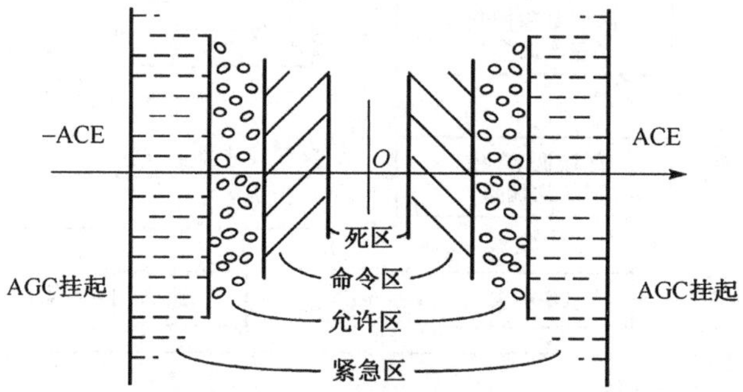

图 9-24　AGC 的控制区段示意图

(1)死区段。在死区段内，ACE 较小，除了由 AGC 控制到手动整定基点值的 MBPR 机组及正在进行响应试验 TEST 机组外，将没有任何控制信号发给 AGC 机组进行调节。

(2)命令区段。一旦进入命令区段，表明 ACE 已大到一定程度，需要 AGC 来进行调节，此时由 AUTO、AUTR 机组参加 ACE 调节，TEST 被控制到手动整定基点值，而 AUTO、AUTE 机组则参加经济调节。

(3)允许区段。在允许区段内，ACE 的幅值可认为是相当大了，使 AUTO 机组要放弃经济性考虑，而 MBPR 机组则要放弃手动整定的基点值。此时由 AUTO、MBPR 和 AUTR 机组进行的 ACE 调节，AUTE 机组仍继续进行经济调节。

(4)紧急区段。ACE 已发展到很严重的地步了，除 TEST 试验机组以外的所有 AGC 机组，都将放弃其经济性考虑而只参加 ACE 调节。

3. AGC 的软件流程

AGC 系统的工作包括经济调度和负荷频率控制，经济调度对 AGC 机组进行最优负荷分配，确定经济基点值；负荷频率控制在基点值的基础上结合调节控制确定各台机组的期望发电值，并由此计算出机组控制偏差，AGC 系统根据此控制偏差发出相应的控制信号作用于机组来改变机组出力。基于 AGC 工作原理的软件流程如图 9-25 所示。

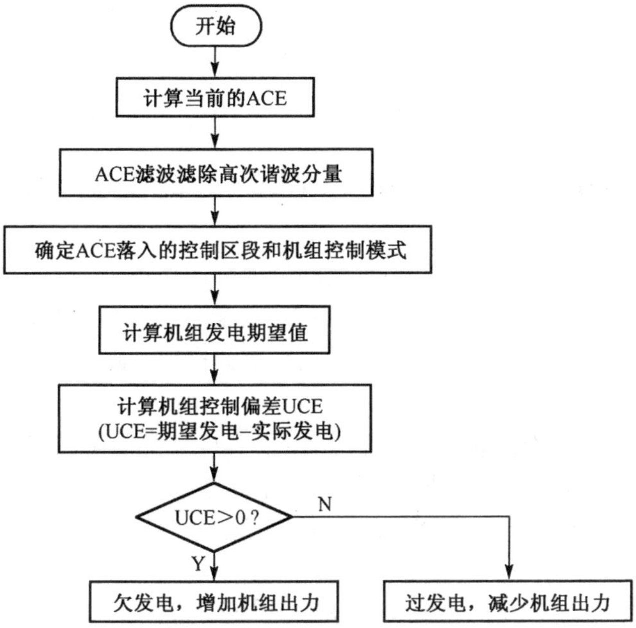

图 9-25 AGC 软件流程图

思考题和习题

9-1 电力系统频率及有功功率调节为何要分层控制？各层的本质区别及其配合关系是什么？

9-2 试描述调速器是如何对发电机的转速及系统频率进行调节的。

9-3 为什么调速器要设置失灵区？失灵区的存在对频率调整有影响吗？

9-4 电力系统的自动调频有哪些方法？试对各种方法控制调频器的方式和特点进行比较。

9-5 联合电力系统进行分区调频有何优点？

9-6 画出单个控制区具有一次调节的有功频率闭环调节框图。试分析当负荷出现扰动 ΔP_D 时，系统进行一次调节时的频率变化过程以及稳态时的频降。

9-7 两区域互联的联合电力系统，系统 1 的容量为 3000MW，$K_{G1*}=23$，$K_{D1*}=1.5$；系统 2 的容量为 3500MW，$K_{G2*}=26$，$K_{D2*}=1.7$。当系统 1 内突然增加 280MW 负荷时，求系统 1 和 2 的机组进行一次调频后，各区域机组出力的改变量和联络线功率的变化量。

9-8 两个火电厂并列运行，各发电厂的燃料消耗特性及功率约束条件如下：

$$F_1 = 4.0 + 0.30P_1 + 0.00070P_1^2 \quad (t/h), \quad 100MW \leqslant P_1 \leqslant 200MW$$

$$F_2 = 3.5 + 0.32P_2 + 0.00040P_2^2 \quad (t/h), \quad 120MW \leqslant P_2 \leqslant 230MW$$

当总负荷为 400MW 时，试确定发电厂间应分担的最经济功率(不计网损的影响)。

9-9 AGC 控制属于开环控制还是闭环控制？说明 AGC 的控制过程和控制目的。

9-10 AGC 控制是如何协调负荷频率控制和经济调度控制的？

第 10 章　其他安全自动控制装置简介

电力系统安全运行的目的是保证电力系统能以合格的电能质量充分地对用户连续供电。当今电力系统常采用多种自动装置以应付危及系统安全运行的各种故障，这些装置的共同任务是，当系统发生某种故障时，相应的自动装置按预定的控制规则迅速动作，并做出安全措施，以避免故障或事故扩大。

电力系统中采用的自动控制装置种类繁多，本章重点介绍使用较普遍的自动低频减载装置、备用电源自动投入装置和厂用电快速切换。至于其他的一些自动装置，如自动解列、电气制动、水轮机组低频自启动装置等只作简单的功能介绍。

10.1　自动低频减载

在电力系统正常运行时，如果产生正常的有功功率缺额，可以利用系统的热备用容量通过调节有功功率来保持系统频率在额定值附近。在事故情况下，系统有可能产生严重的功率缺额，导致系统频率大幅度下降，超出系统安全运行所允许的范围，在这种情况下，必须采取相应的措施。自动低频减载装置就是一种有着高度选择性的反事故自动控制装置。当电力系统发生严重的有功功率缺额时，它能够在系统被破坏之前，迅速地计算出当时缺少的有功功率，并相应地切除一定的负荷用户，使电力系统能够很快地恢复有功功率的平衡，使频率趋于稳定，以避免电力系统遭受严重的破坏。

10.1.1　频率变化的动态特性

电力系统由于有功功率平衡遭到破坏而引起系统频率发生变化，频率从正常状态过渡到另一个稳定值所经历的时间过程，称为电力系统的动态频率特性。电网中有很多发电机并联运行，当系统由于功率缺额而频率下降时，在动态过程中各母线电压频率并不一致。如先忽略各节点 Δf_i 的差异，首先求得全系统统一频率 f_{S} 的变化过程，因此可以把系统所有机组作为一台等值机组来考虑。当系统出现功率缺额时，系统中所有旋转机组的动能都来支持电网的能耗，频率随时间变化的过程主要决定于有功功率缺额的大小与系统中所有转动部分的机械惯性，其中包括汽轮机、同步发电机、同步补偿机、电动机及电动机拖动的机械设备。但是，负荷电动机及其拖动机械的转动惯量比发电机组的转动惯量要小得多，且它们的转动惯量在整个系统中所占的比例很小，可以忽略不计。这样，根据同步发电机的运动方程，当频率变化时，等值机组的运行方程可表达为

$$T_{\mathrm{S}}\frac{\mathrm{d}\omega_{*}}{\mathrm{d}t}=P_{\mathrm{T}*}-P_{\mathrm{D}*} \qquad (10\text{-}1)$$

式中，$P_{\mathrm{T}*}$、$P_{\mathrm{D}*}$ 为以系统发电机总额定功率为基准的发电机总功率和负荷功率的标幺值；T_{S} 为系统等值机组惯性时间常数。

由于

$$\frac{\mathrm{d}\omega_*}{\mathrm{d}t}=\frac{\mathrm{d}\Delta\omega_*}{\mathrm{d}t}\qquad\left(\Delta\omega_*=\frac{\omega-\omega_\mathrm{N}}{\omega_\mathrm{N}}\right)$$

$$=\frac{\mathrm{d}\Delta f_*}{\mathrm{d}t}\qquad\left(\Delta f_*=\frac{f-f_\mathrm{N}}{f_\mathrm{N}}\right)$$

把上式改写为以系统负荷在额定频率时的总功率 P_{DN} 为功率基准，则式(10-1)又可写成

$$T_\mathrm{S}\frac{P_\mathrm{GN}}{P_\mathrm{DN}}\cdot\frac{\mathrm{d}\Delta f_*}{\mathrm{d}t}=P_{\mathrm{T}*}-P_{\mathrm{D}*}\tag{10-2}$$

在事故情况下，自动低频减载装置动作时，可认为系统中所有机组的功率已达最大值。式(10-2)右端的负荷功率随频率变化，计及负荷调节效应 $P_\mathrm{D}=P_\mathrm{DN}+K_\mathrm{D}\Delta f$，把它写成以 P_DN 为基准的标幺表达式，同时把功率缺额用 $P_{\mathrm{V}*}$ 表示，则式(10-2)可改写为

$$T_\mathrm{S}\frac{P_\mathrm{GN}}{P_\mathrm{DN}}\cdot\frac{\mathrm{d}\Delta f_*}{\mathrm{d}t}+K_{\mathrm{D}*}\Delta f_*=P_{\mathrm{V}*}\tag{10-3}$$

也可写成

$$T_\mathrm{S}\frac{P_\mathrm{GN}}{P_\mathrm{DN}K_{\mathrm{D}*}}\cdot\frac{\mathrm{d}\Delta f_*}{\mathrm{d}t}+\Delta f_*=\frac{P_{\mathrm{V}*}}{K_{\mathrm{D}*}}$$

或

$$T_\mathrm{Sf}\cdot\frac{\mathrm{d}\Delta f_*}{\mathrm{d}t}+\Delta f_*=\frac{P_{\mathrm{V}*}}{K_{\mathrm{D}*}}\tag{10-4}$$

式中，T_Sf为系统频率下降过程的时间常数

$$T_\mathrm{Sf}=\frac{P_\mathrm{GN}}{P_\mathrm{DN}}\cdot\frac{T_\mathrm{S}}{K_{\mathrm{D}*}}$$

这是一个典型的一阶惯性环节的微分方程式。

式(10-4)的解为

$$\Delta f_*=\Delta f_{*\infty}(1-\mathrm{e}^{-\frac{t}{T_\mathrm{Sf}}})\tag{10-5}$$

式中

$$\Delta f_{*\infty}=P_{\mathrm{V}*}/K_{\mathrm{D}*}\tag{10-6}$$

这样，当系统中出现功率缺额时，系统频率的动态变化可用指数曲线描述，见图 10-1 所示。故障发生前，系统频率稳定在额定值 f_N；当发电机功率与负荷功率失去平衡，出现功率缺额时，系统频率的变化可归纳如下：

(1)由式(10-6)知，$\Delta f_{*\infty}$ 与功率缺额 $P_{\mathrm{V}*}$ 成比例，当 $P_{\mathrm{V}*}$ 不同时，系统频率特性分别如图 10-1 中曲线 a、b 所示。在事故初期，频率的下降速率与功率缺额的标幺值成比例，即 $P_{\mathrm{V}*}$ 值越大，频率下降的速率也越大，它们的频率稳定值分别为 $f_{a\infty}$ 和 $f_{b\infty}$。

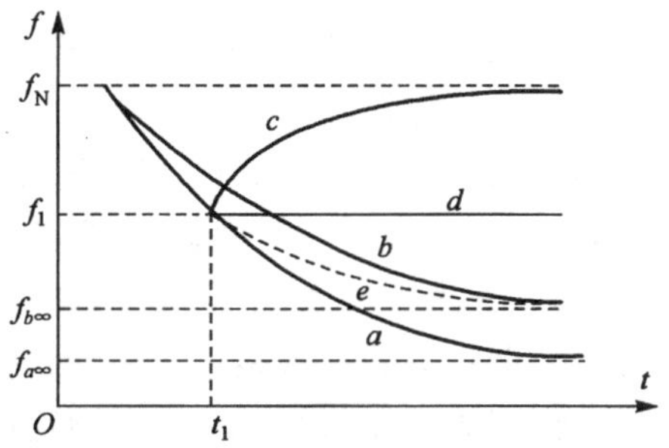

图 10-1　电力系统频率的动态特性

(2)设系统功率缺额为 P_V，当频率下降至 f_1 时，自动低频减载装置切除了负荷功率 P_off。如果 $P_\mathrm{off}=P_\mathrm{V}$，则发电机组发出的功率刚好与切除后的系统负荷功率平衡，系统频率按指数曲线恢复到额定频率 f_N 运行，如图 10-1 中曲线 c 所示。

(3)上述事故情况下，如果 $P_\mathrm{off}<P_\mathrm{V}$，则系统的稳态频率就低于额定值。设切除负荷 ΔP_D1 后，正好使系统频率维持在 f_1 运行，那么它的频率特性如图 10-1 中直线 d 所示。

(4)若切除的负荷功率为 ΔP_{D2}，且 $\Delta P_{D2} < \Delta P_{D1}$，这时系统频率将继续下降。如果这时系统功率缺额所对应的稳态频率也为 $f_{b\infty}$，于是系统频率的变化过程如图 10-1 中曲线 e 所示。比较 b、e 两曲线也可说明，如能及早切除负荷功率，可延缓系统频率下降过程。

10.1.2　自动低频减载装置的工作原理

自动低频减载装置是一种通过迅速切除相应数量的用户负荷而使系统频率恢复的自动装置。装置本身要做到合理，就得对整个电力系统的情况，如系统接线、机组类型、负荷性质等进行综合考虑，做出合理的安排。

1. 装置的原理接线

自动低频减载装置的原理接线如图 10-2 所示。一般包括用于制止频率下降快速动作的基本级和在频率长时间下降或"停滞"时用于恢复频率到一定值的特殊级(附加级)，其中每个单元就是一组低频减载装置，它们分散在电力系统的变电所中。低频测量元件 f_i 是当系统频率降至启动频率值时，启动低频减载装置，经过不同动作级别对应的延时 Δt_i，由跳闸执行回路 EX 按要求切除负荷。

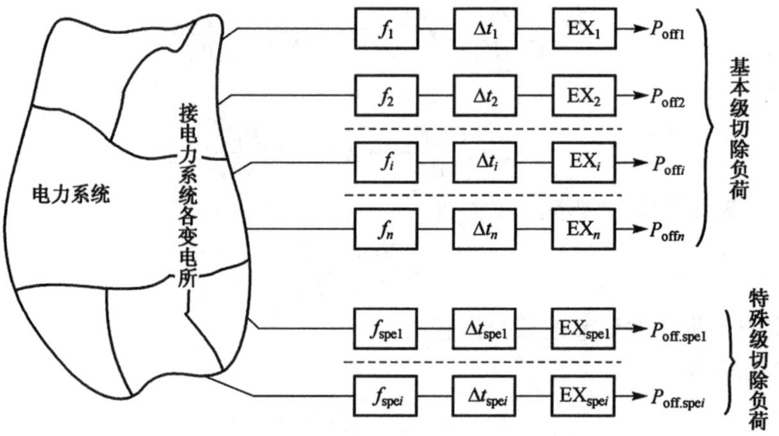

图 10-2　自动低频减载装置的原理图

2. 切除负荷总功率值的确定

自动低频减载装置必须保证在系统发生最严重事故，即出现最大可能的功率缺额时，也能使系统频率恢复到允许的安全值，避免事故扩大。因此，确定自动低频减载装置切除的负荷总功率值是极其重要的，是装置动作的必要条件。显然，这应该由系统事故后，可能的最大功率缺额 P_{Vmax} 来决定。

对系统中可能发生的最大功率缺额应作具体分析：一般应根据最不利的运行方式下发生事故时，按系统中断开最大机组或某一电厂来考虑，如果系统有可能解列成几个子系统运行时，还必须考虑各子系统可能发生的最大功率缺额。

自动低频减载装置是针对事故情况的一种反事故措施，并不要求系统频率恢复至额定值，一般希望它的恢复频率 f_{res} 低于额定值，为 49.5～50Hz，所以接到自动低频减载装置最大可能的断开功率 P_{offmax} 可小于最大功率缺额 P_{Vmax}。设正常运行时系统负荷为 P_D，额定频率与恢复频率 f_{res} 之差为 Δf_{res}，根据负荷的频率调节特性，有

$$\frac{P_{Vmax} - P_{offmax}}{P_D - P_{offmax}} = K_{D*} \Delta f_{res*} \tag{10-7}$$

式中，K_{D*} 是以切除负荷后的功率($P_D - P_{offmax}$)为基准的标幺值。

于是，装置切除负荷总功率值

$$P_{\mathrm{offmax}}=\frac{P_{\mathrm{Vmax}}-K_{\mathrm{D}*}P_{\mathrm{D}}\Delta f_{\mathrm{res}*}}{1-K_{\mathrm{D}*}\Delta f_{\mathrm{res}*}} \tag{10-8}$$

3. 自动低频减载的分级实现

接于自动低频减载装置的总功率是按系统最严重事故的情况来考虑的。然而，系统的运行方式很多，而且事故的严重程度也有很大差别，对于各种可能发生的事故，所产生的功率缺额并不是都为 P_{Vmax}，因此要求自动低频减载装置根据实际的事故情况，做出恰当的反应，切除相应数量的负荷功率，并尽可能少切除负荷。为达到这个目的，目前普遍采用的是分级减负荷方式，即将接至低频减载装置的总功率分配在不同启动频率值来分批地切除，以适应不同功率缺额的需要。根据启动频率的不同，低频减载可分为若干级，也称为若干轮。

为使自动低频减载装置分级顺序工作能实现，应确定第一级及末级启动频率、相邻两级间的频率差(称为级差)、级数及各级应切除的负荷限值等问题。

1)第一级启动频率 f_1 的选择

由图 10-1 频率动态特性曲线可知，在事故初期若能及早切除负荷功率，即 f_1 值选择得高些，对延缓频率下降过程是有利的。但又应避免因暂时性频率下降而不必要地断开负荷，所以一般第一级的启动频率 f_1 整定在 48.5～49Hz。在以水电厂为主的电力系统中，由于水轮机调速系统动作较慢，所以第一级启动频率宜取低值。

2)末级启动频率 f_n 的选择

末级启动频率受系统允许的最低频率限制，即不得发生频率崩溃或电压崩溃。在频率低于 45Hz 时，就有电压崩溃的危险。对于高温高压的火电厂，在频率低于 46Hz 时，厂用电已不能正常工作，所以末级启动频率以不低于 46Hz 为宜。

3)频率级差 Δf 的选择

当 f_1 和 f_n 确定以后，一旦级差 Δf 确定，就可在该频率范围内确定装置切除负荷的级数

$$n=\frac{f_1-f_n}{\Delta f}+1 \quad (\text{取整}) \tag{10-9}$$

级数 n 越大，每级切除的负荷就越小，这样装置所切除的负荷量就越有可能近于实际功率缺额，具有较好的适应性。频率级差 Δf 的选择有以下两种不同的原则。

(1)按选择性确定级差 Δf。

这是当前常采用的原则。它强调各级动作的次序，要在前一级动作以后还不能制止频率下降的情况下，后一级才动作。

自动低频减载装置中的频率测量元件总可能存在误差，最严重的情况是：第 i 级启动频率具有最大负误差 $-\Delta f_{\Delta}$，而 $i+1$ 级有最大正误差 $+\Delta f_{\Delta}$，如图 10-3所示。第 i 级在频率为 $f_i-\Delta f_{\Delta}$ 时启动，经 Δt 时间后断开负荷，这时频率降至 $f_i-\Delta f_{\Delta}-\Delta f_t$。若第 i 级断开负荷后频率没有下降至 $i+1$ 级启动频率，则第 $i+1$ 级不再动作，保证了选择性。于是考虑选择性的最小频率级差为

$$\Delta f=2\Delta f_{\Delta}+\Delta f_t+\Delta f_{\mathrm{mar}} \tag{10-10}$$

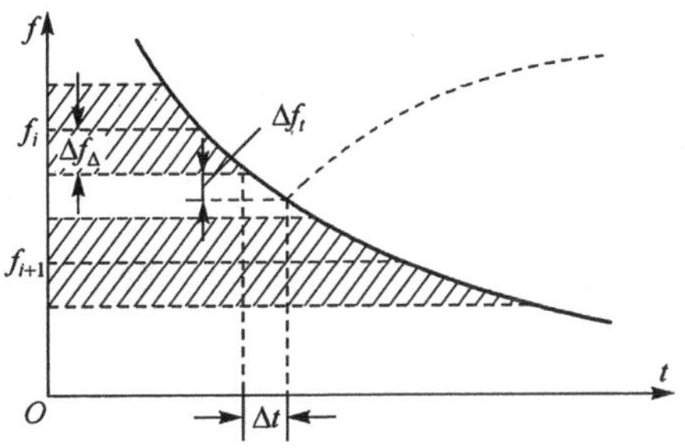

图 10-3 频率选择性级差的确定

式中，Δf_{Δ} 为频率测量元件的最大误差频率；一般频率继电器的 Δf_{Δ} 约为 0.15Hz；数字式继电器 Δf_{Δ} 可达 0.02Hz；Δf_{t} 为对应于 Δt 时间内的频率变化，一般为 0.1～0.15Hz；Δf_{mar} 为频率差裕度，取为 0.05Hz。

当频率测量元件本身的最大误差为±0.15Hz 时，选择性级差 Δf 一般取 0.5Hz，则整个低频减载装置只可分成 5～6 级。

(2)不强调级差的选择性。

由于电力系统运行方式和负荷水平是不固定的，针对电力系统发生事故时功率缺额有很大分散性的特点，低频减载装置的级数取得较多而每一级切除少量负荷，可以达到较佳的控制效果。增加级数 n，就要求减小级差 Δf，必然会失去选择性，有可能会出现两级无选择性动作。但因每级切除的负荷不多，这种无选择性工作并不会使恢复频率过高。

在电力系统中，自动低频减载装置总是分设在各个地区变电所中，前面已讲到在系统频率下降的动态过程中，如果计及暂态频率修正项 Δf_{i}，各母线电压的频率并不一致，所以分散在各地的同一级低频减载装置，事实上也有可能不同时启动。但是如果增加级数 n，减小各级的切除负荷功率，则两级间的选择性问题并不突出，所以近来的趋势是采用增加级数 n 的方法。

4)每级切除负荷限值的计算

低频减载装置采用了分级切除负荷的办法，以适应各种事故条件下系统功率缺额大小不等的情况。在同一事故情况下，若切除负荷过少，则降低了它的作用；若切除过多，则系统恢复频率过高。因此每一级切除的负荷值受到恢复频率的限制。要求自动低频减载装置的某一级动作，若频率恢复，其稳定值不应距希望值过远，若有超过，不应高于额定值。

于是，可按下述边界条件来分析各级应切除的负荷：第 $i-1$ 级动作切除负荷后，系统的稳定频率正好为第 i 级的启动频率 f_{i}；当第 i 级切除负荷后，系统频率稳定在 f_{res} 上。

根据上述原则，在第 $i-1$ 级动作后，稳定频率差为 $\Delta f_{i}=f_{N}-f_{i}$，系统当时的功率缺额 $P_{V(i-1)}$ 由负荷调节效应来补偿，因此

$$\frac{P_{V(i-1)}}{P_{DN}-\sum_{k=1}^{i-1}P_{offk}}=K_{D(i-1)*}\frac{\Delta f_{i}}{f_{N}} \tag{10-11}$$

式中，$\sum_{k=1}^{i-1}P_{offk}$ 为低频减载装置前 $i-1$ 级断开的负荷总功率；$K_{D(i-1)*}$ 为以$(P_{DN}-\sum_{k=1}^{i-1}P_{offk})$为基准的标幺值。

以系统总负荷 P_{DN} 为基准，则式(10-11)可改写为

$$P_{V(i-1)*}=K_{D*}\Delta f_{i*} \tag{10-12}$$

当第 i 级切除负荷后，系统频率稳定在 f_{res}，同样这时系统的功率缺额相应地由负荷调节效应所补偿，即

$$P_{Vi*}=K_{D*}\Delta f_{res*} \tag{10-13}$$

由于第 i 级动作前的功率缺额等于第 i 级切除功率与动作后频率为 f_{res} 时系统功率缺额之和，即

$$P_{V(i-1)*}=P_{offi*}+P_{Vi*}$$

整理后可得

$$P_{offi*}=K_{D*}(\Delta f_{i*}-\Delta f_{res*}) \tag{10-14}$$

一般各级实际接入的应切除功率只能等于或小于式(10-14)的计算值。特别是在采用级数 n 增大、不强调级差选择性的系统中，每级切除功率值就更应小些。

4. 特殊级(附加级)的设置

在自动低频减载装置的动作过程中，当第 i 级启动切除负荷以后，如系统频率仍继续下降，则下面各级会相继动作，直到频率下降被制止为止。但有可能出现图 10-4 所示的情况：在频率下降到 a 点，第 i 级动作，经 Δt 切除负荷后，频率继续下降，但在未到达 $i+1$ 级的动作频率 f_{i+1} 前就稳定了，如图中 1-2 曲线；或者，就稳定在 f_i 附近，如图中 1-3 曲线；也可能第 i 级动作后，频率恢复稳定到 f_{resi}，它低于恢复频率的极限值 f_{res}，但又不足以使下一级减载装置启动，如图中 1-4 曲线。总之，若不采取措施，系统将运行于这种恶劣状态，这显然是不允许的。为消除这种现象，要装设后备段，以便使频率能恢复到允许的限值 f_{res} 以上。为此，在自动低频减载装置中设置了特殊级(附加级)。特殊级的动作频率应不低于前面基本级第一级的启动频率，由于它是在系统频率已经比较稳定时动作的，因此特殊级应带较长的动作时限，一般取为系统时间常数 T_S 的 2～3 倍，最小动作时间为 10～15s。后备段可按时间分为若干级，也就是其启动频率相同，但动作时延不一样，各级时间差可不小于 5s，按时间先后次序分批切除用户负荷，以适应功率缺额大小不等的需要。在分批切除负荷的过程中，一旦系统恢复频率高于后备段的返回频率，低频减载装置就停止切除负荷。

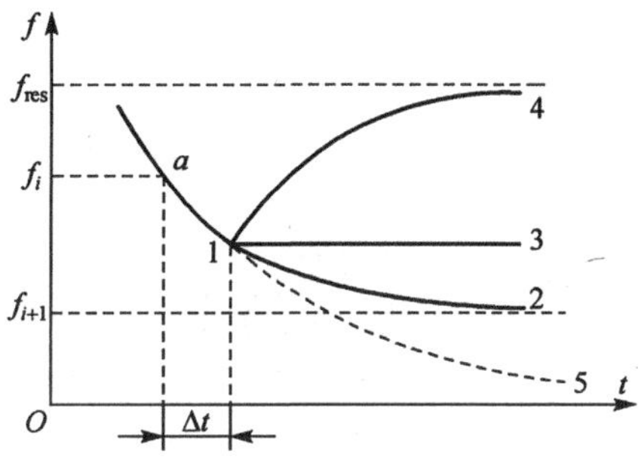

图 10-4　自动低频减载中的不利情况

与每级切除负荷限值的计算相似，特殊级每级切除的负荷功率

$$P_{off.spe*}=K_{D*}(\Delta f_{i\infty *}-\Delta f_{res*}) \tag{10-15}$$

式中，$\Delta f_{i\infty}$ 为第 i 级动作后系统频率的稳定值。

接于附加级的功率总数应按最不利的情况来考虑，即低频减载装置切除负荷后系统频率稳定在可能最低的频率值，按此条件考虑附加级所切除用户功率总数的最大值，并且保证具有足以使系统频率恢复到 f_{res} 的能力。

10.2　备用电源自动投入及厂用电快速切除

10.2.1　概述

为确保电力系统电能质量、安全和经济运行，要进行一系列的开关操作。根据开关在系统中所处的地位不同，闭合或断开的具体条件和情况的不同，要采用不同的控制对策及相应的自动控制装置。其中备用电源自动投入就是在电力系统正常和恢复状态下的一种开关操作自动控制方式。

备用电源自动投入装置就是当工作电源因故障断开后，能迅速自动地将备用电源投入工作或将用户切换到备用电源上去，保证对用户供电连续性的装置。备用电源自动投入装置一般在下列情况下装设：

(1)发电厂的厂用电或变电所的所用电，如图 10-5(a)所示。

(2)由双电源供电的变电所，其中一个电源断开作为备用，如图 10-5(c)所示。

(3)降压变电所内装有互为备用的母线段或备用变压器，如图 10-5(b)、(e)、(f)所示。

(4)多电源供电的变电所，一个备用电源同时作为几段工作母线的备用，如图 10-5(d)所示。

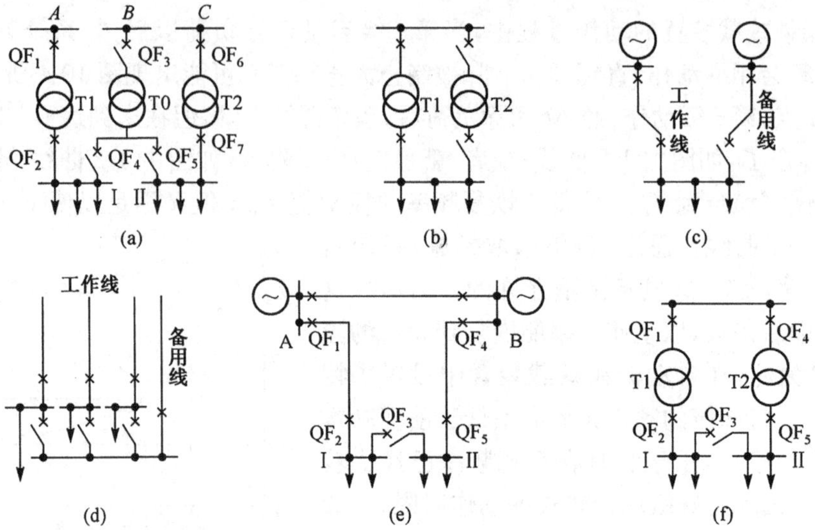

图 10-5　应用备用电源自动投入装置的典型一次接线图

备用电源自动投入装置从电源备用方式上可以分成两大类：明备用方式和暗备用方式。

明备用方式是装设专用的备用变压器或备用线，如图 10-5(a)、(b)、(c)、(d)所示。通常明备用电源只有一个，可同时作为两段或几段工作母线的备用，视实际情况和备用电源容量而定。

暗备用方式是不装设专用的备用变压器或备用线，如图 10-5(e)、(f)所示。它主要依靠分段断路器使工作母线间取得相互备用。

10.2.2　对备用电源自动投入装置的基本要求

备用电源自动投入装置应满足下列基本要求：

(1)只有当工作电源断开以后，备用电源才能投入。

假设工作电源发生故障，断路器尚未断开时，就投入备用电源，也就是将备用电源投入到故障元件上，势必扩大事故，加重故障设备的损坏程度，另外还可能造成非周期并列，对系统产生不必要的冲击。

(2)工作母线上无论任何原因失去电压时，备用电源自动投入装置均应动作。

(3)备用电源自动投入装置只允许将备用电源投入一次。

当发生永久性故障时，备用电源第一次投入后，由于故障依然存在，继电保护装置动作，又将备用电源断开，若再次将备用电源投入，就会扩大事故，对系统造成冲击。

(4)当备用电源同时作为几个工作电源的备用时，备用电源自动投入对每个工作电源均独立。

在备用电源已代替某工作电源后，其他工作电源又被断开，必要时备用电源自动投入装置仍能动作。

(5)备用电源自动投入装置应以最快速度投入，尽可能减少用户停电时间。

备用电源自动投入装置动作时间应考虑故障点电弧熄灭去游离时间和工作母线残压衰减到 10%额定电压的时间。运行经验表明，备用电源自动投入装置的动作时间以 0.5～1.0s 为宜。

(6)当备用电源无电压时，备用电源自动投入装置不应动作。

(7)电压互感器二次侧熔断器熔断时，备用电源自动投入装置不应误动。

10.2.3 典型备用电源自动投入装置及参数整定

1. 典型接线图

图 10-6 表示了发电厂厂用变压器自动投入装置的原理接线图。它也适用于变电站备用变压器的自动投入装置。

低电压启动部分包括两个低电压继电器 1，一个过电压继电器 2，一个时间继电器 3 和一个中间继电器 4。在正常情况下，工作母线及备用母线均有电压，继电器 1 接点打开，继电器 2 接点闭合，为启动做好准备。

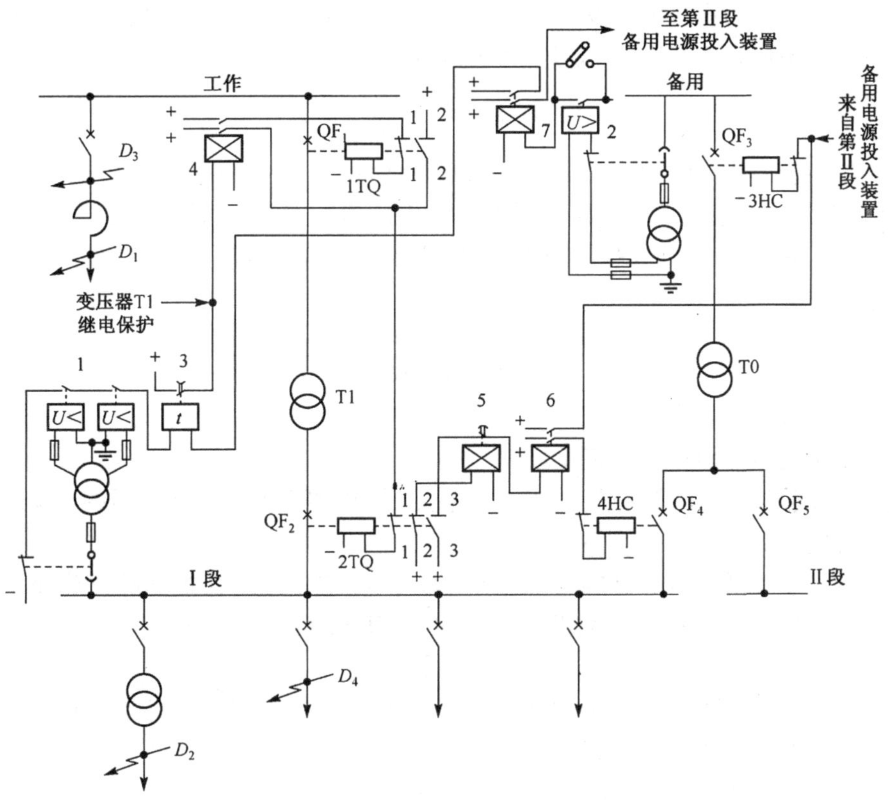

图 10-6 备用变压器备用电源自动投入装置典型接线图

自动合闸部分由一个延时返回的中间继电器 5 及中间继电器 6 组成。继电器 5 的线圈当通以电流时，其接点瞬时闭合，但当线圈断电时，其接点需经 0.5～0.8s 时限打开，正常时其接点是闭合的。

现介绍备用电源自动投入装置的工作原理。当变压器 T1 的继电保护装置动作时，启动中间继电器 4，断路器 QF_1 和 QF_2 跳闸。接着继电器 5 断电，在继电器 5 的接点返回前，通过 QF_2 的辅助接点 3-3 启动自动合闸部分的中间继电器 6，向断路器 QF_3 和 QF_4 发出合闸脉冲，投入 QF_3 和 QF_4。合闸后，继电器 5 的延时返回接点打开，从而保证备用电源自动投入装置只动作一次。当Ⅰ段母线由于其他原因失去电压时，低电压启动部分动作，继电器 1 接点闭合，启动时间继电器 3，经过一定时限后，启动中间继电器 4，而后的动作情况如上所述。

若备用电源自动投入于持续性短路故障上时，应由断路器 QF_4 上的电流速断保护动作于 QF_4 切除故障。

当接线图中，两个低电压继电器的线圈按 V 形连接于相间电压上，其接点串联，保证了当一个熔断器熔断时，备用电源自动投入装置不会动作。显然，这样的连接只有在三相熔断器同时熔断时，或是装有低电压继电器的两相同时熔断时，才能造成备用电源自动投入装置的误动作。

不难看出，图 10-6 所示的备用电源自动投入装置的接线是满足基本要求的。

2. 参数整定

1)低电压继电器 1 动作电压值的整定按如下两条原则确定

(1)在工作母线上的电抗器后或变压器后发生故障时(如图 10-6 中的 D_1、D_2 点)，低电压继电器不应动作。因为在这两点发生短路时，母线电压虽然下降，但残余电压相当高，备用电源自动投入装置不应动作。因此，低电压继电器的动作电压 $U_{op\cdot<}$ 为

$$U_{op\cdot<} = \frac{U_{rem}}{K_{rel} n_{TV}} \tag{10-16}$$

式中，U_{rem} 为 Ⅰ 母线上的残余电压；K_{rel} 为可靠系数，取 1.1～1.3；n_{TV} 为电压互感器的变比。

(2)启动电压应躲过电动机自启动时的最低电压值 U_{min}，也就是在母线引出线上发生故障时(如图 10-6 中的 D_4 点)，相应继电保护将故障切除后，在电动机自启动的情况下，低电压继电器应返回。故

$$U_{op\cdot<} = \frac{U_{min}}{n_{TV} K_{rel} K_{re}} \tag{10-17}$$

式中，K_{re} 为返回系数，$K_{re} > 1$。

取上两式中的最小值作为整定值。

根据运行经验，低电压继电器动作电压的整定值，约等于额定工作电压的 25%。

2)时间继电器 3 动作时限的整定

当系统内发生使低电压继电器动作的短路故障时，应由系统保护切除故障而不应使备用电源自动投入装置动作，为此，时间继电器 3 动作时间 t_{op} 应满足下式：

$$t_{op} = t_{max} + \Delta t \tag{10-18}$$

式中，t_{max} 为当系统内发生使低电压继电器动作的短路故障时，切除该短路故障的系统保护最大动作时限；Δt 为时限级差，取 0.5～0.7s。

3)闭锁继电器 5 延时返回时间值的整定

闭锁继电器 5 的延时返回时间的作用是保证备用电源自动投入装置只动作一次，并且保证备用变压器合闸成功。延时触点的动作时间应大于断路器合闸时间

$$t_{re} = t_{on} + \Delta t \tag{10-19}$$

式中，t_{on} 为备用变压器断路器合闸时间(包括传动装置的动作时间)；Δt 为时间余度，取 0.2～0.3s。

4)过电压继电器 2 动作电压值的整定

过电压继电器的作用是监视备用电源是否有电压，所以当正常电压和备用母线出现最低工作电压 U_{min} 时，过电压继电器应保持动作状态，常开触点应该闭合，以使 Ⅰ 段工作母线的备用电源自动投入装置低电压启动部分仍能启动。过电压继电器的动作电压 $U_{op\cdot>}$ 为

$$U_{op\cdot>} = \frac{U_{min}}{n_{TV} K_{rel} K_{re}} \tag{10-20}$$

式中，K_{rel} 为可靠系数，取 1.1～1.2；K_{re} 为返回系数，一般为 0.85～0.9。

10.2.4 厂用电快速切换

目前发电厂正朝着建造大容量机组的趋势发展，大容量火电机组一般多采用机、炉、电单元集控方式，其厂用电系统的安全可靠性对整个机组乃至整个电厂运行的安全可靠性有着相当重要的影响，而厂用电切换则是整个厂用电系统的一个重要环节。发电机组对厂用电切换的基本要求是安全可靠，其安全性体现为切换过程中不能造成设备损坏，而可靠性则体现为提高切换成功率，减少备用变过流或重要辅机跳闸造成锅炉汽机停运的事故。

以往厂用电切换一般采用工作电源开关辅助接点直接启动备用电源投入，这种方式无相频检测。大容量电动机断电后电压衰减较慢，如在残压较大时不检同期合上备用电源，容易造成很大的合闸冲击电流，起/备变和电动机有可能受到严重冲击而损坏。若待残压衰减到较小值后再投入备用电源，则由于断电时间过长，母线电压和电动机的转速都下降很大，将严重影响锅炉运行工况。

为了提供厂用电切换的成功率，保证厂用电的可靠正常运行，国外在厂用电的事故切换中已广泛采用快速切换，国内近几年的新建工程也基本采用了快速切换装置。本节讨论的是厂用电的事故切换，具有快速切换、同期捕捉切换、残压切换和失压启动切换四部分。

1. 断电后电动机残压变化

图 10-7 示出了厂用电简化接线图。发电机 G 通过 T1、QF_1 向系统送电，厂用母线段由高压厂用变压器 T2 送电，QF_2 处合闸状态；QF_3 处断开状态，厂用备用段处带电状态。当 QF_2 因故跳闸时，QF_3 处的备用电源自动投入装置动作，厂用电由备用电源供电。

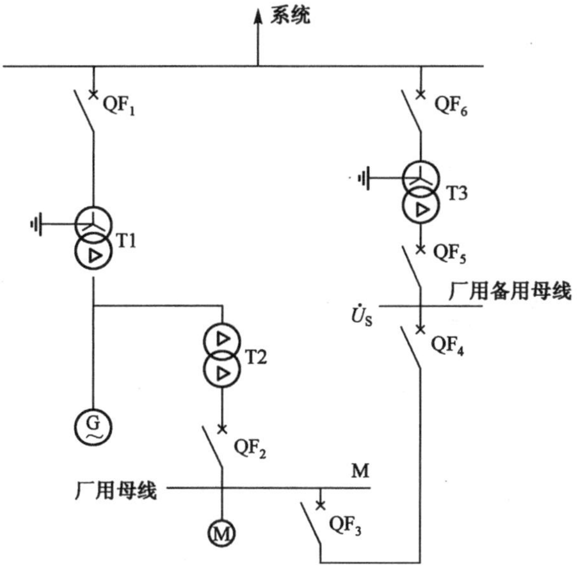

图 10-7　厂用电简化接线图

设异步电动机正常运行时的端电压为 $\dot{U}_{M[0]}$ 、流入电动机的电流为 $\dot{I}_{M[0]}$，则电动机次暂态电动势 $\dot{E}''_{[0]}$ 为

$$\dot{E}''_{[0]} = \dot{U}_{M[0]} - j\,\dot{I}_{M[0]} X'' \tag{10-21}$$

式中，X'' 为异步电动机的次暂态电抗。

断电后电动机残压等于定子绕组的感应电动势，断电瞬间的残压 $\dot{U}_{MY}$ 与 $\dot{E}''_{[0]}$ 相等。定子绕组的感应电动势一方面取决于转子磁场的强度，另一方面取决于转子磁场截切定子绕组的速度。由于断电后转子电流在衰减，转子电流产生的磁场也在不断衰减；电动机失电后，电动机开始滑行，转速逐渐减慢。这样，电动机断电后残压 u_{MY} 可表示为

$$u_{MY}=\sqrt{2}E''_{[0]}\sin\left(\omega' t-\delta_{[0]}\right)e^{-\frac{t}{T_a}} \tag{10-22}$$

式中，T_a为残压衰减时间常数；ω' 为感应电动势的角频率；$\delta_{[0]}$ 为断电瞬间 $\dot{E}''_{[0]}$ 滞后端电压 $\dot{U}_{M[0]}$ 的相角。其值随着转速 n 的下降从同步角频率 ω_1 不断减小。

电动机原机端电压 $\dot{U}_{M[0]}$（与备用段电压 $\dot{U}_S$ 同相位）的角频率为 ω_1，即在相量图上以 ω_1 的角速度逆时针转动；断电后残压 $\dot{U}_{MY}$ 以 ω' 的角速度逆时针转动。若以 $\dot{U}_{M[0]}$（或 $\dot{U}_S$）作参考物，则 $\dot{U}_{MY}$ 以 $\omega_1-\omega'$ 的相对角速度顺时针转动，并以 T_a时间常数衰减。于是 u_{MY} 以相量表示时可写成

$$\dot{U}_{MY}=E''_{[0]}\exp\{-j[(\omega_1-\omega')t+\delta_{[0]}]\,e^{-\frac{t}{T_a}}\} \tag{10-23}$$

式中，断电瞬间为时间 t 的起始点。

图 10-8 示出了 $\dot{U}_{MY}$ 端点的变化轨迹，$\dot{U}_{MY}$ 沿图中虚线变化时，角速度 ω'、衰减时间常数 T_a是变化的，其中 ω' 不断减小。

2. 备用电源投入时的冲击电流和冲击电压

异步电动机在断电滑行过程中，备用电源投入时，电动机有冲击电流产生，其等值电路如图 10-9 所示。

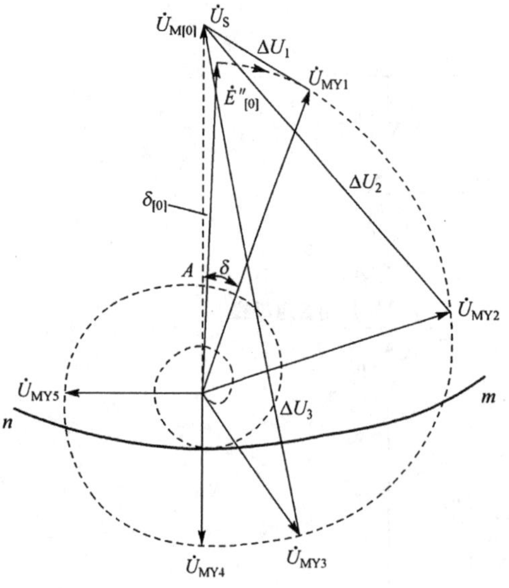

图 10-8 异步电动机断电后残压 $\dot{U}_{MY}$ 的变化轨迹

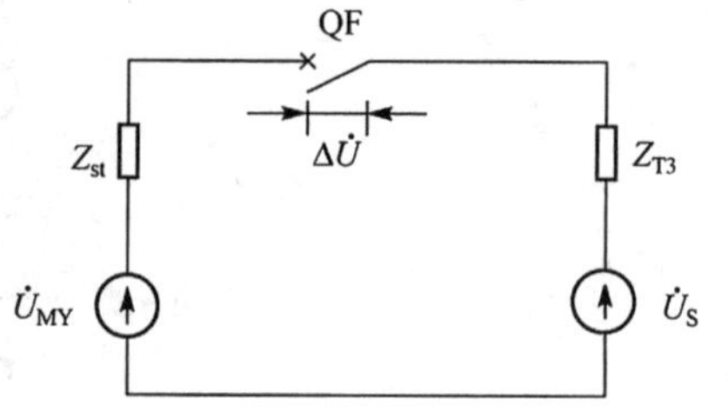

图 10-9 备用电源投入冲击电流的等值电路

备用母线电压的表达式为

$$u_S=\sqrt{2}U_S\sin\left[\omega_1(t_{op}+t)+\alpha\right] \tag{10-24}$$

式中，ω_1 为备用电源的角频率；α 为备用电源投入时的初相角；t 为以 QF_3 合闸接通为起始点计算的时间；t_{op} 为异步电动机断电到重新恢复供电的时间。

考虑到备用母线电压与正常运行工作母线电压同相位，则电动机断电后的残压为

$$u_{MY}=\sqrt{2}E''_{[0]}\sin\left[\omega'(t_{op}+t)+\alpha-\delta_{[0]}\right]e^{-\frac{t_{op}+t}{T_a}} \tag{10-25}$$

异步电动机在断电滑行过程中，等值阻抗急剧减小，当转速降到同步转速的70%时，等值阻抗与启动阻抗已十分接近，因此备用电源投入时，异步电动机阻抗可用启动阻抗代替。这样，QF_3 合闸时，备用电源回路总阻抗为 $Z=Z_{T3}+Z_{st}=\sqrt{(\omega_1 L)^2+R^2}$。流入电动机的冲击电流为 i_{imp} 为

$$Ri_{imp}+L\frac{di_{imp}}{dt}=u_S-u_{MY} \tag{10-26}$$

求解可得

$$\begin{aligned} i_{imp}= & \left\{\frac{\sqrt{2}U_S}{Z}\sin\left[\omega_1(t_{op}+t)+\alpha-\varphi\right]-\frac{\sqrt{2}E''_{[0]}e^{-\frac{t_{op}+t}{T_a}}}{Z'}\sin\left[\omega'(t_{op}+t)+\alpha-\delta_{[0]}-\varphi'\right]\right\} \\ & -\left[\frac{\sqrt{2}U_S}{Z}\sin(\omega_1 t_{op}+\alpha-\varphi)-\frac{\sqrt{2}E''_{[0]}e^{-\frac{t_{op}}{T_a}}}{Z'}\sin(\omega' t_{op}+\alpha-\delta_{[0]}-\varphi')\right]e^{-\frac{t}{T}} \end{aligned} \tag{10-27}$$

式中，φ 为备用电源回路阻抗角，$\varphi=\arg\frac{\omega_1 L}{R}$；$T$ 为备用电源回路时间常数，$T=\frac{L}{R}$；Z' 为备用电源回路在 u_{MY} 作用下的等效阻抗，$Z'=\sqrt{(\omega' L)^2+\left[\left(1-\frac{T}{T_a}\right)R\right]^2}$；$\varphi'$ 为等效阻抗角，$\varphi'=\arg\frac{\omega' T T_a}{T_a-T}$。

由式(10-27)看出，i_{imp} 由两大部分组成，第一部分是基本分量(交流分量)，第二部分是暂态分量(非周期分量)，每部分又包括角频率分别为 ω_1 和 ω' 的两个分量。

通过对冲击电流的分析可以得知：

(1)当暂态分量电流有最大值时，冲击电流也有最大值；当暂态分量电流为最小值时，冲击电流也达最小值。

(2)冲击电流与 t_{op} 密切相关，t_{op} 越小，暂态分量电流不大，合闸冲击电流也越小；当 t_{op} 增大时，有可能出现两个非周期分量电流呈同极性的情况。当 $\sin(\omega_1 t_{op}+\alpha-\varphi)=1$（或为−1）、$\sin(\omega' t_{op}+\alpha-\delta_{[0]}-\varphi')=-1$（或为1），即

$$(\omega' t_{op}+\alpha-\delta_{[0]}-\varphi')-(\omega_1 t_{op}+\alpha-\varphi)=-90°-90°$$

$$t_{op}=\frac{180°+(\varphi-\varphi')-\delta_{[0]}}{360(f_1-f')} \tag{10-28}$$

时，冲击电流最大。

(3)最大冲击电流在备用电源合闸后的10ms内出现，作用时间也较短，约工频半个周期。

异步电动机断电滑行过程中，备用电源投入时电动机的冲击电压 U_{imp} 为

$$U_{imp}=\frac{Z_{st}}{Z_{T3}+Z_{st}}\left|\dot{U}_S-\dot{U}_{MY}\right|=\frac{Z_{st}}{Z_{T3}+Z_{st}}\Delta U \tag{10-29}$$

为保证电动机启动安全，U_{imp} 应不大于电动机允许启动电压，设为 $1.1U_N$（U_N 为电动机额定电压），则存在

$$\Delta U\leqslant 1.1\left(1+\frac{Z_{T3}}{Z_{st}}\right)U_N \tag{10-30}$$

这样，QF_3 合闸接通时的安全范围如图10-8中圆弧 $\overset{\frown}{mn}$ 所示。圆弧 $\overset{\frown}{mn}$ 以相量 $\dot{U}_S$ 端点为圆心、半径 $1.1\left(1+\frac{Z_{T3}}{Z_{st}}\right)U_N$ 作出的。当 $\dot{U}_{MY}$ 在 $\overset{\frown}{mn}$ 上方时，电动机的冲击电压在允许的启动电压值内，电动机是安全的。

3. 厂用电切换

厂用电切换的方式可按开关动作顺序分，也可按切换速度进行分类。

1)按开关动作顺序分类

(1)并联切换。先合上备用电源，两电源短时并联，再跳开工作电源。该方式多用于正常切换，如起、停机。

(2)串联切换。先跳开工作电源，在确认工作开关跳开后，再合上备用电源。母线断电时间至少为备用开关合闸时间。该方式多用于事故切换。

(3)同时切换。在跳闸命令发出之后、工作开关跳开之前发出备用电源合闸脉冲。母线断电时间小于备用开关合闸时间。缩短了工作母线断电时间。该方式既可用于正常切换，也可用于事故切换。

2)按切换速度分类

(1)快速切换。厂用电的快速切换，是通过快速检测和判定 $\dot{U}_S$ 与 $\dot{U}_{MY}$ 间的频差和相角差大小实现的。当频差和相差均在设定范围内时，立即发出合闸脉冲，完成厂用电的快速切换。由于装置和断路器动作快速，合闸时的冲击电流、冲击电压均在安全值内，且厂用电失电时间短，保证了厂用电的正常运行。

(2)捕捉同期切换。若快速切换未能成功，图 10-8 中的工作母线残压 $\dot{U}_{MY}$ 有可能进入圆弧 $\overset{\frown}{mn}$ 下方的不安全区域，此时不允许切换，须对 $\dot{U}_{MY}$ 和 $\dot{U}_S$ 检同期合闸。$\dot{U}_{MY}$ 越过 $\delta=180°$($\dot{U}_{MY4}$)后，当 $\dot{U}_{MY}$ 与 $\dot{U}_S$ 第一次相位重合(A 点)时，QF_3 的主触头闭合，完成厂用电的捕捉同期切换。此时工作母线残压为 65%～70%，对电动机启动有利，同时冲击电流、冲击电压都最小。

(3)残压切换。若捕捉同期切换未能成功，就转入残压切换。当 $\dot{U}_{MY}$ 衰减到 20%～40%额定电压时，备用电源开关 QF_3 合闸，完成厂用电残压切换。最严重的情况是 $\dot{U}_{MY}$ 与 $\dot{U}_S$ 反向合闸。残压切换虽可保证电动机安全，但停电时间相对较长。残压切换是同期捕捉切换不成功时的最佳切换。

(4)失压启动切换(长延时切换)。失压启动切换是一种低电压启动方式，设定的参数是低电压元件动作电压(一般取 40%额定电压)和失压延时。失压启动切换可认为是残压切换的后备。失压启动切换与残压切换一样，会导致工作母线失电时间长，容易造成电动机组自启动困难。

10.3 其他安全自动控制装置

1. 自动解列装置

电力系统要求各机组均并联运行，以取得最好的经济效益，安全可靠性也得以提高。然而，当系统发生振荡性事故后，必要时可采取解列方法，将电网分开，有时在事故情况下，将系统解列成两个或几个部分，避免事故在全系统进一步扩大。因此，自动解列是系统的一种安全控制措施。

1)厂用电系统的解列装置

如前所述，当电力系统因功率缺额而引起系统频率下降时，频率的下降会使电厂中厂用机械出力下降，这是可能形成频率崩溃的主要原因。因此，如能使厂用电系统供电频率维持在额定值附近，则可避免事故的进一步恶化。

发电厂中，如果厂用电系统有独立供电的条件，则在安排发电厂的运行方式时，应考虑厂用电系统与电网解列运行的可能性。当电网事故，系统频率下降到一定时，厂用电供电电源与电网连接的断路器应立即跳闸解列，保证该电源只向厂用电系统供电，从而提高了电厂的可靠性，也对整个系统的安全有利。

2)系统解列

用图 10-10 所示的联合电力系统示意图来说明应用系统解列的作用。正常情况下，设 A 系统向 B 系统输送功率 P_{AB}，输电线的极限输送功率为 $P_{AB\max}$。设 B 系统由于事故发生严重的功率缺额，使整个系统频率下降。这时，A 系统即使有足够的旋转备用容量，由于受到 $P_{AB\max}$ 的限制而不能发挥完全的作用，B 系统仍有缺额而使频率下降严重时，将威胁 A 系统的安全。此时，为使事故控制在 B 系统，将两系统解列是有利的。

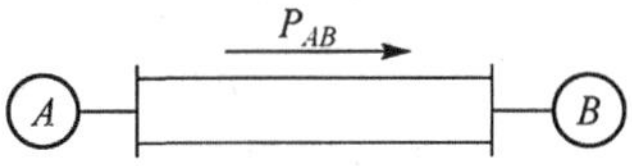

图 10-10　电力系统示意图

解列点的选择原则是：

(1)应尽量使解列点接近正常的有功和无功功率分界点或交换功率最小处，使解列后电力系统各部分的功率基本上保持平衡，以防止频率和电压的大幅度变化，这种过大的变化有时会导致解列后的电力系统内部发电机间的失步或因发生过负荷而断开等事故；

(2)适当考虑操作的方便性。例如，解列后的电力系统能进行恢复同步的并列操作，通信可靠性大，远动设备水平高等。

2. 水轮机组低频自启动装置

水轮机组从全关闭状态到开导水叶直至并网一般只要几分钟甚至几十秒，而汽轮发电机组从冷状态启动到并网则要数小时，如果从锅炉点火开始则时间更长。所以电力系统中常利用水轮机组能快速启动的特点，作为提高电网安全运行可靠性的一种手段。当系统发生功率缺额，频率降低后，可采用低频自启动方式使水轮发电机开机并自动并列。为此，在机组上装设了按频率自动启动及快速并列的自动装置，以适应电力系统安全运行的控制需要。

水轮机组低频自启动装置接受低频测量信号，并与整定值相配合，当系统频率低于动作值后，启动水轮机自动控制回路，当机组转速接近系统频率时，按自动并列方式快速并入电网。

3. 自动切机与电气制动

在输电线路发生短路故障或输电线路断开而使送端发电机的电磁功率减小时，为了不使发电机加速而失去稳定，可采用以下两种自动控制措施。

一是自动切机，即迅速切除部分送端的发电机组，使剩余机组的原动机输入功率和输出的电磁功率尽可能趋于平衡，抑制发电机转子的加速。

二是电气制动，即在故障切除后，人为地在送端发电机端短时间加一电负荷(制动电阻)，吸收发电机的过剩功率，以便校正发电机输入和输出功率间的不平衡，保持系统运行的稳定性。理论上，如选用适当的制动电阻容量，以及控制其投入和断开的规律，可以完全消除暂态稳定性问题。制动电阻应在故障后尽早投入，一般在故障切除时投入；电阻的切除时间则以在功率角达到第一个摇摆的顶点时为好。所整定的电气制动作用时间是在大量离线暂态稳定计算的基础上来确定的，大致在 0.5～1.0s。

思考题和习题

10-1　电力系统事故情况下的安全自动装置有哪些？各自的作用是什么？

10-2　若某系统的负荷调节效应系数不变，投入相当于 20%的负荷、切除相当于 20%负荷的发电功率，这两种情况下系统的稳定频率是否相等？

10-3 自动低频减载装置常用的切除负荷的方式是什么？并说明该方式的特点。

10-4 自动低频减载装置中常用的确定频率级差的方法是什么？并说明该方法的特点。

10-5 说明自动低频减载装置特殊级所起的作用，以及如何设定其启动频率和动作时限？

10-6 自动低频减载装置中确定各级切除负荷限值的原则和计算方法是什么？

10-7 对备用电源自动投入装置的基本要求是什么？

10-8 试说明图 10-6 的备用电源自动投入装置中，能否取消过电压继电器？为什么？

10-9 高压大容量异步电动机，断电后残压如何变化？

10-10 厂用电切换过程中流入电动机的冲击电流有何特点？

10-11 试述厂用电事故切换中的快速切换、同期捕捉切换、残压切换和失压启动切换，以及它们之间动作的配合关系。

参考文献

丁毓山,南俊星.2002.微机保护与综合自动化系统.北京:中国水利水电出版社

高永昌.1988.电力系统继电保护. 北京:水利电力出版社

郭培源.2001.电力系统自动控制新技术.北京:科学出版社

贺家李,宋从矩.2004.电力系统继电保护原理(修订版). 北京:中国电力出版社

华中工学院.1985.电力系统继电保护原理与运行. 北京:水利电力出版社

李先彬.2004.电力系统自动化.4版.北京:中国电力出版社

梁振峰,康小宁.2008.电力系统继电保护习题集. 北京:中国电力出版社

沈国荣,邓绍龙,朱声石.1990. 区分振荡与短路的新原理. 电力系统自动化,(1)

王梅义.2007. 高压电网继电保护运行与设计. 北京:中国电力出版社

王士政.2008.电力系统控制与调度自动化.北京:中国电力出版社

许正亚.2006.电力系统安全自动装置.北京:中国水利水电出版社

张保会,尹项根. 2005.电力系统继电保护. 北京:中国电力出版社

周全仁,张海.2004.现代电网自动控制系统及其应用.北京:中国电力出版社